Universität Erlangen-Nürnberg
Professur für Öffentliches Recht,
Migrationsrecht und Menschenrechte
Prof. Dr. Anuscheh Farahat
Schillerstr. 1 · 91054 Erlangen

Handbibliothek

ÖR5 22/015

Ausgeschieden von
UB Erlangen-Nürnberg

Wissenschaftlicher Beirat:

Klaus von Beyme, Heidelberg
Horst Bredekamp, Berlin
Norbert Campagna, Luxemburg
Herfried Münkler, Berlin
Henning Ottmann, München
Walter Pauly, Jena
Wolfram Pyta, Stuttgart
Volker Reinhardt, Fribourg
Peter Schröder, London
Kazuhiro Takii, Kyoto
Pedro Hermilio Villas Bôas Castelo Branco, Rio de Janeiro
Loïc Wacquant, Berkeley
Barbara Zehnpfennig, Passau

Staatsverständnisse | Understanding the State

herausgegeben von

Rüdiger Voigt

Band 160

Isabel Feichtner | Tim Wihl [Hrsg.]

Gesamtverfassung

Das Verfassungsdenken Helmut Ridders

Titelbild: Helmut Ridder beim 3. Marburger Forum 1983
(mit freundlicher Genehmigung durch Friedrich-Martin Balzer).

Die Deutsche Nationalbibliothek verzeichnet diese Publikation in der Deutschen Nationalbibliografie; detaillierte bibliografische Daten sind im Internet über http://dnb.d-nb.de abrufbar.

ISBN 978-3-8487-7024-3 (Print)
ISBN 978-3-7489-1084-8 (ePDF)

Onlineversion
Nomos eLibrary

1. Auflage 2022
© Nomos Verlagsgesellschaft, Baden-Baden 2022. Gesamtverantwortung für Druck und Herstellung bei der Nomos Verlagsgesellschaft mbH & Co. KG. Alle Rechte, auch die des Nachdrucks von Auszügen, der fotomechanischen Wiedergabe und der Übersetzung, vorbehalten. Gedruckt auf alterungsbeständigem Papier.

Editorial

Das Staatsverständnis hat sich im Laufe der Jahrhunderte immer wieder grundlegend gewandelt. Wir sind Zeugen einer Entwicklung, an deren Ende die Auflösung der uns bekannten Form des territorial definierten Nationalstaates zu stehen scheint. Denn die Globalisierung führt nicht nur zu ökonomischen und technischen Veränderungen, sondern sie hat vor allem auch Auswirkungen auf die Staatlichkeit. Ob die „Entgrenzung der Staatenwelt" jemals zu einem Weltstaat führen wird, ist allerdings zweifelhaft. Umso interessanter sind die Theorien früherer und heutiger Staatsdenker, deren Modelle und Theorien, aber auch Utopien, uns Einblick in den Prozess der Entstehung und des Wandels von Staatsverständnissen geben.

Auf die Staatsideen von Platon und Aristoteles, auf denen alle Überlegungen über den Staat basieren, wird unter dem Leitthema „Wiederaneignung der Klassiker" immer wieder zurückzukommen sein. Der Schwerpunkt der in der Reihe *Staatsverständnisse* veröffentlichten Arbeiten liegt allerdings auf den neuzeitlichen Ideen vom Staat. Dieses Spektrum reicht von dem Altmeister *Niccolò Machiavelli*, der wie kein Anderer den engen Zusammenhang zwischen Staatstheorie und Staatspraxis verkörpert, über *Thomas Hobbes*, den Vater des Leviathan, bis hin zu *Karl Marx*, den sicher einflussreichsten Staatsdenker der Neuzeit, und schließlich zu den zeitgenössischen Staatstheoretikern.

Nicht nur die Verfälschung der Marxschen Ideen zu einer marxistischen Ideologie, die einen repressiven Staatsapparat rechtfertigen sollte, macht deutlich, dass Theorie und Praxis des Staates nicht auf Dauer voneinander zu trennen sind. Auch die Verstrickung Carl Schmitts in die nationalsozialistischen Machenschaften, die heute sein Bild als führender Staatsdenker seiner Epoche trüben, weisen in diese Richtung. Auf eine Analyse moderner Staatspraxis kann daher in diesem Zusammenhang nicht verzichtet werden.

Was ergibt sich daraus für ein zeitgemäßes Verständnis des Staates im Sinne einer modernen Staatswissenschaft? Die Reihe *Staatsverständnisse* richtet sich mit dieser Fragestellung nicht nur an (politische) Philosophen und Philosophinnen, sondern auch an Geistes- und Sozialwissenschaftler bzw. -wissenschaftlerinnen. In den Beiträgen wird daher zum einen der Anschluss an den allgemeinen Diskurs hergestellt, zum anderen werden die wissenschaftlichen Erkenntnisse in klarer und aussagekräftiger Sprache – mit dem Mut zur Pointierung – vorgetragen. Auf diese Weise wird der Leser/die Leserin direkt mit dem Problem konfrontiert, den Staat zu verstehen.

Prof. Dr. Rüdiger Voigt

Editorial – Understanding the State

Throughout the course of history, our understanding of the state has fundamentally changed time and again. It appears as though we are witnessing a development which will culminate in the dissolution of the territorially defined nation state as we know it, for globalisation is not only leading to changes in the economy and technology, but also, and above all, affects statehood. It is doubtful, however, whether the erosion of borders worldwide will lead to a global state, but what is perhaps of greater interest are the ideas of state theorists, whose models, theories and utopias offer us an insight into how different understandings of the state have emerged and changed, processes which neither began with globalisation, nor will end with it.

When researchers concentrate on reappropriating traditional ideas about the state, it is inevitable that they will continuously return to those of Plato and Aristotle, upon which all reflections on the state are based. However, the works published in this series focus on more contemporary ideas about the state, whose spectrum ranges from those of the doyen *Niccolò Machiavelli*, who embodies the close connection between the theory and practice of the state more than any other thinker, to those of *Thomas Hobbes*, the creator of Leviathan, those of *Karl Marx*, who is without doubt the most influential modern state theorist, those of the Weimar state theorists *Carl Schmitt, Hans Kelsen* and *Hermann Heller*, and finally to those of contemporary theorists.

Not only does the corruption of Marx's ideas into a Marxist ideology intended to justify a repressive state underline the fact that state theory and practice cannot be permanently regarded as two separate entities, but so does Carl Schmitt's involvement in the manipulation conducted by the National Socialists, which today tarnishes his image as the leading state theorist of his era. Therefore, we cannot forego analysing modern state practice.

How does all this enable modern political science to develop a contemporary understanding of the state? This series of publications does not only address this question to (political) philosophers, but also, and above all, students of humanities and social sciences. The works it contains therefore acquaint the reader with the general debate, on the one hand, and present their research findings clearly and informatively, not to mention incisively and bluntly, on the other. In this way, the reader is ushered directly into the problem of understanding the state.

Prof. Dr. Rüdiger Voigt

Vorwort

Helmut Ridders verfassungsrechtliche und politische Ideen wirken zu einem guten Teil so frisch und provokant wie zu ihrer Entstehungszeit. Sie haben uns heute, angesichts einer Umbruchphase hin zu einer sozialökologisch organisierten Gesellschaft, mehr denn je etwas mitzuteilen – über die blinden Flecken der Staatsrechtslehre, die Neigung der Deutschen, immer „Recht" (und Rechts*staat*) haben zu wollen, das Demokratiedefizit der gelebten deutschen Verfassung und die meist unbegründete Verehrung des Status quo in der Rechtswissenschaft und Rechtspraxis. Der Fixstern einer demokratischen *Gesamtverfassung* der Gesellschaft, die erst zukünftig noch zu verwirklichen wäre, hält Ridders enorm umfangreiches Werk dabei zusammen.

Dieses Buch geht auf einen Workshop zurück, den wir im Juli 2019 zu Ehren von Helmut Ridders 100. Geburtstag an der Freien Universität Berlin veranstaltet haben. Dessen Erfolg hat unseren Entschluss leichter gemacht, es mit einer Publikation zu versuchen, die Helmut Ridders nach unserer Überzeugung wieder zunehmende Bedeutung als Rechtswissenschaftler endlich für eine größere Öffentlichkeit kenntlich macht.

Die Zielgruppen dieses Buches sind folglich Jurist:innen und politisch Interessierte aller Schattierungen und Berufe, insbesondere im öffentlichen Recht, und darunter ganz besonders die Jüngeren. Denn von Ridder kann man Ähnliches behaupten, was dessen Seminarist:innen gern von Ernst Bloch, dem Philosophen des Prinzips Hoffnung, sagten: Er wurde eigentlich immer jünger. Das gilt ebenso für sein (gelegentlich verkanntes) Werk, das man mit seinen eigenen Worten als polemisch und sachlich zugleich bezeichnen kann.

Unser Dank gilt den Teilnehmenden des Workshops und insbesondere den Verfasser:innen der nachfolgenden Beiträge. Außerdem danken wir Merle Theinert und Benjamin Hautmann für ihre Unterstützung bei der Redaktion und Friedrich-Martin Balzer, der mit seiner unermüdlichen Arbeit an der Gesamtausgabe sämtlicher Schriften Ridders den Zugang zu diesen erheblich erleichtert hat. Möge dieses Büchlein dazu anstiften, das Werk seines Protagonisten erstmals oder wieder zu lesen und eine Fülle anregender Gedanken zu entdecken!

Frankfurt am Main und Berlin, im Oktober 2021

Isabel Feichtner & Tim Wihl

Inhaltsverzeichnis

Vorwort   7

Isabel Feichtner
Helmut Ridder, gesellschaftskritische Rechtswissenschaft und die
demokratische Gesamtverfassung. Eine Einleitung   11

Alexandra Kemmerer
Der katholische Helmut Ridder.
Ausgangspunkte einer Spurensuche   37

Ulrich K. Preuß
Ridders Konzept des grundgesetzlichen Demokratieprinzips   65

Andreas Engelmann
Verfassungspositivismus als widerständige Haltung.
Zu Helmut Ridders „Methode" der Verfassungsinterpretation   87

Tim Wihl
Streitbare Demokratie – aber welche?
Über die Aktualität von Helmut Ridders Ablehnung einer
verfassungsrechtlichen Legitimität   99

John Philipp Thurn
Ideologiekritische Prozessführung für die demokratische Verfassung.
Ridder gegen den Radikalenbeschluss   117

Ino Augsberg
Inpersonale Grundrechte   139

Tarik Tabbara
Helmut Ridders Konzeption der öffentlichen Meinungsfreiheit und ihr
Verhältnis zur Selbst-Regierung   163

Karl-Heinz Ladeur
Helmut Ridders Konzeption der Meinungsfreiheit als Prozessgrundrecht
und ihre Bedeutung für den Wandel der Medienordnung   183

Isabell Hensel
Gewerkschaft als kollektiver Prozess:
Helmut Ridders Plädoyer für mehr Bewegung in der Tarifpolitik   207

Fabian Thiel
Sozialisierung 231

Cara Röhner
Helmut Ridder und das Bundesverfassungsgericht.
Von einer Institutionenkritik zur demokratischen
Grundrechtsinterpretation 255

Autor:innenverzeichnis 273

europäischen Integration beschäftigt sich dieser Band nicht.[11] Ich erwähne sie, weil ich meine, dass sie wichtige Anhaltspunkte für eine historische Kontextualisierung aktueller Debatten in der Europarechtswissenschaft über polnische Rechtstaatlichkeitsdefizite bieten könnten.

2. Ridder – politischer Professor und demokratischer Rechtswissenschaftler

Ridder war nicht nur ein kritischer Rechtswissenschaftler, Rechtslehrer, -anwalt und Herausgeber,[12] sondern auch ein öffentlicher Intellektueller, der in gesellschaftlichen Debatten dezidiert Stellung bezog – immer in Verteidigung von Demokratie und Demokratisierung und für die Sicherung des Friedens.[13] Er war kein Mitglied einer Partei. „Ridder zählte zu den ‚Linken'" – so seine Schüler Dieter Deiseroth und Christoph Müller – „war aber weder Marxist noch Sozialist".[14] Er verstand sich selbst als Liberalen. Dass er dennoch zu „den Linken" gezählt wurde, liegt daran, dass er vehement gegen „restaurative Tendenzen" ankämpfte, gegen Bemühungen in Staatsrechtslehre, Rechtsprechung und Politik, die Demokratisierungsgebote der Verfassung zu ignorieren, weg-zu-interpretieren und Möglichkeiten zur Demokratisierung der Gesellschaft zu verschließen.[15] Und dass er in diesem Kampf – wie viele nach seinem Tode betonten – ein verlässlicher Ratgeber der deutschen Linken und der Gewerkschaften war, die von diesen Bemühungen direkt betroffen waren. Er sei ihr Partner gewesen, aber nicht ihr Kumpan;[16] denn er wandte sich ebenso scharf gegen antidemokratische Tendenzen der Linken. Im Nachruf der Frankfurter Allgemeinen Zeitung heißt es, dass er in seiner Radikalität zuweilen sogar die

---

11 Schriften zu Polen in *Balzer* (Hrsg.) 2019, Bd. 5.
12 Ridder war Mitherausgeber der Zeitschrift Neue Politische Literatur, der Blätter für deutsche und internationale Politik, einer Zeitschrift, die auch in der DDR weit verbreitet war, und der Zeitschrift Demokratie und Recht.
13 Für biographische Skizzen s. *Derleder/Deiseroth* 1999, *Koch* 2010 und die von Friedrich-Martin Balzer zusammengestellten Nachrufe und Gratulationen in *ders.* (Hrsg.) 2019a und 2019b.
14 *Deiseroth/Müller* 2007, zitiert nach *Balzer* (Hrsg.) 2019b, S. 27.
15 Ridder in einer Fußnote zu „rechts", „links" und „Mitte": „Daß es in der Demokratie keine politische ‚Mitte' geben kann, ist dadurch bedingt, daß der politische Prozeß in ihr nur für oder gegen den demokratischen Fortschritt geführt werden kann. Mit einigem Vorbehalt und sehr pauschal lassen sich zur Bezeichnung dieser beiden Richtungen die traditionellen Ausdrücke ‚links' und ‚rechts' verwenden, wenn man sich zusätzlich darüber im klaren bleibt, daß die Selbstinterpretation ‚Linker' und ‚Rechter' sehr mangelhaft sein und ein und dieselbe politische Gruppierung, bezogen auf einzelne Gegenstandspolitiken, zugleich ‚rechte' und ‚linke' Positionen einnehmen kann. Was aber ‚Mitte' sein will, ist immer ‚rechts' (und bewegt sich auch nach ‚rechts'). *Bakunins* Definition des ‚juste milieu' hat den ‚rechten' Ort der ‚Mitte' ein für allemal mit unübertrefflich plastischer Deutlichkeit bestimmt: Wenn zweimal zwei = vier ‚links' und zweimal zwei = sechs ‚rechts' ist, dann ist zweimal zwei = fünf auch ‚rechts'." *Ridder* 1975, S. 163, Fn. 58.
16 *Ridder/Fülberth* 1994, zitiert nach *Balz*er (Hrsg.) 2019, Bd. 5, S. 339.

Kommunisten überholt habe, so als er ihnen riet, keine neue Partei – die Deutsche Kommunistische Partei – zu gründen, sondern stattdessen lieber für eine Legalisierung der verbotenen Kommunistischen Partei Deutschlands (KPD) zu kämpfen.[17] Ich möchte im Folgenden einen kurzen Einblick in seine Praxis geben, als Anwalt und Aktivist sowie als Lehrer, bevor ich mich seinem Verständnis von Rechtswissenschaft und der „gesellschaftlichen Aufgabe des Juristen"[18] zuwende.

2.1. Anwalt und Aktivist

Nicht nur in der Universität, sondern auch außerhalb trat Ridder als Anwalt und Aktivist für Demokratie und Frieden ein. Dass er dabei die Rationalitätsansprüche der Wissenschaft nie aufgab, machte ihn – so Karl-Heinz Ladeur – zu einem politischen Wissenschaftler.[19]

Häufig betätigte sich Ridder als Rechtsanwalt in politisch wichtigen rechtlichen Kontroversen, so 1959 im Verfahren vor dem BVerfG gegen das in § 1628 BGB niedergelegte Letztentscheidungsrecht von Vätern in Erziehungsfragen (sog. väterlicher Stichentscheid) und in den 1970ern in Prozessen gegen Berufsverbote für Kommunisten. Letztere bezeichnete er als Demokratieverbote, da sie die Kommunikations- und Vereinigungsfreiheiten missachteten und damit demokratische Rechte suspendierten (über die Berufsverbotsverfahren schreibt John Philipp Thurn, den Kommunikationsfreiheiten widmen sich Tarik Tabbara und Karl-Heinz Ladeur in diesem Band). Er schrieb Gutachten zur verfassungsrechtlichen Stellung der Gewerkschaften (dazu Isabell Hensel in diesem Band) und dem politischen Mandat der Studentenschaft. In den 1950ern war er ein Kritiker des politischen Strafrechts, des „westdeutschen McCarthyismus,"[20] in den 1960ern war er im Kuratorium Notstand der Demokratie gegen die Notstandsgesetze aktiv[21] (zu beidem Tim Wihl in diesem Band).

Von der Gründung 1968 bis zu seinem Tod war er Mitglied des Bundes demokratischer Wissenschaftlerinnen und Wissenschaftler, 1972-1974 zusammen mit Walter Jens und Reinhard Kühnl Teil dessen Engeren Vorstands, und intervenierte in dieser Funktion in Debatten über die Demokratisierung der Hochschulen. Als Initiator und Mitglied des Krefelder Forums „Der Atomtod bedroht uns alle" kritisierte Ridder die Entscheidung der NATO von 1979 in Deutschland Mittelstreckenraketen zu stationieren und rief er Anfang der 1980er Jahre zu neuen Ostermärschen auf. Als eine seiner letzten öffentlichen Meinungsäußerungen unterzeichnete er eine Protest-

---

17 *Jäger* 2007.
18 *Ridder* 1971, S. 371 ff.
19 *Ladeur* 2007.
20 *Deiseroth/Müller* 2007, S. 30.
21 *Ridder et al.* 1967.

erklärung von Völker- und Verfassungsrechtler:innen gegen die NATO-Intervention ohne UN-Mandat im Jugoslawienkrieg.[22] Der „katholische Ridder" (die Bedeutung dieser Bezeichnung untersucht Alexandra Kemmerer in diesem Band) war Mitglied der Berliner Konferenz Europäischer Katholiken. Außerdem war Ridder Teil der Deutsch-Polnischen Gesellschaft, die vom Sozialisten und Antifaschisten Walter Fabian gegründet worden war, und wurde 1977 ihr Präsident. 1983 wurde ihm die Ehrendoktorwürde der Universität Łódź und 1988 der Universität Jena verliehen – ungewöhnliche Auszeichnungen für einen westdeutschen Rechtswissenschaftler, die er seinen vielfältigen Brückenschlägen verdankt.[23]

2.2. Forschender Lehrer

Ridder unterrichtete nicht nur an Universitäten, sondern auch an der Frankfurter Akademie der Arbeit, einer gewerkschaftlichen Bildungseinrichtung, und in den „Bad Wildunger Lehrgängen" für Lehrerfortbildung. Sein „Leitfaden zu den Grundrechten einer demokratischen Verfassung", so der Untertitel von „Die soziale Ordnung des Grundgesetzes", beruht auch auf diesen Lehrerfahrungen.[24] Nach Stationen als Professor in Frankfurt und Bonn wurde er 1965 an die Justus-Liebig-Universität Gießen berufen. Dort spielte er eine wichtige Rolle in der Ausgestaltung der wieder eingerichteten und reformierten rechtswissenschaftlichen Ausbildung, die durch den damaligen hessischen Ministerpräsidenten Georg-August Zinn gefördert wurde. Das „Gießener Modell" war durch Interdisziplinarität und Kleingruppenarbeit gekennzeichnet und sollte insbesondere auch auf die Bedürfnisse von Arbeiterkindern zugeschnitten sein.[25] Ridder verstand sich nicht als Staatsrechtler, sondern als Verfassungs- und Öffentlichrechtler. Aus der Vereinigung deutscher Staatsrechtslehrer, über die er schrieb, sie sei „zur heteronomen Beiladung des konkreten politischen Systems" degeneriert,[26] trat er aus.

Die Denomination von Ridders Professur in Gießen war „Öffentliches Recht und Wissenschaft von der Politik". Ridder ging davon aus, dass solche Professuren sich in Zukunft wegen der Bedeutung interdisziplinärer Forschung in der Rechtswissenschaft vervielfältigen würden, eine Annahme, die sich bis heute nicht verwirklicht hat.[27] Sein Nachfolger Brun-Otto Bryde erinnert sich, dass Ridder dafür sorgte, dass seine Student:innen die Universität nicht als politische Analphabeten verließen. Außergewöhnlich viele Absolvent:innen des Gießener Fachbereichs Rechtswissen-

---

22 *Balzer* 2007, zitiert nach *ders.* (Hrsg.) 2019b, S. 51.
23 Zu Ridders Brückenschlägen zur Rechtswissenschaft in der DDR: *Ridder* 1992.
24 *Ridder* 1975, S. 10.
25 *Derleder/Deiseroth* 1999, S. 259.
26 *Ridder* 1981, zitiert nach *Deiseroth et al.* (Hrsg.) 2010, S. 477.
27 *Bryde* 2007, S. 8.

schaft bekleideten später hohe öffentliche Ämter, darunter der heutige Bundespräsident Frank-Walter Steinmeier wie auch die ehemalige Justizministerin Brigitte Zypries. Bryde sieht das auch als Ergebnis „der von Helmut Ridder begründeten Tradition eines Jurastudiums im Bewusstsein der öffentlichen Verantwortung des Juristen".[28] Viele haben bemerkt, dass er eine wichtige Figur für junge kritische Jurist:innen war, ähnlich wie Wolfgang Abendroth in Marburg und der jüngere Rudolf Wiethölter in Frankfurt am Main. An seiner Professur habe Ridder ein „einzigartig kommunikatives Klima" geschaffen, mit fester Kaffeepause um 16 Uhr und Schokoladentorte an Geburtstagen, so erinnert sich sein Schüler Klaus Thommes.[29] Sein Seminar am Montagabend war ein feststehender Termin und wurde nicht nur von Gießener Student:innen besucht. Auch hier bieten sich Vergleiche mit den Seminaren Abendroths und Wiethölters an. Ridders Lehrveranstaltungen ermöglichten „Teilhabe am Prozess der Forschung." Sie waren „lebendiges Beispiel dafür, was Universität – die Verbindung von Forschung und Lehre – sein kann. Nicht der müde Abklatsch des immer wieder selben, die möglichst unaufwendige Erledigung der lästigen Lehre, sondern die u.U. grimmige Auseinandersetzung um wissenschaftliche Wahrheit."[30]

Ridder bestand darauf, dass wissenschaftlicher Fortschritt von der Kooperation zwischen Professor:innen und Student:innen abhänge, zwischen älteren und jüngeren Wissenschaftler:innen.[31] Georg Fülberth, Politikwissenschaftler und wie Ridder Mitglied des Bundes demokratischer Wissenschaftlerinnen und Wissenschaftler, notiert drei Kriterien Ridders für die Wissenschaft.[32] Das erste: Demokratie. Wissenschaft sollte demokratisch organisiert sein. Je nach Kompetenz sollte sich jede und jeder an wissenschaftlicher Arbeit beteiligen können. Das zweite: Freiheit der Wissenschaft. Ridder wandte sich gegen die Ordinarienuniversität, hielt aber die Lehrstuhlinhaber nicht für die größte Bedrohung der Wissenschaftsfreiheit. Er fürchtete, dass diejenigen, die nach dem Staat riefen und ihn immer mehr in die Universität eingreifen ließen, diesen nicht mehr loswürden. Außerdem würde auf den Staat „der Investor" folgen und die Freiheit der Wissenschaft gefährden. Mag er sich in seiner Einschätzung der Entwicklung interdisziplinärer Professuren geirrt haben, so lag er mit dieser Vorhersage richtig. Das dritte Kriterium: die Wissenschaftlichkeit selbst. Ridder habe keine wissenschaftlichen Ungenauigkeiten aus Gründen des politischen Opportunismus gelten lassen.

---

28 *Bryde* 2007, S. 10.
29 *Thommes* 1999, zitiert nach *Balzer* (Hrsg.) 2019a, S. 20.
30 Ebd.
31 *Szymczak* 1988, zitiert nach *Balzer* (Hrsg.) 2019a, S. 5.
32 *Fülberth* 2007, zitiert nach *Balzer* (Hrsg.) 2019b, S. 11; s.a. *Ridder* 1975, S. 134 ff.

2.3. Gesellschaftskritischer Rechtswissenschaftler

Für den Liberalen Ridder ist Recht, sind Normen, sowohl des Verfassungs- als auch des einfachen Gesetzesrechts, von wesentlicher Bedeutung für eine Strukturierung und Demokratisierung von Gesellschaft, die Freiheit erst ermöglicht. Verfassungsrecht ist für ihn „weder ungebrochene Widerspiegelung vorfindlicher sozialökonomischer Gruppen- und Klasseninteressen, noch leere Form [...], die willkürlich mit politischem (‚rechtem' oder ‚linkem') Inhalt gefüllt werden kann."[33] Ridder gehörte nicht zu denjenigen – das betonte er – die Recht als, letztlich zu überwindendes, Herrschaftsinstrument betrachteten.[34]

Sein Insistieren auf der Bedeutung von Recht für eine Demokratisierung der Gesellschaft und auf der Möglichkeit gesellschaftskritischer und demokratischer Jurisprudenz mag heutigen Student:innen der Rechtswissenschaft nicht unmittelbar einleuchten. Im Kontext der späten 1960er und frühen 1970er Jahre wird es verständlich. Während die heutige Generation der Fridays for Future-Proteste große Hoffnungen in die transformative Kraft nicht nur der Wissenschaft, sondern auch des Rechts, z. B. in Form von Klimaklagen, setzt, galt zu Zeiten der 1968er-Studentenproteste die „Losung [...], daß die Jurisprudenz kein Studienfach für demokratisch engagierte Studenten sein kann".[35] Ridder widerspricht der dieser Losung zugrunde liegenden Auffassung, „daß Juristen par excellence systemaffirmative Stabilisierer sind," wenn er auch die „unwissenschaftliche Juristenausbildung" beklagt, „die ein mittleres Maß an Technik und ganze Waschkörbe an Ideologie vermittelt".[36] Er wendet sich außerdem gegen diejenigen, die den Sinn des Jurastudiums im Erwerb von Herrschaftswissen sehen – eine Position, die in den 1960ern und 1970ern unter kritischen Jurist:innen verbreitet war – und gegen den kritischen Juristen, welcher „in der Jurisprudenz bestenfalls ein Mittel sieht, das man in Einzelfällen der Strafverteidigung usw. in einem Zustand bewußter Schizophrenie anwenden könne". Ein solcher Jurist sei nicht gesellschaftskritisch, sondern ein „Okkasionalist."[37] Ridders Mahnung, kritische Jurisprudenz nicht mit einer Instrumentalisierung des Rechts für politische Zwecke zu verwechseln, gewinnt heute wieder an Aktualität. Denn es ist zu beobachten, wie „kritische Jurist:innen" zu Verteidiger:innen der „freiheitlich demokratischen Grundordnung"[38] werden und in ihrem Kampf „gegen

---

33 *Ridder/Ladeur* 1972, S. 21.
34 Instruktiv hierzu die Kontroverse zwischen Ridder und Preuß anlässlich der Debatte über einen Zusammenschluss gesellschaftskritischer Juristen, die zur Gründung der Vereinigung demokratischer Juristen im März 1972 führte: *Ridder* 1971; *Preuß* 1971; *Ladeur/Ridder* 1972.
35 *Ridder* 1971, S. 375.
36 *Ridder* 1971, S. 373.
37 *Ridder* 1971, S. 375.
38 Für Ridders Kritik am Konzept der freiheitlich demokratischen Grundordnung: *Ridder* 1975, S. 54 ff.

rechts" nach dem staatlichen Einsatz repressiver Mittel wie der von Ridder kritisierten „Demokratieverbote" rufen (siehe Wihl in diesem Band).

Worin sieht Ridder dann die Aufgaben einer gesellschaftskritischen Juristin, die das Recht nicht lediglich als Herrschaftsinstrument betrachtet, und deren Kritik sich nicht in rechtspolitischen Äußerungen darüber erschöpft, welches der „bessere" Inhalt von Normen sei?[39] Ridder benennt insbesondere zwei Aufgaben. Zum einen ist das die „Bremsfunktion des kritischen Juristen gegenüber Adaptionsreformismus."[40] Die gesellschaftskritische Juristin „kann, sei es beratend, sei es in der Rechtsprechung, sei es rechtspolitisch, sei es akademisch, ein Bremsfaktor von nicht geringer Tragweite in dem Prozess der Abwanderung nach rechts sein."[41] Hier liegen Parallelen zu den Arbeiten Wolfgang Abendroths. Ridder und Abendroth teilen ein Verfassungskonzept, das die Verfassung als politischen Kompromiss versteht, der über den *Status quo* hinaus- und auf eine demokratische Zukunft verweist (dazu noch unten). Jurist:innen sollen die von ihnen beherrschten „normativen Techniken", insbesondere der Auslegung, dazu einsetzen, die Demokratisierungspotentiale des Rechts zu schützen. Sie sollen die Normen der Verfassung davor bewahren, an die Verfassungswirklichkeit angeglichen und zu einer Apologie der bestehenden Macht- und Besitzverhältnisse zu werden. Diese gesellschaftskritische Aufgabe setze, so Ridder, die Bereitschaft voraus, sich dem „Risiko der ‚Mitarbeit' auszusetzen."[42] In diesem Zusammenhang ist auch die Beobachtung bedeutsam, dass Jurist:innen heute zunehmend unterschiedlichen sozialen Klassen und Gruppen angehören. Wird die Jurisprudenz diverser, dann wird auch die Aussage, dass sie notwendig und ausschließlich die Interessen der herrschenden Kasse vertrete, immer fragwürdiger.[43] Um aber die Chance der größeren Diversität von Jurist:innen für eine Rechtsauslegung, die Demokratisierungspotentiale wahrt, zu verwirklichen, muss die juristische Ausbildung den Student:innen das demokratische und freiheitsermöglichende Potential der Verfassung und der Rechtsform vermitteln.

Die zweite Aufgabe gesellschaftskritischer Jurist:innen sieht Ridder in der sozialwissenschaftlichen Aufarbeitung von Rechtsentwicklungen und „Reformphänomenen". Ridder nennt als Beispiel die Geschichte der Notstandsverfassung- und -gesetzgebung als „Krisenmanagement des ideologisch um die ‚freie Marktwirtschaft' zentrierenden Herrschaftssystems", das „auf Wachstum und zunehmend damit auf mehr Störungsfreiheit angewiesen" sei.[44] Eine weitere Entwicklung, von der Ridder beklagt, dass sie „noch nicht als Tätigkeitsfeld gesellschaftskritischer Juristen erkannt" worden sei, sei das „europäische Integrationsunternehmen" mit seinem „Qua-

---

39 *Ridder* 1989, zitiert nach *Balzer* (Hrsg.) 2019, Bd. 5, S. 32-35.
40 *Ridder* 1971, S. 375.
41 *Ridder* 1971, S. 374, 375.
42 *Ridder* 1971, S. 377.
43 *Ridder/Ladeur* 1972, S. 19.
44 *Ridder* 1971, S. 375.

sinichts von parlamentarischer Kontrolle und Transparenz des Zustandekommens rechtsverbindlicher Entscheidungen."[45]

Eine Rechtswissenschaft, die, wie von Ridder gefordert, Rechtsentwicklungen in ihrem sozialökonomischen Kontext untersucht und ihre Demokratieverhinderungen und Verteilungswirkungen aufzeigt, muss Sozialwissenschaft sein. Sie ist Sozialwissenschaft „mit besonderen Voraussetzungen und Anforderungen wegen der ihren Gegenstand bildenden sozialen Realität, vor allem der sozialen Realität der Norm."[46] In einer Würdigung Abendroths sieht Ridder die Anfeindungen gegen Abendroth auch in diesem Verständnis von Rechtswissenschaft als Sozialwissenschaft begründet.[47] Denn von den „Gralshütern der Juristenausbildung" werde eine solche Rechtswissenschaft als gefährlich empfunden, da sie das „heimliche Leitbild des unaufgeklärten, politische Scheuklappen tragenden Juristen, des Juristen, der an das überlieferte antidemokratische Traditionsgut gekettet ist", bedrohe.[48] Rechtswissenschaft muss also verwissenschaftlicht werden, damit sie gesellschaftskritisch werden kann. Dabei habe „Verwissenschaftlichung […] nicht in einem sozialwissenschaftlichen Anklatsch, sondern in dem Hineinwachsen der Jurisprudenz in die Einheit zunächst der Sozialwissenschaften, demnächst der Wissenschaft überhaupt zu bestehen."[49]

Beißend ist Ridders Kritik an postmoderner Theorie und insbesondere der Systemtheorie. Für Ridder ist eine Rechtswissenschaft als Sozialwissenschaft, die die demokratische Normativität der Verfassung und den Text des parlamentarischen Gesetzes gegen Systemstabilisierer verteidigt und antidemokratische Reformphänomene als solche entlarvt, nicht mit der „,systemtheoretisch' angelassene[n] ,postmoderne[n]' Rechtstheorie" vereinbar. Er wirft dieser vor, „vorauseilend die Normen mit der ,Wirklichkeit' [zu] identifizier[en]."[50] Sie so ihrer Normativität zu berauben und damit auch das moderne Projekt der Aufklärung aufzugeben.[51] Ridder geht sogar so weit, eine „Funktionsähnlichkeit" zwischen postmoderner Rechtstheorie und der Rechtswissenschaft des Dritten Reichs „trotz des ungleich höheren intellektuellen Anspruchs" ersterer zu konstatieren.[52] Diese Kritik erstaunt aus heutiger Sicht in ihrer Schärfe und Pauschalität. Sind es doch gerade auch Erkenntnisse der Systemtheorie verarbeitende Rechtswissenschaftler, wie Gunther Teubner oder

---

45 *Ridder* 1971, S. 377.
46 *Ridder* 1985, zitiert nach *Balzer et al.* (Hrsg.) 2001, S. 88.
47 Das Verständnis von Rechtswissenschaft als Sozialwissenschaft teilt er nicht nur mit Abendroth, sondern wiederum auch mit Rudolf Wiethölter.
48 *Ridder* 1985, S. 88, 89.
49 *Ridder* 1971, S. 374.
50 *Ridder* 1989, S. 34, 35.
51 Ridder sagt von sich selbst, er sei ein „besten Gewissens bei der Aufklärung stehen gebliebener Wissenschaftler, der sich vom ,postmodern' einebnenden Lärm der Systemtheorie nicht um den Verstand bringen und in die Prämodernität zurückversetzen lassen will": *Ridder* 1993, zitiert nach *Balzer* (Hrsg.) 2019, S. 725.
52 *Ridder* 1989, S. 35.

Rudolf Wiethölter, deren rechtswissenschaftliche Arbeiten dem von Ridder formulierten Anspruch der Verwissenschaftlichung gerecht werden, durchaus normativ zu lesen und keinesfalls Apologie der bestehenden Verhältnisse sind. So hat Teubner kürzlich Ridders Konzept der inpersonalen Grundrechte (hierzu Ino Augsberg in diesem Band) für eine Weiterentwicklung von Christoph Menkes Konzept der „Gegenrechte"[53] fruchtbar gemacht.[54]

Relevant bleiben für mich folgende drei Anforderungen Ridders an die Rechtswissenschaft: Erstens, dass es Aufgabe einer gesellschaftskritischen Rechtswissenschaft sein sollte, die demokratische Normativität des Rechts und sein transformatives Potential herauszuarbeiten. Dass die Rechtswissenschaft, um dieser Aufgabe nachkommen zu können, zweitens verwissenschaftlicht werden muss, wobei sich die Frage stellt, auf welche sozialwissenschaftlichen Angebote dieses Projekt heute aufbauen kann (darauf werde ich gleich zurückkommen). Und dass sie drittens von den bestehenden Verhältnissen ausgehen, d.h. realisierbare Transformationspfade aufzeigen sollte,[55] was angesichts der seit den 1970ern stetig ausgebauten Demokratieverhinderungen durch Recht (auf die ich ebenfalls noch zu sprechen komme) eine große Herausforderung darstellt.

3. Demokratische Gesamtverfassung

Ridders Verfassungs-, Demokratie- und Freiheitsverständnis ist heute in zweifacher Hinsicht von besonderer Relevanz. Zum einen könnte Ridders Konzept der demokratischen Gesamtverfassung sowohl wieder auflebende Debatten über eine Demokratisierung der Wirtschaft als auch, worauf Ulrich Preuß in diesem Band hinweist, Diskussionen um Demokratiedefizit und Demokratisierungsmöglichkeiten der Europäischen Union informieren.[56] Zum anderen zeigt Ridder, wie ein Freiheitsverständnis, das anerkennt, dass Freiheit nur in Beziehung möglich, also gesellschaftlich zu verstehen ist, in der Grundrechtsinterpretation operationalisiert werden kann.

Ridder zufolge gebietet das Grundgesetz eine Demokratisierung der Gesellschaft, weshalb er es auch als demokratische Gesamtverfassung bezeichnet, und dienen die Grundrechte vor allem der Ermöglichung (und nicht nur dem Schutz) von Freiheit. Es ist dieses Verfassungsverständnis, das seine oben dargelegte Auffassung von der gesellschaftlichen Aufgabe der Juristin inspiriert. Im Folgenden erläutere ich zunächst kurz Ridders Verfassungs- und Freiheitsverständnis und lege dann dar, warum Ridder in der Norminterpretation und -anwendung im Sinne eines auf-

---

53 *Menke* 2018.
54 *Teubner* 2018.
55 *Ridder/Ladeur* 1972.
56 Hierzu auch *Feichtner* 2020a.

geklärten Positivismus (hierzu Andreas Engelmann und Ulrich Preuß in diesem Band) nicht nur eine demokratische Praxis, sondern auch eine Aufgabe kritischer Rechts*wissenschaft* sieht.

3.1. Ridders Verfassungs- und Freiheitsverständnis

Für Ridder ist das Grundgesetz eine „demokratische Gesamtverfassung".[57] Es ist eine Verfassung, die mit der Verpflichtung auf einen demokratischen und sozialen Staat in Art. 20 Abs. 1 GG ein Demokratisierungsgebot enthält, das sich auf die ganze Gesellschaft erstreckt. Es fordert

> „die gleichschrittliche Entfaltung von Demokratie in der ‚staatlichen' und in der ‚gesellschaftlichen' Sphäre, die beide unter der sie ordnenden Verfassung stehen, aber vom Recht in der Weise unterschiedlich ausgerüstet bleiben, daß ‚Kompetenz' (zu rechtsverbindlichen Entscheidungen) das Signum der ‚staatlichen' und ‚Freiheit' das Signum der ‚gesellschaftlichen' Sphäre ist."[58]

Ridder leitet also aus dem Grundgesetz nicht nur das Gebot ab, dass die Ausübung staatlicher Kompetenzen demokratisch sein muss, sondern auch einen Auftrag, die Gesellschaft zu demokratisieren – und Gesellschaft schließt für Ridder immer das soziale Feld der Wirtschaft mit ein. Er wendet sich damit gegen ein dualistisches Verständnis von Staat und Gesellschaft. Er schreibt, wie auch Rudolf Wiethölter[59] und Wolfgang Abendroth[60], gegen restaurative Tendenzen in Rechtslehre und Rechtswissenschaft an, die Staat und Gesellschaft als getrennte Sphären darstellen und damit zugleich die Gesellschaft als privat, unpolitisch und nicht dem Demokratisierungsgebot unterfallend. Während die Gesellschaft demokratisiert werden muss, muss der Staat als gesellschaftlicher (sozialer) Staat konzipiert werden. Das heißt als ein Staat, dem über die ihm durch die Verfassung gewährten Kompetenzen keine weiteren und insbesondere kein „Gewaltmonopol" zukommen.[61]

Den Dualismus von Staat und Gesellschaft, genauer die „theoretische Ausbildung"[62] dieses Dualismus, verortet Ridder im Verfassungsverständnis des späten 19. Jahrhunderts. In einer Formulierung Ridders spaltete dieser Dualismus „das Politicum bis zur Wurzelspitze":[63]

> „In der ‚staatlichen' Sphäre dominierten die traditionellen, dem monarchischen Prinzip verhafteten Kräfte [...]; in der ‚gesellschaftlichen' Sphäre dominierten die dem ‚staatli-

---

57 *Ridder* 1975, S. 35 ff.
58 *Ridder* 1975, S. 48.
59 *Wiethölter* 1967; ders. 1968.
60 *Abendroth* 1954; 1974.
61 *Ridder/Fülberth* 1994, S. 349, 350.
62 *Ridder* 1975, S. 36.
63 Ebd.

chen' Zugriff durch Einsatz der ‚negatorisch' (= antistaatlich) konzipierten Grundrechte entzogenen, auf den vorhandenen und expandierenden Besitzständen aufruhenden Kräfte."[64]

Obwohl im parlamentarischen Regierungssystem „obsolet",[65] wirkt dieses Verfassungsverständnis fort, qualifiziert es die Gesellschaft, einschließlich der Wirtschaft, als privat und nimmt sie so von „der Zugriffsgewalt des exekutivisch, aber auch legislatorisch handelnden ‚Staats'" aus.[66] Die „politische Relevanz der wirtschaftlichen Produktionsverhältnisse" bleibt dabei außer Acht.[67] Im 19. Jahrhundert diente die so konzipierte Verfassung insbesondere dazu, die Macht des Monarchen (= des Staats) zu begrenzen und die Freiheitssphäre des Bürgertums (= der Gesellschaft) zu schützen. Eine Verfassungsinterpretation, die auch nach dem Wechsel zum parlamentarischen Regierungssystem weiter an dieser Trennung von Staat und Gesellschaft festhält, konsolidiert Machtverhältnisse und verhindert Demokratisierung.

Grundrechte in der Demokratie haben nach Ridder vor allem die Funktion, Freiheit zu bewirken. Er grenzt sich damit von einem Grundrechtsverständnis ab, das er als „freiheitstotalitär" bezeichnet und das Grundrechte primär als subjektive Abwehrrechte gegen den Staat interpretiert. Für Ridder bewirken Grundrechte Freiheit, indem sie Gesellschaft „rechtlich organisieren".[68] Herstellung von Sozialität, die individuelle und kollektive Selbstbestimmung ermöglicht, ist es dann auch, was Ridder unter Demokratisierung der Gesellschaft, d. h. unterschiedlicher gesellschaftlicher Sphären, wie der Wirtschaft, der Wissenschaft, der Kunst, versteht. Solche „Vergesellschaftung" ist notwendig, um Freiheit zu bewirken, denn „a-soziale" Freiheit ist eine Unmöglichkeit, ein „interplanetarisches Hirngespinst": „Demokratie ist das Selbstbestimmungsverfahren, das konkret die Freiheit der Menschen, nämlich der gesellschaftlichen, bewirkt".[69] Ridder hat dabei durchaus im Blick, dass Demokratisierung je nach gesellschaftlicher Sphäre auf unterschiedliche Art, also gesellschaftsadäquat, zu bewirken und abzusichern ist.

Das BVerfG kritisiert Ridder unter anderem deshalb so scharf (hierzu Cara Röhner in diesem Band), weil es – zusammen mit großen Teilen der Rechtswissenschaft – insbesondere durch seine vom Wortlaut des Grundgesetzes nicht gedeckten Grundrechtsinterpretationen, die von der Verfassung gebotene Demokratisierung verhindere. Weil es die Verfassung immer mehr an die Verfassungswirklichkeit angleiche und so die bestehenden Herrschafts- und Besitzverhältnisse stabilisiere. Immer stärker polemisierte Ridder im Laufe der Zeit gegen die Etablierung einer Über-Verfassung durch das BVerfG, seine den Gesetzgeber rechtlich bindenden Konstruktionen einer

---

64 *Ridder* 1975, S. 15.
65 *Ridder* 1975, S. 35.
66 Ebd.
67 *Ridder* 1975, S. 35 f.
68 *Ridder* 1975, S. 76 f.
69 *Ridder* 1975, S. 60.

Werteordnung der Verfassung, der Abwägung und Verhältnismäßigkeit. In einem Interview, das Georg Fülberth mit ihm nach seiner Emeritierung führte, vergleicht Ridder die demokratieverhindernde Funktion des BVerfG mit der „monarchischen Nebenverfassung" in Art. 48 Weimarer Reichsverfassung (WRV).[70]

3.2. Die wissenschaftliche Grundlage von Ridders Verfassungsverständnis

Die, von Ridder als aufgeklärt positivistisch[71] bezeichnete, Interpretation des Grundgesetzes als demokratische Gesamtverfassung, die er der Trennung von Staat und Gesellschaft entgegensetzt, ist historisch informiert. Sie gründet auf einem Konzept von Verfassung als politischem Kompromiss. Hier schließt Ridder an Wolfgang Abendroth an und dessen „Konzept von der Verfassung des ‚bürgerlichen Rechtsstaats' als Kompromiß in einer Lage, da sich die miteinander ringenden Klassenkräfte zu einem Verständigungsfrieden gezwungen oder mindestens nachdrücklich veranlasst sehen".[72] Von diesem Konzept habe er, Ridder, sich immer „sowohl im eigenen Ansatz bestätigt als auch bereichert und gefördert empfunden".[73]

Abendroth entwickelte dieses Konzept von Verfassung als einem politischen Kompromiss, der ein „Ensemble von ‚roten', ‚schwarzen', ‚blauen' usw. Einzelteilen"[74] ist, aus der Entstehungsgeschichte der Weimarer Reichsverfassung und übertrug es auf das Grundgesetz.[75] Dem schließt sich Ridder an. Das Grundgesetz ist auch für ihn Kompromiss; es ist weder sozialistische noch kapitalistische Verfassung und er stimmt dem BVerfG zu, wenn es feststellt, dass das GG keine wirtschaftsverfassungsrechtliche Grundentscheidung für die eine oder andere Wirtschaftsordnung enthält.[76] Die Verfassung als politischen Kompromiss zu verstehen, bedeutet für Ridder, das Verfassungsrecht als „Ansammlung von Widersprüchen" er- und anzuerkennen.[77] Das verbietet es, Widersprüche des Verfassungsrechts – etwa mit Hilfe von Prinzipien – in eine konsistente Über-Verfassung aufzulösen.[78] Letzteres, die Etablierung eines konsistenten, prinzipiengestützten Verfassungsgebäudes, ist eine beliebte Übung von BVerfG und Rechtswissenschaft. Sie hat die von Ridder

---

70 *Ridder/Fülberth* 1994, S. 347 f.
71 Als „unaufgeklärt" und damit „im engsten Sinne positivistisch" bezeichnet Ridder einen Positivismus, der geschichtliche Zusammenhänge und Machtverhältnisse außer Acht lässt (*Ridder* 1975, S. 14 und 44).
72 *Ridder* 1985, S. 90.
73 *Ridder* 1985, S. 91.
74 Ebd.
75 *Abendroth* 1954.
76 *Ridder* 1975, S. 96.
77 *Ridder* 1985, S. 91.
78 *Ridder* 1975, S. 144 ff.

kritisierte Konsequenz, Verfassung und Wirklichkeit einander anzugleichen, und ist Apologie der bestehenden Verhältnisse.[79]

Das Grundgesetz ist nicht nur politischer Kompromiss, es ist auch keine revolutionäre Verfassung. Und so füge es sich, wie Ridder häufig unterstreicht, in die deutsche antidemokratische Tradition ein. Es ist keine revolutionäre Verfassung, weil es im Auftrag der Alliierten entstanden ist. Die Verfassungsgeber befanden sich, so Ridder, in dem

> „Dilemma [...] über eine Rückkehr in die vorfaschistische Vergangenheit in die Zukunft schreiten, d.h. eine höchst spätzeitliche Reprise der parlamentarischen Demokratie in Angriff nehmen zu müssen, ohne auch nur von dem leisesten materiell revolutionären Impuls getrieben zu sein."[80]

So sei das GG zwar keine revolutionäre Verfassung, verweise aber zurück auf die demokratische Verfassung der Weimarer Republik. Auch wenn es manche demokratische Errungenschaften der Weimarer Reichsverfassung verkürzte – das GG kennt viele der sozialstaatlichen Garantien, die noch die WRV enthielt, nicht mehr – so tue es doch, was die Autoren der WRV nicht für nötig hielten: Es proklamiert mit Art. 20 Abs. 1 GG einen sozialen und demokratischen Staat und gebietet damit rechtsverbindlich die Demokratisierung von Staat und Gesellschaft. Dieses Demokratisierungsgebot der Verfassung betrachtet Ridder als „Kompensation ihrer organisatorischen und institutionellen Demokratiedefizite".[81] Das Demokratisierungsgebot der „Sozialstaatsklausel" werde zum Maßstab, an dem politische Entscheidungen und Gesetzgebung auf ihre „Tauglichkeit für die gesellschaftliche Demokratisierung" überprüft werden müssten, und „überforme" alle Grundrechte.[82]

Aufgabe der aufgeklärt positivistischen Verfassungsinterpretation ist es, die Demokratisierungspotentiale und -aufträge der Verfassung gegen diejenigen, die den Verfassungskompromiss und das Demokratisierungsgebot ignorieren und die Verfassung als Rechtfertigung des *Status quo* interpretieren, zu verteidigen. So erklärt sich nun Ridders „Empfehlung an gesellschaftskritische Juristen unter dem Stichwort ‚Positivismus' [...] es mit der Norm als einer möglichen Waffe gegen demokratieverhindernde Gesetz- und verfassungswidrige Wirklichkeiten ernst zu nehmen."[83] Durch die textorientierte Norminterpretation sollen sie – nun in den Worten Abendroths – ein Normensystem schützen, das „die Chancen zur friedlichen Transformation der Gesellschaft und damit zur Sinnerfüllung und Stabilisierung dieser eigenen

---

79 In dieser Hinsicht ähnlich ist Roberto Ungers Kritik an der rechtswissenschaftlichen Methode: *Unger* 1996.
80 *Ridder* 1975, S. 47.
81 *Ridder* 1975, S. 48.
82 *Ridder* 1975, S. 49.
83 *Ridder* 1971, S. 374.

Normenwelt bietet."[84] Es geht bei dieser Praxis auch um die „Garantie späterer Möglichkeiten".[85] Es könne, so Abendroth,

> „im stets unaufhaltbaren dialektischen Spiel zwischen Norm und Wirklichkeit von großer politisch-sozialer Bedeutung sein [...], wenn eine auch nur teilweise oder möglicherweise zeitweise gar nicht realisierte Norm wenigstens in der formellen juristischen Geltung bewahrt werden kann."[86]

Das liest sich wie gemünzt auf die aktuelle Diskussion um die Aktivierung des Entprivatisierungsgrundrechts in Art. 15 GG.

Wichtig für das Verständnis der Verfassungsrechts*wissenschaft* Ridders scheint mir schließlich eine Aussage, die er mit Blick auf Abendroth trifft, die aber gleichermaßen auf sein eigenes Werk bezogen werden kann. Es ist seine Feststellung, dass das eben dargelegte Verfassungskonzept, auf das Ridder seine Ausführungen über die Normativität des Grundgesetzes und seines Demokratisierungstelos stützt, auf einer „rechtswissenschaftlichen These" beruhe.[87] Diese kann durch historische Analyse wissenschaftlich belegt werden, ist aber auch wissenschaftlicher Kritik zugänglich. Die aus dieser wissenschaftlichen These abgeleitete Verfassungsinterpretation erhebt also den Anspruch auf Wahrheit und kann kritische Rechtswissenschaft mit kritischer Rechtspraxis nahtlos verbinden. Die gesellschaftskritische Verfassungsinterpretin wird bei Ridder zur Agentin der Aufklärung. Zurecht weist Tim Wihl in diesem Band darauf hin, dass zu der verfassungsgeschichtlichen noch eine philosophische oder gesellschaftstheoretische Grundlegung hinzukommen muss.[88] Wihl führt Ridders Verständnis von Freiheit als gesellschaftlicher Freiheit auf Hegel zurück; Anhaltspunkte für weitere Fundierungen finden sich in Alexandra Kemmerers Beitrag. Ridders Mahnung, die Widersprüchlichkeit und Offenheit der Verfassung für die Ermöglichung gesellschaftlicher Freiheit zu wahren, d.h. ihre Normativität, ihren utopischen Überschuss nicht aufzugeben, bedeutet aber auch, dass die sozialwissenschaftliche Ausfüllung der Begriffe Demokratie und Freiheit nicht fixiert sein kann. So muss das Verständnis von Freiheit-in-Beziehung, müssen Konzepte von Subjektivität und Repräsentation heute angesichts ökologischer Zerstörung, technologischer Entwicklungen und naturwissenschaftlicher Erkenntnisse zu systemischen Verwobenheiten und den Fähigkeiten von Tieren und Pflanzen für Empfindungen und Kommunikation weitergedacht werden.[89]

---

84 *Abendroth* 1974, S. 21.
85 *Abendroth* 1974, S. 16.
86 *Abendroth* 1974, S. 17.
87 *Ridder* 1985, S. 92.
88 Hierzu auch *Feichtner* 2020b, S. 207 f.
89 Einen Ansatzpunkt bieten hier Theorien des neuen feministischen Materialismus.

4. Besteht die demokratische Gesamtverfassung fort?

Abschließend möchte ich – mit Ridder – die Frage aufwerfen, ob Ridders Verfassungsverständnis, ob sich die „wissenschaftliche These" eines politischen Verfassungskompromisses und einer utopischen/demokratischen Normativität der Verfassung links der Verfassungswirklichkeit heute noch aufrechterhalten lässt. Zwei Entwicklungen, mit denen sich Ridder unterschiedlich intensiv auseinandergesetzt hat, motivieren diese Frage. Zum einen sind das Verrechtlichungen von Eigentumsschutz und marktliberaler Wirtschaftsordnung durch Europa- und Völkerrecht, die sich mit Ridder als Demokratieverhinderungen interpretieren lassen. Zum anderen ist es der Prozess der Wiedervereinigung, dessen (schon bei Ridder angelegte) Deutung als (neo)koloniale Übernahme der DDR durch die BRD in den letzten Jahren zunehmend Gegenstand wissenschaftlicher Auseinandersetzung geworden ist[90] und der von Ridder als Konsolidierung einer antidemokratischen Verfassung gesehen wurde.

4.1. Das europäische Integrationsunternehmen und ordoliberales Völkerrecht

Student:innen des Europarechts bekommen die Geschichte der europäischen Integration nicht selten als eine der fortschreitenden Demokratisierung, erst der Europäischen Gemeinschaften, heute der Europäischen Union, präsentiert. Ridder betrachtete das „europäische Integrationsunternehmen",[91] wie er die europäische Integration manchmal bezeichnete, dagegen als ein Unternehmen der Demokratieverhinderungen. Schon Anfang der 1950er Jahre war er Teil einer Gruppe von fünf Juristen aus fünf EGKS-Ländern, die einen Verfassungsentwurf für die in Art. 38 des Vertrags über die Gründung der Europäischen Verteidigungsgemeinschaft (EVGV) vorgesehene Europäische Politische Gemeinschaft (EPG) erarbeiteten.[92] Seine zweiteilige Analyse des „Vertragsentwurfs zur Errichtung einer Satzung der Europäischen Gemeinschaft" (SEG) – die Bezeichnung EPG war im Zuge der Arbeiten an der Satzung aufgegeben worden – erschien 1953 in der Juristenzeitung.[93] Charakteristisch für die ihm eigene Arbeitsweise formuliert er keine Desiderate an eine demokratische Struktur der europäischen Integration, sondern analysiert er die SEG im Kontext der historischen Gegebenheiten und Machtverhältnisse und der daraus resultierenden Möglichkeiten.

Die Satzung sah ein Parlament mit zwei Kammern vor – einer ersten Kammer zur Vertretung der „in der Gemeinschaft geeinten Völker", deren Mitglieder direkt von

---

90 In der Rechtswissenschaft s. *Will* 2022.
91 *Ridder* 1971, S. 377.
92 *Derleder/Deiseroth* 1999, S. 258.
93 *Ridder* 1953, zitiert nach *Balzer* (Hrsg.) 2019, S. 180-194.

den Bürger:innen der Mitgliedstaaten gewählt werden sollten, und einer zweiten Kammer zur Vertretung der Völker der Mitgliedstaaten, deren Mitglieder von den nationalen Parlamenten zu wählen waren. Das Parlament sollte ein Enquête-Recht besitzen, Gesetze initiieren und beschließen können und die Arbeit des sog. Exekutivrats (bestehend aus einem von der zweiten Kammer des Parlaments gewählten Präsidenten und den Ministern der Europäischen Gemeinschaft) kontrollieren. Der Exekutivrat sollte u.a. die Kompetenz haben, die Begebung von Gemeinschaftsanleihen zu genehmigen und Steuergesetze zu verabschieden. Die SEG sah damit eine Europäische Gemeinschaft vor, die weitaus demokratischer strukturiert war als die Europäische Wirtschaftsgemeinschaft, die schließlich 1957 durch die Römischen Verträge gegründet wurde. Doch auch die SEG bleibt hinter der durch Art. 38 EVGV eröffneten Möglichkeit der Schaffung einer EPG nach bundesstaatlichem Vorbild zurück. Ridder weist insbesondere auf die sehr eingeschränkten Gesetzgebungskompetenzen des Parlaments (von einer „quantité négligeable"[94]) hin und schließt seine Analyse der SEG mit dem Befund, „dass es sich bei der EG im Grunde um nichts anderes handelt als um die zur Wirtschaftsunion erweiterte MU [Montanunion], die mit der EVG, falls diese vollzogen wird, verkoppelt ist."[95]

Es ist die Anschauung dieses Prozesses der europäischen Verfassungsgebung, mit der Ridder 1994 rückblickend seine kritische Haltung gegenüber der europäischen Integration begründet:

> „Eigenen Erfahrungen und Beobachtungen in der Zeit zwischen der Entstehung der EGKS und dem Scheitern der EVG verdanke ich meinen Abstieg zu einem ‚schlechten', d.h. nüchternen Europäer, der also keinen euro-rhetorischen Fusel zu sich nimmt und sich daher heute auch nicht durch das Lob Maastrichts als eines ‚zukunftsorientierten Gesamtpakets' daran hindern läßt, die unaufhebbaren Widersprüche im Gewusel des Paketinhalts zur Kenntnis zu nehmen."[96]

Die Europäischen Gemeinschaften hätten „in ihrer Struktur ja schon von Anfang an das demokratische Defizit institutionell zementiert."[97] Durch Übertragung von Kompetenzen an die EG, später EU, konnten die betreffenden Materien, so Ridder, „in gleichem Maß der Zuständigkeit und Kontrolle des Bundestages entzogen" werden. Diese „‚Rettung' überragend wichtiger Entscheidungsbefugnisse vor den ‚Gefahren' der parlamentarischen Demokratie" sei „jedenfalls für den deutschen Partner ein Hauptzweck des ganzen Unternehmens" gewesen.[98] Für Ridder ist die europäische Integration also nicht bloß durch „Demokratiedefizite" gekennzeichnet, sondern eine Geschichte der aktiven Demokratieverhinderung, die er in einer antide-

---

94 *Ridder* 1953, S. 187.
95 *Ridder* 1953, S. 193.
96 *Ridder* 1995, zitiert nach *Balzer* (Hrsg.) 2019, S. 376.
97 *Ridder/Fülberth* 1994, S. 357.
98 *Ridder* 1995, S. 375.

mokratischen deutschen Tradition verortet. Er sieht in der Europäischen Integration einen „Export des Modells Deutschland,"[99] eine Fortsetzung der „effizienten Demokratieabwehr".[100]

Es liegt nahe, die Geschichte der supranationalen Demokratieabwehr durch Hinweise auf Entwicklungen im Völkerrecht, insbesondere dem Wirtschaftsvölkerrecht, zu ergänzen. Die demokratieverhindernden Auswirkungen des internationalen Investitionsschutzrechtes werden, nachdem sie sich lange vorrangig in Staaten des Globalen Südens bemerkbar machten, auch in Europa immer deutlicher. Demokratische Entscheidungen, die verschiedenste gesellschaftliche Bereiche betreffen – etwa den Gesundheits-, Energie- oder Wohnungssektor – werden zunehmend von Unternehmen angegriffen, die die ihnen völkerrechtlich eingeräumten Klagemöglichkeiten nutzen, um Ansprüche auf Entschädigung für drohende Gewinneinbußen durch ebendiese Entscheidungen geltend zu machen. Quinn Slobodian hat das internationale Investitionsschutzrecht vor Kurzem ideengeschichtlich auf den ordoliberalen Dualismus von Staat einerseits und Gesellschaft/Markt als Sphäre der Freiheit andererseits zurückgeführt.[101] Er hat damit, ohne Ridder zu rezipieren, dessen These des deutschen Exports der Demokratieverhinderung wiederholt. Unabhängig davon, in welchem Ausmaß die Demokratieverhinderungen durch supra- und internationale Rechtsentwicklungen auf deutsche Einflüsse zurückzuführen sein mögen, so lassen sie jedenfalls das Konzept des Verfassungskompromisses, das Ridders Interpretation des Verfassungsrechts zugrunde liegt, nicht unberührt. Und auch der Prozess der Wiedervereinigung – für Ridder ein weiteres Exempel der Demokratieverhinderung – muss berücksichtigt werden, wenn wir heute fragen, was von der Normativität des Verfassungsrechts geblieben ist.

4.2. Die gestohlene Revolution

Ridder qualifizierte den Beschluss der Volkskammer über den Beitritt der DDR zur BRD als rechtliches Nullum. Sein politischer Sinn: die „Unterwerfung der DDR unter das staatsrechtliche Protektorat der BRD."[102] Diese provokante Position Ridders ergibt sich konsequent aus seiner länger zurückreichenden Befassung mit der „deutschen Frage". Da das für diesen Band hierzu vorgesehene Kapitel leider nicht geschrieben wurde, bleibt es bei meiner nur oberflächlichen Darstellung der Provo-

---

99 *Ridder/Fülberth* 1994, S. 357.
100 *Ridder* 1995, S. 375.
101 *Slobodian* 2018.
102 *Ridder* 1992; Ridders Analyse des Prozesses der Wiedervereinigung findet sich insbesondere in seinem vierteiligen Aufsatz von 1990 in den Blättern für deutsche und internationale Politik: *Ridder* 1990b; 1990c; 1990d und 1990e.

kation Ridders, in der Hoffnung, dass sie zu einer vertieften Auseinandersetzung mit Ridders Schriften zu dieser Thematik führen wird.

Ridder hatte die Auffassung vertreten, dass 1945 das Deutsche Reich untergegangen war, und dass mit BRD und DDR zwei unabhängige souveräne Staaten gegründet wurden – eine Position, die das BVerfG mit seinem, von Ridder vehement kritisierten, Urteil zum Grundlagenvertrag in Frage stellte. Auf dieser Grundlage argumentierte Ridder, dass BRD und DDR 1990 durch völkerrechtlichen Vertrag fusionierten. Diese Fusion hatte die Konsequenz, so Ridder, dass ein neuer Staat entstanden sei, der einer neuen Verfassung bedurfte. Es bestand nun die Chance, dem neuen Staat eine demokratische Verfassung zu geben. Diese sah Ridder durch den Vollzug der Wiedervereinigung vertan. Was als Wiedervereinigung bezeichnet wird, war in Ridders Augen eine rechtswidrige Annexion. Nicht nur habe die DDR als souveräner Staat der BRD nicht nach Art. 23 GG a.F. „beitreten" können, auch seien diesem Akt im Herbst 1989 eine Reihe völkerrechtswidriger Interventionen der BRD in die Angelegenheiten der DDR vorausgegangen.

Für Ridder erstickten jene restaurativen Kräfte, die schon die Geschichte der BRD geprägt hatten, 1989 auch die „Anfänge einer Revolution mit der Vision eines demokratischen und menschenrechtskonformen Sozialismus"[103] im Keim. Die Reaktion auf den demokratischen Aufbruch in der DDR beschreibt Ridder in dem schon erwähnten Interview mit Georg Fülberth 1994 wie folgt:

> „Diesem wahrlich furchterregenden Gespenst wurde unter Benutzung des aktuell vorhanden Macht- und Wirtschaftsgefälles zwischen BRD und DDR freilich das ohnehin kleine Lebenslicht alsbald ausgeblasen; es hätte, die Grenze zur BRD überschreitend, unabsehbaren Schaden für das politisch-ökonomische System derselben anrichten können. So wurde dem DDR-spezifischen Aufbegehren seine Originalität genommen und ausgerechnet diese ‚friedliche Revolution' gestohlen und interventionistisch umfunktioniert für einen gestuften reaktionären Zweck, erstens für die Einverleibung der DDR, zweitens für die Verstärkung der Rechtsdrift in dem dadurch entstandenen ‚vereinten Deutschland'."[104]

Ridders Forderung, dass diese Geschichte ein integraler Teil deutscher Vergangenheitsbearbeitung sein müsse; seine Mahnungen, dass eine Auseinandersetzung mit der Geschichte erforderlich sei, um heutige Demokratiedefizite zu begreifen, könnten aktueller nicht sein. Dreißig Jahre nach der Wiedervereinigung sollte auch in der Rechtswissenschaft eine selbstkritische Reflexion ihrer Rolle in diesem Prozess beginnen. Ridders Texte dürften darin nicht fehlen.

---

103 *Ridder/Fülberth* 1994, S. 359.
104 Ebd.

4.3. Was bleibt von der Normativität des Verfassungsrechts?

Vor dem Hintergrund seines Konzepts demokratischer Gesamtverfassung wird die Schärfe von Ridders Kritik sowohl an der europäischen Integration als auch der Wiedervereinigung verständlich. Seine Interventionen erfolgen Ridder-charakteristisch positivistisch. So z.B. in der „Artikeldebatte", also der Auseinandersetzung darüber, ob die Wiedervereinigung auf Grundlage von Art. 23 GG a.F. oder Art. 146 GG a.F. zu vollziehen sei, wenn er unter Bezugnahme auf völkerrechtliche und verfassungsrechtliche Normtexte die (Völker-)Rechtswidrigkeit verschiedener Schritte des Einigungsprozesses darlegt.[105] Das Ergebnis seiner rechtlichen Analysen, sein Befund einer fortschreitenden Verrechtlichung der Abschirmung von Markt, Kapital und Privateigentum gegen demokratische Interventionen (auch wenn diese nach Ridder zunächst *contra legem* erfolgt), ist dann aber eine grundlegende Erschütterung der wissenschaftlichen These vom Verfassungskompromiss und der daraus resultierenden demokratischen Normativität der Verfassung. Und diese Erschütterung droht Ridders aufgeklärtem Positivismus den wissenschaftlichen Boden zu entziehen.

Ridder selbst hat vor allem die Erosion des Verfassungskompromisses durch die Rechtsprechung des BVerfG hervorgehoben. Forderte er 1971 noch die gesellschaftskritischen Juristen auf, als Bremsklötze gegen den Abbau der Normativität des Verfassungsrechts und seine Abwanderung nach rechts zu wirken, so sah er diese Aufgabe 1994 in Bezug auf das Entprivatisierungsgrundrecht in Art. 15 GG wohl als gescheitert an. Nach der fortdauernden Geltung dieser Vorschrift befragt, antwortet er:

> „[O]bwohl sich der klare Wortlaut nicht verbiegen läßt, ist dieser Sozialisierungsartikel heute nur noch eine hohe Säule, die von der Pracht längst vergangener Möglichkeiten zeugt und nicht einmal zusammenstürzen, d.h. aus dem Grundgesetz amputiert werden muß, um unanwendbar zu werden. Dafür sorgt schon der Kosmos von ‚Werten' und hehren ‚Prinzipien', aus dem die verfassungsgerichtliche Judikatur eine Oberverfassung und mit deren Hilfe das primäre Grundgesetz zu einem im alltäglichen Betrieb verwendbaren Regierungsinstrument macht (so hat sich Friedrich Wilhelm IV. die Funktion der unter ihm entstandenen preußischen Verfassung von 1850 vorgestellt)."[106]

Was ist dann noch übrig von der demokratischen Gesamtverfassung? Auch heute bleibt es eine wichtige Aufgabe rechtswissenschaftlicher Argumentation, auf verfassungsrechtlichen Widersprüchen als Ausdruck politischer Kompromisse zu beharren. Weiterhin kann durch Hinweise auf den Rechtstext – z.B. die vagen Formulierungen im materiellen Investitionsschutzrecht – dem rechtswissenschaftlichen Projekt der Rekonstruktion einer kohärenten (marktliberalen) Wirtschaftsver-

---

105 *Ridder* 1990b; 1990c; 1990d; 1990e.
106 *Ridder/Fülberth* 1994, S. 354.

fassung entgegengewirkt werden.[107] Der, im internationalen Investitionsschutzrecht besonders virulente, Rechtstaatlichkeitsdiskurs kann demystifiziert, die Verteilungswirkungen und Machtkonsolidierungen, die mit „Systembildung" und Etablierung von Werteordnungen einhergehen, können aufgedeckt werden. Dabei sollte aber die Konstitutionalisierung der Demokratieverhinderung, nicht nur durch die Rechtsprechung des BVerfG, sondern insbesondere auch durch europa- und völkerrechtliche Entwicklungen, nicht ignoriert werden. Um das demokratische Potential von Verfassungsrecht wiederherzustellen, braucht es, wie Ridder schon Anfang der 1990er betonte, eine „demokratische Umgründung."[108] Vielleicht zeigen sich nach der gestohlenen Revolution von 1989 heute Ansätze für eine solche im Streit für die Entprivatisierung von Wohnraum.

5. Ridder wiederlesen und weiterdenken gegen die Flut

„Ich wünsche, dass er unter uns bleibt und dass durch die Arbeit seiner Freunde auch seine Gegner immer wieder mit ihm zu tun bekommen." So Ridders Wunsch für Wolfgang Abendroth.[109] Genau das wünsche ich mir auch für Helmut Ridder. Dass seine Texte gelesen, sein Konzept der demokratischen Gesamtverfassung weitergedacht wird. Im Text für Wolfgang Abendroth ist die Metapher der Flutkatastrophe zentral. Ridder spricht von der „Überflutung" des Verfassungskompromisses und seiner „demokratischen Bollwerke"; von der Notwendigkeit (durch Rezeption Abendroths) zu erkennen,

> „was man möglicherweise selbst zu der Flutkatastrophe beigetragen hat. [...] Es wäre die Voraussetzung für die Selbstbefreiung von der Flut, die zentrale Begrifflichkeiten der Verfassung umdreht und der etablierten Macht zur Verfügung stellt."[110]

Die Flut ist 2021 nicht mehr bloß Metapher. Umso dankbarer bin ich für die historische Orientierung und den demokratischen Kompass, die Ridder der gesellschaftskritischen Juristin anbietet.

---

107 Für das Europarecht z.B. *Hatje* 2009; *Hien/Joerges* 2017.
108 *Ridder/Fülberth* 1994, S. 358 f.
109 *Ridder* 1985, S. 94.
110 *Ridder* 1985, S. 93.

Bibliographie

Abendroth, Wolfgang, 1974: Der antifaschistische Auftrag des Grundgesetzes. In: ders./ Behrisch, Arno/Düx, Heinz/Römer, Peter/Stuby, Gerhard (Hrsg.): Der Antifaschistische Auftrag des Grundgesetzes. Eine Waffe der Demokraten, Texte eines Kolloquiums von Antifaschisten zum 25. Jahrestag der Verkündung des Grundgesetzes, Frankfurt a.M., S. 16-21.

Abendroth, Wolfgang, 1954: Zum Begriff des demokratischen und sozialen Rechtsstaats im Grundgesetz der Bundesrepublik Deutschland. In: Herrmann, Alfred (Hrsg.): Aus Geschichte und Politik. Festschrift zum 70. Geburtstag von Ludwig Bergstraesser, S. 279-300.

Bryde, Brun-Otto, 2007: Nachruf bei der Trauerfeier am 19. April 2007. In: *Balzer*, Friedrich-Martin (Hrsg.), 2019b: Nekrologe, Bonn, S. 7-10.

Balzer, Friedrich-Martin (Hrsg.), 2019a: Gratulatoria. In: ders. (Hrsg.): Helmut Ridder für Anfänger und Fortgeschrittene. Das Gesamtwerk, Werkausgabe in 6 Bänden, Bonn.

Balzer, Friedrich-Martin (Hrsg.), 2019b: Nekrologe. In: ders. (Hrsg.): Helmut Ridder für Anfänger und Fortgeschrittene. Das Gesamtwerk, Werkausgabe in 6 Bänden, Bonn.

Balzer, Friedrich-Martin, 2008: Ein Leben für Wissenschaft, Recht und Frieden. Helmut Ridder (1919-2007). In: ders., 2011: „Prüfet alles, das Gute behaltet", Bonn, S. 287-298. [zitiert nach: *Balzer*, Friedrich-Martin (Hrsg.), 2019b: Nekrologe. In: ders. (Hrsg.): Helmut Ridder für Anfänger und Fortgeschrittene. Das Gesamtwerk, Werkausgabe in 6 Bänden, Bonn, S. 42-52]

Dalkilic, Evin/*Schlenk*, Jochen/*Steinbeis*, Maximilian, 2021, 19. September: VerfassungsPod #1: Deutsche Wohnen & Co. Enteignen. VerfBlog. Unter: https://verfassungsblog.de/verfas sungspod-1-deutsche-wohnen-co-enteignen/, download am 5.10.2021. [Audio-Podcast]

Derleder, Peter/*Deiseroth*, Dieter, 1999: Der Erste nach dem Krieg – Zum 80. Geburtstag von Helmut Ridder. In: Kritische Justiz 32, H. 2, S. 254-262.

Deiseroth, Dieter/*Derleder*, Peter/*Koch*, Christoph/*Steinmeier*, Frank-Walter, 2010: Vorwort. In: Dies. (Hrsg.), 2010: Helmut Ridder. Gesammelte Schriften, Baden-Baden.

Deiseroth, Dieter/*Müller*, Christoph, 2007: Helmut Ridder. Nachruf. In. Juristenzeitung 62, H. 12, S. 625-627. [zitiert nach: *Balzer*, Friedrich-Martin (Hrsg.), 2019b: Nekrologe. In: ders. (Hrsg.): Helmut Ridder für Anfänger und Fortgeschrittene. Das Gesamtwerk, Werkausgabe in 6 Bänden, Bonn, S. 27-32].

Feichtner, Isabel, 2020a: The German Constitutional Court's PSPP Judgment. Impediment and Impetus for the Democratization of Europe. In: German Law Journal 21, H. 5, S. 1090-1103.

Feichtner, Isabel, 2020b: Riddern in der Pandemie. Zugleich ein verspäteter Beitrag zu Wiethölters 90. Geburtstag. In: Kritische Justiz 53, H. 2, S. 200-211.

Fülberth, Georg, 2007: Helmut Ridder gestorben. Trauerrede vom 19.04.2007 im Namen des Bundes demokratischer Wissenschaftlerinnen und Wissenschaftler (BdWi). [zitiert nach: *Balzer*, Friedrich-Martin (Hrsg.), 2019b: Nekrologe. In: ders. (Hrsg.): Helmut Ridder für Anfänger und Fortgeschrittene. Das Gesamtwerk, Werkausgabe in 6 Bänden, Bonn, S. 10-11]

Grünberger, Michael/*Mangold*, Anna Katharina/*Markard*, Nora/*Payandeh*, Mehrdad/*Towfigh*, Emanuel V., 2021: Diversität in Rechtswissenschaft und Rechtspraxis. Ein Essay. Baden-Baden.

Habermas, Jürgen, 1985: Wolfgang Abendroth in der Bundesrepublik. In: Düsseldorfer Debatte – Zeitschrift für Politik, Kunst, Wissenschaft 12, S. 54-58. [zitiert nach: *Balzer*, Friedrich-Martin/*Bock*, Hans Manfred/*Schöler*, Uli (Hrsg.), 2001: Wolfgang Abendroth. Wissenschaftlicher Politiker. Bio-bibliographische Beiträge. Opladen, S. 165-171]

Hatje, Armin, 2009: Wirtschaftsverfassung im Binnenmarkt. In: Bogdandy, Armin von/Bast, Jürgen (Hrsg.), Europäisches Verfassungsrecht. Theoretische und dogmatische Grundzüge. Berlin, S. 801-853.

Hien, Josef/*Joerges*, Christian, 2017. Das aktuelle europäische Interesse an der ordoliberalen Tradition. In: Leviathan 45, H. 4, S. 459-493.

Janisch, Wolfgang, 2021: Enteignung als sozialistische Utopie im Grundgesetz. In: Süddeutsche Zeitung vom 25. September 2021, S. 7.

Jäger, Lorenz, 2007: Utopisches Recht. Der Verläßliche. Zum Tode von Helmut Ridder. In: Frankfurter Allgemeine Zeitung vom 20. April 2007, Nr. 92, S. 37.

Koch, Christoph, 2010: „Politik ist die Praxis der Wissenschaft vom Notwendigen". Helmut Ridder (1919-2007). In: ders. (Hrsg.): Politik ist die Praxis der Wissenschaft vom Notwendigen. Helmut Ridder (1919-2007), München, S. 1-25.

Ladeur, Karl-Heinz, 2007: Helmut Ridder 1919-2007. Nachruf. In: Blätter für deutsche und internationale Politik, H. 5, S. 549-550.

Marsch, Nikolaus/*Münkler*, Laura/*Wischmeyer*, Thomas (Hrsg.): Apokryphe Schriften. Rezeption und Vergessen in der Wissenschaft vom Öffentlichen Recht, Tübingen.

Martini, Stefan, 2018: Helmut Ridder und das Grundsozialgesetz im Verfassungsrechtsdiskurs. In: Marsch, Nikolaus/Münkler, Laura/Wischmeyer, Thomas (Hrsg.): Apokryphe Schriften. Rezeption und Vergessen in der Wissenschaft vom Öffentlichen Recht, Tübingen, S. 177-190.

Menke, Christoph, 2018: Kritik der Rechte. Berlin.

Preuß, Ulrich K., 1971: Zur Funktion eines Zusammenschlusses gesellschaftskritischer Juristen – Gegenthesen zu H. Ridder. In: Kritische Justiz 4, H. 4, S. 378-383.

Ridder, Helmut, 1995: Was die Euro-Rhetorik nicht an die große Glocke hängt. In: Blätter für deutsche und internationale Politik, H. 5, S. 554-565. [zitiert nach: *Balzer*, Friedrich-Martin (Hrsg.), 2019: Helmut Ridder für Anfänger und Fortgeschrittene. Das Gesamtwerk, Werkausgabe in 6 Bänden, Band 5, Bonn, S. 371-384]

Ridder, Helmut/*Fülberth*, Georg, 1994: Juristische Weltanschauung und deutsche Lebenslüge. Interview. In: KONKRET, Teil I: Heft 10, S. 38-43, Teil II: Heft 11, S. 35-42. [zitiert nach: *Balzer*, Friedrich-Martin (Hrsg.), 2019: Helmut Ridder für Anfänger und Fortgeschrittene. Das Gesamtwerk, Werkausgabe in 6 Bänden, Band 5, Bonn, S. 339-370]

Ridder, Helmut, 1993: Gegeneinander, Nebeneinander, Miteinander – Wo stehen wir heute? Vortrag gehalten auf dem IV. Symposium DPGSG in Bielsko-Biała. In: Organ der Deutsch-Polnischen Gesellschaft für seelische Gesundheit e.V., Bielefeld 1996, S. 83-89. [zitiert nach: *Balzer*, Friedrich-Martin (Hrsg.), 2019: Helmut Ridder für Anfänger und Fortgeschrittene. Das Gesamtwerk, Werkausgabe in 6 Bänden, Band 5, Bonn, S. 725-733]

Ridder, Helmut, 1992: Wahrhaftigkeit, Glaubwürdigkeit, Ehre (Gerhard Rieges conditio humana). In: Schriften des Jenaer Forum für Bildung und Wissenschaft e.V., 1995: Erinnerungen an Gerhard Riege. Gedächtnisschrift, Jena, S. 100-105.

Ridder, Helmut, 1990a: Vom Fluch der Unwahrhaftigkeit. Bemerkungen zu einer wahrhaft deutschen Festschrift. In: Politische Vierteljahresschrift 31, H. 2, S. 283-295.

Ridder, Helmut, 1990b: Über Inhalt, Funktion und Stellenwert der Artikeldebatte (I). Ein Bericht zum Abschluß der ersten („Blitzkriegs"-)Etappe des verhinderten Dritten Weltkriegs. In: Blätter für deutsche und internationale Politik 35, H. 4, S. 420-425.

Ridder, Helmut, 1990c: Über Inhalt, Funktion und Stellenwert der Artikeldebatte (II). Was nicht zusammengehört, kann auch nicht zusammenwachsen. In: Blätter für deutsche und internationale Politik 35, H. 4, S. 562-574.

Ridder, Helmut, 1990d: Über Inhalt, Funktion und Stellenwert der Artikeldebatte (III). Ein Phantom entlarvt sich selbst. In: Blätter für deutsche und internationale Politik 35, H. 6, S. 666-670.

Ridder, Helmut, 1990e: Art. 146 GG. Über Inhalt, Funktion und Stellenwert der Artikeldebatte (IV). Wird der Meridian der westdeutschen „Linken" zum Strang von Revolution und Demokratie in Deutschland? In: Blätter für deutsche und internationale Politik 35, H. 8, S. 970-984.

Ridder, Helmut, 1989: Am Ende gar Demokratie? Empfiehlt es sich, einen „alternativen Juristentag" einzurichten? In: Einspruch – Die Zeitung für freie Advokatur, Nr. 29, S. 1-2. [zitiert nach: *Balzer*, Friedrich-Martin (Hrsg.), 2019: Helmut Ridder für Anfänger und Fortgeschrittene. Das Gesamtwerk, Werkausgabe in 6 Bänden, Band 5, Bonn, S. 32-35]

Ridder, Helmut, 1985: Der Jurist Wolfgang Abendroth. In: Düsseldorfer Debatte – Zeitschrift für Politik, Kunst, Wissenschaft 12, S. 67-73. [zitiert nach: *Balzer*, Friedrich-Martin/*Bock*, Hans Manfred/*Schöler*, Uli (Hrsg.), 2001: Wolfgang Abendroth. Wissenschaftlicher Politiker. Bio-bibliographische Beiträge. Opladen, S. 85-94]

Ridder, Helmut, 1981: Für Wolfgang Abendroth. In: Blätter für deutsche und internationale Politik 26, H. 4, S. 388-390. [zitiert nach: *Deiseroth*, Dieter/*Derleder*, Peter/*Koch*, Christoph/*Steinmeier*, Frank-Walter (Hrsg.), 2010: Gesammelte Schriften. Baden-Baden, S. 476-478]

Ridder, Helmut, 1975: Die soziale Ordnung des Grundgesetzes. Leitfaden zu den Grundrechten einer demokratischen Verfassung. Opladen.

Ridder, Helmut/*Ladeur*, Karl-Heinz, 1972: Zur Funktion eines Zusammenschlusses gesellschaftskritischer Juristen und von Juristen überhaupt. Replik zu Ulrich K. Preuß. In: Kritische Justiz 5, H. 1, S. 16-23.

Ridder, Helmut, 1971: Verfassungsreformen und gesellschaftliche Aufgaben der Juristen. In: Kritische Justiz 4, H. 4, S. 371-377.

Ridder, Helmut *et al*, 1967: Notstand der Demokratie. Referate, Diskussionsbeiträge und Materialien vom Kongress am 30. Oktober 1966 in Frankfurt am Main. Frankfurt a.M.

Ridder, Helmut, 1953: Der Entwurf einer Satzung der Europäischen Gemeinschaft. In: Juristenzeitung, Nr. 10, S. 289-292 (I-IV) und Nr. 11, S. 332-334 (V-VII). [zitiert nach: *Balzer*, Friedrich-Martin (Hrsg.), 2019: Helmut Ridder für Anfänger und Fortgeschrittene. Das Gesamtwerk, Werkausgabe in 6 Bänden, Band 1, Bonn, S. 180-194]

Slobodian, Quinn, 2018: Globalists. The end of empire and the birth of neoliberalism. Cambridge, MA.

Szymczak, Tadeusz, 1983: Laudatio bei der Ehrenpromotion von Helmut Ridder am 14. Oktober 1983 in Łódź. In: Ridder, Helmut/Szymczak, Tadeusz (Hrsg.): Aktualne Problemy Konstytucyjne w RFN i PRL, Łódź, S. 264-266. [zitiert nach: *Balzer*, Friedrich-Martin (Hrsg.), 2019a: Gratulatoria. In: ders. (Hrsg.): Helmut Ridder für Anfänger und Fortgeschrittene. Das Gesamtwerk, Werkausgabe in 6 Bänden, Bonn, S. 2-6]

Teubner, Gunther, 2018: Zum transsubjektiven Potential subjektiver Rechte. Gegenrechte in ihrer kommunikativen, kollektiven und institutionellen Dimension. In: Fischer-Lescano, Andreas/Franzki, Hannah/Horst, Johan (Hrsg.): Gegenrechte: Recht jenseits des Subjekts, Heidelberg, S. 357-375.

Thommes, Klaus, 1999: Zum 80. Geburtstag von Helmut Ridder. In: ÖTV in der Rechtspflege, Nr. 68, S. 27-30. [zitiert nach: *Balzer*, Friedrich-Martin (Hrsg.), 2019a: Gratulatoria. In: ders. (Hrsg.): Helmut Ridder für Anfänger und Fortgeschrittene. Das Gesamtwerk, Werkausgabe in 6 Bänden, Bonn, S. 16-20]

Unger, Roberto Mangabeira, 1996: What Should Legal Analysis Become? Brooklyn, NY.

Wiethölter, Rudolf, 1968: Rechtswissenschaft. Frankfurt a.M.

Wiethölter, Rudolf, 1967: Recht. In: Kadelbach, Gerd (Hrsg.): Wissenschaft und Gesellschaft (Funk-Kolleg Band 1), Frankfurt a.M., S. 213-275.

Will, Rosemarie, 2022: Die deutsche Wiedervereinigung als Kolonialisierungsakt. In: Dann, Philipp/Feichtner, Isabel/von Bernstorff, Jochen (Hrsg.): (Post-)Koloniale Rechtswissenschaft, Heidelberg. [im Erscheinen]

Alexandra Kemmerer

Der katholische Helmut Ridder.
Ausgangspunkte einer Spurensuche

1.

Nirgends fehlt, wenn es um Helmut Ridder geht, der Hinweis auf seine Konfession. In biographischen Skizzen und Werkeinleitungen, in Geburtstagsgratulationen, Erinnerungen und Nachrufen ist von der Prägung durch „ein katholisches Elternhaus" die Rede, vom „praktizierenden Katholiken", vom „aktiven Staatsbürger und Katholiken", vom „strengen Katholiken", von Ridders „latent katholischem Gedankengut".[1] Das Elternhaus im münsterländischen Ahaus, der unmittelbar vor der Machtübergabe an die Nationalsozialisten als Vertreter des Zentrums im Bürgermeisteramt bestätigte Vater, der sein Amt während der ganzen nationalsozialistischen Herrschaft und über die Diktatur hinaus ausübte, hätten Helmut Ridder die Erfahrung eines widerständigen, gegen ideologische Vereinnahmungen resistenten Christentums und „eines in konservativem Boden wurzelnden Verantwortungsbewusstseins für die öffentlichen Dinge" vermittelt.[2] Mit der im Religionsunterricht diskutierten Reclamausgabe der Weimarer Reichsverfassung habe der geistliche Leiter der heimatlichen Rektoratsschule, ein katholischer Priester, „das Saatkorn der späteren Interessen Helmut Ridders" gelegt.[3]

Der nachdrückliche Hinweis auf Ridders religiöse Zugehörigkeit, auf „das Katholische" im Leben des Staatsrechtslehrers legt nahe, dass diese biographische Prägung nicht ohne Bedeutung ist für sein Werk und dessen Verständnis. Von Schüler:innen und Rezipient:innen werden solche Zusammenhänge indes mehr angedeutet als ausbuchstabiert. Tim Wihl unternimmt einen ungewöhnlich expliziten Deutungsversuch, wenn er Ridder in einen „aufschlussreichen Gegensatz zum anderen großen Katholiken des deutschen Verfassungsrechts, dem jüngst verstorbenen Ernst-Wolfgang Böckenförde" stellt.[4] Hierzu wäre einiges zu sagen – aber warum, und mit welchem Erkenntnisziel?

---

1 Exemplarisch: *Ladeur* 2014, S. 921; *Deiseroth et al.* 2010, S. XIII; Telefonat mit Friedrich-Martin Balzer, 5. November 2020; *Wihl* 2019, S. 94.
2 *Koch* 2010, S. 6-7. Vgl. auch *Perels* 2007, S. 196.
3 *Koch* 2010, S. 7; vgl. auch *Perels* 2007, S. 196; *Ridder/Perels* 2005, S. 365.
4 *Wihl* 2019, S. 93-94. Dazu unten mehr.

Sind nicht die Sozialformen der beiden christlichen Großkonfessionen, die über eineinhalb Jahrhunderte deren Präsenz im staatlichen Verfassungsraum bestimmten, längst an ihr Ende gekommen? „Die Verbindung von größeren Teilen der Gesellschaft mit einer handlungsleitenden wie auch alltagsprägenden religiösen Überzeugung ist gänzlich verloren gegangen, und das in einer erstaunlich kurzen Zeitspanne", schrieb 2013 der Historiker Thomas Großbölting, als er die Transformationen des religiösen Feldes im Deutschland der Nachkriegszeit kartierte und dabei den „beispiellosen Traditionsbruch" hervorhob, in dem sich die beiden großen Konfessionen, die evangelischen Landeskirchen ebenso wie die katholische Kirche, befinden. „Die Christianisierung der Gebiete, die sich heute Deutschland nennen, erstreckte sich über Jahrhunderte, die Entkirchlichung kulminierte in wenigen Jahrzehnten."[5]

Helmut Ridder, der Katholik und Verfassungsrechtler, war ein Zeitzeuge und Akteur dieser Transformationen. Als der junge Frankfurter Staatsrechtslehrer, ein aufstrebender Experte des Medien- und Staatskirchenrechts der frühen Bundesrepublik, 1958 im Auftrag der Deutschen Bischofskonferenz Grundsatzfragen der Rechtsbeziehungen von Kirche, Staat und Rundfunk in der Bundesrepublik Deutschland untersuchte, konstatierte er noch das empirische Faktum „des fast 100%igen Zusammenfallens von Staatsvolk und christlichem Kirchenvolk" und der „überragenden historischen und kulturellen Bedeutung" der Kirchen, denen er „nach dem Ende eines zwölfjährigen Abwehrkampfes gegen das NS-Regime", als „einzigen erwiesenen institutionellen Garanten der Freiheit", im religiös und konfessionell neutralen Staat des Grundgesetzes „ein Höchstmaß von Freiheit für ihr Wirken" zugestanden wissen wollte.[6]

Heute, sechs Jahrzehnte später, wird „das Verhältnis von öffentlicher und privater Religion, von Individuum und Gemeinschaft, von Freiheit und Gleichheit, von Tradition und Traditionsabbruch in der religionspolitischen Ordnung unseres Landes auf breiter Front neu verhandelt".[7] Der Ausgang dieses Prozesses ist offen. Die „Schwellensituation unserer religionspolitischen Ordnung" (Hans Michael Heinig) ist Anlass, das Verhältnis der Kirchen, insbesondere der römisch-katholischen Kirche, zum liberal-demokratischen Staat des Grundgesetzes nicht nur systematisch, sondern auch ideengeschichtlich neu zu vermessen.[8]

Der Blick auf den katholischen Helmut Ridder könnte dabei wichtige Orientierungen bieten. Nicht nur zur Interpretation von Biographie und Werk eines jenseits seines Schülerkreises lange fast vergessenen Rechtswissenschaftlers – mit allen me-

---

5 *Großbölting* 2013, S. 14.
6 *Ridder* 1958, S. 18-19.
7 Pointierter Überblick: *Heinig* 2021; vgl. auch *Dreier* 2018.
8 Vgl. dazu *Essen* 2019; *Große Kracht* 2019.

thodischen Herausforderungen, die dies mit sich bringt.[9] Der Blick auf das zunächst vielleicht marginal erscheinende Detail der Konfessionalität könnte, so meine Vermutung, auch ein vertieftes Verständnis einer Zeit und ihrer Konfliktlagen eröffnen, die uns biographisch schon fern und verfassungs- wie ideenhistorisch noch kaum erschlossen ist. Es ist ein erster, tastender Blick. Ohne die Erweiterung um Archivstudien und strukturierte Zeitzeugengespräche muss er zunächst kursorisch bleiben und sich mitunter auf Beobachtungen, Fragen und Vermutungen beschränken.

Dass die gegenwärtige zeithistorisch-verfassungshistorische Forschung Fragen konfessioneller Identität verfassungsrechtlicher Akteur:innen kaum (und wenn überhaupt, dann eher vage) thematisiert, mag dem Traditionsabbruch des europäischen Christentums und seiner Sozialstrukturen geschuldet sein – zumal, wenn es um „linke" Traditionslinien des Katholizismus geht, die in der Berliner Republik kaum noch wahrzunehmen sind.[10] Doch auch im Licht zeithistorisch-intellektuellengeschichtlicher Forschung aus katholischer Perspektive bleibt Helmut Ridder bislang im toten Winkel. In einem Band, der unter dem Titel „Eigensinn und Bindung" Porträts „katholischer deutscher Intellektueller" des 20. Jahrhunderts versammelt, sucht man ihn vergeblich.[11] Auch in Axel Schildts großer Intellektuellengeschichte der bundesdeutschen 1950er und 1960er Jahre (die, posthum erschienen, mit dem Jahr 1968 abbricht) findet man, neben katholischen Intellektuellen wie Walter Dirks, Eugen Kogon, Heinrich Böll, Ida Friederike Görres und Carl Amery, den Namen des wortmächtigen Redners, produktiven Publizisten und kreativen Zeitschriftenmachers nicht (auch Böckenförde kommt nicht vor).[12]

Diese Leerstellen mag auch der Umstand erklären, dass Ridder sich in den für sein Werk prägenden 1950er und 1960er Jahren mit besonderer Dynamik in und durch soziale Räume bewegte, die ihrerseits stark in Bewegung waren. Das gilt nicht zuletzt für das Feld des Katholischen, das schon zu Beginn von Ridders Karriere längst kein geschlossenes Milieu mehr war und doch noch Elemente eines kohärenten, alle Lebensvollzüge prägenden Sozialraumes aufwies.

Zum Verständnis der Denk- und Handlungswege des katholischen Helmut Ridder erweist sich der schillernde Begriff des „Linkskatholizismus" (jedenfalls in seiner deutschsprachigen Lesart) als unzureichend, ebenso wie die von Carl Amery geprägte Rede vom „Nonkonformismus" einer Elite, die als engagiertes „Gegenmilieu" zum staatstragenden Mehrheitskatholizismus an der prophetischen Gestaltungskraft

---

9 Grundlegend: *Bourdieu* 1986. Aus der neueren Literatur instruktiv: *Lang/Marks* 2013; *Knellessen/Pankonin* 2017.
10 Vgl. zu dieser zeithistorischen „Kurzsichtigkeit": *Horn* 2015.
11 *Schwab* 2009; aus der Rechtswissenschaft werden in diesem Band (der sich „auf Laien mit ihren größeren Spielräumen des Denkens" konzentriert; ein Folgeband mit Porträts intellektueller Kleriker wird angekündigt) nur Ernst-Wolfgang Böckenförde und Carl Schmitt vorgestellt. Zum (aus meiner Sicht problematischen) Begriff der „Katholischen Intellektualität" affirmativ: *Steiner* 2016.
12 *Schildt* 2020.

der christlichen Botschaft Maß nimmt.[13] Meine Spurensuche nutzt daher das idealtypische Konzept eines solidarischen, pluralen, liberalen Menschenrechten verpflichteten *Fraternal Catholic Modernism*, das James Chappel in seiner Studie zur Verortung des europäischen Katholizismus in der Moderne (nach Überwindung des bis in die 1930er Jahre dominierenden, tiefsitzenden katholischen Antimodernismus) entwickelt und dem er dabei einen hierarchischen, autoritären, auf naturrechtlich bestimmte Familien- und Gemeinschaftswerte ausgerichteten *Paternal Catholic Modernism* an die Seite gestellt hat.[14] Der von Chappel vorgeschlagene konzeptionelle Rahmen mit seinen beiden unterschiedlichen, zeitweise aber auch konvergierenden parallelen Strategien katholischer Modernebewältigung ermöglicht eine differenzierte Annäherung an den katholischen Staatsrechtslehrer und Intellektuellen Helmut Ridder (und *en passant* auch an andere katholische Staatsrechtslehrer und Intellektuelle, vor allem an Ernst-Wolfgang Böckenförde). Chappels vergleichender transeuropäischer Ansatz nimmt mit Frankreich, Deutschland und Österreich drei europäische Länder in den Blick, in denen bis in die 1960er Jahre die prägenden intellektuellen Innovationen des globalen Katholizismus ihren Ursprung hatten – und ermöglicht so auch einen Blick auf transnationale Aspekte der (Werk-) Biographie Ridders im Raum des Katholischen.

Bevor ich zu einer kursorischen Vermessung dieses Feldes ansetze, möchte ich zunächst eine pointierte ideengeschichtliche Vignette voranstellen, die dann genauer untersucht werden soll. Bei der nachfolgenden analytischen Probebohrung werden, in zeithistorischer Kontextualisierung und mit besonderem Augenmerk auf „Katholisches", weitgespanntere Entwicklungslinien der Werkbiographie Ridders und seines öffentlichen Wirkens nachgezeichnet. Nun aber zunächst ein Blick auf Helmut Ridders Engagement in der Görres-Gesellschaft und der Redaktion ihres Staatslexikons. Und auf die Umstände seines Ausscheidens am Ende der turbulenten 1960er Jahre.

2.

Als in der zweiten Hälfte der 1950er Jahre unter der Ägide des Historikers Clemens Bauer das Redaktionsgremium für die Sechste Auflage des „Staatslexikons" der Görres-Gesellschaft zusammentrat – „es sah seine Aufgabe in der überfälligen Fortsetzung der Entgettoisierung und der Entprovinzialisierung und der in Weimar nicht mehr gelungenen Heranführung des Werks an demokratisches Denken"[15] –, da berief man den jungen Frankfurter Staatsrechtslehrer Helmut Ridder als juristisches

---

13 Zu den Gründen näher unten. Erhellend der „Exkurs: Was heißt Linkskatholizismus?" in: *Bock* 2015, S. 210-214; vgl. auch *Amery* 1963.
14 *Chappel* 2018.
15 *Ridder* 1989, S. 15, zitiert nach *Balzer* (Hrsg.) 2019, Bd. 5, S. 37-40, 39-40.

Mitglied ins Redaktionskomitee. Ridder, der 1959 ins Kraftfeld der Politik nach Bonn wechselte, war „jung, politisch unbelastet, katholisch, mit Koryphäen des Verfassungsrechts vertraut, international aktiv, […] prädestiniert, in juristischer oder politischer Funktion einer der Repräsentanten des neuen Staates zu werden, Großkommentator, Verfassungsrichter" – oder, in den Spuren des großen Adolf Arndt, ein weiterer „Kronjurist" der SPD, die ihm nach dem Godesberger Programm gar Avancen für ein Bundestagsmandat machte.[16]

Bei der Berufung nach Bonn, die von Ulrich Scheuner vermittelt worden war,[17] waren Ridders milieukatholischer Stallgeruch und das Engagement in der Görres-Gesellschaft, die sich seit ihrer Gründung 1876 (und mit neuem Nachdruck seit Ende des Zweiten Weltkriegs) um den Ausgleich des „katholischen Defizits" und die Behebung des zahlenmäßigen Ungleichgewichts zwischen Protestanten und Katholiken in der Wissenschaft bemühte,[18] wohl nicht von Nachteil – so wenig wie die Mitarbeit an der Sechsten Auflage der „das politische und soziale Leben umfassenden Enzyklopädie", mit der die Görres-Gesellschaft nun auch in der Bonner Republik katholische Forschungsstärke, Deutungsmacht und Loyalität zum freiheitlich-demokratischen Rechtsstaat demonstrierte.[19]

Ridder hat, wie auch sein Redaktionsnachfolger Alexander Hollerbach konstatiert, „für dieses Werk zahlreiche gewichtige Beiträge geliefert".[20] Im 1957 bis 1963 erschienenen Grundwerk (Bd. I-VIII) – geprägt von der unmittelbaren Nachkriegszeit und der Ära Adenauer, ausgeweitet zu einer wissenschaftlich fundierten, in autoritativem Duktus dargebotenen Enzyklopädie der Sozialwissenschaften (Untertitel: „Recht – Wirtschaft – Gesellschaft")[21] – schrieb Ridder über Kirche und Staat (neben Hugo Rahner, Hermann Conrad, Paul Mikat, Josef M. Snee SJ, Bernhard Stasiewski, Godehard Jos. Ebers, Eugen Isele), Kriegsverbrechen, Meinungsfreiheit, Nürnberger Prozesse, Petitionsrecht, Rundfunk (mit Ekkehart Stein), Staat (neben Hans Peters, Friedrich August Freiherr von der Heydte und Rudolf L. Bindschedler), Untersuchungsausschuss, Wiedergutmachung und Zensur; für die 1969 bis 1971 publizierten Ergänzungsbände (Bd. IX-XI), in denen er nur noch zu dem 1969 erschienenen Band IX und zum 1970 erschienenen Band X beitrug, schrieb er über Aussperrung (neben Wilhelm Herschel), Bundesverfassungsgericht (mit Wolfgang Perschel), Freie Demokratische Partei (mit Theo Schiller), Gleichberechtigung der Geschlechter.

---

16 *Derleder/Deiseroth* 1992, S. 257.
17 *Koch* 2010, S. 14; *Ridder/Perels* 2005, S. 373.
18 *Hollerbach* 2004, S. 35 f.
19 Vgl. Gründungsaufruf vom März 1876, zitiert nach *Hollerbach* 2004, S. 25, dort auch näher zum Kontext der 6. Auflage.
20 *Hollerbach* 2004, S. 135 (dort Fn. 36).
21 *Becker* 2001, S. 375; *Andrae* 1970.

Ridders Karriere im politisch einflussreichen, Staat und Gesellschaft nachhaltig prägenden Gremienkatholizismus der Bonner Republik nahm ein frühes Ende. 1969 schied er aus der rechts- und staatswissenschaftlichen Sektion der Görres-Gesellschaft und der Redaktion ihres „Staatslexikons" aus. Es sei „über den Vorarbeiten für die 1969-71 erschienenen drei Ergänzungsbände zur Auflösung der engen persönlichen und sachlichen Beziehungen" gekommen, berichtet Hollerbach, der im dritten Ergänzungsband Ridders Platz als juristisches Mitglied des Redaktionskomitees einnahm.[22] Über die Gründe des damit angedeuteten Personalwechsels schweigt der Freiburger Staatsrechtslehrer sich aus – und weist dezent auf das Vorwort des ersten Ergänzungsbandes hin, in dem der Vorstand der Görres-Gesellschaft und der Verlag Herder ihren langjährigen Mitstreiter und Autor Ridder mit ungewöhnlichem Nachdruck aus dem Projekt verabschieden.

Von „Intensität und Schärfe" der „politischen und gesellschaftlichen Reflexionen und Auseinandersetzungen" in der Bundesrepublik, die Orientierung wünschenswert machten, spricht dort der konservative Staatsrechtslehrer und Bildungspolitiker Paul Mikat, seit 1967 (und bis 2007) Präsident der Görres-Gesellschaft – „ganz abgesehen davon, daß sich in der internationalen Politik, Gesellschaft und Wirtschaft seither tiefgreifende Veränderungen vollzogen haben, die besonders auch unser Land berühren."[23] Die „konkrete Situation, in der sich die Bundesrepublik befindet", bedinge eine „Abkehr vom herkömmlichen ‚lexikalischen Stil'", hin zu essayistischen Formen.[24]

„Nimmt man noch hinzu, daß die Görres-Gesellschaft als wissenschaftliche Gesellschaft offen für verschiedene Richtungen und Auffassungen ist, so versteht man es richtig, daß sich Herausgeber und Redaktionskomitee mit den Ergänzungsbänden des Staatslexikons nicht in der gleichen Weise identifizieren können, wie es beim Grundwerk noch weithin der Fall war. Manche hier veröffentlichten Beiträge werden bewußt zur Diskussion gestellt und unterliegen in noch viel ausgeprägterem Maße als in der Stammauflage der persönlichen Verantwortung der Verfasser als Ausdruck ihrer eigenen Meinung und Haltung. Herausgeber und Redaktionskomitee haben darum bewußt die damit zum Teil verbundenen einseitigen Sichten in Kauf genommen."[25] Helmut Ridder, der auf eigenen Wunsch aus dem Redaktionskomitee ausscheide, habe sich um Grundwerk und Ergänzungsbände große Verdienste erworben. „Der aufmerksame Leser wird erkennen, wie intensiv seine Mitwirkung in der Planung und Ausarbeitung der Bände war, obwohl sein Rücktritt noch vor der definitiven Fixierung des Inhaltes des hier vorgelegten Bandes erfolgte."[26]

---

22 *Hollerbach* 2004, S. 135 (dort Fn. 36).
23 *Mikat* 1969.
24 Ebd.
25 Ebd.
26 Ebd.

Tatsächlich ist Ridders Handschrift in der Konzeption der Bände ebenso erkennbar wie die darin angelegten Spannungen, die schließlich zu Bruch und Eklat führten. Der angestrebte Pluralismus hatte in einem seit Kulturkampfzeiten jedenfalls nach außen betont homogen auftretenden Milieu seinen Preis – gerade bei den wichtigen Überblicksartikeln, die oft von mehreren Autoren (in seltenen Fällen auch Autorinnen) arbeitsteilig bearbeitet wurden. „Momente innerer Spannung" (Hollerbach) sind deutlich sichtbar: im Artikel „Kirche und Staat" etwa zeigt der von Mikat bearbeitete Teil III ganz andere, von einem hierarchischen Kirchenverständnis geprägte kirchen-, aber auch staatskirchenrechtliche Prämissen als die von Ridder geschriebenen, koordinationsrechtlich ausgerichteten Teile IV 2a, b, in denen er das Recht der Kirchen auf die Freiheit zum „Dienst", zum „Wächteramt" und zur „Mitsorge" als „Freiheit zum Wahrnehmen einer nicht von der Welt stammenden Verantwortung in der Welt" ausbuchstabiert.[27]

Dass der Beitrag „Demokratie" in den Ergänzungsbänden des Staatslexikons nicht von Ridder verfasst wurde (der von sich einmal sagte, ihn interessiere „immer vorrangig Demokratie"[28]), spiegelt jene „politisch-intellektuelle Polarisierung" der Gesellschaft und ihrer Wissenschaft[29], die in diesen Jahren auch die Görres-Gesellschaft erreichte – und die Ridder, der seit 1965 in Gießen lehrte, auch hier zum Außenseiter machte. Erst im Nachtrag des dritten Ergänzungsbandes konnte die „Demokratie" erscheinen, „dadurch bedingt, daß die derzeitige Problematik dieses Themas möglichst umfassend dargestellt werden soll."[30] Kein Platz blieb dabei für Ridders sozialstaatlich-materiale Demokratie, wie er sie wenig später in seinem Hauptwerk ausbuchstabieren sollte[31] – wenngleich „neue Entwicklungen in der Demokratiediskussion" und die theoretischen Impulse einer „kritischen Sozialwissenschaft" in kühl-distanzierter Deskription am Ende doch ins Staatslexikon eingebracht wurden,[32] von der dem ordoliberal geprägten Politikwissenschaftler Manfred Hättich als Autorin des zweiten Abschnitts an die Seite gestellten Anne Marie Schmehl, Assistentin am Tübinger Lehrstuhl des Politologen Klaus von Beyme und, in der Erinnerung ihres Chefs, „den Konservativen damals ein Dorn im Auge".[33]

---

27 *Mikat* 1959; *Ridder* 1959; vgl. dazu *Hollerbach* 2004, S. 49 f. (dort Fn. 167).
28 *Ridder* 1992, S. 2, zitiert nach: *Balzer* (Hrsg.) 2019, Bd. 5., S. 188-190.
29 *Wehrs* 2014, S. 25.
30 *Mikat* 1969.
31 *Ridder* 1975, zitiert nach: *Deiseroth et al.* (Hrsg.) 2010, S. 7-190.
32 *Schmehl* 1970.
33 *Beyme* 2016, S. 137. (Dort und auch sonst in der Literatur wird rekurriert auf: Annemarie Schmehl.)

3.

Die Spannungen im Redaktionskomitee des Staatslexikons, die sich in den elf Bänden der Sechsten Auflage dieser in der konfessionell geprägten Bonner Republik weit über das „katholische Milieu" hinaus einflussreichen Enzyklopädie spiegeln, sind ihrerseits Spiegelungen der gesellschaftlichen und politischen Konflikte jener Jahre, in denen das Profil des eigensinnigen Verfassungs- und Bürgerrechtlers Helmut Ridder seine markanten Konturen gewinnt – und das „Widerständige in seiner Persönlichkeit"[34] jede Vereinnahmung durch Gruppen und Lager verhindert, ihn damit aber auch auf die Rolle des scharfzügigen intellektuellen Außenseiters festlegt.

Bevor dieses „Widerständige", der vielbeschworene Eigensinn Ridders, als integrales Element seiner Katholizität etwas breiter ausgeleuchtet werden soll, möchte ich noch für einen Moment bei 1968 und seinen Folgen bleiben. Ridder, der Demokrat und Liberale, ein „bürgerrechtlich denkender intellektueller Feuerkopf [...] zeigte offene Sympathien für die Anliegen der Studierenden der 68er Bewegung, ohne je seine kulturelle Distanz zu den ‚jungen Sozialisten' ablegen zu können oder zu wollen."[35] Sein vehementes Eintreten gegen die Notstandsgesetzgebung, das in diesem Band an anderer Stelle dargestellt wird,[36] machte ihn zum glaubwürdigen Gesprächspartner der protestierenden Student:innen. Mit Wolfgang Abendroth gehörte er zu den ersten (und mit diesem und Gerhard Stuby einzigen rechtswissenschaftlichen) Unterstützern des von dem Marburger Soziologen Werner Hofmann initiierten, im Oktober 1968 gegründeten „Bund demokratischer Wissenschafter" (neugegründet 1972 als „Bund demokratischer Wissenschaftler", kurz: BdWi)[37] – entstanden in Reaktion auf das „Marburger Manifest", in dem sich 35 Professoren der Philipps-Universität gegen die Demokratisierung der Hochschulverfassung ausgesprochen hatten; 1500 Kolleginnen und Kollegen an etwa dreißig Hochschulen hatten sich ihnen angeschlossen, rund ein Viertel aller Professorinnen und Professoren.[38] Im Umfeld des „Bund Freiheit der Wissenschaft" (BFW), der sich im Sommer 1970 wiederum in Reaktion auf den BdWi aus dieser konservativen Bewegung formierte, fanden sich auch zahlreiche frühere Gesprächspartner Ridders aus dem Umfeld der Görres-Gesellschaft wieder (u.a. Hermann Lübbe, Hans Maier, Paul Mikat).[39]

---

34 *Derleder/Deiseroth* 1999, S. 257.
35 *Wihl* 2019, S. 89.
36 Vgl. *Wihl* in diesem Band.
37 *Stolleis* 2012, S: 402-403; *Wehrs* 2014, S. 317.
38 Der Spiegel (Nr. 30) v. 22. Juli 1968, S. 29; Text und Liste der Unterzeichner in: Blätter für deutsche und internationale Politik 13 (1968), S. 881-886.
39 *Wehrs* 2014; *Koischwitz* 2017.

In den Auseinandersetzungen dieser bewegten Jahre fand sich Ridder in der „Rolle eines demokratischen und liberalen Lehrmeisters [...], der mit beeindruckendem pädagogischem Talent seinem nicht selten skeptisch-mißtrauischen Publikum nahezubringen gedachte, dass das Grundgesetz gar nicht mal so eine schlechte Grundlage für das deutsche Gemeinwesen abgab – langfristig gewiss mit schlagendem Erfolg."[40] Zum Wintersemester 1965/66 war er aus Bonn an die Reformfakultät Gießen gewechselt, die sich mit neuen, Theorie und Praxis verbindenden Lehrformaten gezielt an Erstakademiker:innen aus Arbeiter- und Bauernfamilien adressierte.[41] Dass es bei Ridder handfestes Verfassungsrecht zu hören gab, schätzte selbst ein kämpferischer Konservativer wie der F.A.Z.-Redakteur Friedrich Karl Fromme.[42] Als Autor hatte man Ridder, der als Herausgeber der *Blätter für deutsche und internationale Politik*, der Rezensionszeitschrift *Neue Politische Literatur* und später der 1975 gegründeten *Demokratie und Recht* stets für undogmatische Foren freier Debatte eintrat, für ambitionierte progressive publizistische Unternehmungen wie die von Fritz Bauer geförderte (erfolgreiche) *Kritische Justiz* aus dem Umfeld der Mitarbeiter Rudolf Wiethölters und das (gescheiterte) Projekt eines „Kursbuchs für Juristen" des Suhrkamp-Verlegers Siegfried Unseld im Blick.[43]

Einen Eindruck von der damaligen Position Ridders in seinem engeren professionellen Umfeld, dem der deutschen Staatsrechtswissenschaft, vermittelt ein Briefwechsel aus dem Sommer 1970, den die *Kritische Justiz* umgehend veröffentlichte, weil er von den Redaktionsmitgliedern als „symptomatisch (…) für die derzeitigen Auseinandersetzungen innerhalb der juristischen Fakultäten" wahrgenommen wurde.[44] Hartmut Schiedermair, damals wissenschaftlicher Referent am Max-Planck-Institut für ausländisches öffentliches Recht und Völkerrecht und Habilitand bei dessen Direktor Hermann Mosler (mit dem Ridder lange in der rechts- und staatswissenschaftlichen Sektion der Görres-Gesellschaft zusammengearbeitet hatte)[45], beschwerte sich bei Ridder über dessen Vortrag im Rahmen der „Ersatzvorlesungen", mit denen die Studierenden der Basisgruppe Jura auf eine temporäre Einstellung der Lehrveranstaltungen durch die Juristische Fakultät im Rahmen jenes „universitären Bürgerkriegs" (Bernhard Schlink) reagierten, der das Heidelberg der frühen

---

40 *Wihl*, 2019, S. 89.
41 *Derleder / Deiseroth* 1999, S. 259; *Koch* 2014, S. 17; *Stolleis* 2012, S. 428-429.
42 *Fromme* 1968, S. 7.
43 *Kemmerer* 2020a; *Kemmerer* 2020b.
44 *Schiedermair/Ridder* 1970.
45 Hermann Mosler hatte von 1954 bis 1963 die Sektionsleitung inne, vgl. *Hollerbach* 2014, S. 31, dort Fn. 49. Vgl. auch *Lange* 2017, S. 295. Dort auch ausführlich zu Moslers naturrechtlichem Völkerrechtsdenken und seine Rolle in der „Naturrechtsrenaissance" nach 1945, vgl. a.a.O. S. 293 – 310. „Zwischen Ende des Krieges und Anfang der 1950er Jahre thematisierte er so intensiv wie zu keiner anderen Zeit den Streit zwischen Positivisten und Naturrechtlern um Ursprung und Geltungsgrund des Völkerrechts." (S. 295). Zu den Naturrechtsdebatten der Nachkriegszeit: *Foljanty* 2013.

siebziger Jahre prägte.⁴⁶ Ridders Antwort an den Sohn seines früheren Frankfurter Kollegen Gerhard Schiedermair ließ es an Klartext nicht fehlen: „Sie sehen nicht oder wollen nicht sehen, daß der hier bis zu einzelnen Handgreiflichkeiten gesteigerte studentische Protest, daß die wenig differenzierenden Flugblätter usw. sich als Reaktion auf eine politische Praxis, die dem verfassungsmäßigen Demokratiegebot immer ferner rückt, und auf das Versagen einer ohne demokratische Theoriebildung steril gewordenen Rechtswissenschaft erklärt. [...] Was ich mißbillige [...] ist, daß eine Fakultät sich dem Austragen der Folgen dadurch entzieht, daß sie ihren Betrieb einstellt. Diese Mißbilligung ist der eine – negative – Grund dafür, daß ich die an mich ergangene Vortragseinladung angenommen habe."⁴⁷

Der Sommer 1970 sollte lange fortwirken und Folgen haben. Folgen wie jene Auseinandersetzung um die Aufnahme des Ridder-Doktoranden Volker Neumann in die Vereinigung der Deutschen Staatsrechtslehrer, die Bernhard Schlink in seinem gleichnamigen Merkur-Essay beschrieben und reflektiert hat.⁴⁸ Das Jahr 1969/1970 war aber auch für Helmut Ridder selbst ein Jahr des Umbruchs inmitten vieler Umbrüche – im Kontext gesellschaftlicher und politischer, aber auch theologischer und kirchenpolitischer Veränderungen.⁴⁹ Es waren Veränderungen, die sich lang entwickelt und angekündigt hatten, auch in jenen Auseinandersetzungen in der rechts- und staatswissenschaftlichen Sektion der Görres-Gesellschaft, die schließlich zu Ridders Ausscheiden aus der Redaktion des Staatslexikons führten. In der (Werk-)Biographie Helmut Ridders konturierten sich in diesen Jahren Facetten des Katholischen, auf die ich nun genauer eingehe.

4.

Der Katholizismus, in den Helmut Ridder am 18. Juli 1919, kurz vor Inkrafttreten der Weimarer Verfassung, hineingeboren wurde, hatte sein Verhältnis zur liberalen Demokratie noch nicht gefunden. Die Beziehung der meisten Katholik:innen zur

---

46 *Schlink* 2003. Zu den Ereignissen auch, mit spürbarer Erregung auch noch im Abstand von vier Jahrzehnten: *Schroeder* 2010, S. 671-672, 699-705, der eingehend die Proteste vor der Neuen Universität beschreibt und den „Terror" jener turbulenten Jahre beklagt: „Die Ruperto Carola wurde in den Siebziger Jahren missbraucht als ein Spielfeld linksextremistischer Bewegungen, welche die Gesellschaft der Bundesrepublik auf revolutionärem Wege umzugestalten beabsichtigten. Zerstören wollten selbsternannte Revolutionäre die deutsche Universität als geistiges Zentrum der Bundesrepublik, die sie umzuwandeln versuchten in einen sozialistischen, marxistischen Staat." (S. 671). Vgl. auch *Doehring* 2008, S. 142-148.
47 *Schiedermair/Ridder* 1970, S. 338-339.
48 *Schlink* 2003; *Stolleis* 2012, S. 650.
49 Dazu grundlegend und exemplarisch: *Alberigo/Wittstadt/Wassilowsky* (Hrsg.) 1997-2009; *Hünermann/Hilberath* (Hrsg.) 2004; zum kulturellen Horizont des Zweiten Vatikanums: *Theobald* 2011.

Moderne war kompliziert, wenn nicht ablehnend.⁵⁰ Eine abendländische „Reichstheologie" träumte sich zurück ins Mittelalter, ultramoderne Integralisten strebten nach einer korporativ-solidarischen Überwindung der säkularen Moderne unter Führung katholischer Eliten. Das Verhältnis zur Republik war zumeist distanziert, dem „tief verwurzelten Antiliberalismus" geschuldet, „der dem katholischen Denken seit dem neuzehnten Jahrhundert eigen war".⁵¹ Der Kulturkampf und die fortdauernde Marginalisierung der Katholiken im preußischen Staat hatten diese antiliberale Haltung zugespitzt. Die Distanz zum politischen Gemeinwesen und die Indifferenz gegenüber seiner institutionellen Ausgestaltung gründete aber auch in einer von der Neuscholastik Leo XIII. neu befeuerten naturrechtlichen Staatslehre, die sich zu konkreten, dem geschichtlichen Wandel unterliegenden Staats- und Verfassungsformen neutral verhielt, solange diese nicht mit naturrechtlichen Prinzipien kollidierten. Mit der Weimarer Demokratie lebten die Kirche und die meisten ihrer Gläubigen bald in einem pragmatischen Arrangement, das vor allem auf die Sicherung der Freiräume für Gottesdienst, Pastoral, Verbandswesen und Konfessionsschulen zielte – auf Seiten der Kirche oft aber auch von Ideen eines „christlichen", nach ständischen Ordnungsmustern gegliederten Staates gefärbt war. Der von Ridder später hoch geschätzte Zentrumspolitiker Joseph Wirth, von Mai 1921 bis November 1922 Reichskanzler, ist ein Beispiel für die wenigen katholischen Verteidiger der Republik – wie vielleicht auch der priesterliche Religionslehrer, der den späteren Staatsrechtslehrer in der Rektoratsschule mit dem Text der Weimarer Reichsverfassung vertraut machte.⁵² Die Loyalität zur Republik, die demokratische Haltung des familiären und sozialen Umfelds, in dem Helmut Ridder aufwuchs, sollte man darum aber nicht überschätzen, auch wenn manche der von Schülern und Freunden auf der Basis der retrospektiven Erinnerungsnarrative ihres Lehrers verfassten Lebensbilder eine solche Lesart nahelegen.⁵³

Die Haltung seines Vaters, der während der ganzen Zeit der nationalsozialistischen Herrschaft das Amt des Bürgermeisters der westfälischen Kleinstadt Ahaus innehatte, vermittelte Ridder die Erfahrung eines christlich geprägten, „in konservativem Boden wurzelnden Verantwortungsbewusstseins für die öffentlichen Dinge".⁵⁴ Zugleich erlebte er hier aber auch die Dilemmata und Kompromisse eines Zentrums-

---

50 Hierzu ausführlich: *Chappel* 2018, S. 22-58. Grundlegend: *Böckenförde* 1961, zitiert nach: *Böckenförde* 2004, S. 137-141. Vgl. zu monarchistischen und faschistischen Genealogien katholischer Modernekritik auch: *Kennedy* 2019, S. 165-167
51 *Böckenförde* 1961, zitiert nach: *Böckenförde* 2004, S. 139.
52 *Koch* 2010, S. 7; zu Wirth und der von Ridder noch 1989 mit der Erinnerung an ihn verbundenen Hoffnung auf die Möglichkeit eines fruchtbaren Neubuchstabierens des Wortes „christlich-demokratisch": *Ridder* 1989, S. 15, zitiert nach: *Balzer* (Hrsg.) 2019, Bd. 5, S. 37-40.
53 *Derleder/Deiseroth* 1992, S. 254; zum Problem der „biographischen Illusion" s.o., Fn. 9. Das einzige biographische Selbstzeugnis Ridders, auf das ich mich als Zeugnis seiner *ipsissima vox* in diesem Beitrag beziehen kann, ist: *Ridder/Perels* 2005, zum hier geschilderten biographischen Detail dort S. 365.
54 *Koch* 2010; Vgl. auch *Perels* 2007, S. 196.

mannes, der doch irgendwann in die Partei eintrat. Der viel wusste, und der zeitlebens von der Erinnerung daran gequält wurde, „dass die Juden abgeholt wurden" – „Nur die Nichteinebnung [sic; gemeint ist hier offenkundig: Einebnung, A.K.] des jüdischen Friedhofs konnte er verhindern, er ist heute noch da."[55]

In den Auseinandersetzungen mit rechten und linken Totalitarismen richtete sich – so die ideengeschichtliche Rekonstruktion von James Chappel, auf die ich mich hier stütze – die katholische Kirche in Europa (und darunter sind hier Klerus und Laien gleichermaßen verstanden) in den 1930er und 1940er Jahren in der lang bekämpften Moderne ein. Konfrontiert mit Stalinismus und Faschismus vollzog sie die Transition von einer antimodernen zu einer antitotalitären Institution. Katholik:innen fragten nach der Bedeutung des Katholischen, nach dem Ort der Kirche in der Welt – und entwickelten dabei zwei unterschiedliche Strategien katholischer Modernebewältigung.[56] Im Kontext des Antikommunismus formierte sich ein hierarchischer, auf naturrechtlich bestimmte Familien- und Gemeinschaftswerte und die Stärkung der Familie durch und im sorgenden Wohlfahrtsstaat ausgerichteter *Paternal Catholic Modernism*.[57] Parallel dazu konturierte sich in der Auseinandersetzung mit dem Faschismus das idealtypische Konzept eines solidarischen, pluralen, liberalen Menschenrechten und einer demokratischen Staats- und Gesellschaftsordnung verpflichteten *Fraternal Catholic Modernism*, den Chappel am deutlichsten in Jacques Maritains 1936 veröffentlichtem *Integral Humanism* programmatisch auf den Punkt gebracht sieht.[58]

In der Biographie Helmut Ridders lassen sich beide Formen katholischer Modernität ausmachen, wenngleich ab Ende der 1950er Jahre der *Fraternal Catholic Modernism* dominierte und bald zum bestimmenden Antrieb eines Rechtsgelehrten wurde, der zeitlebens ein Katholik blieb, der sich der Verfassungsrechtswissenschaft widmete – nicht nur ein Staatsrechtslehrer, der regelmäßig in die Kirche ging. Dabei war der Horizont des in der geschlossenen Welt des münsterländischen Katholizismus aufgewachsenen Ridder schon früh ein ökumenischer. Im Studium, dem ab 1940 der Kriegseinsatz folgte, prägte ihn die Begegnung mit dem evangelischen Kirchenrechtler Erik Wolf, „der vom enthusiastischen Befürworter der nationalsozialistischen ‚Rechtserneuerung' zum Mitglied der Bekennenden Kirche geworden war und 1938 die Zerstörung der Freiburger Synagoge als Landfriedensbruch brandmarkte."[59] Durch die Heirat mit seiner evangelischen Frau Maria gleich nach Kriegsende begründete Ridder eine „Mischehe" – damals für viele Katholiken noch ein ungewöhnlicher, jedenfalls unerwünschter interkonfessioneller Problemfall.[60]

---

55 *Ridder/Perels* 2005, S. 365.
56 *Chappel* 2018.
57 Ebd., S. 59-107.
58 Ebd., S. 108-143, insbes. S. 111; zur Rolle Maritains in diesem Kontext vgl. auch *Moyn* 2015.
59 *Koch* 2010, S. 7-8.
60 Telefonat mit Friedrich-Martin Balzer, 5. November 2020.

Fragen des Verhältnisses von Staat und Kirche beschäftigten ihn schon während seines englischen Studienjahres als Postdoc 1948 in Cambridge, in Gestalt der aus einer besonderen historischen Konstellation erwachsenen „Kodifikationsnöte" der anglikanischen Kirche.[61]

In Cambridge entstand auch das Doppelporträt zweier einflussreicher Gelehrter aus dem sephardischen Judentum, Leone Ebreo (Jehuda ben Isaak Abravanel) und Uriel da Costa, das sich als früher Schlüsseltext zum Verständnis der Herausbildung des kompromisslosen Ridder'schen Positivismus lesen lässt.[62] An der Schwelle zwischen Renaissance und Frühaufklärung markierten die Biographien seiner beiden (rechts)philosophisch ausgewiesenen Protagonisten für Ridder Anfang und Ende einer missglückten naturrechtlichen Engführung von Recht und Moral, einer historisch wohl exemplarischen, aber nicht unwiederholbaren Katastrophe des Übergangs, in der sich die jüdische Rechtstradition jenseits monolithischer naturrechtlicher Selbstgewissheit als positivistische Strategie zur Bewältigung der Herausforderungen pluraler Gesellschaften konturiert und empfiehlt.[63]

In den Ausführungen zur Menschenwürdegarantie des Grundgesetzes am Ende seines konzisen *opus magnum* nimmt Ridder diese Spur mehr als drei Jahrzehnte später noch einmal eindrücklich auf, wenn er gegen das „Menschenbild des Grundgesetzes" die ganze Autorität des biblischen Bilderverbots in Stellung bringt, „die ‚materialistische' jüdisch-christliche Mitgift des Abendlandes, die die spezifische Differenz zu den vergangenen orientalischen Hochkulturen ausmachte, die Mitgift, durch die die griechisch-römische Antike integriert und das Abendland über den Erdball ausgebreitet werden konnte, das Agens des Fortschritts, der Motor von Geschichte, die von einem nicht mehr in sich ruhenden Gott heimgeholt worden ist."[64] Auf ihren letzten Seiten zeigt sich *Die soziale Ordnung des Grundgesetzes* ganz unverhohlen als Manifest einer Politischen Theologie Ridders. Die kann an dieser Stelle nicht im Detail (auch ihrer ‚abendländischen' Untertöne) entfaltet werden; ein Hinweis auf die entschieden befreiungstheologische Grundierung mag genügen (mit der Ridder im Zeichen der sozialstaatlichen Demokratie auch der Trennung von Gesellschaft und Staat den Abschied gibt): „Wer einem (d.h. seinem) ‚Menschen*bild*' [Hervorhebung im Original] dient, kann nicht den Menschen dienen und sie frei machen. Wer den Menschen dienen und sie frei machen will, muß den nie abgeschlossenen geschichtlichen Weg ihrer Befreiung, ihre konkrete Befindlichkeit und seinen eigenen Standort kennen."[65]

---

61 *Ridder* 1949b.
62 *Ridder* 1949a, zitiert nach: *Balzer* (Hrsg.) 2019, Bd. 1, S. 35-40.
63 Ebd., S. 38-40.
64 *Ridder* 1975, zitiert nach *Deiseroth* et al 2010, S. 189 [S. 155].
65 Ebd., S. 189 [S. 155]. Grundlegend (und namensgebend) zur Theologie der Befreiung: *Gutiérrez* 1973. Überblick: *Rowland* 2007.

Zu Beginn seiner Frankfurter Jahre – nach Lehrstuhlvertretungen hatte er dort von 1952 bis 1959 eine ordentliche Professur für öffentliches Recht inne – war der katholische Helmut Ridder noch ein anderer gewesen als der befreiungstheologisch-fraternal inspirierte Autor von 1975. In Kollegen wie Hermann Mosler und Heinrich Kronstein begegnete er hier einem vom Antikommunismus der Frühphase des Kalten Krieges geprägten, auf naturrechtlich bestimmte Familien- und Gemeinschaftswerte und die Stärkung der Familie durch und im sorgenden Wohlfahrtsstaat ausgerichteten und dem „Westen" verpflichteten *Paternal Catholic Modernism*.[66] Der ordoliberale Wirtschafts- und Währungsrechtler Franz Böhm, zu dem Ridder ein enges persönliches Verhältnis pflegte, war ein entschiedener Christ und hatte als Protestant der Bekennenden Kirche nahegestanden.[67]

Das damals wie heute (wieder) vielbeachtete Koreferat „Enteignung und Sozialisierung", mit dem Ridder 1951 in Göttingen seinen Einstand bei der Staatsrechtslehrervereinigung gab, bezieht sich explizit auf die „thomistische katholische Soziallehre".[68] Im Vergleich zu den Positionen seines Vorredners Hans Peter Ipsen und des radikaleren Wolfgang Abendroth nimmt sich Ridders Interpretation des Art. 15 GG ausgesprochen moderat aus. Der Begriff (und Eingriff) der „Sozialentwährung", den Ridder im Anschluss an Lorenz von Stein der Enteignung gegenüberstellt, stehe jedoch „nach dem Willen des sich hier vor allem sozialstaatlich gebarenden Staates im Dienste der sozialen Gerechtigkeit und des sozialen gerechten Ausgleichs".[69] Und auch wenn die katholische Soziallehre in jüngster Zeit eindeutig gegen die „Vergesellschaftung der Produktionsmittel" Stellung genommen habe, so gelte dies nur mit „gewissen Einschränkungen".[70]

5.

Unklar scheint zu Beginn der 1950er noch, wie sich das Verhältnis des jungen Frankfurter Staatsrechtslehrers zu naturrechtlichen Traditionen entwickeln wird; Ambivalenzen hatten sich allerdings schon in seinem während des Studienjahres in Cambridge entstandenen Aufsatz über Leone Ebreo und Uriel da Costa angedeutet. Entschieden war – auch dies ein Charakteristikum des *Paternal Catholic Modernism* – Ridders internationales und europäisches Interesse: Walter Hallstein gewann ihn für die Mitarbeit an der Satzung der (gescheiterten) Europäischen Politischen

---

66 Zu diesem vgl. *Chappel* 2018, S. 59-107.
67 *Wiethölter* 1989, S. 207-252, zitiert nach: *Zumbansen/Amstutz* (Hrsg.) 2014, S. 67-100. Vgl. zu Böhm auch: *Slobodian* 2019.
68 *Ridder* 1952, S. 124-147; vgl. auch ebd., S. 148-149, S. 174-176.
69 *Ridder* 1952, S. 139.
70 *Ridder* 1952, S. 146, insbes. Fn. 78.

Gemeinschaft.[71] Die erste systematische Darstellung der Grundrechte des Grundgesetzes, zu der Ridder das Kapitel „Meinungsfreiheit" beitrug,[72] war insgesamt historisch-kontextorientiert und vergleichend angelegt, ganz im Sinne einer Einbindung der entstehenden bundesrepublikanischen Grundrechtstradition in den westlich-liberalen Verfassungsraum.[73] In Frankfurt am Main fand sich Ridder im Zentrum eines weitgespannten atlantischen, ordoliberal-wertethisch geprägten Netzwerks: Heinrich Kronstein, der einflussreiche *academic entrepreneur* der Westbindung der deutschen Rechtswissenschaft, als deutsch-jüdischer Emigrant im amerikanischen Exil zum Katholizismus konvertiert und ein überzeugter Anhänger katholischer Naturrechtslehre, war wohl auch der Motor und Ermöglicher der Gastprofessur, die Ridder 1954 an die Jesuitenuniversität Georgetown brachte.[74]

Zurück in Frankfurt riss der Kontakt zu den Jesuiten nicht ab: Helmut Ridder trat in enge Verbindung mit Oswald von Nell-Breuning, dem Sozialphilosophen, Ökonomen und Theologen, der in der Tradition der katholischen Soziallehre (die er als Autor der Enzyklika „Quadragesimo Anno" selbst entscheidend geprägt hatte) die „Gerechtigkeitsnormen einer demokratisch-egalitären Gesellschaft" gegen die „Dominanz marktwirtschaftlicher Funktionsregeln" verteidigte und dabei schonungslos „Interessenkonflikte und asymmetrische Machtverhältnisse im kapitalistischen Unternehmen" aufdeckte, wirtschaftliche Mitbestimmung der Arbeitnehmer in allen Organen des Unternehmens forderte und, anders als katholische Zeitgenossen wie der eng mit Idee und Realität des Rheinischen Kapitalismus verbundene profilierte Sozialethiker und spätere Kölner Erzbischof Joseph Kardinal Höffner, schon im letzten Viertel des 20. Jahrhunderts den Blick auf „die wachsenden vertikalen Ungleichheiten und asymmetrischen Verteilungskonflikte in der Vorrunde eines globalen Finanzkapitalismus" gerichtet hatte.[75]

Ridder wandte sich mit wachsender Entschiedenheit einer „geschwisterlichen" Strategie katholischer Modernebewältigung zu, einem *Fraternal Catholic Modernism*, der in den langen 1950ern an Boden gewann und sich unter dem Dach einer pluralen, aufstrebenden Christdemokratie (und auch im Leben des Staatsrechtslehrers Helmut Ridder) mit zuvor dominierenden Formen des *Paternal Catholic Modernism* verband.[76] Ridder lehrte an der gewerkschaftlichen „Akademie der Arbeit",

---

71 *Ridder* 1953; *Ridder* 1954b. Vgl. auch *Derleder/Deiseroth* 1999, S. 258. Vgl. zu diesem christlich-demokratischen Charakteristikum: *Müller* 2011, S. 132-143.
72 *Ridder* 1954a.
73 Wenngleich die beiden konzeptionell grundlegenden, von Franz Neumann angeregten Teilbände des ersten Bandes „Die Grundrechte in der Welt" (u.a. mit Beiträgen von Myres S. McDougal, Karl Josef Partsch, Felix Ermacora, Piero Calamandrei und Paolo Barile) erst 1966 und 1967 erscheinen konnten. Vgl. aber zur übergreifenden Konzeption schon: *Ridder* 1954a.
74 *Gerber* 1993, S. 160.
75 *Hengsbach* 2010, S. 306 f.; *Schroeder* 1992, S. 349-362; *Hagedorn* 2018; Vgl. auch *Deiseroth et al.* in: *dies.* (Hrsg.) 2010, S. VIII.
76 *Chappel* 2018, S. 182-226.

fungierte als Gutachter und Prozessvertreter der IG-Metall und der hessischen Landesregierung unter Georg-August Zinn.[77]

Als er 1958 im Auftrag der Deutschen Bischofskonferenz Grundsatzfragen der Rechtsbeziehungen von Kirche, Staat und Rundfunk in der Bundesrepublik Deutschland untersuchte, wollte Ridder den Kirchen im religiös und konfessionell neutralen Staat des Grundgesetzes noch „ein Höchstmaß von Freiheit für ihr Wirken" zugestanden wissen.[78] „Die Freiheit der Kirchen und ihr Recht auf öffentliches Wirken" im staatskirchenrechtlichen Koordinierungs- und gegenseitigen Zuordnungssystem hatte er auch 1955 in einem Rechtsgutachten zu den „staatlichen Wiederaufbaupflichten gegenüber Domkapiteln und Bischöflichen Stühlen in ehemals preußischem Gebiet" betont – in den kriegszerstörten Städten verbanden sich mit diesen Fragen höchst relevante Konflikte um die von den Kirchen zu beziehenden „Staatsleistungen", die Ridder mit historischem Fingerspitzengefühl erläutert.[79] Mit scharfem Florett, Karl Rahner und Carl Amery griffbereit auf dem Tisch, sezierte er jedoch 1962 die vielbeachtete Entscheidung des OVG Münster zur Frage einer möglichen Verletzung der „Wahlfreiheit" durch bischöfliche Hirtenbriefe, denen „die eindeutige Schwäche hausbackener Publizität und Direktheit" anhafte. In einer „toleranzoffenen und pluralen Welt" sei, so schärft er seinen Leser:innen ein, „der heutige Staat [...] kein kirchliches Lehen und das bonum commune [...] nicht schlankweg identisch mit dem, was der Kirche dient."[80]

6.

Die leidigen „Wahlhirtenbriefe" waren ein deutliches Zeichen des Unbehagens, das viele Bischöfe noch immer vom demokratischen Staatswesen trennte. In Münster, wo nach fester Überzeugung des Bischofs Michael Keller „die praktische Anerkennung des kirchlich interpretierten Naturrechts zum Kriterium der Wählbarkeit einer politischen Partei gemacht werden" konnte,[81] hatte der junge Jurist und Historiker Ernst-Wolfgang Böckenförde begonnen, „kirchlichen Amtsträgern ein Stück weit den Marsch zu blasen" – und „aufzuzeigen, wie das katholische Denken *in politicis* umzuorientieren sei, hinzuführen zu einer Akzeptanz der Demokratie von der Struktur her".[82] Böckenfördes Aufsatz „Das Ethos der modernen Demokratie und die Kirche" hatte im bildungsbürgerlich-katholischen Milieu, in Ordinariaten und Par-

---

77 *Deiseroth et al.* 2010 in dies. (Hrsg.) 2010, S. VIII.
78 *Ridder* 1958, S. 19; s.o.
79 *Ridder* 1955/1956.
80 *Ridder* 1962.
81 *Böckenförde* 2004, S. 7.
82 *Gosewinkel* 2011, S. 394.

teizentralen 1957/58 lebhafte Diskussionen entfacht.[83] 1961 erschien, ebenfalls im angesehenen *Hochland*, „Der deutsche Katholizismus im Jahre 1933. Eine kritische Betrachtung" – und markierte mit akribischer Zitatenmontage einen Paukenschlag: das Narrativ vom flächendeckenden katholischen Widerstand gegen das NS-Regime war gebrochen, der Katholizismus hatte seine moralische Vorrangstellung verloren.[84]

Dass „die ganze Kirche nach der Erfahrung der Jahrtausende mit oder ohne Träger wieder einmal in den Graben fällt", wegen der taktischen Erwägungen einer Hierarchie, „die das von ihr einer politischen Partei erteilte Monopol zum Huckepacktransport durch ein Stück der Zeit dieser Welt" nicht zurücknehmen wolle[85] – diese pointierte Einsicht des eben noch ganz von der moralischen Überlegenheit und dem widerständigen Vorbild der Kirchen eingenommenen Ridder in seiner Urteilsbesprechung von 1962 mag auch der von Böckenförde angestoßenen öffentlichen Debatte, dem aufrüttelnden „battle for the catholic past", geschuldet sein.[86] Als eigenwillige katholische Solitäre stehen sich beide vielleicht näher, als es schnittige ideengeschichtliche Polarisierungen (hier der staatstragende Schmitt-Schüler, da der radikale demokratische Feuerkopf) vermuten lassen. Böckenförde bleibt „der einzige katholische Rechtstheoretiker, der den Versuch unternommen hat, den Katholizismus vom Naturrechtsdenken wegzubringen und mit der Positivität des modernen Rechts zu versöhnen."[87] Der katholische Verfassungsrechtler Ridder wollte allererst die bundesrepublikanische Gesellschaft (und ihre Rechtswissenschaft) vom Naturrechtsdenken wegbringen, im Zeichen der vom Grundgesetz begründeten „demokratischen Gesamtverfassung". Seine vorausgegangene Emanzipation vom katholischen Naturrecht war dabei wohl komplizierter und langwieriger gewesen, als es eine Rezeptionspraxis vermittelt, die werkimmanente Entwicklungen vernachlässigt und auf ideen- und zeithistorische Kontextualisierung verzichtet.

Zum Verständnis der Denk- und Handlungswege Böckenfördes wie Ridders erweist sich der schillernde Begriff des „Linkskatholizismus" (jedenfalls in seiner deutschsprachigen Lesart) als unzureichend, auch wenn beide Staatsrechtslehrer klar von antimodern-autoritären Spielarten eines integralistischen Katholizismus abzugrenzen sind. Einfach einzuordnen sind diese beiden katholischen Solitäre auch historiographisch nicht. Wenn man, mit Martin Stankowski, „Linkskatholizismus immer als eine doppelte Bewegung" versteht und interpretiert, dann erscheint er als Doppeldynamik: „Einmal als eine politische, die die Gesellschaft im Blick hat, die ihr zugrundeliegende kapitalistische Struktur mehr oder weniger deutlich erkennt und sich tendenziell (sic) in Theorie und Aktion sozialistischer Erklärungen bedient. Zum anderen als eine katholisch-christliche Bewegung, die ursprünglich religiös

---

83 *Böckenförde* 1957/1958.
84 *Böckenförde* 1961 zitiert nach *Böckenförde* 2004, S. 137-141.
85 *Ridder* 1962, S. 773.
86 *Ruff* 2017; *Ruff* 2014.
87 *Möllers* 2010, S. 109.

motiviert und theologisch argumentiert, Kirche, Religion und Katholizismus in die Kritik miteinbezieht und ebensolchen Reforminteressen unterwirft."[88] Der politische Katholik Ridder war durchaus religiös motiviert und theologisch gebildet, sparte auch nicht an scharfer und informierter Kritik an Kirche und Katholizismus, zeigte sich aber an innerkirchlichen Reformen kaum interessiert – und ist so (obwohl er Amery zitiert) auch nicht der von Carl Amery markierten nonkonformistische Elite zuzurechnen.[89] Böckenförde könnte man hier verorten, der zwar kein klassischer „Gremienkatholik" war, sich als Mann des Konzils aber regelmäßig als Berater und Experte in Dienst nehmen ließ.[90] Und vielleicht auch den diskret kritisch-loyalen Katholiken Dieter Grimm, der 1968 (als Mitarbeiter des Max-Planck-Instituts für europäische Rechtsgeschichte) federführend an der Debatte um die Reform der Bischöflichen Studienförderung Cusanuswerk beteiligt war.[91]

Alle drei würde ich indes im oben erläuterten, von Chappel herausgearbeiteten idealtypischen Konzept eines solidarischen, pluralen, liberalen Menschenrechten verpflichteten *Fraternal Catholic Modernism* verorten.[92] Die parallele, auf naturrechtlich bestimmte Familien- und Gemeinschaftswerte ausgerichtete Traditionslinie des *Paternal Catholic Modernism* war für Ridder zuzeiten relevant gewesen – im Laufe der 1950er und 1960er Jahre entfernte er sich immer mehr davon, bis hin zum Bruch mit dem katholisch-professoralen Establishment der Görres-Gesellschaft und ihres Staatslexikons.

Schon 1959, als Ridder im Auftrag des Juristinnenbundes im Streit um den ‚väterlichen Stichentscheid' vor dem Bundesverfassungsgericht plädierte, belehrte er seine Gegner (die glaubten, das Leitbild des ‚christlichen Abendlandes' verlange die patriarchalische Familie), dass dem kanonischen Recht die Rechtsfigur des ‚väterlichen Stichentscheides' fremd sei.[93] Gerade der Blick auf Schweden, wo anders als in der Bundesrepublik das Prinzip der christlichen Staatskirche gelte, zeige, dass eine emanzipatorische Geschlechterpolitik durchaus mit der ‚christlich-abendländischen' Tradition' zu vereinbaren sei. Mit beißendem Spott bedachte er jene „Deutschen, die sich aufgrund einer Reihe von eigentümlichen nationalen Charaktermerkmalen früher als die Ordnungsmacht des christlichen Universums oder als die Hüter des Rechts der Welt, später als das ‚Reich' in der völkerrechtlichen Großraumordnung usw. empfunden haben und nun teilweise der fixen Idee verfallen sind, die Retter des christlichen Abendlandes zu sein".[94]

---

88 *Stankowski* 1974, S. 12.
89 *Amery* 1963; zum Gesamtkontext: *Bock* 2015, S. 210-214.
90 *Möllers* 2010, S. 109; vgl. auch Ruff 2014.
91 *Grimm* 2017, S. 75 f.; *Schmidtmann* 2005, S. 375.
92 *Chappel* 2018.
93 *van Rahden* 2005, S. 177. (Diese Spur verdanke ich *Jäger 2007*.)
94 *Ridder* 1966b, S. 236.

7.

An den klassischen Publikationsorten des „Linkskatholizismus" ist Ridder kaum vertreten – in den *Werkheften* kommt er nicht vor, in den *Frankfurter Heften* zweimal, soweit ich sehe. Sein Augenmerk lag auf den selbst (mit-)gegründeten Zeitschriften, *Blätter für deutsche und internationale Politik, Demokratie und Recht* und *Neue Politische Literatur*. Das Katholische war Ridder immanent, das brauchte er nicht gesondert auszuflaggen. Demokratischer Liberalismus und religiöse Tradition waren in den ersten Nachkriegsjahrzehnten auch bei vielen anderen kein Gegensatz. Die Konversion des etwas jüngeren späteren Frankfurter Politologen (und linkshegelianischen Marx-Erklärers) Iring Fetscher, der 1947 im Kloster Beuron in die katholische Kirche aufgenommen wurde, ist ein Beispiel für die Hinwendung zu einem mystisch-monastischen, von der klassischen Liturgie geprägten, zugleich aber auch für die Option des Sozialismus offenen Katholizismus, die sich vom französischen Linkskatholizismus inspirieren ließ.[95] Die Sprache von Schrift und Tradition, von Bibel und Liturgie durchdringt bei Ridder oft die Sprache der wissenschaftlichen Texte, die mit den Jahren immer verschlungener und eigenwilliger wurden. Die lebenslange Auseinandersetzung mit Carl Schmitt, manchmal bis ins Obsessive, war wohl auch dem geteilten Herkommen geschuldet, dem Katholischen, das bei Schmitt doch ein ganz anderes war.[96]

Ridder war, wie Böckenförde, „Teil der intellektuellen Bewegung, die das Zweite Vatikanische Konzil antrieb"[97] – doch stets mit der ihm eigenen Distanz und schillernden Ironie, die sich in seinen Texten in unerwarteten, mitunter unzugänglichen Verschlingungen zu spitzen Pointen aufschwingt. Ridders scharfe Rezension der von Hans Barion zur Festschrift anlässlich Carl Schmitts 80. Geburtstag beigesteuerten, von Schmitts Essay *Römischer Katholizismus und Politische Form* ausgehenden „Studie zur Politischen Theologie des II. Vatikanischen Konzils"[98] ist ein Glanzstück Ridder'scher Glossenkunst, für die geduldige Leserin selbst ein „delectamentum in höchster Vollendung"[99]. Genüsslich lässt er sich auf „Gereiztheit" und „Zynismus" des Priesters und (gemäß seiner nicht uneitlen Selbstcharakterisierung) „korrekten Kanonisten" Barion ein, goutiert kenntnisreich dessen Fundamentalkritik der zum Abschluss des Konzils promulgierten Pastoralkonstitution „Gaudium et spes" vom 7. Dezember 1965 und gesteht ein, „daß Barion das stammelnde Elend des theologischen Sozialdemokratisierens [...] meisterlich glossiert", um dann dessen zornige Breitseiten gegen den „sog. Kryptomodernismus" des Konzils und den

---

95 *Fetscher* 1995, S. 326-392.
96 Exemplarisch: *Ridder* 1968; *Ridder* 1971, zitiert nach *Deiseroth et al.* (Hrsg.) 2010, S. 439-467. Zu Schmitts Katholizität: *Mehring* 2016.
97 *Möllers* 2010, S. 109.
98 *Barion* 1968.
99 *Ridder* 1971, S. 467, zitiert nach *Deiseroth et al.* (Hrsg.) 2010, S. 439-467, hier S. 462, Fn. 42.

liberalen Rechtsstaat schonungslos als fruchtlosen „Widerstand gegen Angriffe auf ohnehin bloß ‚Bisheriges', das von keinem Koordinatenkreuz der Realitäten mehr gehalten werden kann" zu entlarven.[100] Ridder hatte einen wachen Sinn für die Konfliktlinien der großen Reform, die die Lebensvollzüge einer zweitausendjährigen Institution über Nacht grundlegend und brachial änderte und es doch nicht schaffte, ohne Abstürze ins Banale an die Moderne anzuschließen.[101] Kirchenpolitisch abarbeiten wollte er sich an solchen Konflikten aber nicht.

In dem knappen Abschnitt „Kirche" im Staatslexikon-Beitrag „Gleichberechtigung der Geschlechter" tritt der Leserin, die sich geduldig in die Spur der mäandernden Ridderschen Satzkonstruktionen begibt, die in innerkirchlichen Fragen mitunter fast reaktionäre Reformskepsis des progressiven Verfassungsrechtlers und traditionsverbundenen Katholiken Ridder in all ihrer komplexen Vielschichtigkeit entgegen.[102] Den „im innerkirchlichen Raum verstärkt aufkommenden Gleichberechtigungs-Postulaten" (zu denen Ridder auch die „jüngste Problematisierung des Zwangszölibats für kath. Kleriker" zählt) könne „keine rationalisierende und systemstabilisierende oder auch nur -neutrale Funktion zukommen"; sie würden zumindest als „reformatorisch" empfunden.[103] Sie könnten aber, so Ridders Pointe, durchaus zur Stabilisierung der herrschenden politisch-gesellschaftlichen Ordnung instrumentalisiert werden: „Nachdem die konsensarm gewordenen Institute und Institutionen staatlich-kirchlicher politischer Symbiose in allmählichen Verfall geraten und demzufolge der Ertrag des Interesses profaner Politik an der gesellschaftsdisziplinierenden Rückwirkung gestraffter Kirchenhierarchie abnimmt, werden solche Forderungen, die oppositionelles Potential aus dem profanpolitischen Raum abziehen können, von den hier bestimmenden wirtschaftlichen Kräften nicht ohne offenkundig zunehmende Sympathie registriert."[104]

Nicht die Reform der Kirche war Ridders Agenda – es ging ihm allererst um die Demokratisierung der Gesellschaft. Mit seinem Engagement in der Friedensbewegung der 1980er Jahre, dokumentiert durch zahlreiche Auftritte und Reden auf Studentenkongressen, Kirchentagen und Großdemonstrationen, trug er oppositionelles Potential in den profanpolitischen Raum hinein, das sich aus den Quellen eines widerständigen, eigensinnig-radikalen Christentums speiste.[105] Seine offene Auseinandersetzung mit dem Marxismus, etwa in der *Berliner Konferenz Europäischer*

---

100 Ebd., S. 462-464.
101 Vgl. *Lévi-Strauss* 1979; *Lorenzer* 1984.
102 *Ridder* 1970, S. 163.
103 Ebd., S. 163.
104 Ebd., S. 163. In der Diskussion der innerkirchlichen „Frauenfrage" wurde damals durchaus auch mit verfassungsrechtlichen Gleichberechtigungsargumenten der Zugang von Frauen zum Priester- und Diakonenamt gefordert – in der Sache geht Ridder darauf gar nicht ein. Vgl. aber: *Heyder/Muschiol* 2018; grundlegend: *Heinzelmann* 1962.
105 Dazu vgl. *Gerster* 2012; *Lepp* 2010, S. 384: „von ihrer Amtskirche erhielten die katholischen Friedensaktivisten keinen Rückhalt."

Katholiken und in ökumenischen Foren, brachte ihn nicht nur auf Kollisionskurs mit der konservativen Staatsrechtslehrerzunft, sondern auch mit den Hierarchen seiner Kirche – im Zeichen eines in der langen Amtszeit des versierten päpstlichen Weltpolitikers Karol Wojtyła (Johannes Paul II.) seit 1978 neu erstarkenden *Paternal Catholic Modernism.*

8.

Angesichts eines von traditionellen katholischen Naturrechtskonzeptionen inspirierten neuen *Common Good Constitutionalism*[106], der zunehmend auch in Europa Raum greift, scheint Helmut Ridders pointierte Rede vom „Gemeinwohlgold" aktueller denn je.[107] Der katholische Ridder füllt nicht nur eine Leerstelle der bundesrepublikanischen Verfassungs- und Ideengeschichte, die weitere Untersuchungen lohnen dürfte. Sein Werk bietet in vielfältiger Weise kritisches Instrumentarium zur Auseinandersetzung mit aktuellen Bedrohungen rechtsstaatlicher wie demokratischer Standards.

Dabei könnte eine transnationale Perspektive, die übergreifende Dynamiken eines europäischen *Fraternal Catholic Modernism* in den Blick nimmt, ideengeschichtliche Konstellationen, Kontinuitäten und Akteure sichtbar und fruchtbar machen, die bis in gegenwärtige Diskurse reichen. Der deutschsprachige Linkskatholizismus in der Tradition eines Eugen Kogon, Walter Dirks oder Friedrich Heer mag längst totgesagt sein. Doch die in der hier vorgestellten Lesart herausgearbeitete liberale, geschwisterliche und der rechtsstaatlichen Demokratie verpflichtete Katholizität Ridders findet weiterhin Fortführungen, mitunter in unerwarteten Konstellationen. Ein Beispiel ist der in linken katholischen Kontexten, geprägt von Emmanuel Mounier und der Zeitschrift *Esprit,* sozialisierte französische Demokratietheoretiker Pierre Rosanvallon.[108] Und auch dort, wo das Koordinationsverhältnis von Kirche, Staat und Gesellschaft aus dem Lot geraten ist, lohnt der radikaldemokratische Ridder trotz mancher syntaktischer Hürden die Lektüre; seine 1975 formulierte Analyse des Feldes trifft überraschend präzise den Kern heutiger Debatten:

> „Die Exmittierung der potentiell gefährlichen und, soweit aus Überalterungsgründen zwar nicht gefährlichen, aber auch nicht mehr hinreichend nützlichen Kirche aus dem Establishment vollzieht sich mit der beharrlichen Stetigkeit, mit der das Gras wächst (dessen Wachsen man nicht sehen, aber feststellen kann). Selbst die vom bracchium saeculare eingetriebene Kirchensteuer, vom Bundesverfassungsgericht in einigen Entscheidungen schon dezent benagt und von innen theologisch zweifelhaft geworden, siecht

---

106 *Vermeule* 2020. Vgl auch *Vermeule/Sunstein* 2020.
107 *Ridder* 1966a, S. 79.
108 *Jones* 2021.

dahin. Die wirkliche demokratische und sozialstaatliche Frage der Stunde ist also nicht die, in welchen der in den fünfziger Jahren nach pluralismustheoretischen Konzepten konstruierten öffentlichen Gremien und mit welchem Anteil dort Kirchenvertreter sitzen und mitentscheiden dürfen, es ist auch nicht die Frage, wie viele Worte zum Sonntag (die von Montag bis Samstag ohnehin nicht gelten) die Kirchen am Fernsehschirm sagen dürfen, sondern allein die Frage, wie sich die Kirchen in einer demokratischen Gesellschaft als Gefäße der Organisation kollektiver Wahrnehmung von Grundrechten des politischen Prozesses glaubwürdig darstellen und damit „öffentlich" bleiben können. Diese Frage können sie nur selbst beantworten; auch die Bereitschaft des „Volkes Gottes", von kirchlichen Funktionären basisfrei gebildete Meinungs- und Willensäußerungen als solche der ‚Kirche' und damit seine eigenen zu akzeptieren, hält der Ausbreitung des demokratischen Bewußtseins nicht mehr stand. – "[109]

Ridders im biblischen Sinne prophetische Beobachtung thematisiert die beiden zentralen religionsverfassungsrechtlichen Herausforderungen, denen sich die katholische Kirche in ihrer gegenwärtigen tiefgreifenden Krise nicht mehr entziehen kann, weil sie auf erschütternde Weise prekär geworden sind: ihre Verortung im demokratischen Rechtsstaat und die Bestimmung der Grundsätze und Strukturen ihrer inneren Verfasstheit in einer demokratischen Gesellschaft. Die „wirkliche demokratische und sozialstaatliche Frage der Stunde", die darin aufscheint, sah der Verfassungsrechtler Ridder schon 1975 der Kirche selbst aufgegeben, deren Eigensinn, Dynamik und widerständiges Potential er so sehr schätzte wie ihre öffentliche Präsenz.

Bibliographie:

Alberigo, Giuseppe/*Wittstadt*, Klaus/*Wassilowsky,* Günther (Hrsg.) 1997-2009: Geschichte des Zweiten Vatikanischen Konzils (1959-1965), 5 Bde., Mainz/Leuven.

Amery, Carl, 1963: Die Kapitulation oder Deutscher Katholizismus heute. Reinbek.

Andrae, Friedrich,1970: Das Staatslexikon wird demokratischer: Görres' Erben gehen mit der Zeit. Unter: https://www.zeit.de/1970/42/das-staatslexikon-wird-demokratischer, download am 8. Mai 2019.

Barion, Hans, 1968: „Weltgeschichtliche Machtform?" Eine Studie zur Politischen Theologie des Zweiten Vatikanischen Konzils. In: Barion, Hans/Böckenförde, Ernst-Wolfgang/Forsthoff, Ernst/Weber, Wilhelm (Hrsg.): Epirrhosis. Festgabe für Carl Schmitt zum 80. Geburtstag, Berlin, S. 13-59.

Becker, Hans-Jürgen, 2001: Der Staat im Spiegel der Staatslexika. In: Historisches Jahrbuch 121, S. 367–399.

Beyme, Klaus von, 2016: Bruchstücke der Erinnerung eines Sozialwissenschaftlers. Berlin/Heidelberg/New York.

Bock, Florian, 2015: Der Fall „Publik". Katholische Presse in der Bundesrepublik Deutschland um 1968. Paderborn.

---

109 *Ridder* 1975, zit. nach *Deiseroth et al.* (Hrsg.) 2010, S. 159 f. [S. 130]

Böckenförde, Ernst-Wolfgang, 1957/1958: Das Ethos der modernen Demokratie und die Kirche. In: Hochland 50, S. 4-19.

Böckenförde Ernst-Wolfgang, 1961: Der deutsche Katholizismus im Jahre 1933. Eine kritische Betrachtung. In: Hochland 53, S. 215-239 [zitiert nach: Böckenförde, Ernst-Wolfgang, 2004: Kirche und christlicher Glaube in den Herausforderungen der Zeit. Beiträge zur politisch-theologischen Verfassungsgeschichte. Münster, S. 115-143].

Böckenförde, Ernst-Wolfgang, 2004: Vorbemerkung. In: ders.: Kirche und christlicher Glaube in den Herausforderungen der Zeit. Beiträge zur politisch-theologischen Verfassungsgeschichte 1957-2002, Münster, S. 6-7.

Bourdieu, Pierre, 1986: L'illusion biographique. In: Actes de la recherche en sciences sociales 62/63, S. 69-72. [deutsche Übersetzung: ders., 2016: Die biographische Illusion. In: Tippner, Anja/Laferl, Christopher F.: Texte zur Theorie der Biographie und Autobiographie, Stuttgart, S. 221-231.]

Chappel, James, 2018: The Catholic Modern. The Challenge of Totalitarianism and the Remaking of the Church. Cambridge, Massachusetts.

Deiseroth, Dieter/*Derleder*, Peter/*Koch*, Christoph/*Steinmeier*, Frank-Walter, 2010: Vorwort. In: dies. (Hrsg.), Helmut Ridder. Gesammelte Schriften, Baden-Baden, S. VII-XIV.

Derleder, Peter/*Deisenroth*, Dieter, 1999: Der Erste nach dem Krieg – Zum 80. Geburtstag von Helmut Ridder. In: Kritische Justiz 25, H. 2, S. 254-262.

Doehring, Karl, 2008: Von der Weimarer Republik zur Europäischen Union – Erinnerungen. Berlin.

Dreier, Horst, 2018: Staat ohne Gott. Religion in der säkularen Moderne. München.

Essen, Georg, 2019: Das Verhältnis der römisch-katholischen Kirche zum liberal-demokratischen Verfassungsstaat. In: Große Kracht, Hermann-Josef/Schreiber, Gerhard (Hrsg.): Wechselseitige Erwartungslosigkeit? Die Kirchen und der Staat des Grundgesetzes – gestern, heute, morgen, Berlin/Boston, S. 309-336.

Fetscher, Iring, 1995: Neugier und Furcht. Versuch, mein Leben zu verstehen. Hamburg.

Foljanty, Lena, 2013: Recht oder Gesetz. Juristische Identität und Autorität in den Naturrechtsdebatten der Nachkriegszeit, Tübingen.

Fromme, Friedrich Karl, 1968: Aufruf zum Widerstand in klimatisierter Kühle. Intellektuelle erörtern in Frankfurt die Notstandsgesetzgebung – Wieder einmal Publikumsbeschimpfung durch Enzensberger. In: Frankfurter Allgemeine Zeitung vom 29. Mai 1968, Nr. 124, S. 7.

Gerber, David J., 1993: Heinrich Kronstein and the Development of United States Antitrust Law, in: Lutter, Marcus/Stiefel, Ernst C./Hoeflich, Michael H. (Hrsg.): Der Einfluss deutscher Emigranten auf die Rechtsentwicklung in den USA und Deutschland, Tübingen, S. 155-169.

Gerster, Daniel, 2012: Friedensdialoge im Kalten Krieg. Eine Geschichte der Katholiken in der Bundesrepublik 1957-1983. Frankfurt/New York.

Gosewinkel, Dieter, 2011: „Beim Staat geht es nicht allein um Macht, sondern um die staatliche Ordnung als Freiheitsordnung". Biographisches Interview mit Ernst-Wolfgang Böckenförde. In: Böckenförde, Ernst-Wolfgang/Gosewinkel, Dieter: Wissenschaft, Politik, Verfassungsgericht, Berlin, S. 307-486.

Grimm, Dieter, 2017: „Ich bin ein Freund der Verfassung". Wissenschaftsbiographisches Interview von Oliver Lepsius, Christian Waldhoff und Matthias Roßbach mit Dieter Grimm. Tübingen.

Großbölting, Thomas, 2013: Der verlorene Himmel. Glaube in Deutschland seit 1945. Göttingen.

Große Kracht, Hermann-Josef, 2019: Vorbehalte, Sympathien und bleibende Ungleichzeitigkeiten. Die katholischen Bischöfe und ihre Verhältnisbestimmungen zum Staat des Grundgesetzes. In: Große Kracht, Hermann-Josef/Schreiber, Gerhard (Hrsg.): Wechselseitige Erwartungslosigkeit? Die Kirchen und der Staat des Grundgesetzes – gestern, heute, morgen, Berlin/Boston, S. 161-182.

Gutiérrez, Gustavo, 1973: Theologie der Befreiung. München.

Hagedorn, Jonas, 2018: Oswald von Nell-Breuning SJ. Aufbrüche der katholischen Soziallehre in der Weimarer Republik. Paderborn.

Heinig, Hans Michael, 2021: Mit offenem Ausgang. In: Frankfurter Allgemeine Zeitung vom 29. März 2021, Nr. 74, S. 6.

Heinzelmann, Gertrud, 1962: An die Hohe Vorbereitende Kommission des Vatikanischen Konzils, Città del Vaticano. In: Die Staatsbürgerin. Mitteilungsblatt des Frauenstimmrechtsvereins Zürich, Nr. 7/8, 18. Jg. Zürich.

Hengsbach, Friedhelm, 2010: Kapitalismuskritik bei Joseph Höffner und Oswald von Nell-Breuning. In: Goldschmidt, Nils/Nothelle-Wildfeuer, Ursula (Hrsg.): Freiburger Schule und Christliche Gesellschaftslehre. Joseph Kardinal Höffner und die Ordnung von Wirtschaft und Gesellschaft, Tübingen, S. 281-309.

Heyder, Regina/*Muschiol*, Gisela (Hrsg.), 2018: Katholikinnen und das Zweite Vatikanische Konzil. Petitionen, Berichte, Fotografien. Münster.

Hollerbach, Alexander, 2004: Katholizismus und Jurisprudenz in Deutschland (1876-1976). In: ders.: Katholizismus und Jurisprudenz, Beiträge zur Katholizismusforschung und zur neueren Wissenschaftsgeschichte, Paderborn/München u.a., S. 23-73.

Horn, Gerd-Rainer, 2015: The Spirit of Vatican II. Western European Progressive Catholicism in the Long Sixties. Oxford.

Hünermann, Peter/*Hilberath*, Bernd-Jochen (Hrsg.), 2004: Herders Theologischer Kommentar zum Zweiten Vatikanischen Konzil. 5 Bde. Freiburg/Basel/Wien.

Jäger, Lorenz, 2007: Utopisches Recht. Der Verläßliche. Zum Tode von Helmut Ridder, in: Frankfurter Allgemeine Zeitung vom 20. April 2007, Nr. 92, S. 37.

Jones, Hugh Stuart, 2021: Catholic Intellectuals and the Invention of Pluralism in France. In: Modern Intellectual History 18, H. 2, S. 497-519.

Kemmerer, Alexandra, 2020a: Unselds öffentliches Recht. Wie das „Kursbuch für Juristen" an seinen Herausgebern scheiterte. In: Zeitschrift für Ideengeschichte XIV, S. 91-102.

Kemmerer, Alexandra, 2020b: Praktiker des Wortes. Fritz Bauer und die Kritische Justiz. In: Rauschenberger, Katharina/Steinbacher, Sybille (Hrsg.): Fritz Bauer und ‚Achtundsechzig'. Positionen zu den Umbrüchen in Justiz, Politik und Gesellschaft, Göttingen, S. 121-142.

Kennedy, Duncan, 2019: Authoritarian constitutionalism in liberal democracies. In: Alviar García, Helena/Frankenberg, Günter (Hrsg.): Authoritarian Constitutionalism. Comparative Analysis and Critique, Cheltenham, S. 161-184.

Knellessen, Dagi/*Pankonin*, Felix (Hrsg.), 2019: Jüdische Lebenswege im 20 Jahrhundert – Perspektiven der Biographieforschung. Schwerpunkt in: Jahrbuch des Dubnow-Instituts/Dubnow Institute Yearbook 16 (2017), S. 291-489.

Koch, Christoph, 2010: „Politik ist die Praxis der Wissenschaft vom Notwendigen". Helmut Ridder (1919-2007). In: ders. (Hrsg.): Politik ist die Praxis der Wissenschaft vom Notwendigen. Helmut Ridder (1919-2007), München, S. 1-25.

Koischwitz, Svea, 2017: Der Bund Freiheit der Wissenschaft in den Jahren 1970 – 1976. Ein Interessenverband zwischen Studentenbewegung und Hochschulreform. Köln/Weimar.

Ladeur, Karl-Heinz, 2014: Helmut K. J. Ridder (1919-2007). In: Häberle, Peter/Kilian, Michael/Wolff, Heinrich Amadeus (Hrsg.): Staatsrechtslehrer des 20. Jahrhunderts, Köln, S. 921-931.

Lang, Andrew/*Marks*, Susan, 2013: People with Projects: Writing the Lives of International Lawyers. In: Temple International and Comparative Law Journal 27, H. 2, S. 437-454.

Lange, Felix, 2017: Praxisorientierung und Gemeinschaftskonzeption. Hermann Mosler als Wegbereiter der westdeutschen Völkerrechtswissenschaft nach 1945. Berlin.

Lepp, Claudia, 2010: Kirche und soziale Bewegungen in der Bundesrepublik (1950-1983). In: Zeithistorische Forschungen / Studies in Contemporary History 7 (2010), S. 364-385.

Lévi-Strauss, Claude, 1980: La Croix vom 24. Januar 1979. In: Reif, Adalbert (Hrsg.): Claude Lévi-Strauss, Mythos und Bedeutung, Frankfurt am Main, S. 280 f.

Lorenzer, Alfred, 1984: Das Konzil der Buchhalter. Die Zerstörung der Sinnlichkeit. Eine Religionskritik. Frankfurt a. M.

Marburger Manifest: Hohe Blüte. In: Der Spiegel (Nr. 30) v. 22. Juli 1968, S. 29.

Marburger Manifest: Text und Liste der Unterzeichner. In: Blätter für deutsche und internationale Politik 13 (1968), S. 881 – 886.

Mehring, Reinhard, 2016: A "Catholic Layman of German Nationality and Citizenship"?: Carl Schmitt and the Religiosity of Life. In: Meierhenrich, Jens/Simons, Oliver (Hrsg.): The Oxford Handbook of Carl Schmitt, Oxford, S. 73–95.

Mikat, Paul, 1959: Kirche und Staat (III. Grundsatzfragen). In: Görres-Gesellschaft (Hrsg.): Staatslexikon. Recht – Wirtschaft – Gesellschaft Sechste, völlig neu bearbeitete und erweiterte Auflage, Bd. 4 (Hauriou bis Konsum), Freiburg im Breisgau.

Mikat, Paul, 1969: Vorwort. In: Görres-Gesellschaft (Hrsg.): Staatslexikon. Recht – Wirtschaft – Gesellschaft. Sechste, völlig neu bearbeitete und erweiterte Auflage, Bd. 9, Erster Ergänzungsband (Abrüstung bis Finanzverfassung), Freiburg im Breisgau.

Möllers, Christoph, 2010: Römischer Konziliarismus und politische Reform. Ernst-Wolfgang Böckenförde zum 80. Geburtstag. In: Zeitschrift für Ideengeschichte IV, H. 3, S. 107-114.

Moyn, Samuel, 2015: Christian Human Rights. Philadelphia.

Müller, Jan-Werner, 2011: Contesting Democracy. Political Ideas in Twentieth-Century Europe. New Haven and London.

Perels, Joachim, 2007: Wider die Umwandlung von Macht in Recht. Zum Tod von Helmut Ridder (1919–2007). In: Kritische Justiz 40, H. 2, S. 196-198.

Ridder, Helmut, 1949a: Exemplar Vitae Humanae – Leone Ebreo and Uriel da Costa. In: The Cambridge Journal III, H. 3, S. 175-180. [zitiert nach: *Balzer*, Friedrich-Martin (Hrsg.), 2019: Helmut Ridder für Anfänger und Fortgeschrittene. Das Gesamtwerk. Werkausgabe in 6 Bänden, Bd. 1. Köln, S. 35-40.]

Ridder, Helmut, 1949b: Kodifikationsnöte der anglikanischen Kirche. In: Archiv des öffentlichen Rechts 75 (N.F. 36), S. 414-423.

Ridder, Helmut, 1952: Enteignung und Sozialisierung, Mitbericht zu den Verhandlungen der Tagung der Deutschen Staatsrechtslehrer in Göttingen am 18. und 19. Oktober 1951, in: Veröffentlichungen der Vereinigung der Deutschen Staatsrechtslehrer 10 (1952), S. 124-147; Leitsätze zum Mitbericht, a.a.O., S. 148-149; Schlußwort, a.a.O., S. 174-176.

Ridder, Helmut, 1953: Der Entwurf einer Satzung der Europäischen Gemeinschaft. In: Juristenzeitung 8, H. 10, S. 289-292 und S. 332-334.

Ridder, Helmut, 1954a: Meinungsfreiheit. In: Neumann, Franz L./Nipperdey, Hans Carl/ Scheuner, Ulrich (Hrsg.): Die Grundrechte. Handbuch der Theorie und Praxis der Grundrechte, Zweiter Band: Die Freiheitsrechte in Deutschland, Berlin, S. 243-290.

Ridder, Helmut, 1954b: Zur Problematik der Europäischen Politischen Gemeinschaft. In: Internationales Jahrbuch der Politik, S. 52-75.

Ridder, Helmut, 1955/1956: Staatliche Wiederaufbaupflichten gegenüber den Domkapiteln und bischöflichen Stühlen in ehemals preußischem Gebiet: Rechtsgutachten. In: Archiv des öffentlichen Rechts 80 (N.F. 41), H. 1/2, S. 127-157.

Ridder, Helmut, 1958: Kirche – Staat – Rundfunk. Grundsatzfragen ihrer Rechtsbeziehungen in der Bundesrepublik Deutschland. In: Becker, Karl/Siegel, Karl-August (Hrsg.): 2. Beiheft zu Becker-Siegel, Rundfunk und Fernsehen im Blick der Kirche. Frankfurt am Main.

Ridder, Helmut, 1959: Kirche und Staat (IV 2 Gegenwärtige Verhältnisse. Kirche und Staat in Deutschland: a) Gemeinsame Grundlagen, b) Bundesrepublik Deutschland). In: Görres-Gesellschaft (Hrsg.): Staatslexikon. Recht – Wirtschaft – Gesellschaft. Sechste, völlig neu bearbeitete und erweiterte Auflage, Bd. 4 (Hauriou bis Konsum), Freiburg im Breisgau.

Ridder, Helmut, 1962: Anm. zu OVG Münster, Urteil v. 14.02.1962 – III A 726/61 (VG Minden). In: Juristenzeitung 17, H. 23/24, S. 771-775.

Ridder, Helmut, 1966a: Rezension: Wilhelm Henke, Das Recht der politischen Parteien, Göttinger Rechtswissenschaftliche Studien, Bd. 50. In: Juristenzeitung 21, H. 2, S. 78-80.

Ridder, Helmut, 1966b: Männer und Frauen sind gleichberechtigt. Ein Plädoyer, in: Bracher, Karl Dietrich u.a. (Hrsg.), Die moderne Demokratie und ihr Recht. Festschrift Gerhard Leibholz, Bd. 2, Tübingen, S. 219-236.

Ridder, Helmut, 1968: Ex oblivione malum. Randnotizen zum deutschen Partisanenprozeß, In: Gesellschaft, Recht und Politik. Festschrift für Wolfgang Abendroth zum 70. Geburtstag, Neuwied/Berlin, S. 305-332.

Ridder, Helmut, 1970: Gleichberechtigung der Geschlechter. In: Görres-Gesellschaft (Hrsg.): Staatslexikon. Recht – Wirtschaft – Gesellschaft. Sechste, völlig neu bearbeitete und erweiterte Auflage, Bd. 10, Zweiter Ergänzungsband (Foerster bis Praktische Philosophie), Freiburg im Breisgau, S. 151-167.

Ridder, Helmut, 1971: Epirrhosis? Carl Schmitt und ein Ende. In: Neue Politische Literatur 16, S. 317-339. [zitiert nach: Deiseroth, Dieter/Derleder, Peter/Koch, Christoph/Steinmeier, Frank-Walter (Hrsg.), 2010: Helmut Ridder. Gesammelte Schriften, Baden-Baden, S. 439-467.]

Ridder, Helmut, 1975: Die soziale Ordnung des Grundgesetzes. [zitiert nach: Deiseroth, Dieter/Derleder, Peter/Koch, Christoph/Steinmeier, Frank-Walter (Hrsg.), 2010: Helmut Ridder. Gesammelte Schriften, Baden-Baden, S. 7-190.]

Ridder, Helmut, 1989: Politik – nicht Staatskunst, sondern Volksvertretung In: Deutsche Volkszeitung/ die tat vom 29. September 1989 (Nr. 40), S. 15. [zitiert nach: Balzer, Friedrich-Martin (Hrsg.), 2019: Helmut Ridder für Anfänger und Fortgeschrittene. Das Gesamtwerk. Werkausgabe in 6 Bänden, Bd. 4, Köln.]

Ridder, Helmut, 1992: Die Deutschen. Ein Interview mit Joachim Thommes. In: Gießener Magazin Express Nr. 5, S. 6-7. [zitiert nach: Balzer, Friedrich-Martin (Hrsg.), 2019: Helmut Ridder für Anfänger und Fortgeschrittene. Das Gesamtwerk. Werkausgabe in 6 Bänden, Bd. 5, Köln.]

Ridder, Helmut/*Perels*, Joachim, 2005: Stationen im Leben eines Juristen. Im Gespräch mit Joachim Perels. In: Neue Politische Literatur 50, H. 3, S. 365-382.

Rowland, Christopher (Hrsg.), 2007: The Cambridge Companion to Liberation Theology. New York.

Ruff, Mark Edward, 2014: Ernst-Wolfgang Böckenförde und die Auseinandersetzung um den deutschen Katholizismus, 1957-1962. In: Große Kracht, Hermann-Josef /Große Kracht, Klaus (Hrsg.), Religion – Recht – Republik. Studien zu Ernst-Wolfgang Böckenförde, Paderborn, S. 41-75.

Ruff, Mark Edward, 2017: The Battle for the Catholic Past in Germany, 1945-1980. Cambridge.

Schiedermair, Hartmut/*Ridder*, Helmut, 1970: Die Heidelberger Rechtsfakultät im Jahre 1970. Ein Briefwechsel. In: Kritische Justiz 3, H. 3, S. 335 – 339.

Schildt, Axel, 2020: Medien-Intellektuelle in der Bundesrepublik. Hrsg. und mit einem Nachwort versehen von Gabriele Kandzora und Detlef Siegfried. Göttingen.

Schlink, Bernhard, 2003: Sommer 1970. Kleine Bewältigung einer kleinen Vergangenheit. In: Merkur 57, S. 1121-1134. [zitiert nach: ders., 2013: Vergangenheitsschuld. Beiträge zu einem deutschen Thema, Zürich, S. 142-169.]

Schmehl, Anne Marie, 1970: Demokratie (II): Demokratie und demokratische Verfassung der Gesellschaft. In: Görres-Gesellschaft (Hrsg.): Staatslexikon. Recht – Wirtschaft – Gesellschaft. Sechste, völlig neue bearbeitete und erweiterte Auflage, Bd. 11, Dritter Ergänzungsband (Präsidialregierung bis Zukunftsforschung. Nachträge. Register), Freiburg im Breisgau, S. 818-834.

Schmidtmann, Christian, 2005: Katholische Studierende 1945-1973. Ein Beitrag zur Kultur- und Sozialgeschichte der Bundesrepublik Deutschland. Paderborn.

Schroeder, Klaus-Peter, 2010: „Eine Universität für Juristen und von Juristen". Die Heidelberger Juristische Fakultät im 19. und 20. Jahrhundert. Tübingen.

Schroeder, Wolfgang, 1992: Katholizismus und Einheitsgewerkschaft. Der Streit um den DGB und der Niedergang des Sozialkatholizismus in der Bundesrepublik bis 1960. Bonn.

Slobodian, Quinn, 2019: Die Globalisten. Das Ende der Imperien und die Geburt des Neoliberalismus, Berlin. (Aus dem Englischen von Stephan Gebauer.)

Stankowski, Martin, 1974: Linkskatholizismus nach 1945. Die Presse oppositioneller Katholiken in der Auseinandersetzung für eine demokratische und sozialistische Gesellschaft. Köln.

Steiner, Stephan, 2016: Katholische Intellektualität – Tradition ohne Zukunft? Unter: https://www.feinschwarz.net/katholische-intellektualitaet-tradition-ohne-zukunft/ , download am 3. März 2020.

Stolleis, Michael, 2012: Geschichte des öffentlichen Rechts in Deutschland. Band 4: Staats- und Verwaltungsrechtswissenschaft in West und Ost 1945-1990. München.

Schwab, Hans-Rüdiger (Hrsg.), 2009: Eigensinn und Bindung. Katholische deutsche Intellektuelle im 20. Jahrhundert. 39 Porträts. Kevelaer.

Theobald, Christoph, 2011: Rezeption und Zukunftspotentiale des Zweiten Vatikanischen Konzils. In: Böttigheimer, Christoph/Dausner, René (Hrsg.): Vaticanum 21. Die bleibenden Aufgaben des Zweiten Vatikanischen Konzils im 21. Jahrhundert, Freiburg im Breisgau, S. 38-49.

van Rahden, Till, 2005: Demokratie und väterliche Autorität. Das Karlsruher „Stichentscheid"-Urteil von 1959 in der politischen Kultur der frühen Bundesrepublik. In: Zeithistorische Forschungen / Studies in Contemporary History 2 (2005), S. 160-179.

Vermeule, Adrian, 2020: Beyond Originalism. In: The Atlantic, March 31, 2020. Unter: https://www.theatlantic.com/ideas/archive/2020/03/common-good-constitutionalism/609037/, download am 11. September 2021.

Vermeule, Adrian/*Sunstein*, Cass, 2020: Law and Leviathan. Redeeming the Administrative State. Cambridge.

Wehrs, Nikolai, 2014: Protest der Professoren: Der "Bund Freiheit der Wissenschaft" in den 1970er Jahren. Göttingen.

Wiethölter, Rudolf, 1989: Franz Böhm (1895-1977). In: Diestelkamp, Bernhard/Stolleis, Michael (Hrsg.): Juristen an der Universität Frankfurt am Main, Baden-Baden. [zitiert nach: Zumbansen, Peer /Amstutz, Marc (Hrsg.), 2014: Recht in Recht-Fertigungen. Ausgewählte Schriften von Rudolf Wiethölter, Berlin, S. 67-100.]

Wihl, Tim, 2019: Ein Radikaler wider Willen. Zum 100. Geburtstag des Verfassungs- und Bürgerrechtlers Helmut Ridder. In: Blätter für deutsche und internationale Politik 2019, H. 7, S. 89-96.

Ulrich K. Preuß

Ridders Konzept des grundgesetzlichen Demokratieprinzips

1. Die Fronten im Kampf um die Demokratietheorie des Grundgesetzes

Vor gut zwanzig Jahren, im Jahr 2000, veröffentlichte die Redaktion der „Kritischen Justiz" unter der Federführung von Thomas Blanke ein Schwerpunktheft zu dem Thema „Demokratie und Grundgesetz. Eine Auseinandersetzung mit der verfassungsrechtlichen Rechtsprechung".[1] Es vereinigte die Beiträge einer Autorin und zehn Autoren, die sich auf einer von der Redaktion der „Kritischen Justiz" gemeinsam mit der „Hans-Böckler-Stiftung" veranstalteten Tagung kritisch mit einer Demokratiekonzeption auseinandergesetzt hatten, die sich seit 1990 in verschiedenen Urteilen des Zweiten Senates des Bundesverfassungsgerichts (BVerfG) herausgebildet und in den Folgejahren zunehmend auch Verbreitung in Entscheidungen anderer Gerichte sowie in der verfassungsrechtlichen Literatur gefunden hatte. Diese neue verfassungsrechtliche Doktrin erhob den Satz „Alle Staatsgewalt geht vom Volke aus" des Art. 20 Abs. 2 Satz 1 des Grundgesetzes (GG) zum archimedischen Punkt, von dem aus alle Formen kollektiver gesellschaftlicher Selbsttätigkeit mit Bezügen zum Staat dem Verdikt der Verfassungswidrigkeit verfielen, die sich nicht im Wege einer ununterbrochenen Legitimationskette auf den Willen des als Einheit gedachten Staatsvolkes zurückführen ließen.

Der maßgebliche „Erfinder" dieser Demokratietheorie war Ernst-Wolfgang Böckenförde,[2] Staatsrechtslehrer in Freiburg und von Ende 1983 bis Mai 1996 Richter des Bundesverfassungsgerichts in jenem Zweiten Senat, der durch eine im Oktober 1990 beginnende Serie von Entscheidungen die erwähnte Tagung der „Kritischen Justiz" veranlasst hatte. Der Redaktion war es gelungen, Böckenförde dafür zu gewinnen, an der Tagung teilzunehmen und sich dem kritischen Urteil der überwiegend dem linksliberalen Spektrum der deutschen Staatsrechtslehre angehörenden Referenten zu stellen. An dem Diskurs nahm er somit in einer sehr selten vorkommenden doppelten Eigenschaft teil – als wissenschaftlicher Autor und als Mitglied einer Institution, die seine Demokratiekonzeption im Wege richterlicher Grundgesetzinterpretation in politische Macht verwandelte. Im Vorwort zu der Publikation der Beiträge wird ihm ausdrücklich für die „engagierte Diskussionsteilnahme" gedankt.

---

1 Redaktion Kritische Justiz (Hrsg.) 2000.
2 *Böckenförde* 1987.

Beginnend mit zwei Urteilen vom 31. Oktober 1990 hatte der Zweite Senat die Einführung des kommunalen Wahlrechts für Ausländerinnen und Ausländer durch die Landesparlamente in Hamburg und Schleswig-Holstein wegen Verletzung des Demokratieprinzips für verfassungswidrig erklärt, weil nach Art. 20 Abs. 2 Satz 1 GG nur das Staatsvolk der Bundesrepublik Deutschland Träger und Subjekt aller Staatsgewalt sei. Dasselbe gelte auch für die Wahl zu Vertretungen des Volkes in Kreisen und Gemeinden.[3] Drei Jahre später, am 12. Oktober 1993, stand die Frage der demokratischen Legitimation der grundgesetzlich verfassten Staatsgewalt erneut auf der Tagesordnung des Zweiten Senates. In dem Verfahren über die Verfassungsmäßigkeit des Maastricht-Vertrages über die Europäische Union vom 29. Juli 1992 wies er zwar die in den Verfassungsbeschwerden der unterschiedlichen Antragsteller erhobenen Einwände gegen die Verfassungsmäßigkeit des deutschen Vertragsgesetzes zurück. Er leitete aber aus dem auf Art. 20 Abs. 2 Satz 1 GG geschrumpften demokratischen Prinzip des Grundgesetzes Grenzen einer künftigen Mitwirkung der Bundesrepublik an der Entwicklung der Europäischen Union ab, die im praktischen Ergebnis die deutsche Europapolitik unter die dauerhafte Aufsicht des Bundesverfassungsgerichts stellten.[4] Und schließlich erklärte der Zweite Senat mit dem Beschluss vom 24. Mai 1995 einzelne Regelungen des schleswig-holsteinischen Gesetzes über die Mitbestimmung von Personalräten für grundgesetzwidrig, und zog, wiederum unter Berufung auf das demokratische Prinzip des Art. 20 Abs. 2 Satz 1 GG, enge Grenzen der Befugnisse von Personalräten an der Mitgestaltung innerdienstlicher Angelegenheiten.[5]

Wie man an der hier nur angedeuteten Bandbreite der für die Tagung einschlägigen Lebensbereiche leicht erkennt, handelt es sich um Fragestellungen, die zum Kern des Verfassungsdenkens von Helmut Ridder führen. Kein anderer deutscher Verfassungsrechtslehrer, selbst nicht der ihm häufig an die Seite gestellte Wolfgang Abendroth, hat das demokratische Prinzip so sehr als den Glutkern der politischen Substanz des Grundgesetzes erkannt wie Helmut Ridder. In keinem der zu der Tagung gelieferten Beiträge aber fungiert Ridder mit seiner Konzeption des demokratischen Prinzips des Grundgesetzes als ebenbürtiger Antipode und Herausforderer der auf der Tagung diskutierten und kritisierten Demokratiekonzeption des durch Böckenförde inspirierten Zweiten Senates des Bundesverfassungsgerichts.

Das gilt mit einer einzigen Ausnahme. Einmal wird Ridders „Die soziale Ordnung des Grundgesetzes" in dem Tagungsband ausdrücklich als grundsätzliche Herausforderung der auf Böckenförde zurückgehenden Demokratietheorie des Zweiten

---

3 BVerfGE 83, 37 (50 ff.) – Schleswig-Holstein; 83, 60 (71 ff.) – Hamburg. Eine historische Koinzidenz wollte es, dass diese Hervorkehrung der Verbindung von nationalem und demokratischem Prinzip am letzten Tag des Monats erfolgte, in dem Deutschland nach 45 Jahren der Teilung erstmals wieder seine politische Einheit als ungeteilte Nation feierte.
4 BVerfGE 89, 155 (186 ff.).
5 BVerfGE 93, 37 (66 ff.).

Senates des BVerfG erkannt, zitiert und anerkannt – von niemand anderem als von Böckenförde selbst. In dem im Tagungsband abgedruckten Auszug aus der Ursprungs-Veröffentlichung seines Textes „Demokratie als Verfassungsprinzip" heißt es in einer Fußnote nach der Aufzählung einiger Böckenförde zustimmender wissenschaftlicher Autoren anschließend: „a.A. Helmut Ridder Die soziale Ordnung des Grundgesetzes, 1975, S. 35 ff., 48". In dem Text zu der Fußnote schreibt Böckenförde: „Das demokratische Prinzip [...] verhält sich nicht zur [...] ‚Demokratisierung der Gesellschaft' [...]. Eine solche Demokratisierung der Gesellschaft [...] ist durch die Errichtung der Demokratie als Staats- und Regierungsform rechtlich weder geboten noch verboten [...]".[6] Böckenförde hatte offenbar erkannt, dass Ridders Verfassungstheorie einen Gegenentwurf zu seiner eigenen, später so erfolgreichen Demokratietheorie darstellte.

Wie kann man die Seltsamkeit erklären, dass wissenschaftlich ausgewiesene, hervorragende Verfassungsjuristen sich zu einer Tagung treffen, um einen nach ihrem Urteil als höchst problematisch und politisch gefährlich angesehenen Begriff der grundgesetzlichen Demokratie zu diskutieren und eine den Geist des Grundgesetzes angemessen zum Ausdruck bringende Demokratiekonzeption zu entwickeln, und dabei das Werk von Helmut Ridder allenfalls am Rande erwähnt wird?

2. Ridders Prämisse: strukturelle Grenzen einer dem Grundgesetz eigenen Demokratietheorie

Eine erste Antwort findet sich vielleicht in einem Ridder'schen Zitat, in welchem er sich gewissermaßen selbst aus dem Diskurs über die Demokratiekonzeption des Grundgesetzes abmeldet oder doch abzumelden scheint.

In dem charakteristischen listig-ironischen bis sarkastischen Stil seines Redens und Schreibens überrumpelte er in einem im Jahre 1975 vor juristischen Laien gehaltenen Vortrag unter dem Neugierde weckenden Titel „Der Demokratiebegriff des Grundgesetzes" die erwartungsvollen Hörerinnen und Hörer (und gewiss auch die späteren Leserinnen und Leser) gleich zu Anfang mit der apodiktischen Behauptung, dass das Grundgesetz gar keinen Demokratiebegriff enthalte – jedenfalls keinen „‚Demokratiebegriff' im Sinne der von Politologen, Staatstheoretikern, Soziologen, von wissenschaftlichen ‚Schulen' und politischen Vereinigungen, von Parteien, Politikern und Bürgern ventilierten, debattierten und postulierten mehr oder minder kompletten ‚Systeme' [...]".[7] Nicht zufällig fehlt auf dieser langen und bunten Liste von Demokratie-Experten eine Personenkategorie – die der Juristen. Es ist bekannt, dass sich Ridder zeitlebens in all den kritischen Urteilen und Polemiken über die

---

6 *Böckenförde* 1987, S. 892.
7 *Ridder* 2010 [1979], S. 193 ff.

politischen Zustände der Bundesrepublik stets als Jurist äußerte und gegen den Verfall der normativen Maßstäbe des Grundgesetzes für eine zeitgemäße grundgesetzkonforme, demokratische Republik stritt. Seine Überzeugung lautete: Wir brauchen keine Demokratietheorie, wenn wir nur die rechts-normativen Potentiale des Grundgesetzes ausschöpfen. In dem philosophischen, soziologischen, politologischen und sonstigen Theoretisierungen des Begriffs der Demokratie witterte er Erscheinungsformen einer bewussten oder unbewussten Vermeidung oder Verkrüppelung der Authentizität dessen, was nach seiner Auffassung das Grundgesetz als eine demokratische Verfassung charakterisiert: die Bereitstellung eines Systems von „Institutionen und Verfahren zur Verwirklichung von politischer Selbstbestimmung"[8] im Medium der Legalität:

> „Das Grundgesetz ist, wie sein Name sagt, ein Gesetz, und zwar als Verfassung ein Gesetz mit Vorrang vor allen anderen Gesetzen. Gesetze sind rechtsverbindlich. Gerade weil das Grundgesetz eine demokratische, d.h. dem mehrheitlichen Volkswillen nicht nur Bekundungs-, sondern auch Betätigungsfreiheit mit rechtlicher Wirkung [...] einräumende Verfassung ist, fixiert es kein ‚Modell', legt es das politische System nicht auf eine der untereinander rivalisierenden Vorstellungen von demokratischer Ordnung fest, sondern hält es für legale Änderungen einschließlich der Änderungen der Verfassung selbst disponibel, bindet diese Änderungen freilich an unterschiedliche, teilweise an schwer zu verwirklichende Voraussetzungen. [...]".[9]

Freilich ist die Ridder'sche demokratische Legalität selbst auch an „schwer zu verwirklichende Voraussetzungen" gebunden. Er selbst litt zeitlebens daran, dass sie so schwer zu verwirklichen und im Falle des Grundgesetzes nach seiner Überzeugung auch tatsächlich nicht verwirklicht worden waren. An dem Schmerz über diesen Mangel entzündete sich das Feuerwerk seines ausgeprägten, meist polemischen, nicht selten auch resignativ-sarkastischen, intellektuellen Scharfblicks auf die herrschenden Grundgesetzinterpretationen, in deren Schatten sich die Prozesse der überwiegend restaurativen Konsolidierung der bundesrepublikanischen Nachkriegsgesellschaft vollzogen. Ridders Blick auf das Demokratiekonzept des Grundgesetzes war daher ambivalent:

Zum einen setzte er voraus, dass eine demokratische Verfassung „seit dem Beginn des modernen bürgerlichen Verfassungszeitalters [...] die Fürstensouveränität durch die Volkssouveränität ersetze, daß sie, deutlicher gesagt, Institutionen und Verfahren zur Verwirklichung von politischer Selbstbestimmung zur Verfügung stelle"[10] – das ist das hier als „demokratische Legalität" gekennzeichnete Prinzip der Selbstbestimmung des Volkes. Damit sind all die mehr oder minder ideologischen Spekulationen über den Volksbegriff, die so viel Verwirrung und Unheil angerichtet haben und

---

8   A.a.O., S. 193.
9   Ebd.
10 Ebd.

nun erneut anrichten, aus dem Demokratiebegriff verbannt. Selbstbestimmung des Volkes bedeutet unbezweifelte Geltung des Rechts und seiner vielfältigen Formen als das Medium, welches das Volk als Träger von politischer Herrschaft durch den prozessualen Akt der Selbstkonstitution im Wege der Verfassungsgebung selbst allererst erzeugt und mit Herrschaftsmacht ausstattet. Das ist das eine.

Zum anderen aber muss er erkennen, dass die politische Geschichte Deutschlands diese Voraussetzungen nicht vollständig zur Verfügung stellt. Wenn Ridder „Institutionen und Verfahren zur Verwirklichung von politischer Selbstbestimmung" als Kern des modernen Demokratieprinzips postuliert, so bezieht er sich dabei auf das Verfassungsmodell des

> „unbestrittenen Gemeinguts der westeuropäischen parlamentarischen Demokratien [...]. Es impliziert die Gleichheit und Allgemeinheit der bürgerlichen Freiheiten und die Gleichheit aller vor dem Gesetz. Es läßt die Mehrheit bei den Entscheidungen kollektiver Organe und Gremien ausschlaggebend sein. Es gibt im Zweifel dem Durchfluß der demokratischen Legitimation den Vorrang vor irgendwelchen 'Unabhängigkeits'-Tendenzen irgendwelcher Organe. Es duldet keine ‚staatlichen Substanzhaftigkeiten' jenseits der verfassungsmäßigen Rechtsordnung. Es ordnet die Exekutive als das, was ihr Name sagt, eindeutig der Volksvertretung unter und straft schon insofern die legendäre Gewaltentrennung Lügen, die Generation um Generation seit dem preußisch-deutschen Konstitutionalismus mit sich schleppt [...]."[11]

Diese Aufzählung der von Ridder als genuin demokratisch angesehenen Verfassungselemente findet sich, wie er einräumt, keineswegs sämtlich explizit im Grundgesetz niedergelegt. Wie sich sogleich zeigen wird, weicht das Grundgesetz seiner Auffassung nach im Gegenteil an einigen Stellen von diesem „unbestrittenen Gemeingut der westeuropäischen parlamentarischen Demokratien" sogar ab. Das ist natürlich für ihn als selbsterklärten Rechtspositivisten[12] keineswegs unbeachtlich. Doch hätten diese Defizite des Grundgesetzes seinerzeit nahegelegen, weil man „die Geschichtsfälschungen über die Ursachen des Untergangs von Weimar nicht durchschaute"?[13] Aber *eines* sei sicher: Die „Grundgesetz-Väter" (von den beteiligten „Müttern" war auch bei Ridder noch nicht die Rede) „*wollten* die Demokratie, sicherlich nicht weniger Demokratie, als bei unseren westeuropäischen Nachbarn schon im 19. Jahrhundert Wirklichkeit gewesen ist. Denn was sonst soll wohl ihre Orientierungshilfe gewesen sein, wenn sie einerseits wirkliche oder vermeintliche Fehler von Weimar korrigieren, andererseits nicht den Schritt ins sozialistische Zeitalter tun wollten."[14] Auf dem Hintergrund dieses Dilemmas der „Grundgesetz-Väter", einerseits deren Wille zur Demokratie, andererseits die „(dürftige) demokratische Phantasie eines nur durch fremde militärische Macht und ohne jeden Hauch

---

11 A.a.O., S. 196.
12 Hierzu *Engelmann* 2020; *Preuß* 2020.
13 *Ridder* 2010 [1979], S. 195.
14 Ebd. – Hervorhebung i.O.

von Revolution, ja fast ohne Anteilnahme der von ganz anderen Sorgen bewegten Bevölkerung zur Aktion befähigten Verfassungsgebers [...] *dekretierten* [sie] in Art. 20 Abs. 1 GG ganz einfach das ‚Demokratische' der Bundesrepublik Deutschland schlechthin."[15]

Das bedeutet nichts weniger als die Etablierung einer demokratischen Verfassung ohne die Inanspruchnahme des in den Demokratietheorien verbreiteten Pathos des Volkes. In Ridders Verständnis war das weniger skandalös, als es sicherlich für Vertreter einer unmittelbar aus dem Volkswillen abgeleiteten Demokratietheorie sein musste. Aber im Gegensatz zu jenen, die in den hochgradig form- und knetbaren Begriff des Volkes ihre jeweiligen Ideen, Ideale und Idiosynkrasien projizieren und als verbindliche Grundlage für das verfassungsmäßige Demokratieprinzip postulieren, hielt sich Ridder an die Wirklichkeit der geschichtlichen Erfahrungen des deutschen Volkes mit der Demokratie. Es gebe „keinen verbindlichen Demokratie-‚Begriff' [...] des Grundgesetzes, der sich anders als aus der Geschichte der deutschen Demokratie legitimieren ließe".[16] Deren hoffnungsvoller revolutionärer Durchbruch des Novembers 1918 und die daraus hervorgegangene Weimarer Verfassung endeten 1933 in der Barbarei des nationalsozialistischen Regimes, in dem von ihm ausgelösten Weltkrieg und schließlich im apokalyptischen Zusammenbruch des deutschen Nationalstaates. Die Erfahrungen der physischen und moralischen Katastrophe dieses Regimes und des von ihm vom Zaun gebrochenen Weltkrieges waren es, die, von Ridder als junger Soldat selbst erlebt und erlitten,[17] seine Wahrnehmung der deutschen Demokratiegeschichte prägten. Ihm war klar, dass vor diesem deutsch-historischen Hintergrund die ihm als – vermutlich idealisierte – Vorbilder dienenden konstitutionellen Demokratien unserer „westeuropäischen Nachbarn" nicht ohne Weiteres auf die deutschen Verhältnisse kopiert werden konnten. So übte er eine beachtliche Toleranz gegenüber den demokratischen Defiziten des Grundgesetzes. Angesichts seiner bitter-polemischen Kommentierungen – insbesondere mancher Entscheidungen des Bundesverfassungsgerichts – liest man mit Staunen einen Satz wie diesen: „Mangels nationaler bürgerlicher Demokratieerfahrung [...] und mangels hinreichender Verarbeitung des ‚Dritten Reichs' haben die deswegen unbehilflichen Grundgesetz-Väter sogar ziemlich viel Undemokratisches aufgenommen [...]".[18] So nahm Ridder das Grundgesetz und speziell seine defizitären demokratischen Elemente als das Ergebnis einer doppelt historischen Fehlentwicklung wahr – die eine bestand in dem im Vergleich zu den „alten bürgerlichen Demokratien" singulären „Machtdurchbruch des Faschismus" unter der Weimarer Verfassung, die andere in der Unfähigkeit, dieses Versagen nach dem Krieg bei der Konzipierung

---

15 Ebd.
16 Ebd.
17 Vgl. *Derleder/Deiseroth* 1999, S. 255 f.
18 *Ridder* 2020 [1979], S. 195.

des Grundgesetzes und dem Aufbau einer demokratischen Gesellschaft „richtig" zu verarbeiten.[19] Sein abschließendes Urteil liest sich wie eine nachsichtig-resignative Traueranzeige: „[A]us diesen Gründen ist die Demokratie des Grundgesetzes gedrosselt und verkürzt worden".[20]

Bei der Betrachtung des Zustandes der Demokratie unter dem Grundgesetz befand sich Ridder also offenbar in einer Art von double-bind-Situation: Einerseits verstand er die durch das Grundgesetz verfasste Bundesrepublik als eine parlamentarische Demokratie nach dem – freilich wohl eher idealisierten als empirisch verifizierten – Vorbild der Demokratien „unserer westlichen Nachbarn", dem es wesensverwandt war oder doch jedenfalls werden wollte und sollte; zugleich aber konnte er andererseits nicht umhin, zu erkennen, dass das Grundgesetz als das Ergebnis einer mit schweren Hypotheken belasteten Demokratiegeschichte und der Unfähigkeit seiner „Väter", daraus die notwendigen Schlüsse zu ziehen, diesem Vorbild nicht entsprechen *konnte*. Der im verfassungsrechtlichen Diskurs aus den Verbotsartikeln 18 und 21 GG übernommene und zum Leitbegriff für die Charakterisierung der grundgesetzlichen Ordnung erhobene Begriff der „freiheitlichen demokratischen Grundordnung" war ihm dafür symptomatisch: „So wie sie begriffen und gehandhabt wird, ist sie eine undemokratische und zugleich unrechtsstaatliche Ordnung alter, nackter, gegen das Recht aufbegehrender politischer Prärogative, die das Verhältnis von demokratischer Regel und undemokratischer Ausnahme auf den Kopf stellt".[21]

3. Demokratie als politische Form der Gesellschaft als eines Gesamtpolitikums

Und doch – oder gerade deswegen – entwickelte er aus dieser verzweifelten Situation heraus eine Deutung des demokratischen Gehalts des Grundgesetzes, die all die in der herrschenden Lehre und Rechtsprechung stillgestellten und zum Verstummen gebrachten Elemente der Demokratie in dem Leitbild einer das Gesamt der Gesellschaft durchdringenden demokratischen Kultur zum Sprechen brachte. Wir erinnern uns, Ridder war überzeugt, dass die „Verfassungsväter" die ihm, Ridder, vorschwebende Demokratie „wollten". Man musste nur den Schlüssel finden, der die Tür öffnete, hinter der sich das demokratische Potential des Grundgesetzes verbarg.

Als er die Tür öffnet, stößt er auf die „Gesellschaft" als die Sphäre, in der die „wirklich die Wirklichkeit bewirkenden Vorgänge" stattfinden, die ein auf den Staat fixierter Verfassungsbegriff mit seiner Entgegensetzung von „Staat" und „Ge-

---

19 Zitate a.a.O., S. 201.
20 A.a.O., S. 202.
21 A.a.O., S. 202; siehe auch S. 199 f.

sellschaft" ausklammert. „Es sind dies", wie er in der 1975 erschienenen Schrift „Die soziale Ordnung des Grundgesetzes" ausführt,

> „die staatlich-gesellschaftlichen Wechselwirkungen, die Kreis-, Um- und Rückläufe der sich dabei verändernden Elemente der Meinungs- und Willensbildung im Gesamtgemeinwesen, die sich in die ‚staatliche' Sphäre umsetzende katalysatorische oder sedative Wirkung ökonomischer und anderer Machtpositionen und Besitzstände; kurz: alle Faktoren des permanenten politischen Gesamtprozesses, der die bei allen juristischen Operationen zu markierende und beachtende, aber keine Zäsur in den Realien darstellende Grenze zwischen ‚Staat' und ‚Gesellschaft' kreuzt und umspielt".

Mit anderen Worten: „Die Verfassung *ist* mit ihrem Anspruch, nicht nur ‚auszugrenzen' […], zur ‚*Gesamtverfassung*' geworden".[22]

Hierin lag nichts weniger als ein verfassungstheoretischer Paradigmenwechsel. In seiner politischen Tragweite dürfte er mit der Entwicklung von der autoritär-monarchischen Reichsverfassung von 1871 zur demokratischen Verfassung der Weimarer Republik von 1919 gleichzusetzen sein. Denn der hier von Ridder vertretene Verfassungsbegriff umfasst nicht nur die überkommenen Elemente der Staatsorganisation und der – in der Reichsverfassung von 1871 noch vollständig abwesenden – Grundrechte, die eine politikferne Zone privater Autonomie suggerieren, sondern befreit gewissermaßen jene negatorisch ausgegrenzten Lebensbereiche aus ihrem politisch belanglosen Status und erhebt sie in den bedeutungsvollen Status dessen, was in der Geschichte der politischen Ideen einen prominenten Platz als ‚Zivilgesellschaft' errungen hat. Heute ist sie aus dem politischen Diskurs nicht mehr wegzudenken.[23] Ridder entdeckte damit im Grundgesetz einen bislang übersehenen, verkannten oder bewusst vernachlässigten neuen politischen Akteur. Das war und ist durchaus weit mehr als bloß „ein neuer Akzent".[24]

Einen ersten Schritt in die Richtung einer politischen Emanzipation der Zivilgesellschaft hatte er bereits in dem 1954 erschienenen Handbuchartikel „Meinungsfreiheit" getan, als er die öffentliche Meinungsfreiheit von der klassischen Freiheit der Meinungsäußerung unterschied und deren politisch-soziale Bedeutung herausarbeitete.[25] Zwei Jahrzehnte später, in der 1975 veröffentlichten „Sozialen Ordnung des Grundgesetzes", wird der Gedanke einer Deutung des Grundgesetzes als eines nach „Feldern" gegliederten, gesamtgesellschaftlichen Prozesses ausgearbeitet und verfassungsrechtlich dechiffriert. Im Mittelpunkt steht der Begriff des „sozialen Bundesstaates", eigentlich aber der „präzedenzlose Charakter des ganzen Art. 20 Abs. 1 GG".[26] Bevor ich auf dessen Bedeutung für Ridders Demokratiekonzeption näher

---

22 *Ridder* 1975, S. 39f. – kursiv i.O.
23 Vgl. *Taylor* 1990.
24 *Ladeur* 2018, S. 1068.
25 *Ridder* 2010 [1954], S. 234 ff.; hierzu *Ladeur* 2020.
26 *Ridder* 1975, S. 47.

eingehe, lohnt eine genauere Betrachtung einer bereits im Jahre 1960 veröffentlichten Stellungnahme. Es handelt sich um ein für die IG Metall erstelltes Rechtsgutachten, in dem es um die Rechte und Pflichten der Gewerkschaft im Arbeitskampf ging. Hierzu lag ein Urteil des Bundesarbeitsgerichts vor, durch das sich die IG Metall in ihren Grundrechten verletzt sah. In dem dazu erstellten Rechtsgutachten entfaltet Ridder erstmals und in mancher Hinsicht auch mit größerer Genauigkeit als in der anderthalb Jahrzehnte später erschienenen „Sozialen Ordnung des Grundgesetzes" das Konzept der gesellschaftlichen Gesamtverfassung.[27]

Getreu seiner verfassungspositivistischen Grundhaltung – möglicherweise auch im Hinblick darauf, dass für die deutschen Gewerkschaften die Sozialstaatlichkeit des Grundgesetzes ein besonders wichtiges Bindungselement an die vom Parlamentarischen Rat geschaffene neue Ordnung war (und bis heute geblieben ist) – beginnt Ridder seine juristische Analyse der Stellung der Gewerkschaften im Gefüge der Arbeits- und Wirtschaftsordnung der Bundesrepublik mit der Erläuterung der Sozialstaatsklausel des Grundgesetzes. In ihr entdeckt er – neben der allseits anerkannten Konstitutionalisierung der staatlichen Sozialpflichtigkeit als Leistungs- und Verteilungsstaat sowie ihrer normativen Einwirkung auf die Grundrechte – eine bislang weitgehend unbeachtete „dritte Dimension des Sozialstaatsgebots", die „sich notwendig aus seinem *Zusammenhang mit der Grundentscheidung des GG über die Demokratie als eine freiheitliche,* antitotalitäre [ergibt]".[28] Der „totalitäre" oder „totale" Staat ist das Ergebnis „der Absorbierung der freien Gesellschaft durch den – nunmehr ‚totalen' – Staat."[29] Ex negativo wird darin der Zusammenhang zwischen dem Staat und seiner Demokratie mit der Gesellschaft deutlich.

Der positive Gegenbegriff zu der vom Staat absorbierten Gesellschaft ist die „freiheitliche Demokratie" – diesen Begriff, mit der ihm hier von Ridder zugeschriebenen positiven Bedeutung, dürften Leserinnen und Leser späterer Schriften, insbesondere des oben zitierten Vortrags über den „Demokratiebegriff" mit Erstaunen zur Kenntnis nehmen. Denn in jenen späteren Äußerungen ist die „freiheitliche demokratische Grundordnung", wie das obige Zitat aus dem „Demokratiebegriff" zeigt, geradezu der Inbegriff einer undemokratischen Verkehrung seines ursprünglichen Gehaltes. In der Zeitspanne zwischen 1960 und Mitte der 1970er Jahre vollzieht sich bei Ridder offenbar der Prozess der enttäuschten Abkehr von dem Begriff der freiheitlichen Demokratie – wohlgemerkt, von dem Begriff, nicht von der Sache. Denn an der analytischen Verbindung des Konzeptes einer freien Gesellschaft mit dem Begriff der Demokratie hielt er bis zuletzt fest. Mit Skepsis beobachtete er die in der politischen Praxis sich vollziehende Umwandlung des Begriffs der Freiheitlichkeit aus einem konstitutiven Merkmal der demokratischen Konzeption des

---

27 *Ridder* 2010 [1960], S. 303.
28 A.a.O., S. 301 – kursiv i.O.
29 A.a.O., S. 302.

Grundgesetzes in einen Kampfbegriff gegen nonkonformistische politische Kräfte und deren Aufbegehren gegen eine sich in der Bundesrepublik der 1950er und 60er Jahre ausbreitende restaurative Mentalität der Selbstzufriedenheit. Was aber seinen polemischen Impuls entzündete, waren die intellektuellen Rechtfertigungen dieses Funktionswandels der Freiheitlichkeit durch mächtige Strömungen in der verfassungsrechtlichen Literatur und Rechtsprechung.

Kehren wir also zu dem ursprünglichen Demokratiekonzept zurück – zur Verbindung des demokratischen mit dem sozialen Element in Art. 20 Abs. 1 des Grundgesetzes – der von Ridder so bezeichneten „dritten Dimension" der Sozialstaatsklausel. Die seinerzeit florierenden Versuche in der verfassungsrechtlichen Fachliteratur, aus dem im Grundgesetz überhaupt nur ein einziges Mal – in Art. 28 Abs. 1 GG – auftauchenden Begriff des „sozialen Rechtsstaates" ein spannungsreiches Drama zwischen Rechtsstaat und Sozialstaat zu inszenieren, lässt er schnell hinter sich[30] und konzentriert sich auf den Art. 20 Abs. 1 GG und dessen zentrale Rolle im Gefüge des Grundgesetzes. Ridder misst der dort fixierten Selbstbezeichnung der Bundesrepublik als „demokratischer und sozialer Bundesstaat" höchste normative Bedeutung zu. Er nimmt hier eine Erkenntnis vorweg, die fast ein Jahrzehnt später Ion Contiades in einer Monographie über Staatsstrukturbestimmungen, wahlweise auch „Staatsprädizierungen", formulierte, die nach dem Zweiten Weltkrieg in Westeuropa und darüber hinaus Verbreitung fanden. Diese enthielten Auslegungsregeln, erkannte Contiades, die „wegen der Zentralität und Universalität der Staatsstrukturbestimmungen [...] von höchster Bedeutung" seien.[31] Bei Ridder wird dieses Argument aus dem Kontext des Scheiterns der Weimarer Republik abgeleitet. Der Verfassungsgeber verstehe sich „in durchgängiger Auseinandersetzung mit der WeimRV als Therapeut" und habe „ein Maximum an vorbeugenden Maßnahmen gegen eine Wiederholung der Katastrophe des Jahres 1933 in die Verfassung hineinnehmen" wollen. Das Grundgesetz begnüge sich daher nicht „mit der Erneuerung und der als Verbesserung gemeinten Umgestaltung der demokratischen Staatsorganisation, sondern erhebt auch die Prädikatisierung des Staatsganzen als Demokratie selbst zu einer über Art. 79 Abs. 3 GG sogar revisionsfest gemachten Normativbestimmung [...]". Ähnliches gelte mutatis mutandis für die Festlegung von Republik, Bundesstaat und Rechtsstaat.[32]

Mit dieser Verortung der normativen Quelle des demokratischen Prinzips in der zentralen Selbstdefinition der Bundesrepublik in Art. 20 Abs. 1 des Grundgesetzes rückt der vom Zweiten Senat des Bundesverfassungsgerichts unter der Anleitung von Ernst-Wolfgang Böckenförde in den Mittelpunkt gestellte Absatz 2 Satz 1 des Artikels 20 GG – „Alle Staatsgewalt geht vom Volke aus" – in den Status einer Spe-

---

30 *Ridder* 2010 [1960], S. 296 f.
31 *Contiades* 1967, S. 117.
32 *Ridder* 2010 [1960], S. 298 f.

zialnorm für die Demokratie „als reine *Staatsform*bestimmung".[33] Nach Ridder erschöpft die demokratische Staatsorganisation jedoch keinesfalls den Gehalt des grundgesetzlichen Demokratieprinzips. Das Grundgesetz errichte eine „freiheitliche Demokratie", die durch „verschiedene Beschränkungen der Mehrheitsherrschaft innerhalb der staatlichen Organisation" und weitere hier nicht weiter erwähnte Garantien gekennzeichnet sei, „sodann, weit in den nichtstaatlichen, gleichwohl politischen, gesellschaftlichen Bereich hineingreifend, durch Garantie der freien Oppositionsbildung, [...] durch Gründungsfreiheit für politische *Parteien* und durch die Freiheit der öffentlichen, politischen Meinungsbildung (Art. 5 und 21 GG)".[34] Die Freiheitlichkeit der verfassungsrechtlichen Grundordnung sei eine „Grundordnung der *Nation* (wobei ich unter ‚Nation' das aus ‚Staat' und politischer ‚Gesellschaft' bestehende Gesamtpolitikum verstehe)".[35] Das „Verhältnis von *Staat und Gesellschaft in der freiheitlichen Demokratie*" sei also

> „ein Verhältnis der Zuordnung, der gegenseitigen Annäherung, Beeinflussung und Durchdringung bei gleichwohl jederzeitiger klarer Unterscheidbarkeit, die durch die Dichotomie von öffentlichem und privatem Recht indiziert wird".[36]

Dieses Verhältnis der Zuordnung werde jedoch nicht nur durch den totalitären Staat, d.h. durch die Absorption der Gesellschaft durch den Staat, gefährdet, sondern auch umgekehrt durch die „Einsaugung des Staats durch die Gesellschaft". So könnten „partikulare, organisierte gesellschaftliche Kräfte mittels der Osmose zwischen Staat und Gesellschaft" sich der Machtmittel und Einflussmöglichkeiten des Staates bemächtigen, was schon dadurch geschehen könne, dass die „Wirtschaft" mit der „Unternehmerschaft" gleichgesetzt werde.[37]

Dem Anliegen des Grundgesetzes, die Balance der Zuordnung von Staat und Gesellschaft zu wahren, trage „die Sozialstaatsklausel des Artikel 20 Abs. 1 par excellence Rechnung". Mit ihr sei „zum ersten Male in der deutschen Verfassungsgeschichte eine *staatliche* Verfassung mit dem rechtsverbindlichen Anspruch hervorgetreten, *auch* die Verfassung *gesellschaftlicher* Organisationen auf bestimmte Grundprinzipien festzulegen".[38] Auch hier spielt die Auseinandersetzung des Parlamentarischen Rates mit den Defiziten der Weimarer Verfassung eine bestimmende Rolle für Ridders Auslegung jener Klausel. Das Scheitern der Weimarer Republik liefere den Beweis dafür, dass eine „staatliche Demokratie ohne gesellschaftlichen Rückhalt in ihrerseits demokratischen gesellschaftlichen Strukturen zum Scheitern verurteilt" sei. Es gehöre zu den „Naivitäten der Weimarer Verfassungsschöpfung", dass sie

---

33 A.a.O., S. 303.
34 A.a.O., S. 302 f. – kursiv i.O.
35 A.a.O., S. 303 – kursiv i.O.; s. auch S. 308, wo Ridder von der „Freiheitlichkeit des Gesamtpolitikums der Nation" spricht.
36 A.a.O., S. 304.
37 *Ridder* 2010 [1960], S. 305.
38 A.a.O., S. 306 – kursiv i.O.

"trotz Fehlens fast jeglicher Tradition der Demokratie als Lebensform der Gesellschaft in Deutschland [...] die unversehrte Existenz demokratischer Gesellschaftsstrukturen vorausgesetzt" habe.[39] Das Grundgesetz als „geschlossene Therapie" gegen die Übel der Weimarer Demokratie mache es möglich, „mittels des Rechts mit der Garantie des Bestandes gesellschaftlich demokratischer Grundstrukturen jedenfalls notwendige Voraussetzungen der freiheitlichen Demokratie zu sichern". Dazu müsse „die umfassende Harmonisierung der für die Aufrechterhaltung der Freiheitlichkeit notwendigen gesellschaftlichen Strukturen mit den staatlichen zu seinen Grundanliegen gehören".[40]

Nach Ridder bringt die Sozialstaatsklausel des Art. 20 Abs. 1 GG als „Homogenitätsbestimmung zwischen Staat und Gesellschaft" den verfassungsrechtlichen Kern dieses Gedankens deutlich erkennbar zum Ausdruck. Seine Auslegung dieses Absatzes ist ebenso frappierend wie einleuchtend:

> „‚Sozial' heißt schließlich nach der korrektesten und getreuesten aller möglichen Eindeutschungen nichts anderes als ‚gesellschaftlich' oder ‚die Gesellschaft betreffend'. ‚Sozialer Staat' ist danach, während ‚Sozialstaat' möglicherweise noch auf eine Verschmelzung des Gesellschaftlichen mit dem Staatlichen hindeuten könnte, ein Staat, der zwar von der Gesellschaft distanziert ist, sie aber gleichwohl beeinflußt".[41]

Ergänzen muss man hier angesichts des oben dargelegten Ridder'schen Verständnisses von freiheitlicher Demokratie als das Verhältnis einer wechselseitigen Beeinflussung und Durchdringung von Staat und Gesellschaft: „[...] und von ihr beeinflusst wird".

4. Das durch die „Sozialstaatsklausel" generalisierte Demokratiegebot des Grundgesetzes

In der 1975 veröffentlichten Monographie „Die soziale Ordnung des Grundgesetzes. Leitfaden zu den Grundrechten einer demokratischen Verfassung" konkretisiert Ridder das in dem Rechtsgutachten von 1960 skizzierte Programm der demokratischen Verfasstheit der „Freiheitlichkeit des Gesamtpolitikums". Wie erwähnt, betrachtete er mittlerweile den in den beiden Rechtsverwirkungsartikeln 18 und 21 GG zentralen Begriff der „freiheitlichen demokratischen Grundordnung" als Inbegriff einer antidemokratischen Perversion.

> „‚Freiheitliche' Demokratie wäre als Tautologie eine unschädliche Wendung. Aber ‚freiheitliche' Demokratie meint aus der zeitgeschichtlichen polemischen Konstellation heraus, in der sie gegen die [...] Tautologie ‚Volksdemokratie' [...] eingeführt wurde, etwas

---

39 A.a.O., S. 306.
40 Ebd.
41 A.a.O., S. 307.

anderes als etwa ‚liberale' Demokratie, die, wenn schon kein Tautologismus, jedenfalls keine contradictio in adjecto ist".[42]

Die Grundidee eines „Gesamtpolitikums", in dem der Staat die Gesellschaft nicht absorbiert, diese jedoch auch nicht als ausgegrenzter Privatbereich jeglicher politischen Dimension entkleidet wird, hat Ridder damit jedoch keineswegs aufgegeben. Im Gegenteil, mit dem Begriff der „demokratischen ‚Gesamtverfassung' als Bezugssystem des ‚Sozialstaats' (‚sozialer Rechtsstaat', ‚sozialer Bundesstaat')" bekräftigt er die in dem Rechtsgutachten von 1960 entwickelte Verbindung zwischen dem demokratischen Prinzip und der Zivilgesellschaft.[43] Schon der Titel dieser Schrift bringt dieses Ridder'sche Konzept des Grundgesetzes deutlich zum Ausdruck: Es ist ein verfassungsrechtliches Buch über das Grundgesetz, doch es gliedert sich nicht nach dem konventionellen Schema der verfassungsrechtlichen Lehrbücher, etwa „Staatsorganisation" mit den Untertiteln „Demokratie", „Sozialer Rechtsstaat" und „Bundesstaat", gefolgt von den „Grundrechten" und schließlich den Regeln über Anfang, Auslegung, Änderung und Ende der Verfassung. Diese und ähnliche andere Gliederungen folgen der Logik der inneren Geschlossenheit und Kohärenz der Staatsorganisation als Antipode der Gesellschaft. Ridders „Soziale Ordnung" ist ein Buch über die durch das Grundgesetz geschaffene „Gesamtverfassung" des von ihm auch als „Nation" bezeichneten Gesamtpolitikums. Gegenstand des Buches sind hier zwar nur die Grundrechte, aber diese werden als integrale Bestandteile des gesamtgesellschaftlichen Prozesses analysiert. Dementsprechend folgt die Darstellung nicht einer normativen Systemlogik, denn der Grundrechtskatalog bilde „schon wegen der Herkunft der Grundrechte aus sehr verschiedenen geschichtlichen Formationen kein einheitliches und geschlossenes System."[44] Ridder spricht von „sozialen Feldern" (politischer Prozess; Arbeit und Wirtschaft; Arbeit; Kultur), die sich „gemäß den Zugehörigkeitskonvergenzen der sie bildenden Menschen vielfach und auf verschiedenen Ebenen [überschneiden]".[45] Der Begriff des „Feldes" ist dabei eine von Ridder kongenial verwendete Anleihe eines ursprünglich aus der Physik stammenden, von dort in den 1930er Jahren von dem Psychologen Kurt Lewin für die Analyse gruppendynamischer Prozesse in der Geisteswissenschaft adaptierten und in den 1970er Jahren von dem französischen Soziologen Pierre Bourdieu in die Sozialwissenschaft eingeführten Begriffs. Allen diesen Feld-Begriffen ist gemeinsam, dass sie Kraft- oder Gravitationsfelder sind, in denen verschiedene Elemente in dynamischer Beziehung zueinanderstehen. So definiert Bourdieu, der Begründer der soziologischen Feldtheorie, „Feld" als „ein Netz oder eine Konfiguration von objektiven Relationen zwischen Positionen" und der sich daraus ergebenden Dyna-

---

42 *Ridder* 1975, S. 60.
43 A.a.O., S. 35 ff.
44 *Ridde*r 1975, S. 51.
45 A.a.O., S. 51.

miken.⁴⁶ Ridder expliziert seinen Feld-Begriff nicht; was ihn zu dieser Anleihe aus anderen Wissenschaftsfeldern veranlasst haben dürfte, ist der Umstand, dass dem „Feld" in seinen ursprünglichen Bedeutungen als Gravitations- oder Kraftfeld Grenzen fremd sind, ebenso wie – nach Ridders Auffassung – dem Begriff der Grundrechte. Er deutet sie als „soziale Felder".⁴⁷ „Alle diese ‚Felder'", schreibt er mit Bezug auf die verschiedenen Grundrechtskomplexe,

> „‚enden' nicht etwa an einer – räumlich gedachten – ‚Grenze' zwischen ‚Staat' und ‚(staats-)freier Gesellschaft' [...]. Es gibt keine ‚Grenze' zwischen ‚Staat' und ‚Gesellschaft', sondern nur eine Unterscheidung, die sich nach der Unterscheidung der von Rechts wegen qua ‚Freiheit' mobilen von den qua ‚Kompetenz' verstetigten oder sich verstetigenden Elementen des politischen Kontinuums bestimmt."⁴⁸

Als „Sozialfelder" sind die Grundrechte in Ridders Grundgesetzkonzeption daher notwendig mit dem demokratischen Prinzip verknüpft. Die Verbindung wird durch Art. 20 Abs. 1 GG hergestellt. Bereits im Gewerkschafts-Gutachten von 1960 hatte Ridder, wie erwähnt, von der „präzedenzlosen Sozialstaatsbestimmung des GG in Art. 20 Abs. 1" gesprochen und darin die „dritte Dimension" des Sozialstaatsgebots entdeckt. Diese Dimension verknüpfte das „*expresse* Demokratiegebot des Art. 20 Abs. 1"⁴⁹ – als „demokratischer und sozialer Bundesstaat" – mit der Sphäre der Gesellschaft als einer „freiheitlichen".⁵⁰ Heute charakterisiert man sie mit Attributen wie pluralistisch, vielfältig, divers und ähnlichen Adjektiven, die die Offenheit und Heterogenität der Sphäre des Sozialen zum Ausdruck bringen. Sie besteht aus den Ridder'schen „Feldern". In der „Sozialen Ordnung" bekräftigt er diesen Gedanken und spricht von dem „eigentümlichen und völlig präzedenzlosen Charakter des *ganzen* Art. 20 Abs. 1GG".⁵¹ Dieser ist insofern „eigentümlich" und „völlig präzedenzlos", als er als Zentralnorm einer „an der Zeitordinate zurückhängende[n] Verfassung [...] eine Kompensation ihrer organisatorischen und institutionellen Demokratiedefizite durch wenigstens ein pauschales Gebot von ‚Demokratie'" enthalte.⁵² Mit der kursiv gesetzten Hervorhebung des *ganzen* Art. 20 Abs. 1 GG erinnert Ridder seine Leserschaft daran, dass die Bedeutung der „Sozialstaatsklausel" dieses Absatzes sich nicht in der traditionellen, in der Weimarer Verfassung weitgehend ausbuchstabierten Sozialpflichtigkeit des Staates erschöpfe, sondern als eine

> „unmittelbare *Gebotsnorm [...]* dem ‚Sozialstaat' des Grundgesetzes eine andere Qualität und einen anderen kategorialen Rahmen [verleiht] als dem 'Sozialstaat' der Wei-

---

46 *Bourdieu/Wacquant* 1996, S. 124 ff., 127; *Sapiro* 2020, S. 126 ; der Dank geht an Ingrid Gilcher-Holtey für Hinweis auf und Nachweis von und über Pierre Boudieu.
47 *Ridder* 1975, S. 51.
48 A.a.O., S. 52.
49 *Ridder* 2010 [1960], S. 297/8 – kursiv i.O.
50 A.a.O., S. 301.
51 *Ridder* 1975, S. 47 – kursiv i.O.
52 A.a.O., S. 48.

marer Reichsverfassung, die zwar zahlreiche einzelne sozialstaatliche Verfassungsinstitutionen vorschrieb, aber eben kein generelles Gebot 'sozialer (= gesellschaftlicher) Staatlichkeit' enthielt".[53]

In der „Sozialen Ordnung" wird dann dieser Gedanke als „generelles Gebot sozialer (= gesellschaftlicher) Staatlichkeit" zusammengefasst.[54] Es besteht in dem Postulat einer „gleichschrittliche[n] Entfaltung von Demokratie in der ‚staatlichen' und in der ‚gesellschaftlichen' Sphäre, die beide unter der sie ordnenden Verfassung stehen [...]".[55] Zuweilen spricht Ridder hier von „gesellschaftlicher Demokratisierung"[56] oder von dem „durch die ‚Sozialstaatsklausel' generalisierte[n] Demokratiegebot des Grundgesetzes".[57] Darunter versteht Ridder – im Unterschied zu dem mit ihm häufig im selben Zusammenhang genannten und von ihm vor allem als engagierten Mit-Kombattanten gegen autoritäre Entwicklungstendenzen in der Bundesrepublik sehr geschätzten Kollegen Wolfgang Abendroth – allerdings nicht das Konzept einer „sozialen Verfassung", wie sie Abendroth vertrat. Ridder stellte sich eine demokratische Gesellschaftsordnung nicht unbedingt wie dieser als „Unterwerfung der bisher [...] keiner gesellschaftlichen Kontrolle eingeordneten Kommandostellen des ökonomischen Lebens unter die Bedürfnisse und den Willen der Gesellschaft" vor.[58] Er verband mit dem Demokratieprinzip überhaupt kein inhaltlich bestimmtes Gesellschaftsmodell, sondern die Idee einer zur Selbstgestaltung fähigen Gesellschaft von Gleichen – als Verfassungsrechtler und -theoretiker sah er diese in dem Prinzip der Herrschaft des Gesetzes verwirklicht. Hier besteht eine offenbare Verwandtschaft mit dem im Westminster-Modell verkörperten Prinzip der Parlamentssouveränität. Es liegt in diesem Konzept eine innere gesellschaftliche Dynamik, denn das Prinzip der demokratischen Legalität stellt den gesellschaftlichen status quo strukturell in Frage – zum einen durch die Permanenz der Verfügbarkeit dieses politischen Gestaltungsmittels, sowie, im Falle von Ridders Demokratie-Konzeption, zusätzlich noch durch den in Art. 20 Abs. 1 GG enthaltenen Aufruf zur Kompensation der von Ridder ausgemachten strukturellen Demokratiedefizite des Grundgesetzes selbst. Sein geradezu leitmotivischer Kampf gegen alle Tendenzen, „Verfassungswirklichkeit" als Quelle normativer Gestaltung in das Grundgesetz einzuschmuggeln, erklärt sich aus seinem Bemühen, den normativen Überhang jeder Verfassung, gerade auch des von ihm ja durchaus als demokratisch defizitär verstandenen Grundgesetzes, zu gesellschaftlicher Praxis werden zu lassen. Dadurch rückt das aus den freien Wahlen gleicher Staatsbürgerinnen und Staatsbürger hervorgehende Parlament in das Zen-

---

53 A.a.O., S. 47 – kursiv i.O.
54 Ebd.
55 A.a.O., S. 48.
56 So z.B. *Ridder* 1975, S. 49.
57 A.a.O., S. 53.
58 Vgl. hierzu *Preuß* 2018, S. 707 f.

trum seiner Demokratiekonzeption.[59] Denn ebenso wenig wie die soziale Wirklichkeit liefert nach Ridder auch das Grundgesetz selbst kein Modell einer gesellschaftlichen Ordnung, welche die Einheit und Harmonie der den Verfassungspakt konstituierenden politischen Kräfte verspreche, geschweige denn eine Lösung des niemals endgültig gelösten und daher „essentially contested" (W.B. Gallie) Problems der „sozialen Gerechtigkeit" gewährleiste. In anderen Worten: Kein wirtschafts- und gesellschaftspolitisches Konzept „sozialer Gerechtigkeit" könne verfassungsrechtlichen Rang beanspruchen. „Die Verwirklichung ‚sozialer Gerechtigkeit' in der Wirtschaft hat [...] nach dem Grundgesetz mangels konkreter Einzelweisung der Verfassung selbst *durch den Gesetzgeber* zu erfolgen, der das Demokratisierungsgebot der Verfassung verwirklicht".[60] Unbestrittene politische Praxis ist dies nicht. Selbst in einer Situation, in der die Bewältigung einer Krise wie die der Corona-Pandemie in den Jahren 2020/2021 vor allem auf die Mobilisierung der Kräfte gesellschaftlicher Solidarität, Achtsamkeit, Verantwortung und wechselseitigen Verständnisses angewiesen ist, bedienten sich die Regierungen von Bund und Ländern vor allem des Instruments der exekutiven Verordnung, um ihre Strategien der Kontrolle des Virus durchzusetzen. Die mit dem Prozess der parlamentarischen Gesetzgebung verbundene Einbeziehung der Öffentlichkeit und ihrer kontroversen Standpunkte entfällt – wird in einer politisch-juristischen Kultur etatistischer Demokratiekonzeption auch kaum vermisst.

Will man Ridders Idee vom demokratischen Prinzip des Grundgesetzes und des daraus abgeleiteten „Demokratiegebotes" mit einem kennzeichnenden Stichwort charakterisieren, so ist es der Begriff der „Überkonstitutionalisierung". Den größten Teil seiner Analysen des Grundgesetzes und vor allem seiner Grundrechte widmet er der Kritik an mehr oder weniger luftigen Theorien sei es des Bundesverfassungsgerichts, sei es von Gelehrten aus der Verfassungs- und Staatswissenschaft über die richtige Interpretation der Grundgesetznormen. Ridders Insistieren auf dem Positivismus als der adäquaten, weil demokratiegemäßen Methode der Verfassungsauslegung beruht auf der Einsicht, dass jede konstitutionelle Festlegung von sozialen Verhältnissen diese dem gestaltenden Zugriff des aus demokratischen Wahlen hervorgegangenen „einfachen" Gesetzgebers und der ihn begleitenden öffentlichen Diskussion entzogen ist. Verbunden mit der vergleichsweisen starken Stellung des Bundesverfassungsgerichts und dessen Interpretationsmacht bedeutet jede nicht streng an Wortlaut, Sinn und Zweck einer grundgesetzlichen Regelung gewonnene Interpretation eine Schmälerung der sozialen Gestaltungsmacht des Gesetzgebers und damit des demokratischen Prinzips. Am Ende läuft es auf eine zunehmende Versteinerung des gesellschaftlichen status quo hinaus, dessen Änderungen auf die Approbation durch das Bundesverfassungsgericht angewiesen sind.

---

59 *Ridder* 1975, S. 17 f.
60 *Ridder* 1975, S. 99 – kursiv i.O.

Nun muss man einschränkend darauf hinweisen, dass Ridders Theorie der demokratischen Gesamtverfassung ihrerseits besonders empfänglich für eine Überkonstitutionalisierung ist (und sich möglicherweise auch daraus Ridders häufig polemischer Duktus seiner kritischen Auseinandersetzung mit der Verfassungsgerichtsbarkeit erklärt, „die wichtigste der antirevolutionären Einrichtungen der westdeutschen Nachkriegszeit"[61]). Denn je umfassender der Wirkungsbereich der Verfassungsnormativität, desto mehr Lebensbereiche werden dadurch dem Regime der Verfassungsjudikatur und der sie begleitenden wissenschaftlichen Interpretationsliteratur unterworfen. Eine auf den Bereich der organisierten Staatlichkeit begrenzte Verfassung wäre dann paradoxerweise am wenigsten einer Ridder'schen Kritik ausgesetzt. Angesichts des fortgeschrittenen heutigen Standes der wechselseitigen Durchdringung der Sphäre der organisierten Staatlichkeit und der Vielfalt, Autonomie und Intensität der zivilgesellschaftlichen Lebensformen, kann es nicht in Betracht kommen, die normative Reichweite der Verfassung auf den Bereich der Staatsorganisation zu begrenzen. Insofern steckt das Ridder'sche Demokratiekonzept in einem Dilemma: je umfassender der normative Wirkungsbereich der Verfassung, desto änderungsresistenter die Institutionen des gesellschaftlichen Lebens gegenüber der Dynamik eines auf Legalität setzenden Demokratieprinzips. Es ist wahr, Ridder differenziert in dem Prozess der „gleichschrittlichen Entfaltung von Demokratie in der ‚staatlichen' und in der ‚gesellschaftlichen' Sphäre" – „Kompetenz" (zu rechtsverbindlicher Entscheidung) sei das Signum der staatlichen, „Freiheit" das der „gesellschaftlichen" Sphäre.[62] Handeln kraft Kompetenz bedarf der demokratischen Diskussion und Legitimation, aber Handeln in Ausübung von Freiheit? Hier dürfte Demokratie im Sinne von kollektiver Herrschaft und deren demokratischer Legitimation fehl am Platze sein. Tatsächlich meint Ridder dies auch nicht. Seine innovative verfassungsrechtliche Entdeckung liegt in der Zurückweisung der lange vorherrschenden Konzeption der (Freiheits-)Rechte als grenzlose Individualrechte von Selbstherrschaft. Er kategorisiert die Grundrechte als Rechte *inter socios*, nicht *inter lupos*.[63] Ein „echtes" Grundrecht erkennt man daran, dass „es Freiheit organisiert".[64] Grundrechte sind „Felder organisierter Freiheit". Als solche bilden sie Grundformen pluraler gesellschaftlicher Selbstorganisation. Sie bedingen demokratische Herrschaft und sind von ihr abhängig. Sie sind auch selbst Formen von Selbstbestimmung, d.h. von Demokratie.

---

61 *Ridder* 1979, S. 181.
62 *Ridder* 1975, S. 48.
63 *Ridder* 1975, S. 93.
64 A.a.O., S. 104, 115, 132 u.ö.

5. Zur Rezeption von Ridders verfassungsrechtlichem Paradigma

Eine breite Diskussion, geschweige Rezeption ist Ridders Demokratietheorie des Grundgesetzes bislang nicht vergönnt gewesen. Wie eingangs erwähnt, spielten seine Gedanken dazu auf der erwähnten Demokratietagung nur eine marginale Rolle. Gründe in Ridders liebenswürdiger, zuweilen auch angriffslustiger Person mögen eine gewisse Rolle spielen. Wie Karl-Heinz Ladeur, Ridder-Schüler und Autor seiner Kurzbiographie, vermerkt, sei er in der „Zunft der Staatsrechtslehrer vor allem nach seinem Wechsel von Bonn nach Gießen [...] eher ein Außenseiter geworden" und habe „dies partiell durch Selbstausgrenzung verstärkt".[65]

Gleichwohl, entscheidend dürfte etwas anderes sein. Ridder gehört zu der seltenen Spezies derjenigen, die in ihrer Wissenschaft durch die Erfindung eines neuen Paradigmas herausragen. Die meisten Wissenschaftlerinnen und Wissenschaftler werden gezählt, nur wenige werden gewogen. Die Zahl der Zitationen ist heute weltweit zu einem konstitutiven Merkmal des wissenschaftlichen Status in der Wissenschaft geworden. Dieses Kriterium versagt bei jenen, die, wenig wahrgenommen oder gänzlich ignoriert, in ihrer Wissenschaft gegen den Strom schwimmen. Sie ändern die Richtung des Denkens in ihrer Wissenschaft und stehen jenen im Wege, deren Status und berufliche Identität mit den vorherrschenden Paradigmen verknüpft sind. In dem erwähnten Tagungsband „Demokratie und Grundgesetz" bemerkte Brun-Otto Bryde zugleich kämpferisch und resignativ, dass die Kritik an der auf der Volkssouveränität nach Art. 20 Abs. 2 GG basierenden Demokratietheorie „zu einer ziemlich breiten Bewegung geworden" sei. Trotzdem werde das Verständnis der Volkssouveränität als „Herrschaft des kollektiven Subjekts ‚Deutsches Volk' über die Gesellschaft in Lehrbüchern und Kommentaren nach wie vor als unangefochtene herrschende Lehre dargestellt".[66] Es ist nicht bekannt, ob die Veranstalter der damaligen Tagung Ridder eingeladen hatten – vermutlich nicht, weil seine Kritik an der auf der Tagung diskutierten Demokratietheorie sich nicht mit der Ablehnung des Konzeptes einer „Volksdemokratie" à la Böckenförde und des ihm folgenden Bundesverfassungsgerichts begnügt hätte. Seine Demokratietheorie der Konzeptualisierung der „Gesellschaft" als ein Beziehungssystem „sozialer Felder" sowie die Irrelevanz der Idee des „Volkes" als Element demokratischer Praxis rühren noch einmal in tiefere Schichten der Grundannahmen der intellektuellen Kämpfe um die Interpretationsherrschaft über zentrale politische Begriffe.

„Volkssouveränität", ein Begriff, der in keiner Abhandlung über das demokratische Prinzip des Grundgesetzes fehlen darf, schrieb Ridder im Jahr 1990 unter dem Eindruck der Revolution in der DDR und der deutschen Wiedervereinigung nach dem damaligen Art. 23 des Grundgesetzes,

---

65 *Ladeur* 2018, S. 1074/75.
66 *Bryde* 2000, S. 59.

„Volkssouveränität ist das Konzept vom *souveränen Volk* als einer Möglichkeit von Subjektwerdung. Im historischen, nicht im juristischen Sinne. Juristisch kann es überhaupt kein Subjekt Volk geben. Da gibt es nur wahl- und abstimmungsberechtigte Individuen und Staatsangehörige".[67]

Und die letzten beiden Sätze der folgenden, ins Metaphysische weisenden Erläuterung könnten vielleicht auch als eine Art individueller Selbstbeschreibung Ridders gedeutet werden:

„Ein zu seiner Souveränität aufgebrochenes Volk will nicht sein wie der Gott, den die Künder des als ‚Rechtsstaat' konstitutionell gewordenen souveränen Staats sich vorstellen. Es will aus Menschen bestehen, die weder dem rechtlosen Machtspruch noch dem aus staatlicher Souveränität legitimierten Rechtsspruch unterworfen sind. Es behält sich vor, um der Metabasis in eine neue Ordnung willen, den immanenten Regelkreis einer zukunftslos gewordenen Ordnung zu durchbrechen. Dies ist das von ihm akzeptierte Risiko. Dies macht seine Ähnlichkeit mit einem aus Menschenliebe Mensch gewordenen Gott aus."[68]

Das Neue und Bahnbrechende seiner Konzeption der grundgesetzlichen Demokratie – man könnte auch sagen: seiner Theorie der Demokratie des Verfassungsstaates – liegt in der Entdeckung, dass das Essentielle der Demokratie nicht nur nicht in der Volkssouveränität, sondern nicht einmal im Volk zu finden ist. Es besteht vielmehr in dem Modus des Machterwerbs und der Machtverteilung. Seine Theorie reflektiert die Tatsache, dass die Macht in der politisch organisierten modernen Gesellschaft in allen „sozialen Feldern" permanent umkämpft ist und dass der Wettbewerb um die Machtpositionen in allen Bereichen der Gesellschaft nach Regeln, d.h. im Medium der Verfassung, ausgetragen wird. Das Volk ist eine Konstruktion, deren Merkmale aus dem jeweiligen Modus der Machtverteilung abgeleitet werden. „Demokratisch" an einer Herrschaftsordnung ist die Offenheit des Machtverteilungsprozesses. Sie existiert auch in keiner liberal-demokratisch organisierten Gesellschaft vollständig. Es ist die Offenheit, d.h. die Allzugänglichkeit zum Machtverteilungskampf und die darin implizierte Möglichkeit der Infragestellung etablierter Machtpositionen, die für Ridder den Kern des demokratischen Prinzips darstellt. Das Thema der Öffentlichkeit bildet daher ein Leitmotiv seines gesamten Werkes. Vor fast einhundert Jahren hat Rudolf Smend mit Blick auf die Etymologie auf den inneren Zusammenhang von *populus, populicus, publius* hingewiesen – das ist ganz im Sinne Ridders.

Letztlich ist Ridders Demokratietheorie eine – keineswegs perfekte – Antwort auf das Paradox, dass ausgerechnet das Gut, das in jeder Gesellschaft das begehrteste ist und von dessen Besitzern mit allen Mitteln gegen Umverteilung verteidigt wird, zugleich aber auch ein Mittel zur Erzeugung und Bewahrung von gesellschaftlicher Stabilität ist – Macht –, in liberalen Verfassungs-Demokratien der Unsicherheit

---

67 *Ridder* 1990, S. 374.
68 Ebd.

eines offenen Wettbewerbes ausgesetzt ist. Das erklärt die Fragilität jenes Typus von Demokratie und dessen strukturelle Gefährdung durch jegliche Art von Volks-Demokratie und deren Souveränitätsprämisse. Diese ist ein stets latenter Steigbügel zur Regression der Verfassungs-Demokratie auf dem Weg über die Volks-Demokratie zum Autoritarismus und zur Diktatur. Doch das ist ein „weites Feld", das im Rahmen dieser Darstellung nicht beackert werden kann.

Als Erfinder eines neuen politisch-rechtlichen Paradigmas ist Ridder vorerst ein Solitär in der Landschaft der politisch-rechtlichen Ideenkreise geblieben. Doch posthum hat er das Potential zur Erweckung einer eigenen Schule.

Bibliographie

Böckenförde, Ernst-Wolfgang, 1987: Demokratie als Verfassungsprinzip. In: Isensee, Josef/ Kirchhof, Paul (Hrsg.): Handbuch des Staatsrechts der Bundesrepublik Deutschland. Band I: Grundlagen von Staat und Verfassung, Heidelberg, S. 887-952.

Bourdieu, Pierre/*Wacquant*, Loic J. D.,1996: Reflexive Anthropologie. Frankfurt a.M.

Bryde, Brun-Otto, 2000: Das Demokratieprinzip des Grundgesetzes als Optimierungsaufgabe. In: Redaktion Kritische Justiz (Hrsg.): Demokratie und Grundgesetz. Eine Auseinandersetzung mit der verfassungsgerichtlichen Rechtsprechung, Baden-Baden, S. 59-70.

Contiades, Ion, 1967: Verfassungsgesetzliche Staatsstrukturbestimmungen. Stuttgart.

Derleder, Peter/*Deiseroth*, Dieter, 1999: Der Erste nach dem Krieg. Zum 80. Geburtstag von Helmut Ridder. In: Kritische Justiz 32, H. 2, Baden-Baden, S. 254-262.

Engelmann, Andreas, 2020: Verfassungspositivismus als widerständige Haltung. Zu Helmut Ridders „Methode" der Verfassungsinterpretation. In: Kritische Justiz 53, H. 2, Baden-Baden, S. 144-151.

Ladeur, Karl-Heinz, 2020: Helmut Ridders Konzeption der Meinungsfreiheit als Prozessgrundrecht. In: Kritische Justiz 53, H. 2, Baden-Baden, S. 172 - 182.

Ladeur, Karl-Heinz, 2018: Helmut K. J. Ridder (1919-2007). In: Häberle, Peter et al. (Hrsg.): Staatsrechtslehrer des 20. Jahrhunderts. Deutschland – Österreich – Schweiz, Berlin/ Boston, S. 1067-1077.

Preuß, Ulrich K., 2020: „Aufgeklärter Positivismus". In: Kritische Justiz 53, H. 2, Baden-Baden, S. 152-160.

Preuß, Ulrich K., 2018: Wolfgang Abendroth (1906–1985). In: Häberle, Peter et al. (Hrsg.): Staatsrechtslehrer des 20. Jahrhunderts. Deutschland – Österreich – Schweiz, Berlin/ Boston, S. 703-714.

Redaktion Kritische Justiz (Hrsg.), 2000: Demokratie und Grundgesetz. Eine Auseinandersetzung mit der verfassungsrechtlichen Rechtsprechung. Baden-Baden.

Ridder, Helmut, 2010 [1979]: Der Demokratiebegriff des Grundgesetzes. In: Deiseroth, Dieter et al. (Hrsg.): Helmut Ridder. Gesammelte Schriften, Baden-Baden, S. 193-202.

Ridder, Helmut, 2010 [1960]: Zur verfassungsrechtlichen Stellung der Gewerkschaften im Sozialstaat nach dem Grundgesetz für die Bundesrepublik Deutschland. In: Deiseroth, Dieter et al. (Hrsg.): Helmut Ridder. Gesammelte Schriften, Baden-Baden, S. 291-337.

Ridder, Helmut, 2010 [1954]: Meinungsfreiheit. In: Deiseroth, Dieter et al. (Hrsg.): Helmut Ridder. Gesammelte Schriften, Baden-Baden, S. 228-273.

Ridder, Helmut, 1990: Die Deutschen und die Volkssouveränität oder Wie der große Lümmel Volk von dem großen Monster Staat zu seiner, des Staats, Räson gebracht wurde und wird. In: Denninger, Erhard et al. (Hrsg.): Kritik und Vertrauen, Festschrift für Peter Schneider zum 70. Geburtstag, Frankfurt a.M., S. 355-381.

Ridder, Helmut, 1979: Probleme des Grundgesetzes und der Grundgesetzinterpretation. In: Politische Vierteljahresschrift 20, H. 2, Opladen, S. 168 - 182.

Ridder, Helmut, 1975: Die soziale Ordnung des Grundgesetzes. Leitfaden zu den Grundrechten einer demokratischen Verfassung. Opladen.

Sapiro, Gisèle, 2020: Champ. In: dies. (Hrsg.): Dictionnaire international Bourdieu, Paris, S. 126-129.

Taylor, Charles, 1990: Modes of Civil Society. In: Public Culture 3, H. 1, S. 95-118.

Andreas Engelmann

Verfassungspositivismus als widerständige Haltung.
Zu Helmut Ridders „Methode" der Verfassungsinterpretation

Wenn der Name *Helmut Ridder* heute für eine besondere Pointe in der Rechtswissenschaft steht, dann vielleicht am ehesten für etwas, was als „Verfassungspositivismus" bezeichnet und damit bereits sprachlich im Milieu einer gewissen Rechtstreue verortet wird. *Ridder*, heißt es dann, sei zwar ein Linker gewesen, habe aber den Wert der Verfassung, des Grundgesetzes, erkannt und sich einem Programm verschrieben, das Veränderungen eher innerhalb des „positiven" Rechts bewirken wollte. Damit habe er sich von radikaleren rechts- und verfassungskritischen Positionen, wie sie zu dieser Zeit etwa in Frankfurt vertreten worden seien, abgegrenzt. Er sei in dieser Hinsicht „praxisnäher", näher am klassischen rechtlichen Positivismus und an der Dogmatik gewesen.

Möchte man sich von derartigen Zerrbildern verabschieden und *Ridders* Methode der Verfassungsinterpretation einen Raum geben, ohne ihr die Spitze abzuschneiden, sollte man sich Folgendes bewusstmachen: *Ridders* Verfassungspositivismus war weder ein „Positivismus" in einem Sinne, wie er vielleicht *Kelsen* zugeschrieben wird, noch war er ein „Verfassungspatriotismus", wie er gerade unter Beifügung des Adjektivs „aufgeklärt" hoch im Kurs steht, sondern *Ridders* Methode der Verfassungsinterpretation war und ist eine Form des Widerstands gegen die Verhältnisse der Bundesrepublik. Er erklärt sich nicht – wie der Verfassungspatriotismus – aus einem grundsätzlichen Einverständnis mit den Verhältnissen, sondern aus einer Opposition gegen die bundesrepublikanische „Verfassungswirklichkeit". Diese Opposition ist auch keineswegs besonders „praxisnah". Das mag leicht erkennen, wer die Rechtsprechung des Bundesverfassungsgerichts zu einem beliebigen Thema mit den Ausführungen *Ridders* in „Die soziale Ordnung des Grundgesetzes" (1975) vergleicht.

Ridders Verfassungspositivismus ist eine widerständige Praxis. Um diese These zu belegen, werde ich zunächst darstellen, was Verfassungspositivismus bei *Ridder* heißt und wovon er sich unterscheidet (1.). Dabei kommt es mir besonders darauf an, die Funktion des Textes als Einschnitt und Widerspruch zu verdeutlichen. Daraus ergibt sich, in welchem Sinn der Verfassungspositivismus eine *Methode* ist (und hat) und inwiefern nicht (2.). Zuletzt wird das dann auf die Frage bezogen, was es heißt, widerständig zu sein, und warum *Ridders* Methode – auch im Gegensatz zu vermeintlich *kritischeren* Positionen – einen solchen Widerstand bedeutet (3.).

1. Verfassungspositivismus vs. Verfassungspatriotismus

Auf die Frage, worum es bei *Ridder* geht, wenn er von einem „Verfassungspositivismus" spricht, wird in aller Regel auf eine Bestimmung verwiesen, die *Ridder* selbst in „Die soziale Ordnung des Grundgesetzes" gibt. Positivismus, wird dann zitiert, „ist die Bereitschaft, die Normtexte zunächst einmal hinzunehmen und nicht von vornherein verfälschen zu wollen".[1] Diese Bestimmung wird dann in Verbindung mit einem vermeintlich „klassischen Positivismus" gebracht, der glaube, ein vollständiges Normprogramm aus einer Rechtsnorm ableiten zu können, und als wenig aussagekräftig, reduktionistisch oder gar naiv abgetan. Von einer Naivität dieser Art steckt in *Ridders* „Positivismus" allerdings nichts, sie war schon immer ein Zerrbild. *Ridder* entlarvt die vermeintlich wirklichkeitsnähere „Kritik" an einem „naiven Positivismus" – auch die Positivisten *Hans Kelsen* und *Adolf Merkl* wussten selbstverständlich, dass Normen „indeterminiert" sind – selbst als „positivistisch".[2] Er dreht den Spieß um und gibt der „Kritik" am „rechtlichen Positivismus" den Namen „soziologischer Positivismus". Während sich der juristische Positivismus vermeintlich hinter „Normen verstecke", versuche die Kritik an ihm, den je aktuellen Umständen besonders umstandslos gerecht zu werden. Juristinnen, die keine „Paragraphenreiter" oder „lebensfremde Positivisten" sein wollten, würden nunmehr „rechtssoziologisch aufgeklärt" „mit der Zeit gehen".[3] In der Anpassung an die „Wirklichkeit" steckt für *Ridder* aber keine Strategie des Normativen, sondern seine Auflösung. Wenn es nichts „gibt", keinen „Text" und kein rechtliches Material, das man einem „soziologischen Positivismus" entgegenhalten könnte, dann wäre die Rede von „Normativität" ohne Bedeutung. Das ist zwar kein formaler Beweis dafür, dass es Texte normativer Art gibt. *Ridder* geht aber erst einmal davon aus, dass die Rede von einem „normativen Text" nicht vollkommen sinnlos ist. Etwas anderes tun auch seine Gegnerinnen nicht. Denn auch wenn sich Normativität nicht beweisen lässt, hat es ohne diese Annahme keinen Sinn, von spezifisch rechtlichen Phänomenen zu sprechen. Ridder geht es nicht darum, einen Formalbeweis für Normativität zu erbringen, sondern die politischen Verhältnisse *sub specie juris* zu erfassen. Das ist der Ausgangspunkt für *Ridders* „Positivismus".

Strikt davon zu unterscheiden ist ein „Positivismus", für den die soziale Wirksamkeit von normativen Texten einfach „vorausgesetzt" werden kann.[4] Hier liegt

---

1 *Ridder* 1975, S. 16.
2 *Kelsen* 1934, S. 91 („Diese Bestimmung ist aber niemals eine vollständige. Die Norm höherer Stufe kann den Akt, durch den sie vollzogen wird, nicht nach allen Richtungen hin binden. Stets muss ein bald größerer, bald geringerer Spielraum freien Ermessens bleiben...").
3 *Ridder* 1971, S. 371 ff.
4 So sieht es aus bei *Luhmann* 1969, S. 212; besonders deutlich natürlich *Kelsen* 1934, S. 4 („Dass der vorerwähnte Briefwechsel rechtlich einen Vertragsschluss bedeutet, resultiert ausschließlich" (!) „und allein" (!) „daraus, dass dieser Sachverhalt unter gewisse Bestimmungen des bürgerlichen Gesetzbuches fällt.").

die Blindheit des „Positivismus" nicht etwa darin, dass er die Bedeutungsklarheit von Normtexten überschätze. Normtexte haben aus sich heraus keine Macht, sie können die Rechtsanwenderin nicht zwingen. „Wenn's drauf ankommt, dann sind die Grundrechte völlig schnuppe", gibt *Ridder* etwa zu Protokoll.[5] Das Problem verortet *Ridder* aber nicht in politischem Machtmissbrauch und Polizeiunrecht, sondern er verortet es in der seit Jahrzehnten wiederholten „Abwägungsdogmatik" der Rechtspraxis: Durch „Verhältnismäßigkeitsreflexionen, Abwägungen und immanente Schranken" werden die Normtexte „ins Leben" übersetzt, was heißt, nicht „hingenommen", sondern passend gemacht. „So oder so passt man sich der Wirklichkeit an" und gibt damit – für *Ridder* – den normativen und korrektiven Charakter des Rechts auf.[6] Der, wie *Ridder* ihn nennt, „soziologische Positivismus", der Positivismus der Tatsachen gegenüber dem Rechtstext, „verspielt, indem er die – herrschende – ‚Wirklichkeit' effektiv zur Quelle eines höherrangigen Rechts macht", den eingreifenden und irritierenden Charakter, den ein Rechtstext haben kann, wenn er auf eine reaktionäre, restaurative Wirklichkeit trifft: Er verspielt seine Stellung als *Maßstab für Wirklichkeit*, wie sie zuletzt auch wieder von Christoph Möllers betont worden ist.[7] Die Anwendung des Rechts auf einen Sachverhalt wird verkehrt in eine Anwendung der Wirklichkeit auf den Normtext. Diese Umkehrung bezeichnet *Ridder* als „soziologischen Positivismus", und sie ist für *Ridder* deshalb ein Problem, weil die frisch „angewendete" Wirklichkeit nicht reflektiert – und das heißt in ihrer (Klassen-)Struktur durchschaut –, sondern „restaurativ" ist. Die Wirklichkeitsanwendung auf das Recht bildet die Machtstrukturen der Gesellschaft ab und verdoppelt sie. Gegenüber dieser „Wirklichkeit" steht das Grundgesetz als immerhin „partiell demokratische" Verfassung für *Ridder* „links" und muss „positivistisch" gegen eine Vereinnahmung nach „rechts" verteidigt werden.[8] *Ridders* Insistieren, „es mit der Norm ernst zu nehmen", ist nur vor diesem Hintergrund zu verstehen.

Verfassungspatriotinnen und -patrioten

Die Bewegung einer der eigenen Wahrnehmung nach „zukunftsgewandten", tatsächlich aber lediglich opportunistischen Angleichung des Normtextes an die „Wirklichkeit" vollzieht der „Verfassungspatriotismus". Er unterscheidet sich vom Verfassungspositivismus nicht durch seine Bezugnahme auf das Grundgesetz, sondern dadurch, *wie* er auf die Verfassung Bezug nimmt. *Ridder* selbst etwa schätzte das Grundgesetz keineswegs besonders hoch ein, sondern erkannte es als Folge

---

5 So *Ridder* auf der Juristentagung am 17./18. April 1971 in Frankfurt am Main über „Verfassungsreformen und gesellschaftliche Aufgaben der Juristen".
6 Ebd.
7 *Möllers* 2018, S. 460 (Zur Rolle der „Kontrafaktizität").
8 *Ridder* 1975, S. 17.

„wegweisender restaurativer Vorentscheidungen" in der Gründungsphase der Bundesrepublik.[9] Während *Ridders* „Positivismus" gleichwohl auf der Materialität der Verfassung besteht, besteht der Verfassungspatriotismus auf dem „Verfassungssinn". Der Verfassungspatriotismus findet im Grundgesetz eine „objektive Wertordnung", die über das hinausgeht, was an textlichem Material vorhanden ist. Die Verfassung im „Wandel der Zeit" fortzuentwickeln und gleichzeitig ihre „Identität zu bewahren", diese „Spannung" auszuhalten und zu beherrschen, hat *Andreas Voßkuhle* kurz vor seinem Ausscheiden als besondere „Aufgabe" des Bundesverfassungsgerichts reklamiert.[10] Wandel und Identität gleichzeitig zu bewerkstelligen, erzeuge – heißt es bei ihm – ein „Spannungsverhältnis", aber nur wer „diese latente Spannung der Verfassung produktiv artikuliert, verhilft ihr zur Geltung".[11] Der Verfassungspatriotismus will die „normative Kraft" seiner Verfassung schützen, aber er „weiß" auch, dass sie ihm nur erhalten bleibt, wenn er sie „in der Zeit" hält. Für *Voßkuhle* liegt darin keine Usurpation des Textes durch das Gericht, weil es bei ihm ausdrücklich die Verfassung selbst ist, die in einen „Wandel der Zeit" gestellt werden „will": „Indem das Gericht diese gewollte Wirklichkeitsoffenheit artikuliert, verhilft es der Verfassung zur Geltung".[12] Um die von der Verfassung gewollte „Aufgabe" der „Wirklichkeitsoffenheit" zu erfüllen, muss der Verfassungspatriotismus „soziologischer Positivismus" im oben beschriebenen Sinne sein, er muss die „Verfassungswirklichkeit" registrieren und „auf das Recht anwenden". Die beiden Annahmen des Verfassungspatriotismus, in denen sich zugleich das Selbstbild der zeitgenössischen Verfassungsjurisprudenz spiegelt, lehnt *Ridder* brüsk ab. Der Verfassungspositivismus von *Ridder* geht *weder* von einer Identität der Verfassung aus *noch* sieht er die Aufgabe der Verfassungsjuristin darin, den Verfassungstext an die je aktuellen Verhältnisse zu akkommodieren. Es ist diese doppelte Abwehr, aus der sich eine Bestimmung des Verfassungspositivismus ergibt. „Unpatriotisch" ist der Verfassungspositivismus dann, wenn er keine Identität behaupten und keinen Verfassungswandel bewirken möchte. *Ridders* Vorwurf lautet: Der Verfassungspatriotismus überspiele den „politischen Kompromisscharakter" des Grundgesetzes und ersetze den Kompromiss durch das „kardinale Missverständnis" einer objektiven Wertordnung.[13] Er setze den *Sinn* an die Stelle des *Textes* und die *Einheit* an die Stelle des *Widerspruchs*. Der „Verfassungssinn" ist immer schon ein Amalgam aus Verfassungstext und Verfassungswirklichkeit, und weil das Demokratisierungsgebot der förmlichen Verfassung für *Ridder* „links" von den Machtstrukturen eines gegebenen Gemeinwesens steht, ist der Verfassungspatriotismus aus *Ridders* Perspektive immer schon eine Verschiebung der Verfassung „nach rechts".

---

9 A.a.O., S. 30.
10 *Voßkuhle* 2019.
11 Ebd.
12 A.a.O., S. 419.
13 *Ridder* 1975, S. 99.

Ridders Positivismus steht aber noch in zwei weiteren Punkten als Gegenprojekt zum Verfassungspatriotismus: Er wendet sich *erstens* gegen die „Verkrüppelung der Grundrechte zu ‚negatorischen' Abwehrrechten" und lässt Grundrechte viel breiter auf die „konkrete Freiheit eines sozialen Feldes durch dessen Organisation abzielen".[14] Dabei geht es für *Ridder* um die Organisation gesellschaftlicher Freiheit, nicht um eine panische Abwehr des „Staates". *Zweitens* erkennt der Verfassungspositivismus die Gefahr einer Rechtsprechung, die „die Grundrechte selbst ‚gegen ihre eigene gesellschaftliche Realisierung' mobilisiert."[15] Das geschieht zum Beispiel dann, wenn das Demokratisierungsgebot der Verfassung vor den Toren der Produktionsstätten und Banken unter Berufung auf eine „Institutsgarantie" des Privateigentums an Produktionsmitteln unvermittelt Halt macht oder wenn Artikel (Art.) 15 des Grundgesetzes (GG) „immanent" durch die Berufsfreiheit, Art. 12 Abs. 1 GG, der „freien Unternehmer" derart „beschränkt" sein soll, dass seine Anwendung keine Frage politischer Mehrheitsverhältnisse, sondern rechtlich ausgeschlossen ist.

2. Text als Einschnitt und Irritation – Zur Methodenlehre des Verfassungspositivismus

Diese Situation ist der Ausgangspunkt für *Ridders* Positivismus. *Ridder* wählt seinen Begriff bewusst, ihm ist klar, dass Positivismus gern als „lebensfremde Paragraphenstecherei" abgetan wird. Er weiß, dass der Begriff zu Irrtümern wie demjenigen einlädt, dass das Recht ein selbstgenügsames Unterfangen sei, dass das Recht aus dem Recht lebe. Er bemerkt aber zugleich, dass eine „Billigkeitsideologie" im Zivilrecht und „immanente Schranken, Verhältnismäßigkeitsreflexionen und Abwägungen" im Verfassungsrecht – bei allem Bekenntnis zum Positivismus – mit „jedem Paragraphen fertig werden".[16] Das erscheint *Ridder* gefährlich, weil die Umgehung der Verfassung noch reaktionärer ist als ihre Anwendung. Würden sich die Richterinnen und Richter „nur an den Buchstaben a. der Gesetze und b. der Verfassung" halten, könnte sich für *Ridder* bereits ein „beträchtlicher Teil des von ihnen produzierten Unheils" verhindern lassen.[17] Der Positivismus bei *Ridder* ist – anders als der Verfassungspatriotismus – eine *widerständige* Praxis. Seine Methode ist es nicht, einen Rechtstext dadurch „im Leben" zu halten, dass man ihn den je tagesaktuellen politischen Lagen anpasst. Nichts ist üblicher als sich spöttisch über einen naiven „Positivismus" hinwegzusetzen, um sich im selben Augenblick den „dominierenden Faktoren" des aktuellen „politischen und sozialen Kräftefeldes" anzubiedern.[18] Ridder

---

14 A.a.o., S. 23, 91.
15 A.a.O., S. 18 (Binnenzitat von Ingeborg Maus).
16 *Ridder* 1971, S. 373.
17 Ebd.
18 *Ridder* 1975, S. 15.

nennt die „Wirklichkeit" die „dubioseste aller in Betracht kommenden Erkenntnishilfen".[19] Gegenüber einer unreflektierten und direkten Anpassung an die „Verfassungswirklichkeit" erzeugt die bereits zitierte „Bereitschaft, die Normtexte zunächst einmal hinzunehmen", zumindest potentiell einen „Widerstand", weil sich die Normtexte als textliches Material eigener Gestalt einer Direktanwendung der Wirklichkeit in den Weg stellen. Es liegt in dieser „Methode" zunächst gar nicht viel mehr, als vom Text auszugehen und damit einen Einschnitt, eine Zäsur, gegen die eigenen Vorurteile, Vorverständnisse und Folgenabwägungen „hinzunehmen", statt einen „Verfassungssinn" für sich zu reklamieren, der sich erstaunlich geschmeidig an wechselnde politische Überzeugungen anpasst. „Vom Text ausgehen", das scheint methodologisch angreifbar und jedenfalls nicht sonderlich avanciert zu sein. Haben sich nicht wesentlich anspruchsvollere Umgangsweisen mit Rechtstexten „bewährt", füllen nicht Bücher zu einer anspruchsvollen juristischen Hermeneutik ganze Bibliotheken? Vom Text auszugehen, heißt zum Beispiel, die Frage zu stellen, warum in Art. 5 Abs. 1 Satz 2 GG die Rede von der „Pressefreiheit" und nicht der Freiheit der „Presseverleger" ist; es heißt, die Frage zu stellen, welche Bedeutung Art. 15 GG hat und auf welche „soziale Ordnung" er verweist. Die avancierten „Auslegungs-" und „Abwägungsmethoden" stehen bei *Ridder* im Verdacht, die Normtexte, von denen sie „ausgehen", höchst „avanciert" aus dem Weg räumen zu wollen. So ist es für *Ridder* beispielsweise erst die Rede von einer „Einheit" und „Identität" der Verfassung, die dazu führt, dass innerhalb der Verfassung „Lücken" und „Widersprüche" oder „Grundrechtskonflikte" auftauchen, die sodann durch „Abwägung" aufgelöst werden müssen, wobei die so „gefundenen" Ergebnisse zu einer zeitkonformen Verfassungswirklichkeit beitragen.[20] Die textuale Materialität der Verfassung ist für *Ridder* dagegen ein Einschnitt oder eine Zäsur, die gegen eine vermeintliche Einheit und Identität Widerstand leistet, wie sie in der Rede von einem „materiellen Gehalt der Verfassung" implizit oder explizit behauptet wird. Das *Materielle* der Verfassung – darauf verweist das Wort „Material" – ist ihr Text und gerade nicht ihr „Sinn". In den Begriffen von *Ridder* heißt das, wie gesagt, den „Kompromisscharakter" des Verfassungstextes gegen eine vermeintliche Wertordnung zu betonen, die alle Normtexte durchzieht – und relativiert.

Die schwere Übung, den Normtext „hinzunehmen"

Verfassungspositivistin – im Sinne *Ridders* – ist nicht, wer ihr Auslegungsergebnis in einen Text hineinlegt, sondern wer sich in ihrer Lektüre vom Text und nicht vom Wunsch leiten lässt; das heißt, wer den Text als Einschnitt gegenüber der Wirklich-

---

19 A.a.O., S. 17.
20 *Ridder* 1975, S. 99.

keit gelten lässt. Das mag in manchen Ohren naiv klingen, als würde *Ridder* behaupten, der Text habe genau *eine* „normativ richtige" Bedeutung und werde dann „verfälscht". Das ist, anders als etwa bei *Larenz*,[21] nicht gemeint. Aber selbst dann, wenn man über die Bedeutung eines Textes streiten kann und muss, ist es eine ganz andere Frage, ob man dabei von der Materialität des Textes ausgeht, ob man sich irritieren und beeinflussen lässt, oder gleich bei Kingreen/Poscher (formerly known as Pieroth/Schlink) oder im „Skript" nachguckt, wie – sagen wir – das „Grundrecht" auf „informationelle Selbstbestimmung" zu „prüfen" ist. Im Gegensatz zu Kingreen/Poscher findet man im Grundgesetz dazu nichts. Dass das Material einen Widerstand erzeugt, heißt nicht, dass es unmittelbare Wirkungen entfaltet. Bei der Suche nach einer Methode geht es zunächst nur darum, nachzuvollziehen, was passiert, wenn man sich positivistisch im Sinne *Ridders* verhält. Wer die „Anwendung" der „Versammlungsfreiheit" nur aus einschlägigen Skripten oder der Praxis der Versammlungsbehörden kennt, dürfte sich wundern, dass es Art. 8 Abs. 1 GG allen „Deutschen" erlaubt, sich „ohne Anmeldung" zu versammeln. Wenn sich *Ridder* mit Art. 5 Abs. 1 GG auseinandersetzt, dann spricht er über „die große Bedeutung der Medienverfassung für den politischen Prozess",[22] über die „konkrete Freiheit eines sozialen Feldes durch dessen Organisation", weil zwar jede und jeder Presseerzeugnisse verlegen darf, aber „nur 200 Kapitaleigner in der Lage sind, eine lebensfähige Zeitung zu gründen", aber er spricht nicht über das negatorische „Abwehrrecht" der individuellen Presseverlegerin gegen eine Regulierung ihrer Marktmacht. Gegenüber einer Pressefreiheit, die zur Verlegerfreiheit degeneriert, beharrt *Ridder* „positivistisch" auf Art. 5 Abs. 1 GG: „Das Grundgesetz sagt doch unmissverständlich, dass es auf die Freiheit der Presse, nicht aber auf die Verlegerfreiheit usw. ankommt".[23] Die „Freiheit der Presse" ist eine Aufforderung zur „Organisation" eines „sozialen Feldes", die nur unter Ausräumung sie verhindernder (ökonomischer) „Faktoren" möglich ist. Diese Faktoren sind gemeint, wenn *Ridder* davon spricht, dass die Juristinnen die „sie beeinflussenden Faktoren nicht wahrnehmen".[24]

Die Übung, den Text hinzunehmen, ist auch und gerade deshalb so schwer, weil sie die ernüchternde Einsicht beinhaltet, dass man selbst nicht zwangsläufig klüger ist als das Material, mit dem man arbeitet. In dieser Einsicht liegt keine Sakralisierung des Textes, die ihn der kritischen Aneignung entzieht, sondern sie birgt, wie etwa jüdische Hermeneutiken gezeigt haben, das Potential einer reflexionsfördernden Dezentrierung und Irritation des auslegenden Subjekts und seiner Kontexte.[25] Das erscheint wünschenswert, weil Reflexion nur als ein Verfahren der Entdeckung ver-

---

21 *Larenz* 1969, S. 343 behauptet bekanntlich, „dass normativ ‚richtig' nur eine Bedeutung sein kann".
22 *Ridder* 1975, S. 86.
23 A.a.O., S. 87.
24 A.a.O., S. 15.
25 *Bruckstein* 2007.

standen werden kann, die sich in Auseinandersetzung mit einem Erkenntnisobjekt *entfaltet* und nicht als immanente Leistung im reflektierenden Subjekt verortet werden kann.[26] Dezentrierung und Irritation erscheinen dann nicht als Störung, sondern als *conditio sine qua non* des Reflexionsprozesses. Dagegen scheint sich mittlerweile das Verhältnis von „sozialer Wirklichkeit" und „Grundgesetz" dahin zuzuspitzen, dass der normative Text immer weniger Einfluss darauf haben soll, wie sich die soziale Wirklichkeit vollzieht; im Zuge dessen werden immer direktere Eingriffe in den Verfassungstext salonfähig. Von der faktischen Auflösung des Asylrechts in Art. 16a GG bis zur Aufhebung der Unverletzlichkeit der Wohnung durch die Neufassung des Art. 13 GG hat sich der Verfassungstext neuen „Verfassungswirklichkeiten" anpassen müssen und mit *Ridder* kann man feststellen, dass diese „Anpassung" stets eine „nach rechts" war. Aber auch jenseits einer politisch-inhaltlichen Kritik dieser Neujustierung der „Sozialen Ordnung des Grundgesetzes" sollten diese Tendenzen Zweifel wecken. Durch sie wird das normative Reservoir alternativer Wirklichkeitsentwürfe gegenüber zeitgeistfixierten Mainstreamlösungen trockengelegt. Vor diesem Hintergrund scheint auch der Vorschlag, den Begriff „Rasse" aus der Verfassung zu streichen, wenig überzeugend. Dass es „biologisch gesehen" keine unterschiedlichen menschlichen „Rassen" gibt, hat niemanden daran gehindert, aufgrund von „Rasse"-Vorstellungen Massenmorde zu organisieren. Dass es diese „Rassen" in Wirklichkeit gar nicht „gab", ist da ein schwacher Trost. Hier erscheint eine textlich materialisierte Erinnerung, die festlegt, dass eine Differenzierung aufgrund von Rasse-Vorstellungen mit der Verfassung inkompatibel ist, nicht gerade als etwas, was unbedingt ausradiert werden müsste. Auch gegenüber vermeintlich „sympathischen" Forderungen wäre *Ridders* Prämisse zu wiederholen, den „Text erst einmal hinzunehmen", sich einzulassen und zurückzutreten und nicht jede Tagesmode zum Gründungstext zu erheben. Dass sich Verfassungen nicht sehr gut zur Abbildung temporärer politischer Programme eignen, zeigt etwa auch die der Verfassung inkorporierte sogenannte „Schuldenbremse"[27], mit der eine bestimmte monetaristische Politik („Austerität") der politischen Debatte enthoben werden sollte. Da eine solche Politik aber selbst ihren Profiteurinnen nicht in jeder Situation passt und das zu einer Aufhebung oder Aussetzung der Verfassungsnorm führt, schwächt die Aufnahme kleinteiliger Politiken die Stellung der gesamten Verfassung, die nicht mehr als ordnungsstiftend empfunden wird, sondern als etwas, das selbst „in der Zeit gehalten" werden muss, selbst zum Gegenstand von und nicht mehr zum Maßstab für Tagespolitik wird. Es ist gar nicht fernliegend, darin eine Usurpation des normativen Gehalts der Verfassung zu sehen. Das führt uns zurück zu *Ridders* „Positivismus".

---

26 A.a.O, S. 57 (der Figur einer „textlosen kritischen Vernunft", eines lumen naturale wird in dieser Tradition die Figur einer (schriftbezogenen) „exegetischen Vernunft" entgegengesetzt).
27 BGBl. I 2009, S. 2248.

Ridders Reflexion auf den Text als Material erzeugt gegenüber den Selbstverständlichkeiten einen Einschnitt, sie schneidet in das Selbstverständnis des sich autopoietisierenden Rechtsbetriebs hinein. Die „Methode" beruht auf einer naiv anmutenden „Erfassung des Normentextes", die aber gegenüber dem „Zitierkarussell", das *Ridder* zwischen Literatur und Rechtsprechung verortet und das sich mittlerweile noch stärker in die Rechtsprechung verschoben haben dürfte, einen Widerstand bedeutet, weil sie zumindest daran erinnert, dass es ein Außerhalb des Karussells gibt.[28] Die grundsätzliche Berechtigung des Normtextes lässt sich unter der berühmten Formel des Art. 20 Abs. 3 GG von „Gesetz und Recht" von der Rechtsprechung zwar relativieren, aber doch nicht ohne Weiteres leugnen. *Ridders* Methode erinnert an etwas, das ein Unwohlsein am einfachen Fortlaufen des Betriebs produziert. Dieses „Fortlaufen" ist für *Ridder* immer ein „Anpassen" und zwar an die „Verfassungswirklichkeit", die für *Ridder* eine „bürgerliche" und das heißt „marktkonforme" ist. Dieses Unwohlsein hat aus sich heraus, wie gesagt, keine besondere Kraft. *Ridder* ist klar, dass der „Positivismus" keine Zauberformel ist, die aus sich heraus wirkt und eine „linke" Republik herbeizaubert. Die Juristen in Weimar haben sich als „Positivisten" verstanden, das hat sie aber in keiner Weise dazu veranlasst, die sozialstaatlichen Forderungen der Weimarer Reichsverfassung umzusetzen oder auch nur zu berücksichtigen.[29] So „positivistisch" ist kein „Positivist" je gewesen. Das gilt auch heute. Ein textbasiertes Unwohlsein kann eine Dampfwalze wie das Bundesverfassungsgericht nicht aufhalten. Erst kürzlich hat das Bundesverfassungsgericht „erkannt", dass auch die Kommerzialisierung der Selbsttötung ein negatorisches Abwehrrecht gegen den Staat begründet,[30] wobei die in dem Urteil entwickelte Formel, dass der Schutz der „Würde des Menschen und der freien Entfaltung der Persönlichkeit in Selbstbestimmung und Eigenverantwortung" auch den Lebensschutz aus Art. 2 Abs. 2 S. 1 GG überbiete, bei den anschließenden Gesundheits- und Virusbekämpfungsmaßnahmen nicht mehr zur Anwendung kam. Höchstes und konkurrenzloses Verfassungsprinzip war nun eine textlich in keiner Weise materialisierte „Eindämmung des Infektionsgeschehens". Wie dem auch sei. *Ridders* Methode hilft dabei, Urteile, Gesetze und politische Verlautbarungen mit einem Staunen und inneren Widerstand zu lesen. Sie kann auf einen Text und seine Materialität verweisen, um eine Differenzerfahrung zu markieren.

---

28 *Ridder* 1975, S. 15, 98.
29 A.a.O., S. 40.
30 BVerfG, Urteil des 2. Senats vom 26.2.2020 – 2 BvR 2347/15.

3. „Positivismus" als widerständige Haltung

Ridders Methode als Taktik des Widerstands zu lesen, klärt die Schlagrichtung seiner Theorie. Sie sollte nicht besonders „elegant" Probleme im „Theoriedesign" vermeiden – was auch immer mit dieser Sprache gemeint ist. Die Methode hat eine Aufgabe jenseits der Theorie. Dabei liegt auf der Hand, dass ein rechtswissenschaftlicher Widerstand immer nur schwach sein kann. Juristinnen und Juristen kommandieren in der Regel keine Heerscharen, organisieren keine politischen Mehrheiten und besitzen keine Medienanstalten. Was *Ridder* hatte, womit er arbeiten konnte, war „nur" ein Text, und zwar ein solcher, der von den Beteiligten des juristischen und politischen Systems als „normativ" und „verbindlich" dargestellt wird. In diese „Wunde" legt *Ridders* Methode ihren Finger. Dass es trotzdem nicht „mehr" als ein Text war, mit dem *Ridder* arbeitete, und dass die „Wirklichkeiten" ihre „normative Kraft des Faktischen" (*Jellinek*) im „großen und ganzen" (*Kelsen*) ausgespielt haben, erscheint retrospektiv als *Ridders* vielbeklagter „Anachronismus" (*Derleder*). *Ridders* Interpretation des Grundgesetzes – als Demokratisierungsgebot ohne „Wechselwirkung", „Verhältnismäßigkeit" und „Wertordnung" – ist für den zeitgenössischen verfassungsgerichtspositivistischen Diskurs schlicht nicht anschlussfähig, so dass auch freundlich gesonnene Stimmen ihrem Weggefährten *Ridder* in Zeitschriftenbeiträgen nahelegen, es sich *post mortem* doch noch einmal zu überlegen, die „Abwägung" habe sich „bewährt" (*Derleder*). Und tatsächlich hat der juristische Betrieb eine weitgehend folgenlose Verhältnismäßigkeitsabwägung bei „weiter Einschätzungsprärogative" von Verwaltung und Gesetzgeber so weit internalisiert, dass wir uns ein Ende dieses Paradigmas heute so schwer vorstellen können wie nach einem Wort von *Frederic Jameson* das „Ende des Kapitalismus", das wir uns jedenfalls wesentlich schlechter vorstellen können als das „Ende der Welt". In dieser Situation mangelnder Vorstellungskraft, die auch unsere Situation ist, hatte *Ridder* „nur" den Verfassungstext, den er in seiner „Materialität" gegen seine Anpassung an die „Verfassungswirklichkeit" verteidigte. *Das* ist der „Verfassungspositivismus" *Ridders* gegen den „soziologischen Positivismus" eines verfassungspatriotischen Mainstreams, der immer zugleich eine Verteidigung der formalen Verfassung gegen ihre Verschiebung „nach rechts" ist.

Widerstand gegen eine „textlich nicht abstützbare, freie Erfindung"

Mit *Ridder* lässt sich zeigen, dass der juristische Diskurs und die Rechtspraxis der Tendenz gefolgt sind, den „Verfassungstext" der „Verfassungswirklichkeit" anzupassen – was die „Rechtspraxis" ja auch ganz offensiv als ihre Aufgabe reklamiert –, und das heißt für *Ridder*, die Verfassung nach rechts zu verschieben. Ein Beispiel, das eine Kontinuität von Weimar über Bonn bis Berlin zeigt, liegt in der „Auslegung" von Art. 14 Abs. 1 Satz 1 GG, die bereits auf den Vorläufer der Norm in der Weimarer Reichsverfassung (Art. 153 Abs. 1 WRV) zurückgeht. Bis heute herrscht eine Auffassung von Art. 14 Abs. 1 GG vor, die „der Zivilrechtslehrer Martin Wolff im Wege einer schlichten, unbegründeten Behauptung vollbracht hat und die von der gesamten Staatsrechtslehre widerspruchs- und diskussionslos übernommen worden ist".[31] Die „Behauptung" liegt darin, dass „ungeachtet aller gesetzlichen Bestimmungen von ‚Inhalt und Schranken' [des Eigentums] immer ‚etwas übrig bleiben muss'". Daraus wird dann „abgeleitet", dass die Weimarer Reichsverfassung, wie heute das Grundgesetz, hinsichtlich des Privateigentums eine „Institutsgarantie" enthalte, die „sozialistische Anwandlungen" ausschließe. Diese bis heute wirksame „Auslegung" hält *Ridder* für eine „textlich nicht abstützbare, freie Erfindung". Sein Urteil erstreckt sich allerdings nicht nur auf die konkrete Rechtsanmaßung, sondern auf die gesamte Grundrechtstheorie, die dieser „Auslegung" zugrunde liegt: „Dieser den eindeutigen Verfassungstext vergewaltigende Heilschnitt gegen ‚sozialistische' Anwandlungen des Gesetzgebers ist ein besonders eindrückliches Beispiel für den Irrationalismus der juristischen ‚Theorie' von den Grundrechten."[32] Es ist diese Mobilisierung der „Grundrechte selbst ‚gegen ihre eigene gesellschaftliche Realisierung'";[33] die „Vereinnahmung des Verfassungsrechts durch die ‚Verfassungswirklichkeit'", der Ridder mit seinem „positivistischen" Beharren auf dem Material begegnet. Gegenüber diesem Material kann sich der herrschende Auslegungsapparat zwar gleichgültig verhalten, allerdings nur, indem er „mit schlichter Leugnung operiert" und damit die formelle Quelle der eigenen Normativität fahren lässt.[34]

Ridders Widerstand liegt in einer „Methode des Einschnitts" oder einer „Zäsur", die das vorschnelle Eindringen vermeintlicher „Realitäten" stört. Diese „Methode" ist aber nicht – das sei zuletzt noch einmal herausgestellt – aus sich heraus widerständig, sondern nur dann, wenn sie „ausgerichtet" ist, wenn sie eine Orientierung hat. Es geht *Ridder* keineswegs um eine selbstgefällige, abstrakte und überhebliche „Kritik", die sich – weil selbst ohne Standpunkt – an allem und jedem auslassen kann, die besonders scharf und klirrend ist, und am Ende – wie der „soziologische Positivismus" – im Einverständnis mit den Entwicklungstendenzen der Gesellschaft steht. Widerständig ist eine „Kritik" nur, wenn sie eine Richtung, einen Kompass hat, das heißt, wenn sie weiß, was die strukturierenden Faktoren sind, die die gesellschaftliche „Entwicklung" bestimmen. Für *Ridder* ist das der Klassenkampf.[35] Auch vor diesem Hintergrund lehnt *Ridder* den in der „Studentenbewegung" und bei

---

31 *Ridder* 1975, S. 41.
32 Ebd.
33 A.a.O., S. 18.
34 A.a.O., S. 41.
35 A.a.O., S. 56: *Ridder* spricht von den „klassenbedingten Realien der vorhandenen gesellschaftlichen Konflikte und Widersprüche in der Gesellschaft".

Habermas beliebten Begriff des „Spätkapitalismus" ab.[36] Dieser Begriff verschleiert, dass der zeitgenössische Kapitalismus nicht dadurch bestimmt ist, dass er „spät" ist – womit nichts über ihn gesagt und nur die vage Hoffnung auf sein baldiges Ende artikuliert ist –, sondern dadurch, dass sich in ihm Monopole als Machtzentren bilden, die zur aktiven politischen Gestaltung, zur Aufteilung der Märkte und zur Bildung von Monopolpreisen fähig sind. Diese Machtzentren unterstehen denn auch weniger den „Gesetzen" des Marktes und des Rechts, als dass sie diese Gesetze festlegen, interpretieren und gestalten – die Verfassung wird den unter dem Namen „Wirklichkeit" verschleierten Machtzentren „angepasst", statt sie zu regulieren und – gemäß dem Demokratisierungsgebot des Grundgesetzes – aufzulösen. Indem *Ridder* diese Analyse zugrunde legte, konnte er durch seine Methode des Einschnitts und des Beharrens eine widerständige Haltung begründen. Eine Kritik, die sich *Ridders* Methode aneignen wollte, ohne seine Klassenanalyse zu übernehmen, wäre nicht mehr als eine weitere sinnlose Spielerei. Was *Ridder* im Zusammenhang mit Monopolbildungen im Medienbereich ausdrücklich sagt, sollte für das gesamte Verfassungsrecht und die gesamte Verfassungsjudikatur zu denken geben: „Da man der realistischen Analyse der vielschichtigen ökonomischen Zusammenhänge nicht fähig war, war man auch nicht in der Lage, die historisch notwendigen Institute zu konzipieren."[37]

Bibliographie

Bruckstein, Almut, 2007: Die Maske des Moses. Studien zur jüdischen Hermeneutik. Berlin| Wien.
Kelsen, Hans, 1934: Reine Rechtslehre. Einleitung in die rechtswissenschaftliche Problematik. Wien.
Larenz, Karl, 1969: Methodenlehre der Rechtswissenschaft. Berlin.
Luhmann, Niklas, 1969: Legitimität durch Verfahren. Frankfurt am Main.
Möllers, Christoph, 2018: Die Möglichkeit der Normen. Über eine Praxis jenseits von Moralität und Kausalität. Berlin.
Ridder, Helmut, 1975: Die soziale Ordnung des Grundgesetzes. Opladen.
Ridder, Helmut, 1971: Verfassungsreformen und gesellschaftliche Aufgaben der Juristen. In: Kritische Justiz 4, H. 4, S. 371-377.
Voßkuhle, Christian, 2019: Der Wandel der Verfassung und seine Grenzen. In: Juristische Schulung 59, H.5, S. 417-423.

---

36 A.a.O., S. 30.
37 A.a.O., S. 86.

Tim Wihl

Streitbare Demokratie – aber welche?
Über die Aktualität von Helmut Ridders Ablehnung einer
verfassungsrechtlichen Legitimität

1. Einleitung

Helmut Ridder hat wohl seit Mitte der 1950er Jahre kein Thema so stark begleitet und letztlich bis zum Schluss umgetrieben wie die Frage, ob die Bundesrepublik sich legitimerweise als streitbare Demokratie verstehen dürfe. Davon zeugen seine frühen Besprechungen von Urteilen des Bundesverfassungsgerichts zum Verbot der Kommunistischen Partei Deutschlands (KPD) und der Sozialistischen Reichspartei (SRP), sein Engagement gegen die Notstandsgesetze der ersten Großen Koalition unter Kurt Georg Kiesinger und schließlich insbesondere sein zäher juristischer und politischer Kampf gegen die Berufsverbote für Kommunist:innen der 1970er und 80er Jahre. Nicht zuletzt in seinem Hauptwerk, „Die soziale Ordnung des Grundgesetzes" von 1975, nimmt das Problem der verschiedenen Ausprägungen wehrhafter oder streitbarer Demokratie in Westdeutschland einen beträchtlichen Raum ein.

Aus all den Wortmeldungen Ridders zu der Thematik, wie weit eine Demokratie ihre Feinde gewähren lassen müsse und dürfe, spricht eine aufrichtige Sorge, die auch heute noch zu denken geben muss. Man mag zur Einstimmung daran denken, dass die gern bemühte Phrase „Keine Freiheit den Feinden der Freiheit!" von niemand anderem stammt als Saint-Just, einem der besonders skrupellosen Ideologen der jakobinischen Schreckensherrschaft unter Maximilien Robespierre. Weiter muss man sich konkret vergegenwärtigen, in welchem Umfeld Ridder seine Kritik übt. Es ist das demokratisch noch weitgehend ungefestigte, postfaschistische Westdeutschland, das sich im Zeichen des kalten Krieges und fortwährender Kontinuitäten zur Verfolgung tausender kommunistischer Aktivist:innen entschlossen hat, die oft selbst im Widerstand gegen die NS-Diktatur tätig waren.

In einer solch prekären demokratischen Zwischenlage setzt sich Ridder mit juristischen Tendenzen auseinander, das Grundgesetz weniger als liberaldemokratische Absage an den Faschismus zu lesen denn als Kampfinstrument eines wieder gegen unbotmäßige Bevölkerungsteile aufgerüsteten Staates. Er ergreift in diesem Großkonflikt aus verschiedenen Anlässen eindeutig Partei, mit oftmals polemischem Tonfall, der umso schärfer ausfallen musste, als er sich nicht selten in einer allzu kleinen Schar von Aufrechten wähnte. Das traf sicher auf die Pönalisierung kommunistischer Betätigung oder das KPD-Parteiverbot zu; es stimmte auch noch in dem Kampf gegen die Notstandsverfassung, die eine außerparlamentarische Opposition schon in vernehmlicher Größe hervorrief; und es galt mit Einschränkungen auch noch für den Kampf gegen den Radikalenerlass der Brandt-Regierung. Wie sehr sich aus Ridders Sicht progressive Kräfte in allen Fällen im Hintertreffen wiederfanden, muss auch im Nachhinein noch erstaunen, spricht aber dafür, dass Ridder in seiner Kritik der Exzesse des Streitbarkeitsdogmas seiner Zeit voraus war. Sowohl das KPD-Verbot als auch den Radikalenerlass nahm die Politik später zurück, teils werden heute sogar Entschädigungen diskutiert, und die Notstandsverfassung blieb weitgehend funktionsloses Verfassungsrecht. Gleichzeitig haben allerdings die Sicherheitsbehörden, insbesondere die Verfassungsschutzämter, ihre Aufgaben und Befugnisse in einem auch für Ridder kaum ausdenkbaren Umfang ausbauen können. Derzeit diskutieren Bundesländer neue Versionen des Radikalenerlasses, diesmal im Kampf gegen den Rechtsradikalismus.

Umso wichtiger bleibt es daher, an den zweiten, konstruktiven Teil der Kritik Ridders an überzogener Wehrhaftigkeit zu erinnern. Ihm ging es nämlich nicht allein um eine Ablehnung der Vorstellung, dass es dem Staat zukomme, Legitimitätsbedingungen des politischen Kampfes zu definieren. Er wollte zudem darauf hinaus, dass der Streit um die Legitimität politischer Positionen in Demokratien nur die genuine Aufgabe der Gesellschaft der Citoyen:nes sein kann. Im Grundgesetz sah Ridder diesen „liberaldemokratischen" Ansatz weitgehend verwirklicht, wenn man nur – anders als das Bundesverfassungsgericht und die ihm folgende herrschende Lehre der Rechtswissenschaft – die vereinzelten Horte der Streitbarkeit (Art. 9 Abs. 2, 18, 21 Abs. 2 GG) nicht zu einem größeren, verallgemeinerbaren Dogma aufbliese, um dieses gegen die Meinungsfreiheit selbst in Stellung zu bringen.

Die unbedingte Verteidigung der Freiheit der demokratischen Gesellschaft, sich ihren Staat vollständig anzueignen, prägte daher auch seine (in seinen eigenen Worten) „liberaldemokratische" Sicht auf das Versammlungsrecht, die er insbesondere in der Einleitung zum bedeutenden Nomos-Versammlungsrechtskommentar von 1992 vortrug.[1] Ohne diesen zentralen Text bliebe das Panorama der Ridder'schen Vorstellung von anders, nämlich „von unten" statt „von oben" (den Staatsapparaten) her streitbarer Demokratie unvollständig.

---

1 *Ridder* 1992.

2. Ridders Kritik der Parteiverbotsurteile der 1950er Jahre

Zwei Parteien hat das Bundesverfassungsgericht (BVerfG) in seiner Geschichte verboten: die Sozialistische Reichspartei (SRP) und die Kommunistische Partei (KPD). Letzteres Verbot ist bis heute zutiefst umstritten,[2] während das erste allgemeine Zustimmung findet – handelte es sich doch bei der SRP eindeutig um eine Nachfolgeorganisation der NSDAP, in der Altnazis das Deutsche Reich wiederaufleben lassen wollten. Das war für Ridder wiederum der Grund, bei ihr gar keinen Anwendungsfall des Artikel (Art.) 21 Abs. 2 des Grundgesetzes (GG) zu sehen, sondern einen des Art. 139 GG: „Die zur ‚Befreiung des deutschen Volkes vom Nationalsozialismus und Militarismus' erlassenen Rechtsvorschriften werden von den Bestimmungen dieses Grundgesetzes nicht berührt." Denn selbstverständlich befand sich unter jenen alliierten Normen auch ein Parteiverbot der NSDAP und ihrer Nachfolgeorganisationen. Das wäre auf ein rein administratives Verbot der SRP hinausgelaufen, welches die Bundesregierung offenbar scheute. Zudem hätte man dann auch nicht die erwünschte „Symmetrie" zweier Verbote am BVerfG herbeigeführt, die eine rechte und eine linke Partei betreffen sollten.

Indem Ridder das SRP-Verbot unter alliiertes Recht fasste, erinnerte er an die bereits zerbrochene Selbstverständlichkeit des antifaschistischen Konsenses der unmittelbaren Nachkriegszeit. Das GG hatte hier aus seiner Sicht gar nichts Neues mehr zu regeln. Das machte den Art. 21 Abs. 2 GG gleichzeitig fast funktionslos und ließ es umso bedenklicher erscheinen, ihn in anderen Fällen (etwa der KPD) vorschnell zu bemühen oder gar als Ausdruck eines antitotalitären Konsenses der Wehrhaftigkeit zu deuten.

Was das Verbot der KPD anging, veränderte sich Ridders Haltung während der 1950er Jahre. Während er das Urteil in einer ersten Rezension noch recht milde besprach und die Entscheidung im Ergebnis sogar als rechtlich nachvollziehbar billigte,[3] revidierte er wenig später seine Einschätzung vollkommen, bis er in ihr ein ziemlich eindeutiges Unrechtsurteil erkennen wollte.[4] Das hing gewiss mit seiner zunehmenden Reflexion des Streitbarkeitsdogmas, aber auch mit seiner immer kritischeren Perspektive auf das BVerfG als Institution und die weitere Entwicklung von dessen Rechtsprechung bis hin zum Tiefpunkt im bestätigenden Entscheid zum Radikalenbeschluss[5] zusammen. Zudem war ihm die deutschlandpolitische Rolle der Verfolgung des westdeutschen Kommunismus immer weniger geheuer.

Im Einzelnen führte Ridder in Bezug auf die beiden Urteile aus, die Verbotsanträge seien nicht von dem Kontext des Koreakrieges und der Eiszeit im Ost-West-Kon-

---

2 Vgl. etwa *Foschepoth* 2017.
3 *Ridder* 1957.
4 *Ridder* 1966; *Ridder/et al.* 1968.
5 BVerfGE 39, 334 – Radikalenbeschluss (1975).

flikt 1951 zu trennen.[6] Aber nicht nur die politische Ereignisgeschichte sei im Blick zu behalten, sondern auch die hegemoniepolitische Auseinandersetzung. Über die US-amerikanische Variante der Totalitarismustheorie sei in diesem Sinne sehr früh einer falschen Rechts-Links-Symmetrie der geistige Weg bereitet worden. Zugleich richtete sich die Strafrechtsverschärfung 1951 mit der Einführung von Tatbeständen diesseits des gewaltsamen Hochverrats sehr klar gegen links.[7] Interessanterweise stammt die im SRP-Urteil erstmals verwendete Formel zur „Definition" der freiheitlichen demokratischen Grundordnung (vgl. noch heute etwa § 4 BVerfSchG) just aus dieser antikommunistisch motivierten, rechtsstaatlich umstrittenen Novelle des politischen Strafrechts.[8]

Die SRP war für Ridder wegen Art. 139 GG, wie gesagt, von Anfang an verboten. „Doch wäre so […] bloß exekutivisch gegen die SRP vorgegangen worden, hätte sich die perverse ‚List' des zur Ausformung eines ‚Prinzips' der ‚streitbaren Demokratie' hochgejubelten Art. 21 Abs. 2 GG nicht entfalten können."[9] Der „paritätische Abwehrkampf" einer vermeintlichen „Mitte" gegen Links- und Rechtsradikale hätte sich dann nicht ausreichend inszenieren lassen. Gegen die Einschätzung mancher (insbesondere von der SPD-Seite der Verfassungsgeber:innen), Art. 21 Abs. 2 GG trage zum antifaschistischen Charakter der Verfassung bei, betont Ridder, diese beruhe schon deshalb auf einem Irrtum, weil das Institut des Parteiverbots „selbst ein Konstrukt antiliberalen und antidemokratischen Denkens in den Kategorien von Ausnahmezustand und Nebenverfassung ist".[10] Gerade der Bestandteil „freiheitlich" in der „FDGO" (Freiheitliche Demokratische Grund-Ordnung) sei unrichtigerweise im deutsch-deutschen Konflikt als antikommunistische Stellungnahme im Sinne von „bürgerlich-parlamentarisch" aufgeladen und derart umgewertet worden,[11] obgleich es sich systematisch betrachtet letzthin um nichts anderes als eine *Tautologie* zum zweiten Element „demokratisch" handelt.[12] Letztere Einsicht kann man auch in der Gegenwart nicht oft genug hervorheben. Verfassungsphilosophisch geht es um einen zeitgemäß *demokratischen*, mit Hegel *konkreten Freiheitsbegriff*: „Demokratie ist das Selbstbestimmungsverfahren, das konkret die Freiheit der Menschen in ihrer konkreten Befindlichkeit, nämlich der gesellschaftlichen, bewirkt".[13] Darin voll-

---

6 *Ridder* 1975, S. 56.
7 Vgl. insbesondere *von Brünneck* 1978.
8 Vgl. *Schulz* 2019, aber auch schon *Ridder* 1975, S. 64.
9 *Ridder* 1975, S. 57.
10 Ebd.
11 *Ridder* 1975, S. 58.
12 *Ridder* 1975, S. 60: in der Bedeutung von „liberal", gerade nicht verkürzt auf *„ausgrenzend"-grenzenlose, a-soziale Freiheit der Mächtigen*, gemünzt auf ein verantwortungsentlastetes Privateigentum, die im Kern antidemokratisch wäre. Ridder wirbt für eine Rückbesinnung auf ein inklusiv-liberales, *sozial-freiheitliches* Verständnis der Verfassung, das er auch liberaldemokratisch nennt. Ein solches ist verfassungstheoretisch zukunftsfähig und auch freiheitsphilosophisch allein überzeugend; vgl. im Anschluss an Hegel etwa zeitgenössisch: *Arndt* 2019.
13 *Ridder* 1975, S. 60.

bringt sich eine Art kopernikanische Wende für die Rechtswissenschaft, die Ridder mit dem naturwissenschaftlichen Paradigmenwechsel zur Relativitätstheorie vergleicht. Wir haben es hier also mit einem verfassungsgeschichtlichen wie philosophisch-systematisch begründeten Einwand gegen die FDGO-Legitimitätsvorstellung zu tun.

Neben diese erste Kritiklinie der Entlarvung eines nur scheinbaren Antifaschismus des Grundgesetzes tritt bei Ridder eine zweite, die die Geschichtsdeutung in den Vordergrund rückt. Er spießt vehement die „Geschichtsklitterung" auf, die er gar auf Joseph Goebbels′ NS-Propaganda zurückführt, dass die „Machtergreifung" der NSDAP in legalen Bahnen erfolgt sei. Es ist dies für ihn nicht mehr als eine furchtbar nützliche Legitimationslegende einer Ideologie der Streitbarkeit. Das Ermächtigungsgesetz ist nämlich genauso wenig legal zustande gekommen wie die vorausgehende Reichstagsbrandverordnung. Ridder befasst sich in „Die soziale Ordnung des Grundgesetzes" gerade mit der Verfassungsgeschichte der Weimarer Republik und mit deren Scheitern besonders ausführlich. Seine entsprechende Deutung darf heute in der Geschichtswissenschaft als weitgehend konsentiert gelten. Ganz anders verhält es sich nach wie vor mit den grundsätzlichen Rechtfertigungsargumenten der Verfassungsschutzbehörden, die von der Legende von der „legalen Machtergreifung" der Nazis und von der Gefahr der nur weit im Vorfeld abzuwehrenden „kalten Revolution" kaum lassen können, ohne erheblich an institutioneller Überzeugungskraft zu verlieren. Eine wichtige Rolle spielt hier ferner die schon lange widerlegte Erzählung von der „Wehrlosigkeit" der Weimarer Republik aufgrund angeblich mangelnder politischer Repression[14] und einer vermeintlichen naiven Selbstknebelung durch eine wertskeptische, rechtspositivistische Haltung.[15] All diese irreführenden Argumente begegnen uns in Diskussionen um die „militant democracy" des Grundgesetzes bis heute.[16] Bei Ridder sind sie früh in verdichteter, polemisch-sachlicher Form zusammengetragen.

Hinzu kommt für Ridder eine zweite, diesmal implizite Geschichtsklitterung, nämlich, dass die Kommunisten der ersten deutschen Demokratie ebenso sehr geschadet hätten wie die Rechtsradikalen. Er beschönigt hier die in der Tat überwiegend destruktive Rolle der Weimarer KPD keineswegs, grenzt ihr Treiben aber in aller Deutlichkeit von dem gewaltsamen Hochverrat der Faschisten an der Republik ab.

Typisch für Ridders Argumentation ist sicher, dass er sich gelegentlich auf vermeintliche Details oder Formfragen einschießt, um anhand dieser ein tieferliegendes Problem zu verdeutlichen. Das gilt etwa für seine beißende Kritik am Ausdruck „Parteienprivileg", mit dem Verfassungsrechtler:innen gewöhnlich bezeichnen, dass

---

14 Dagegen nur *Gusy* 1991.
15 Dagegen insbesondere *Rüthers* 1968.
16 Vgl. kritisch nur *Schulz* 2019; *Fuhrmann* 2019.

politische Parteien allein vom BVerfG selbst verboten werden können und vor einem solchen Verbot keinerlei chancenverzerrende Nachteile von Staatsseite gewärtigen dürfen.[17] Wenn eine solche Konditionierung des Ausschlusses vom politischen Prozess bereits als „Privileg" gilt, wittert Ridder in der gewählten Begrifflichkeit einen wahren Abgrund an Verfassungsferne. Hier scheint für ihn der alte Obrigkeitsstaat durch, der Parteien wie beliehene Unternehmen des Staates behandelt.[18] Es käme stattdessen darauf an, Parteien von Grund auf als Ausdruck gesellschaftlicher Selbstorganisation zu verstehen.

Ein weiteres sowohl historisches wie verfassungssystematisches Argument geht in die Richtung einer Kritik der FDGO-Konstruktion als Keimzelle einer Nebenverfassung oder eines Notstandsregimes. Laut Ridder hatte Carl Schmitt Recht, wenn er den Ausnahmezustand im GG abgeschafft sah. Allerdings habe dieser auch noch nicht ahnen können, welche „Involutionsmotorik" bzw. welches notständische, antiliberale[19] Potential in der FDGO-Legitimitätsvorstellung verschlossen liege. Letzteres sei gar noch ärger als das Weimarer Präsidialregime zu werten, weil es keine zeitliche Unterscheidung von Normalität und Ausnahme mehr kenne,[20] sondern nur ihre „Verschraubung".[21] *Legitimitätsargumente gegen demokratische Legalität* lauern jetzt ständig überall.

Ridder lehnt es dementsprechend ab, die in der Tat auch antisozialistische Tendenz solcher FDGO-gestützter Normen der Superlegalität wie Art. 21 Abs. 2 GG zu leugnen. „Denn das Grundgesetz ist keine sozialistische Verfassung."[22] Man könne sich darüber nicht einfach „rechtsnihilistisch" oder naturrechtlich hinwegsetzen. „Aber diese Bestimmungen müssen in ihrem Kontext mit dem demokratischen *Grund*gebot [namentlich Art. 20 Abs. 1 und 2 GG, *T.W.]* und als *Ausnahme von diesem* begriffen werden."[23] Das spricht klar gegen eine normübergreifende Dogmatik der Streitbarkeit „von oben", erst recht gegen deren ideologische Aufdonnerung zum demokratischen Königsweg. Denn in solchem Legitimitätsglauben „materialisieren sich ohne Rücksicht auf das geltende Recht die taktischen und strategischen Zielsetzungen der status quo-Mächte gegen das demokratische Veränderungspotential zu einem ‚höheren Recht'."[24]

---

17 Dieses Prinzip ist durch den neuen Art. 21 Abs. 3 GG nur scheinbar durchbrochen, weil immerhin das BVerfG für den Ausschluss verfassungsfeindlicher Parteien von staatlicher Finanzierung allein zuständig bleibt – anders als zeitweise im Verfassungsänderungsverfahren diskutiert worden war. Praktische Bedeutung scheint die Norm bisher nicht zu entfalten.
18 *Ridder* 1975, S. 59.
19 Neuere philosophische Reflexionen sehen hier freilich – anders als Ridder, der dem „genuinen Liberalismus" noch als Emanzipationsmoment Kredit einräumt – eine immanent liberale Dialektik von Menschenrechten und Ausnahmezustand am Werk: vgl. *Heller* 2018.
20 *Ridder* 1975, S. 60.
21 A.a.O., S. 67.
22 A.a.O., S. 61.
23 Ebd.
24 A.a.O., S. 62.

Da die FDGO-Elemente der BVerfG-Definition im SRP-Urteil für Ridder zu heterogen sind, aber insbesondere eine politische Unmöglichkeit fordern – nämlich die „Konkordanz von Ausgrenzungsfreiheit und Demokratie"[25] –, kritisiert er an der Argumentation des (aus seiner Sicht ohnehin überflüssigen, s. o.) Urteils, dass sich das BVerfG nicht einfach mit der Feststellung der antidemokratischen Aktivität der Altnazipartei begnügt habe. Stattdessen habe es überflüssigerweise gefährlichen Ausweitungen der Streitbarkeitslogik Vorschub geleistet, wenn es sogar die „Ausscheidung der Ideen" der verbotenen Partei aus dem politischen Willensbildungsprozess beabsichtigte.

Was die KPD anbelangte, sieht Ridder diese als eine völlig „normale" Partei des demokratischen Spektrums, was sich nicht zuletzt an der Verankerung ihrer Schwesterparteien in anderen westlichen Demokratien zeige. In der Bundesrepublik hingegen sei man nicht bereit, eine Partei demokratisch zu dulden, die gegen die Auslagerung der Mechanismen, Gerechtigkeit herzustellen, in den Markt offen Stellung beziehe und einen wirklichen „Machtwechsel" statt einer „Wachablösung"[26] als loyale Opposition oder Regierung im Wartestand anstrebe. Insoweit ähnlich mit seiner relativ milden Urteilsrezension des KPD-Verbots kritisiert Ridder selbst 1975 weniger die Begründbarkeit des Verbots als die Gestalt der Begründung. Die deutschlandpolitische Haltung der KPD – mit Aufrufen zum „revolutionären Sturz" des „Adenauer-Regimes" zugunsten eines vereinten Deutschlands – habe durchaus eine offene Flanke geboten. Und angesichts dessen habe es das Gericht mit der Buchstabierung der ausgrenzenden, individualistisch-negativen „Freiheitlichkeit" auch nicht einmal übertrieben.[27]

Nichtsdestotrotz hebt Ridder drei neuralgische Punkte des KPD-Urteils hervor.[28] Das BVerfG hat sich, folgt man seiner Kritik, abermals nicht hinreichend mit dem politischen Ausnahmecharakter des Art. 21 Abs. 2 GG befasst.[29] Es hat sich zudem einer Stilkritik der KPD befleißigt, die die Schwelle zu einem tugendstaatlichen „Mäßigungsgebot" überschreitet. Und schließlich hat es den Marxismus als Idee lächerlicherweise in den Elfenbeinturm einer weltabgewandten Wissenschaft verbannen wollen.

Die Verallgemeinerung der FDGO zum „generalklauselhaften Rechtsprinzip"[30] hat nicht nur politisch antiliberale Konsequenzen, sondern führt auch zu einer von Wortlaut, Entstehung und Systematik abgewandten Verfassungsinterpretation. Denn partielle Grundrechtsverwirkungen werden nun, laut Ridder, nebenbei in Verwal-

---

25 A.a.O., S. 64.
26 *Ridder* 1975, S. 65.
27 *Ridder* 1975, S. 66.
28 *Ridder* 1975, S. 66-67.
29 Und mit der rein politischen Natur der Entscheidung des BVerfG (in Begründung und Rechtsfolgen), wie auch bei Art. 18 GG; vgl. *Ridder* 1984, in: Bäumlin/et al., AK-GG, S. 1432.
30 *Ridder* 1975, S. 68.

tungs- und Gerichtsentscheidungen unter Berufung auf die FDGO ausgesprochen, statt dass das entsprechende Monopol des BVerfG im speziellen Verfahren des Art. 18 GG geachtet würde.

3. Erweiterung zur Grundsatzkritik an einer die Legalität übertrumpfenden Legitimität des Grundgesetzes (Politisches Strafrecht und Notstand, Radikalenbeschluss)

Es sollte bereits deutlich geworden sein, dass Ridders Kritik an den Parteiverboten allgemeiner auf die im FDGO-Konstrukt latente Legitimitätsorientierung zielt. Sie ließ sich daher leicht zu einer entsprechenden Grundsatzkritik generalisieren, wie sie auch sein Hauptwerk von 1975 eindeutig als ein roter Faden durchzieht, insbesondere im Kapitel über den politischen Prozess. Noch einmal (mindestens verbal) verschärft tritt diese Fundamentalkritik uns in Ridders späterer Kommentierung der Verfassungsschutznormen des GG (Art. 21 Abs. 2, 18, 9 Abs. 2, 79, 20 Abs. 4) im „Alternativkommentar" von 1984 gegenüber. Dort ist dann von einer „imaginären Rechtsverfassung" die Rede.[31] Zudem steigert Ridder seine früher noch an der Ideologisierung der Freiheitlichkeit ansetzende normative Kritik zu einer fast politikontologischen: Es ist jetzt die „(Grund-)Ordnung" an sich, die als polizeilich verstandene Beharrungsnorm des Seins in Widerspruch zur vorwärtsdrängenden Demokratie des Sollens gerät. Darin liegt eine erhebliche Radikalisierung seines Grundeinwands gegen die FDGO.

Ursprünglich entwickelt hat Ridder diese Grundsatzkritik, die sich früh auch auf das politische Strafrecht von 1951 ff. (=folgende) bezog, nicht zuletzt in den heftigen juristisch-politischen Auseinandersetzungen um die „Notstandsgesetze". Er bezog Stellung zu den zahlreichen flottierenden Entwürfen, die eine Art Dauerbrenner der CDU-geführten Regierungen unter Adenauer, Erhard und Kiesinger bildeten, aber in ihren verfassungsändernden Teilen erst unter der Großen Koalition eine echte Chance auf Verwirklichung hatten, weil sich die SPD vorher gesperrt hatte. Ein vergleichsweise liberaler Entwurf, der sich weit von den autoritären Vorstellungen der Adenauer-Regierung entfernt hatte und insbesondere eine starke Parlamentsbeteiligung vorsah, wurde schließlich 1968 verabschiedet. Ridders Schrift „Grundgesetz, Notstand und politisches Strafrecht" von 1965 mag uns hier als Orientierung zu seiner Haltung dienen, die er später auch in aktivistischeren Schriften wie denjenigen des Kuratoriums „Notstand der Demokratie" entfalten sollte. Er hielt beim wichtigsten Kongress dieser von der IG Metall unterstützten zivilgesellschaftlichen Gruppe, deren Vorsitzender des „Arbeitsausschusses" er war, 1966 in Frankfurt den Ab-

---

31 Ridder 1984, in: Bäumlin/et al., AK-GG, S. 1410.

schlussvortrag. Im Kuratorium arbeitete er mit sozialdemokratischen Juristen wie Wolfgang Abendroth, Jürgen Seifert und Heinrich Hannover zusammen.

Ridders Analyse geht von der entscheidenden Einsicht aus, dass eine getrennte Behandlung der Themen Ausnahmezustand/Notstand und politische Strafjustiz (als Verengung der von Otto Kirchheimer vorgeschlagenen Konzeption „politischer Justiz") unter modernen Bedingungen nicht mehr überzeugt.

Für die in diesem Sinne vormoderne Zeit der Trennung galt:

> „Man kann also sagen, daß die politische Strafjustiz und der Ausnahmezustand in gestufter Aufeinanderfolge gegen die nicht-regierungskonforme *Aktion* eingesetzt wurden, wohingegen der *ideelle* Nicht-Konformismus, *auch* soweit er wie die sozialistische Bewegung *breite Massen* erfaßte und den Charakter der *Agitation* trug, als solcher nicht unter Strafe gestellt war. Die politische Strafjustiz und der Ausnahmezustand erfaßten die Ideenbewegung weniger gezielt als beiläufig, jedenfalls nur sekundär und nicht primär."[32]

Im 20. Jahrhundert galt aber nun: „Beide Institute sind expandiert, nicht mehr durch scharfe Grenzen voneinander getrennt und nicht mehr stufenartig hintereinandergeschaltet."[33]

Der eigentlich verfassungsrechtlich problematische Übergang besteht hiernach in der (neuen) Einwirkung der Notstands-/Neben-/Ausnahmeverfassung auf die geistigen Freiheitsrechte der politischen Kommunikation. Und historisch betrachtet zeigt sich ihr Gefahrenpotential in dem exzessiven Einsatz des Art. 48 der Weimarer Reichsverfassung in der (in dieser Hinsicht auch bereits problematischen) Anfangsphase der Republik mit der Festigung des bürgerlichen Charakters des Staates, wie auch noch stärker in der Phase der Präsidialdiktatur ab 1930, die dem NS-Regime zumindest Vorschub leistete. „So zeigt das Schicksal der Weimarer Republik, daß die Anwendung der Ausnahmegewalt, auch wenn sie von einer rechtsstaatlichen und demokratischen Verfassung als ein Mittel des Verfassungsschutzes vorgesehen ist, die rechtsstaatliche und demokratische Verfassung zwangsläufig denaturiert."[34]

Das politische Strafrecht ist, anders als das „normale" Strafrecht, nicht am Schuldprinzip orientiert, sondern am reinen Zwang zur Erreichung politischer Ziele, namentlich einer „Staatsräson", die der „Verfassungsräson" gerade widerstreiten kann, wenn sie den freien Meinungskampf beschränkt.[35] Ins Äußerste hat diese neue Logik der Macht die beginnende NS-Diktatur mit der Reichstagsbrandverordnung getrieben. Die Ausnahme-Logik des Anti-Positivismus bzw. Anti-Normativismus konnte sich dann bis zum Schluss in doppelstaatlicher Willkür ausleben.

---

32 *Ridder* 1965, zitiert nach *Balzer* 2019, Bd. 2, S. 176.
33 Ebd.
34 *Ridder* 1965, S. 178.
35 *Ridder* 1965, S. 179.

Unter dem GG ist dagegen der Ausnahmezustand, wie Ridder mit Schmitt sagt, abgeschafft, was sich in den Normen der Art. 9 Abs. 2, 18 und 21 GG äußert. Ridder schreibt diesen Vorschriften eine Sperrwirkung zu, die gerade auch das politische Strafrecht empfindlich beschneiden sollte. Im Grunde sollte nur noch das in Art. 143 GG vorgesehene Hochverrats- und Angriffsverbot bestehen bleiben, das sich an das liberale Kriterium der physischen Gewalt hält. Ridder betrachtet das als Konsequenz aus der modernen Ausdifferenzierung der Staatsgewalt: „Im Hinblick auf die gesteigerte Sensibilität der rechtsstaatlich-demokratischen und verwaltungsstaatlichen Strukturen würde der Einsatz des Ausnahmezustandes dem Einsatz der atomaren Waffen für die Lösung internationaler Krisen entsprechen."[36]

Hier liegt der für seine Argumentation gegen Ausnahmeverfassungsrecht entscheidende Analogieschluss. Angesichts schlechter Erfahrungen mit politischer Strafjustiz hat der Verfassunggeber für diese nur noch wenig Raum vorgesehen und den präventiven Staatsschutz in die genannten Vorschriften des Verfassungsrechts gehoben und in wesentlichen Teilen beim Bundesverfassungsgericht monopolisiert. Darin liegt ein deutscher Sonderweg, der auf dem genuin verfassungs*rechtlichen* (!) Bekenntnis zur FDGO beruht. Diese FDGO definiert Ridder wie folgt:

> „Unter ‚freiheitlicher demokratischer Grundordnung' ist eine Ordnung des Verhältnisses von ‚Staat' und ‚Gesellschaft' zu verstehen, wonach zwar die rechtsverbindliche Gestaltung *nur* durch die Staatsorgane erfolgt, welche von den durch die Spielregeln des parlamentarischen Systems zur staatlichen Macht gelangten politischen Kräften besetzt sind, jedoch innerhalb der freien Gesellschaft prinzipiell ein unbehinderter Meinungspluralismus besteht. Dieser Meinungspluralismus wird im Einzelnen durch spezielle Grundrechte, insbesondere die Informations-, Presse-, Rundfunk-, Film-, Meinungsäußerungs-, Petitions-, Versammlungs- und Vereinigungsfreiheit, die alle im Grundgesetz enthalten sind, gewährleistet. Das modellhafte stille Exempel einer solchen freiheitlichen demokratischen Grundordnung dürfte die englische Demokratie abgeben. Idealtypisch wird das Pluriversum oder Omniversum der freien Gesellschaft dauernd mit der staatlichen Macht konfrontiert, die im parlamentarischen System einen zwar majoritären, aber doch nur fragmentarischen Ausschnitt aus dem gesellschaftlichen Omniversum repräsentiert."[37]

Und weiter:

> „Diese Konfrontierung soll hauptsächlich zweierlei ermöglichen: erstens eine eventuelle Ablösung der amtierenden Regierung im Falle einer Änderung der Mehrheitsverhältnisse, zweitens eine ständige Ausbalancierung der rechtlich sanktionierten staatlichen Gewalt mit den auf ihre ideelle und politisch-moralische Überzeugungskraft angewiesenen Initiativen, Kritiken und Korrekturen aus dem Raum der freien Gesellschaft. Natürlich wird die idealtypische Vollkommenheit des hiermit beschriebenen politischen Prozesses in der Wirklichkeit nicht erreicht. Seine schlackenlose Reinheit wäre nur bei übermenschlicher vollständiger Durchrationalisierung erreichbar. Obwohl eine solche

---

36 *Ridder* 1965, S. 182.
37 *Ridder* 1965, S. 183.

> Durchrationalisierung nicht gegeben ist, und obwohl an Stelle der rationalen Argumentation im politischen Prozeß vielfach Suggestivmomente auftreten, nimmt die freiheitliche Demokratie die entsprechenden Risiken prinzipiell in Kauf und unterstellt die politische Mündigkeit *aller* Aktivbürger. Die Risiken sucht sie durch demokratiegerechte Transparenz der Einwirkungen auf die staatliche Gewalt, durch skrupulöse Wahrung des ‚Grundsatzes der Chancengleichheit' für alle gesellschaftlich-politischen Kräfte und durch die Anhebung der politischen Erziehung zu minimisieren."[38]

Mit dieser Definition wird ganz deutlich, wo der aus Ridders Sicht, wie besprochen, als *Demokratie auf der Basis von Ausgrenzungsfreiheit* widersprüchliche, rechtlich-politisch unmögliche FDGO-Katalog des BVerfG grundsätzlich fehlgeht. Dieser war das „bisher gravierendste Beispiel eines Ansatzes zur Umbildung der Verfassung durch Gesetz", merkt Ridder in der Fußnote an[39] – das dürfte bis heute stimmen.

Anstelle der misslungenen Kompilation setzt Ridder eine demokratische Verfassungstheorie aus einem Guss, die sich zwanglos aus der Systematik des GG ergibt. Bei ihr steht das *gesellschaftliche Recht der Negation des Staatshandelns* („Opposition" im weiten, nicht staatstheoretisch verengten Verständnis) klar im Zentrum.

Diese Verfassungsinterpretation ist jedoch nicht von einer falschen Harmonieillusion getragen:

> „Zugleich legt das Grundgesetz aber auch die *inhaltlichen Grenzen* fest, die im politischen Prozeß jeweils von dem einzelnen, von den Gruppen und von den politischen Parteien *nicht überschritten* werden dürfen. Die inhaltlichen Grenzen sind dann überschritten, wenn die Meinungsbildungsbeiträge die Abschaffung der freiheitlichen demokratischen Grundordnung selbst zum Ziel haben. Außerdem schreibt das Grundgesetz zwingend ganz bestimmte Verfahren vor, in denen allein die rechtsverbindliche Feststellung dieser Grenzen erfolgen kann."[40]

So wird die Streitbarkeitsidee von mehreren Seiten her begrenzt: *Erstens* geht es *objektiv-inhaltlich* nur um das *gesellschaftliche* Recht auf Negation oder Kontestation demokratisch getroffener Rechtssetzungsentscheidungen. *Zweitens* muss *subjektiv-aktiv* die Abschaffung dieses Rechts auf demokratische Opposition im Ganzen bezweckt sein. Und *drittens* kann (*prozedural-legal*) diese Absicht nur in einem verfassungsgesetzlich festgelegten Verfahren festgestellt werden, in der Regel durch das BVerfG selbst, das sich allerdings des *rein politischen* Charakters seiner Entscheidungen im Verfassungsschutz und der damit einhergehenden Verantwortung bewusst sein muss.

Die juristischen Folgen dieser Limitierung für das Strafrecht sind gravierend:

> „Alle drei Vorschriften (Art. 9, 18, 21) zusammen bilden ein Netz von Abwehrinstituten, das den übrigen Eingriffsbefugnissen der Staatsgewalt vorgeht und nicht umgangen wer-

---

38 *Ridder* 1965, S. 183-184.
39 *Ridder* 1965, S. 184 Fn. 24.
40 *Ridder* 1965, S. 185.

den darf. Das Grundgesetz hat damit alles politische Strafrecht verboten, das die typischen Erscheinungsformen der Betätigung im politischen Meinungsprozeß der freiheitlichen Demokratie als solche mit Strafe bedroht. Altes Strafrecht dieser Art ist aufgehoben; neues darf nicht erlassen werden."[41]

Freilich weist Ridder nach, dass die Praxis der bundesrepublikanischen Strafjustiz insbesondere in der Adenauer-Ära dieser Forderung in keiner Weise gerecht geworden ist. Zu den Notstandsprojekten der Regierungen bemerkt er, dass diese nur bei Unterstützung durch ein starkes politisches Strafrecht durchschlagenden „Erfolg" versprächen. Damit hatte er wohl einen interessanten Punkt getroffen, der die weitgehende Funktionslosigkeit der schließlich verabschiedeten Notstandsverfassung in der Verfassungspraxis mit erklären mag – was sicherlich zum Vorteil der liberalen „Verfassungsräson" war. Die Kämpfe der Außerparlamentarischen Opposition, inklusive Ridders Kuratorium „Notstand der Demokratie", dürften mithin nicht zuletzt auch mit Blick auf das in den 1960er Jahren schrittweise entschärfte politische Strafrecht erfolgreich gewesen sein.

Der Kampf Ridders gegen die Berufsverbote infolge des Radikalenerlasses (und insbesondere gegen den diesbezüglichen affirmativen Entscheid des BVerfG) stellt eine weitere Etappe in der Auseinandersetzung mit einer ihrer liberalen Substanz entfremdeten FDGO dar. Dieser wird im Detail in John Philipp Thurns Beitrag in diesem Band beleuchtet.

4. Die Alternative: Gesellschaftliche Mobilisierung, insbesondere im Versammlungsrecht

Aus Ridders eigenem, „genuin liberaldemokratischen" Begriff der FDGO folgt ein starkes Recht zur gesellschaftlichen Negation demokratisch getroffener, allgemein verbindlicher Rechtssetzungsentscheidungen des Staates, der auf diese Weise selbst zu einem gesellschaftlichen Ausschuss zusammenschnurrt. *Die Grundordnung wird gleichsam vom obrigkeitsstaatlichen Kopf auf die zivilgesellschaftlichen Füße gestellt.* Daher muss Ridder sich besonders für die gesellschaftlichen Anteile des derart produktiv widersprüchlichen, dialektischen politischen Prozesses interessieren. Ein markantes Zeugnis dafür legt seine späte historische Kommentierung des (seinerzeit noch bundesrechtlichen) deutschen Versammlungsrechts ab.[42]

Erkennbar ist, dass Ridder Sympathien für die „natürliche gesellschaftliche Fähigkeit"[43] der Versammlung hegt und zweifelt, ob es so etwas wie eine ermöglichen-

---

41 *Ridder* 1965, S. 190-191.
42 *Ridder* 1992, S. 21-91, zitiert nach *Balzer* 2019, Bd. 5, S. 198-277.
43 *Ridder* 1992, S. 253 Rn. 61 mit Bezug auf Laband; ebenso S. 256 Rn. 64 bezüglich der entgegengesetzten Weimarer Doktrin bei Anschütz.

de – im Gegensatz zu einer beschränkenden – Gesetzgebung für die Versammlungsfreiheit überhaupt geben kann. Das erstaunt zunächst, weil er meist die gesetzliche Konstruktion der Freiheit als soziales Phänomen hervorzuheben pflegt. Man gewinnt aber den Eindruck, dass just die *gesellschaftliche* Interaktion vorstaatlich gedacht werden soll, wohingegen „solipsistische" vorstaatliche Freiheit logisch nicht bestehen kann. Damit stellt Ridder die landläufigen politisch-juristischen Vorurteile auf den Kopf. *Wo die scheinliberale Doxa „Natürliches" erkennen will, namentlich in der „Ausgrenzungsfreiheit" vereinzelter Konkurrent:innen, entlarvt Ridder Illusionen; wo die herrschende Lehre wie selbstverständlich ausgestaltend-begrenzende Regulierung fordert, sieht Ridder natürliche Sozialität ohne einen Bedarf an autoritärer Einhegung.*

Ridder nennt auch einige Beispiele, was das für die Versammlungsfreiheit hieße. Diese wäre im Grundsatz als soziale *Freiheit*, nicht als subjektives Recht zu verstehen. Eine staatliche Anmeldepflicht wäre ebenso undenkbar wie eine Möglichkeit zu präventiven Versammlungsverboten, die sich letztlich vorwiegend am Grad der Anstößigkeit eines politischen Versammlungsinhalts orientieren.[44] Diese Kombination von Anmeldepflicht plus möglichem Präventivverbot hält Ridder für besonders freiheitsfeindlich. Sie ist aber die Grundkonzeption des bundesdeutschen Versammlungsrechts. Interessanterweise hält Ridder hier sogar das kaiserzeitliche Modell der Genehmigungspflicht für liberaler, weil dort (zumindest abstrakt) Begründungen zu liefern sind, die sich in vertretbarem zeitlichen Rahmen juristisch angreifen lassen. Das erscheint, abstrahiert vom historischen Kontext, nicht einmal unplausibel. Andererseits sind die Gerichte mittlerweile auch in Eilverfahren zu recht effektiven Verteidigern der Versammlungsfreiheit herangewachsen. Wichtiger noch ist vielleicht die Einsicht in den irreduzibel politischen Charakter präventiver Verbote.

Auch seine scharfe Ablehnung von Bannmeilenregelungen (wie sie die Weimarer Reichsverfassung per se noch nicht erlaubte – es bedurfte eines verfassungsändernden Gesetzes)[45] ist gut nachvollziehbar: Ausgerechnet die Zentren der Politik vom demokratischen Druck des Souveräns abzuschirmen, erscheint in der Tat allzu etatistisch. Aufsehenerregende jüngere Ereignisse wie der Sturm von „Querdenkern"/ „Reichsbürgern" auf die Bundestagstreppe sprechen recht besehen nicht gegen Ridders Position, weil es hier auf die beherzte Abwehr einer konkreten Gefahr angekommen wäre.

Dass die Versammlungsgesetze der Länder – bei manchen wichtigen Nuancen etwa im Vergleich des neuen Berliner Versammlungsfreiheitsgesetzes und der bayerischen Gesetzgebung – insgesamt immer noch im Fahrwasser der preußischen Verordnung von 1850, des Reichsvereinsgesetzes 1908 und des Bundes-VersG 1953

---

44 *Ridder* 1992, S. 267 Rn. 77.
45 *Ridder* 1992, S. 269 Rn. 77.

unterwegs sind, lässt sich nach Ridders ausführlichen historischen Ausführungen wohl kaum bestreiten. Es überwiegt überall noch der Verdacht, gerade politische Versammlungen seien – bei allen salbungsvollen Worten zu ihrer demokratischen Bedeutung, etwa im Brokdorf-Beschluss – ein einzuhegendes Risiko für den reibungslosen Ablauf der Staatsgeschäfte. Daher sieht auch kein Gesetz von den zentralen Strukturmomenten Anmeldung, Prävention und Anwesenheit der Polizei ab. Selbst mit der Polizeifestigkeit zuerst des RVG, dann der bundesdeutschen Gesetze ist es letztlich nicht weit her – sie kennt wichtige Ausnahmen. Generell lässt sich festhalten, dass es keineswegs stets vorteilhaft ist, unter den Versammlungsbegriff zu schlüpfen. Denn dem Freiheitsartikel folgen gewichtige Pflichten und Schranken auf dem Fuße, wie etwa auch die Verantwortung von Anmelder:innen/Leiter:innen. Ridder stellt auch mit Befremden fest, wie beladen das VersG des Bundes mit Strafnormen war. Immerhin, hier lässt sich gerade im Berliner Landesgesetz eine Liberalisierung feststellen.

Was Ridder auch noch nicht ganz absehen konnte, war die Festigung der Rechtsprechung, die den Rekurs auf die Unfriedlichkeit einer Versammlung (anders als in den frühen Jahrzehnten der Republik) doch zur überaus seltenen Ausnahme hat werden lassen. Daher gilt auch seine frühere Kritik nur noch höchst eingeschränkt, dass Art. 8 GG die Schwäche habe, mit dem Friedlichkeitsgebot ein frühkonstitutionelles Einfallstor für ein politisches Mäßigungsgebot zu enthalten.[46] Veraltet ist inzwischen auch seine Kritik an der „öffentlichen Ordnung" als Schutzgut – sie spielt längst keine praktische Rolle mehr.[47] Was aber weiterhin gilt, ist, dass das Versammlungs- wie auch das Vereinsgesetz vorkonstitutionellen Ballast mit sich herumtragen, in erster Linie ihre Verbotsorientierung.[48]

In ganz ungewöhnlichem Maße sieht Ridder bei der Versammlungs- wie auch bei der Vereinigungsfreiheit eine starke Überlagerung des verfassungsmäßigen Freiheitsrechts durch lange gesetzliche Traditionen der Repression, die die Grundgesetzauslegung bis heute (oft unwillkürlich) steuern.[49] Diese Tendenz wird erleichtert durch die allgemeinen Schwächen der neueren Grundrechtstheorie, die ein „fiktives Grundgesetz" als „Werteordnung" mit Abwägungspflicht über das Verfassungsgesetz gelegt hat.[50] „Damit hat das Grundrecht seinen Tatbestand verloren."[51] Oder: Sein Tatbestand wird stets erst im Einzelfall mit Blick auf den Sachverhalt konstituiert.[52]

---

46 *Ridder* 1975, S. 71.
47 *Ridder* 1992, S. 204 Rn. 5.
48 *Ridder* 1975, S. 70.
49 *Ridder* 1992, S. 203 Rn. 5.
50 *Ridder* 1992, S. 201-202 Rn. 3.
51 *Ridder* 1992, S. 202 Rn. 3.
52 *Ridder* 1992, S. 202 Rn. 4.

Das bleibt im Wesentlichen gültig – weniger zeitgenössisch klingen demgegenüber Ridders politischere Anmerkungen zur Abwertung der Demonstrationsfreiheit durch Vertreter:innen des Staates. Von einem fortbestehenden Verdacht gegen den Souverän als „Masse" wird man nur noch mit Blick auf einige Sicherheitsbehörden wie dem „Verfassungsschutz" reden wollen, nicht mehr hinsichtlich des gesamten Staatsapparats, anders als es Ridder für die VO 1850 („Verordnung über die Verhütung eines die gesetzliche Freiheit und Ordnung gefährdenden Mißbrauchs des Versammlungs- und Vereinigungsrechtes" vom 11.3.1850) darlegt.[53] Umso mehr muss die demokratische Sorge derartigen Restbeständen des Obrigkeitsdenkens und der etatistischen Perspektivumkehr gelten.[54] Auch die Versammlungsgesetze sollten heutige Rechtspraktiker:innen mit einem gesunden Misstrauen gegenüber dem versammlungsspezifischen „Regulativ der Bekämpfung abstrakter Gefahren"[55] anwenden, gerade sofern es über die Abwehr konkreter polizeilicher Gefahren hinausgeht. Auf dem Mythos der freiheitswahrenden „Polizeifestigkeit" sollte sich niemand ausruhen – zumal es (derzeit, 2021, etwa in NRW) neue Tendenzen zu (noch) mehr dubiosen Instrumenten wie reichlich unbestimmten „Militanzverboten" gibt.[56] „Permanente" statt „akuter" Verbote prägen das gesetzliche, nach Ridder wohl verfassungswidrige Versammlungsrecht weiterhin (Präventivverbot, Uniformen, Schutzausrüstung etc.). Und erst recht ein Misstrauen gegenüber der eigenen Revolution 1918 (weniger 1989) wirkt nach. Den Aufruf der Volksbeauftragten, alle Schranken des Versammlungsrechts aufzuheben, wird auch heute kaum jemand ernstnehmen. Eine solche Revolutionsaversion, wie sie Frankreich wahrlich so nicht kennt, kann man als undemokratisch beschreiben und deren Ausstrahlung bis ins Versammlungsrecht – die Regulierung des Vorhofs der Revolution – oder die Verdammung zivilen Ungehorsams erkennen.[57]

Die Alternative gesellschaftlicher Mobilisierung als Politisierung von unten hängt unter anderem von juristischen Freiheitsgraden ab, die das Versammlungsrecht als Regulativ abstrakter Gefahren tendenziell mindert. Ridders Analyse legt mit dem Hinweis, dass sich hier wie auch in anderen Bereichen der Regulierung demokratischer Negationsrechte (Notstand, politisches Strafrecht, Parteiverbot, Vereinsverbot etc.) eine (anti)politische Logik des Staatsschutzes in die demokratische Legalität einnisten kann, den Finger in eine nie ganz heilende Wunde republikanischer Staaten.

---

53 *Ridder* 1992, S. 228-229 Rn. 36.
54 Vgl. auch *Ridders* Andeutung zu „Staatsschutzmetamorphosen" und deren „Einbruch in die Gesetzlichkeit": 1992, S. 223 Rn. 28.
55 *Ridder* 1992, S. 233 Rn. 39.
56 Zunehmende Repressionstendenzen im Versammlungsrecht zeigen sich seit einigen Jahren auch in anderen EU-Ländern wie Spanien (Gesetz von 2014) oder Frankreich (*Gilets jaunes*-Bewegung).
57 Zu diesem Argument ausführlich *Balibar* 2012.

5. Zur umstrittenen Aktualität der Ablehnung der „streitbaren Demokratie": Staatsschutz, Republikschutz, Menschenwürdeschutz

Gerade in jüngerer Zeit ist der besagte Staatsschutz unter dem Vorzeichen des neuen Rechtsradikalismus mit terroristischer, rassistischer und antisemitischer Gewalt wieder gestärkt worden. Selbst über eine Art neuer Berufsverbote wird nachgedacht, wenn in sensiblen Bereichen wie Armee und Polizei rechtslastige Gruppen zum Vorschein kommen. Das macht Ridders kritische Hinterfragung dieses „von oben wehrhaften" Umgangs mit illoyaler Opposition wieder aktuell. Denn Gewalt und Hetze sind das eine, radikale politische Meinungsäußerungen etwas anderes. Allerdings liegt die Sache etwas anders als in den 1970er Jahren, weil im rechtsradikalen Spektrum physische Gewalt gegen Schwächere oft das Mittel der Wahl ist und der Weg dahin von brutalen, selbst schon psychisch gewaltsamen Worten aus oft erschreckend kurz ist. Dass hier große *polizeiliche* Aufgaben liegen, dürfte unbestritten sein.

Gleichwohl bleibt Ridders Misstrauen gegen einen verselbstständigten, immer weiter aufgerüsteten, dennoch oft ineffektiven Staatsschutz aktuell.[58] Denn Staatsschutz kann unter dem GG wegen Art. 20 Abs. 1 GG nur *Demokratieschutz* sein[59], also der Schutz demokratischer Veränderungspotentiale im politischen Prozess. Der Staat müsste sich folglich einerseits gegen *Gewalt* und deren Vorbereitung – als *Menschen(würde)schutz* – engagieren, denn das ist die Existenzbedingung politischer Prozesse, andererseits für die Offenhaltung eben dieser Kommunikationsprozesse, zum Beispiel durch eine Regulierung digitalsozialer Netzwerke, *nicht* hingegen gegen Ideologien. In der Praxis aber ist der Verfassungsschutz oft dennoch zum Staatsschutz früherer Zeiten zurückgekippt, in der Form eines Kampfes eben gegen „verfassungsfeindliche Ideologien".[60] Verfassungsfeindschaft als Etikett wird dann weiter immer nur im Einzelfall und opportunistisch definiert, nie abstrakt („wahr").

Man sollte sich demgegenüber an die „Ontologie" der Verfassungsräson erinnern: Einen Verfassungs- als Gesetzes-/*Normenschutz* kann es nicht geben – den können nur die Normen selbst besorgen –, sondern immer nur den Schutz eines durch die (wirkliche oder vermeintliche) Normanwendung gestalteten *Zustands*.[61] In solch einer Zustandsgarantie liegt dann aber eine riskante und letzthin undemokratische „Projektion der Normqualität" auf die „Verfassungswirklichkeit" und damit ein Kategorienfehler, auf den man immer wieder hinweisen sollte. Sonst würde ein antiplebiszitäres, veränderungsfestes Demokratieverständnis immer weiter verfestigt. Die Gegenwart versteinerte und Politik würde aus der Gesellschaft zurückgedrängt.[62]

---

58 Näher *Wihl* 2020.
59 *Ridder* 1984, in: Bäumlin/et al., AK-GG, S. 1415.
60 *Ridder* 1984, in: Bäumlin/et al., AK-GG, S. 1416.
61 *Ridder* 1984, in: Bäumlin/et al., AK-GG, S. 1423.
62 *Ridder* 1984, in: Bäumlin/et al., AK-GG, S. 1425, 1424.

In diesem Sinne konzentriert sich die neuere Rechtsprechung des BVerfG zur FDGO auf die Menschenwürde und die Demokratie. Konsequent bekennt sich das Gericht so implizit zu einer Asymmetrie von rechten und linken „Radikalismen". Denn die Negation der Würde hat die rechte Ideologie der Ungleichwertigkeit für sich gepachtet. Auch können Freiheitsrechte nur als Ausdruck menschlicher Würde, eines wahren „Konstitutionsprinzips" der Verfassung, richtig verstanden werden. *Die Legitimität der Verfassung liegt nirgendwo sonst als hier, in der Würde als Quelle der Legalität.* Dann aber sind Freiheiten untrennbar vom demokratischen Prozess, in dem Menschen um ihre gemeinsame Selbstbestimmung – stets in Gesellschaft – ringen. Menschenwürdeschutz und Republikschutz fallen nunmehr in eins. Der Staat ist nicht Gesellschaft, aber gesellschaftlich.[63] Karlsruhe geht so mindestens seit dem NPD-Urteil von 2017[64] einen großen Schritt auf Ridders grundlegende Einsicht zu, wonach „Demokratie das Non-plus-ultra politischer Freiheit" und „jedes plus von ,Freiheit' demzufolge ein minus" ist.[65]

Bibliographie

Arndt, Andreas, 2019: Freiheit. Köln.
Balibar, Étienne, 2012: Schluss: Widerstand Aufstand Ungehorsam. In: ders.: Gleichfreiheit. Politische Essays, Berlin, S. 225-254.
Bäumlin, Richard/et al. (Hrsg.), 1984: Kommentar zum Grundgesetz für die Bundesrepublik Deutschland. Band 1: Art. 1-20 (Reihe Alternativkommentare, hrsg. von Rudolf Wassermann). Neuwied/Darmstadt. [zitiert als *Bearbeiter*, in: Bäumlin/et al., AK-GG]
von Brünneck, Alexander, 1978: Politische Justiz gegen Kommunisten in der Bundesrepublik Deutschland 1949-1968. Frankfurt a.M.
Foschepoth, Josef, 2017: Verfassungswidrig! Das KPD-Verbot im Kalten Bürgerkrieg. Göttingen.
Fuhrmann, Maximilian, 2019: Antiextremismus und wehrhafte Demokratie. Kritik am politischen Selbstverständnis der Bundesrepublik Deutschland. Baden-Baden.
Gusy, Christoph, 1991: Weimar – Die wehrlose Republik? Verfassungsschutzrecht und Verfassungsschutz in der Weimarer Republik. Tübingen.
Heller, Jonas, 2018: Mensch und Maßnahme. Zur Dialektik von Ausnahmezustand und Menschenrechten. Weilerswist.

---

63 So ist auch parlamentarische Tätigkeit gesellschaftlich und erst bei Regelsetzung oder Kreation staatlich: vgl. *Ridder* 1984, in: Bäumlin/et al., AK-GG, S. 1428.
64 BVerfGE 144, 20 – NPD (2017).
65 *Ridder* 1984, in: Bäumlin/et al., AK-GG, S. 1449.

Ridder*, Helmut, 1992: Versammlungsrecht. Geschichtliche Einleitung. In: ders./ Breitbach, Michael /Rühl, Uli /Steinmeier, Frank: Versammlungsrecht. Handkommentar, Baden-Baden, S. 21-91.

Ridder, Helmut, 1984: Vorbemerkungen zur Begrifflichkeit, Herkunft und Funktion des „Verfassungsschutzes". In: Bäumlin, Richard/et al. (Hrsg.): Kommentar zum Grundgesetz für die Bundesrepublik Deutschland. Band 2: Art. 21-146 (Reihe Alternativkommentare, hrsg. von Rudolf Wassermann), Neuwied/Darmstadt, S. 1409-1427. [zitiert als *Ridder* 1984, in: Bäumlin/et al., AK-GG]

Ridder, Helmut, 1975: Die soziale Ordnung des Grundgesetzes. Leitfaden zu den Grundrechten einer demokratischen Verfassung. Opladen.

Ridder, Helmut/et al., 1968: KPD-Verbot oder Mit Kommunisten leben? Reinbek.

Ridder, Helmut, 1966: Aktuelle Rechtsfragen des KPD-Verbots. Neuwied.

Ridder, Helmut, 1965: Grundgesetz, Notstand und politisches Strafrecht. Bemerkungen über die Eliminierung des Ausnahmezustandes und die Limitierung der politischen Strafjustiz durch das Grundgesetz der Bundesrepublik Deutschland. Sammlung res novae (Veröffentlichungen zu Politik, Wirtschaft und Geschichte). Frankfurt a.M.

Ridder, Helmut, 1957: Streitbare Demokratie? In: Neue Politische Literatur 2, H. 5, S. 351 ff.

Rüthers, Bernd, 1968: Die unbegrenzte Auslegung. Zum Wandel der Privatrechtsordnung im Nationalsozialismus. Tübingen.

Schulz, Sarah, 2019: Die freiheitliche demokratische Grundordnung. Ergebnis und Folgen eines historisch-politischen Prozesses. Weilerswist.

Wihl, Tim, 2020: Mit Ridder gegen Ridder denken: Eine Neufassung der „streitbaren Demokratie". In: Kritische Justiz 53, H. 2, S. 216-224.

---

* Alle Werke von *Helmut Ridder* (mit Ausnahme von „Die soziale Ordnung des Grundgesetzes" (1975) und dem Alternativkommentar zum Grundgesetz (1984)) werden zitiert nach *Balzer*, Friedrich-Martin (Hrsg.), 2019: Helmut Ridder für Anfänger und Fortgeschrittene. Das Gesamtwerk, Werkausgabe in 6 Bänden (CD-ROM). Bonn.

John Philipp Thurn

Ideologiekritische Prozessführung für die demokratische Verfassung. Ridder gegen den Radikalenbeschluss[1]

Nachdem Helmut Ridder sich in den 1960er-Jahren prominent gegen die Notstandsgesetze engagiert hatte, betrat er in den 1970er-Jahren die öffentliche Bühne insbesondere in der Diskussion um die sogenannten Berufsverbote. Mit vielen Veröffentlichungen und Vorträgen beteiligte er sich an dieser zentralen Auseinandersetzung um den demokratischen und verfassungsstaatlichen Charakter der Bundesrepublik.

Zur Erinnerung: Laut Radikalenbeschluss vom 28. Januar 1972[2] bot im beamtenrechtlichen Sinne keine „Gewähr dafür, jederzeit für die freiheitliche demokratische Grundordnung einzutreten", wer Mitglied in einer Organisation mit „verfassungsfeindlichen" Zielen war. In der Folge kam es im Öffentlichen Dienst nach schätzungsweise 1,8 bis 3,5 Millionen Anfragen an die Verfassungsschutzämter zu vielen langwierigen Anhörungsverfahren und ca. 1.000 bis 2.000 letztlich abgelehnten Bewerbungen oder Entlassungen,[3] hauptsächlich von Mitgliedern der Deutschen Kommunistischen Partei (DKP) oder maoistischer „K-Gruppen". Parteipolitisch blieb das Thema über Jahre zwischen SPD/FDP und den Unionsparteien umstritten. Die Verwaltungs- und Arbeitsgerichtsbarkeit war mit einer Vielzahl von Fällen dazu befasst; auch die rechtswissenschaftlichen Debatten darum nahmen großen Raum ein.

Weniger bekannt ist Ridders Einsatz als Prozessvertreter in einem Verwaltungsrechtsstreit, der für den Umgang mit „Verfassungsfeinden" im Staatsdienst bedeutsam war. Mit welchen dogmatischen Positionen, mit welchem wissenschaftlich-politischen Selbstverständnis und auf welche Weise brachte sich Ridder in das Verfahren ein? Lag es an seiner Polemik, dass er nicht bloß von innerakademischer Ausgrenzung betroffen war, sondern infolge seines Engagements gegen den Radikalenbeschluss selbst „vom Verfassungsschutz kritisch beäugt"[4] wurde? Der Artikel rekonstruiert den Rechtsstreit und geht dabei bewusst ausführlich auf die maßgeblichen Gerichtsentscheidungen ein, um Ridders Standpunkt und seinen charakteristischen

---

1 Der Beitrag ist Dieter Deiseroth (1950-2019) gewidmet. Ich danke Hansvolker Ziegler, der mir eine Vielzahl von Schriften (u.a.) von Ridder überlassen hat.
2 Beschluss der Regierungschefs des Bundes und der Länder vom 28. Januar 1972, abgedruckt in: *Denninger* (Hrsg.) 1977, Dokument Nr. 43 (S. 518 f.). Die beschlossenen „Grundsätze" waren formal lediglich norminterpretierende Verwaltungsvorschriften, das Beamten- und Dienstrecht blieb gesetzlich unverändert.
3 Zahlen nach *Jaeger* 2019, S. 10.
4 *Jaeger* 2019, S. 297.

Stil im Kontext darzustellen. Am Ende stehen Überlegungen dazu, welche Anregungen eine kritische Rechtspraxis und -wissenschaft Ridders Intervention entnehmen kann.

1. Ausgangspunkt

1.1. Radikaldemokratie und Prozessführung

Als Verfahrensbevollmächtigter und Gutachter hatte sich Ridder bereits in seiner Frankfurter bzw. Bonner Zeit rechtspraktisch engagiert, beispielsweise zugunsten der IG Metall oder der Hessischen Landesregierung unter Georg August Zinn,[5] aber auch „für die Volksbefragung zur Wiederbewaffnung (verloren)" und „gegen Adenauers und Schäffers Fernseh-GmbH (gewonnen)".[6] Erfolgreich unterstützt hatte er nicht zuletzt die Frauen, die 1959 die Streichung des „väterlichen Stichentscheids" in Erziehungsfragen aus dem Bürgerlichen Gesetzbuch erstritten.[7]

Dass Ridder als Radikaldemokrat für einen großen Gestaltungsspielraum des Parlaments eintrat, hinderte ihn also keineswegs daran, juristische Mittel gegen (Grund-)Rechtsverstöße zu ergreifen. Wie Ridder in einem Nachruf auf Otto Kirchheimer schrieb, sah er durchaus „die Justiz als die potentiell humanste aller Staatstätigkeiten", denn – nun den Autor von „Politische Justiz" (1965) zitierend – „ohne die Dazwischenkunft der Justizmaschine ginge der Kampf um die politische Macht genauso unablässig weiter, nur in weniger geordneten Bahnen".[8] Nicht zuletzt bei der Abwehr exekutiver Rechtsverletzungen konnten aus Ridders Sicht Gerichte wichtige Akteure und Prozesse wichtige Foren sein. Insgesamt empfahl er „gesellschaftskritischen Juristen" auf einer Tagung im Frühjahr 1971, es „mit der Norm als einer möglichen Waffe gegen demokratieverhindernde gesetz- und verfassungswidrige Wirklichkeiten ernst zu nehmen" und sprach von der Legalität als einer – gerade gegenüber den frühen 1930er-Jahren stärkeren – „Waffe in der Hand

---

5 *Derleder/Deiseroth* 1999, S. 257; zu Ridders Gutachten für die IG Metall von 1958 siehe jüngst *Kocher* 2020, S. 189-199.
6 *Derleder/Deiseroth* 1999, S. 258 f.
7 Dazu *Deiseroth/Müller* 2007, S. 625-627: „Nur wenige konnten begreifen, wie ausgerechnet ein gläubiger, praktizierender Katholik den Versuch einer Mehrheit des Bundestages zu Fall bringen konnte, das Verfassungsgebot der Gleichstellung von Mann und Frau zu unterlaufen. Ridder argumentierte nicht nur, im Sinne Kelsens, ideologiekritisch, sondern wies auch nach, dass der thomistischen Theologie ein ‚Stichentscheid' des pater familias ganz unbekannt sei." Zu Ridder als „Praktiker des Antidiskriminierungsrechts" *Tischbirek* 2020, S. 213.
8 *Ridder* 1968, S. 301-305, zitiert nach *Balzer* 2009, Bd. 2, S. 525-529 (528).

der Verteidiger der Demokratie".[9] Ridders zunehmend drastische Kritik gerade am Bundesverfassungsgericht steht dabei auf einem anderen Blatt.[10]

1.2. Lehre in Politik-Didaktik: Zum Fall Peter Gohl

"Das Vorbringen Professor R[idders] in seinem Schriftsatz vom 31. Mai 1976 für die Klägerin gibt noch zu folgenden Bemerkungen Anlaß [...]". – In einem Urteil von April 1977 ging der Siebte Senat des Bundesverwaltungsgerichts (BVerwG) ausdrücklich ein auf verschiedene Argumente eines gewissen Gießener Verfassungsrechtlers.[11] Nur auf den ersten Blick handelt es sich bei der Entscheidung zur „Verfassungstreue eines Lehrbeauftragten" um eine etwas abseitige Streitigkeit in einem ungewöhnlichen Dreiecksverhältnis: Der Dozent Peter Gohl, Funktionär der DKP, war nicht Kläger, sondern beigeladen in einem Verwaltungsprozess der Universität Hamburg gegen die Freie und Hansestadt Hamburg. Es ging nicht um ein typisches „Berufsverbot"[12], denn Gohl war bereits verbeamteter Lehrer und ein Disziplinarverfahren wurde gegen ihn (noch) nicht geführt.[13]

Das Ergebnis des Verfahrens um Gohls Lehrauftrag war für Hamburg als „Vorreiterbundesland" von zentraler Bedeutung: Die SPD und ihre liberalere Koalitionspartnerin FDP einigten sich Mitte 1974 darauf, die Grundsätze des Urteils des Hanseatischen Oberverwaltungsgerichts (OVG) auf alle zukünftigen Fälle anzuwenden.[14] Nach einem internen Leitfaden „für Gespräche mit extremistischen Bewerbern" des zuständigen Senatsamts von Juli 1974 sollte in Anhörungen ausdrücklich auf die Entscheidung eingegangen werden, der zufolge die aktive Betätigung in der DKP der Verfassungstreuepflicht widersprach.[15]

Aber zum Anfang des Falls: Gohls verhindertem Lehrauftrag vorangegangen waren skandalisierende Artikel in Zeitungen des Axel-Springer-Verlags über drohende kommunistische Indoktrination sowie eine Aufforderung des Landesamts für Verfas-

---

9 *Ridder* 1971, S. 374, 376; von „selbstironisch als ‚Ridder's Digest' titulierten ersten ad hoc-Statements" auf der Tagung 1971 spricht *Rübner* 2012, S. 140; die „Verteidigung formal-demokratischer Verfassungsnormen gegen den exekutiven Staatsapparat und die herrschenden Klassen als Gebot der Stunde" bezeichneten *Ridder/Ladeur* 1972, S. 23.
10 Siehe dazu *Röhner* in diesem Band.
11 BVerwGE 52, 313 – Urteil v. 22.04.1977 – Rn. 70.
12 Die Bezeichnung war umstritten, bereits ihre Verwendung führte nach *Wesel* 2004, S. 271 mitunter zu entsprechenden Verfahren. Drastisch formulierte etwa BVerfGE 39, 334 (370): „Das politische Schlag- und Reizwort […] ist völlig fehl am Platz und soll offensichtlich nur politische Emotionen wecken."
13 Nach *Jaeger* 2019, S. 208, kam es 1978/79 zu einem Disziplinarverfahren gegen Gohl, was 1974 wegen seiner Kandidatur bei der Bürgerschaftswahl noch aus taktischen Gründen abgelehnt wurde. Zum Verlauf a.a.O., S. 432 ff.
14 *Jaeger* 2019, S. 343.
15 *Jaeger* 2019, S. 214 f.

sungsschutz (LfV), Gohl „von dieser Berufung zu entbinden".[16] Größere öffentliche Sichtbarkeit hatte zunächst Heike Gohl gehabt: Ihre Entlassung als Lehrerin aus dem Beamtenverhältnis wegen DKP-Aktivitäten begründete der Hamburger Senat im November 1971 mit einem angeblichen, nach Recherchen von Alexandra Jaeger nie erfolgten „Grundsatzbeschluss" über Verfassungstreue; dabei spielten in entsprechenden Vermerken auch ihr kommunistischer Vater und ihr Ehemann Peter eine Rolle.[17] Bald schon wurde aber Peter Gohl zu einem der ersten Betroffenen des Radikalenbeschlusses. Denn in Absprache mit dem Senatsamt und dem LfV wies die zuständige Senatsbehörde für Wissenschaft und Kunst (BWK) die Universität Hamburg an, ihm im Sommersemester 1972 keinen (erneuten) Lehrauftrag in Politik-Didaktik am Fachbereich Erziehungswissenschaft zu erteilen: Es stehe nicht fest, dass er sich „durch sein gesamtes Verhalten zur freiheitlich-demokratischen Grundordnung im Sinne des Grundgesetzes bekennt".[18]

Die Universitätsleitung ging dagegen im Wege der (Fortsetzungsfeststellungs-)Klage vor, verteidigte also ihre Hochschulautonomie – und positionierte sich zugleich politisch in einem konfliktträchtigen Feld. Schon 1971 hatte ihr Akademischer Senat öffentlich die Berufsverbotspraxis als grundgesetzwidrige Disziplinierung kritisiert,[19] die besonders angehende Lehrkräfte betreffe. Mitte 1975 sollte der Akademische Senat u.a. davor warnen, Referate oder schriftliche Arbeiten von Hochschulmitgliedern staatlich zu untersuchen.[20] Die BWK sollte zeitweilig die Einstellungsrichtlinien und insbesondere die sogenannte „Regelanfrage" beim LfV vor der Universität geheim halten.[21] Im Wege der Amtshilfe gab die Universitätsverwaltung aber durchaus Daten über Mitglieder an das LfV heraus, was 1978/79 zu studentischen Protesten führen würde.[22] Auch in diesem Kontext ist also das Klageverfahren im Fall Peter Gohl zu sehen.

---

16 *Jaeger* 2019, S. 79; dort auch zur Ablehnung dieses Vorschlags durch den Wissenschaftssenator. Zu den „selektiven politische[n] Biografien", die Angaben des LfV in Akten schufen, und zu den verwendeten Veranstaltungsberichten von V-Leuten am Beispiel Peter Gohl eindrucksvoll S. 198 ff.
17 *Jaeger* 2019, S. 97-108; dazu, wie Heike Gohl 1979 dann doch noch Beamtin auf Lebenszeit wurde, a.a.O., S. 449 ff.; die anstelle der vermeintlichen Grundsatzentscheidung veröffentlichte Pressemitteilung vom 23.11.1971 ist abgedruckt in: *Denninger* 1977, Dokument Nr. 42 (S. 517).
18 *Jaeger* 2019, S. 154 f.
19 *Jaeger* 2019, S. 113 ff. (mit Hinweis auf einstimmige Kritik des Fachbereichsrats Rechtswissenschaft).
20 *Jaeger* 2019, S. 279 f.
21 *Jaeger* 2019, S. 344 f.
22 *Jaeger* 2019, S. 503.

2. Ein Rechtsstreit um den Radikalenbeschluss

Wenn nun auf die juristischen Positionen der Beteiligten sowie auf die Entscheidungen der Verwaltungsgerichtsbarkeit eingegangen wird, sollen damit die wichtigsten Argumente in der Debatte um den Radikalenbeschluss in Erinnerung gerufen werden. Vor allem aber wird so das Feld bereitet, um Ridders Intervention besser einordnen zu können.

2.1. Politische Treuepflicht und kommunistische Parteiziele

Schon am Verwaltungsgericht (VG) stritt man im Kern darum, ob Gohls Mitgliedschaft in der nicht durch das Bundesverfassungsgericht (BVerfG) verbotenen DKP der beamtenrechtlich verlangten Verfassungstreue entgegenstand. Der Hamburger Senat argumentierte mit dem Charakter der DKP als „marxistisch-leninistische[r] Kampfpartei", deren Mitglieder „als grundsatztreue Kommunisten unserem Staat mit seiner freiheitlich-demokratischen Grundordnung gar nicht dienen" könnten.[23] Das VG gab der Klage der Universität statt mit der Begründung, ein Lehrbeauftragter unterliege erstens keinen beamtenrechtlichen Pflichten und wegen des sogenannten Parteienprivilegs nach Artikel (Art.) 21 Grundgesetz (GG) dürfe zweitens aus einer DKP-Mitgliedschaft kein Treuepflichtverstoß abgeleitet werden; Anhaltspunkte für konkrete Dienstvergehen Gohls gebe es nicht.[24]

Vor dem OVG verhärteten sich die Fronten zwischen dem Senat und der Universität. Letztere argumentierte, mit dem „Verfassungsfeind" werde ein „politisch-polemisch verfügbares Angstbild aufgebaut" und es höhle die Verfassung aus, an Stelle des BVerfG über eine Partei zu richten. Der Senat meinte, die DKP sei nur mittelbar von einer Maßnahme gegen ihr Mitglied betroffen und die Universität deute das Parteienprivileg fälschlich als „Extremistenprivileg".[25]

Letztlich mit Erfolg: Die liberale Linie des VG setzte sich nicht fort, das OVG wies die Klage der Universität mit Urteil vom 30. Januar 1974 ab.[26] Der Senat habe die Lehrauftragserteilung aus einem wichtigen Grund ablehnen dürfen, weil Gohl nicht die beamtenrechtlich erforderliche Gewähr dafür biete, jederzeit für die freiheitliche demokratische Grundordnung einzutreten. Die Betätigung in der DKP dürfe dabei berücksichtigt werden: Unter Verstoß gegen die in Art. 33 Abs. 4 GG verankerte beamtenrechtliche Treuepflicht dürften „auch die Ziele nicht verbotener Partei-

---

23 Zitiert nach *Jaeger* 2019, S. 328 f.
24 VG Hamburg, Urteil v. 1.06.1973 – VII VG 642/72; siehe *Jaeger* 2019, S. 329 f.
25 *Jaeger* 2019, S. 334 ff. (336).
26 OVG Hamburg, Urteil v. 30.01.1974 – Bf III 13/73 (Umdruck, 54 Seiten); für die Überlassung danke ich Alexandra Jaeger.

en nicht gefördert werden".[27] Zwar habe das BVerfG entschieden, dass die Tätigkeit für eine nicht verbotene Partei strafrechtlich kein „Bekämpfen" der freiheitlich-demokratischen Grundordnung darstellen könne.[28] Damit seien aber Funktionäre und Anhänger von Parteien nicht „von der Einhaltung der Vorschriften des öffentlichen Rechts entbunden, soweit es um die zur Verfolgung ihrer Parteiziele unternommenen Handlungen geht".[29] Gohls Betätigung als DKP-Funktionär fördere deren Ziele, das stelle „die Erfüllung seiner politischen Treuepflicht in Frage".[30] Dass Gohl bislang im Dienst als Lehrer und Lehrbeauftragter keine politischen Ansichten verbreitet habe, sei nicht maßgeblich: Die Pflicht zum Eintreten für die freiheitlich-demokratische Grundordnung sei unteilbar und „nicht auf den dienstlichen Raum beschränkt".[31] Die DKP-Programmatik ziele auf eine „Umgestaltung der Verfassungsordnung" ab und wolle statt der freiheitlich-demokratischen Grundordnung eine „sozialistische Revolution",[32] eine „Ablösung des Kapitalismus durch den Sozialismus".[33] Bei einer „homogenen Partei", die intern streng auf „Parteilinie" verpflichte, indiziere die Mitgliedschaft ein aktives Eintreten für deren Ziele.[34] Letztlich leitete das OVG damit Zweifel an Gohls Verfassungstreue aus den Zielen der DKP her.[35]

An dieser Stelle, also zur Begründung ihrer erhobenen Revision, mandatierte die Universität Ridder. Das hielt Karl-Heinz Delius, Leitender Regierungsdirektor im zuständigen Hamburger Senatsamt,[36] nach Rücksprache mit dem LfV für einen „Skandal", schließlich hätte Ridder „gegen die Notstandsgesetzgebung kommunistisch polemisiert" und „mit einem Aufsatz den Radikalen-Gesetzentwurf scharf angegriffen".[37] Letzteres bezog sich vermutlich auf Ridders Stellungnahme zu dem von CDU/CSU im Bundesrat blockierten Entwurf der sozial-liberalen Bundesregierung von 1974, der immerhin Einzelfallprüfungen vorschreiben und automatische Schlussfolgerungen von der Parteimitgliedschaft auf die Verfassungstreue vermeiden wollte.[38] Polemisch war Ridder Grundsatzkritik daran, dass legale Grundrechtsaus-

---

27 OVG Hamburg (Fn. 26), S. 32.
28 OVG Hamburg (Fn. 26), S. 33 mit Verweis auf BVerfGE 13, 46 (52 ff.), Beschl. v. 27.06.1961 – 1 BvR 486/59.
29 OVG Hamburg (Fn. 26), S. 35.
30 OVG Hamburg (Fn. 26), S. 43.
31 OVG Hamburg (Fn. 26), S. 43.
32 OVG Hamburg (Fn. 26), S. 44.
33 OVG Hamburg (Fn. 26), S. 45.
34 OVG Hamburg (Fn. 26), S. 47.
35 Wie hier *Jaeger* 2019, S. 354.
36 Zu Delius' „antikommunistische[r] Grundhaltung" und seiner Biografie *Jaeger* 2019, S. 162, 164.
37 Zitiert nach *Jaeger* 2019, S. 297.
38 Entwurf eines Gesetzes zur Änderung dienstrechtlicher Vorschriften, BT-Drucks. 7/2433, auszugsweise abgedruckt in: *Denninger* 1977, Dokument Nr. 45 (S. 555 ff.); siehe dazu *Jaeger* 2019, S. 337 ff., mit Indizien dafür, dass auch im öffentlichen Dienst unionsregierter Länder reine Mitgliedschaften (ohne Funktionen) vermutlich nicht zur Ablehnung von Bewerbungen führten.

übung überhaupt zur Ablehnung einer Beamtenbewerberin führen können sollte, in der Tat formuliert: Der Gesetzentwurf sei „ein vom deutschen Irrationalismus im schwülen Sediment faschistischer Denkstrukturen gezeugter Balg" und eine „kapitale Hirnlosigkeit", die unzweifelhaft die Grundrechte der Betroffenen sowie die Parteienfreiheit verletze – diese „Monströsität [sic] trägt den Stempel der Verfassungsrechtswidrigkeit auf der Stirn".[39] Laut Jaeger empfahl Delius zu klären, wer für die Mandatierung verantwortlich war, und „versuchte die Wissenschaftsbehörde darauf hinzuwirken, dass Ridder kein Honorar erhalten sollte".[40]

2.2. „Kleines Parteiverbot", „Ausnahmeregime einer ‚Staatsräson'" und Verdachtslogik

„Die völlige Verständnislosigkeit des Berufungsurteils für die Triebkräfte und das Telos der ganzen Entwicklung zur parlamentarischen rechtsstaatlichen Demokratie geht aus seiner Konzeption von ‚Verfassungstreue' hervor." – Ridders Revisionsbegründung im Fall Gohl, später an einer etwas entlegenen Stelle veröffentlicht, war grundsätzlich angelegt.[41] Sie hielt sich nicht auf mit verfahrens- oder hochschulrechtlichen Fragen, also etwa der umstrittenen Verwaltungsaktqualität der Lehrauftragserteilung oder dem Verhältnis zwischen universitärem Vorschlags- und staatlichem Berufungsrecht. Statt der konkreten Rahmung widmete sich Ridder der verfassungsrechtlichen Substanz des Falls. Insbesondere bei der rechtsstaats- und demokratietheoretischen Analyse im zeitgeschichtlichen Kontext lagen schließlich seine Interessen und Stärken. Taktisches Vorgehen, insbesondere eine gewisse Fokussierung und stilistische Mäßigung im Interesse des prozessualen Erfolgs, lässt sich Ridders Revisionsbegründung dagegen nicht entnehmen.

Die Entscheidung des OVG war für Ridder aus mehreren, miteinander verschränkten Gründen falsch: Sie verkenne das Entscheidungsmonopol des BVerfG nach Art. 21 Abs. 2 GG hinsichtlich der Verfassungswidrigkeit einer Partei und sie lasse „die vom Grundgesetz unbeschränkt gewährten Grundrechte auf allgemeine (Art. 3 Abs. 3) und öffentlich-dienstrechtliche (Art. 33 Abs. 2) politische Nicht-Diskriminierung durch von der Verfassung nicht gedeckte Organwalterentscheidungen zur Wahrung der ‚freiheitlichen demokratischen Grundordnung' erodieren, die ihrerseits mißverstanden wird". Beamte stünden keineswegs in einem grundrechtsfreien „besonderen Gewaltverhältnis" zum Staat. Wer sich wie Gohl „mit allgemein erlaub-

---

39 *Ridder*, Stellungnahme zum „Entwurf eines Gesetzes zur Änderung dienstrechtlicher Vorschriften", in: Abendroth et al. 1974, S. 31-37, zitiert nach *Balzer* 2009, Bd. 3, S. 322-328.
40 *Jaeger* 2019, S. 297.
41 Vgl. DAS ARGUMENT, Studienheft (SH) 32, Berlin 1979; *Ridder* hier im Folgenden zitiert nach *Balzer* 2009, Bd. 4, S. 116-147 – eine Kopie des Original-Schriftsatzes (50 Seiten) verdanke ich Hansvolker Ziegler.

ten Mitteln im Rahmen seiner grundrechtlichen Freiheiten politisch betätigt", trage vor einem verfassungsgerichtlichen Parteiverbot nicht bei „zu den ‚typischen verbandsmäßigen Wirkungen' einer nach Art. 21 Abs. 2 GG vom Bundesverfassungsgericht ‚verbotenen' Partei". Ebenso wenig wie eine solche Betätigung daher strafbar sein könne, dürfe sie zum Ausschluss vom öffentlichen Dienst führen, denn das laufe hinaus auf „eine schwerwiegende, wenn auch gegenüber einer Bestrafung andersartige – aber schon der zeitlichen Unbefristetheit wegen nicht etwa als ‚leichter' anzusehende – Verhinderung der Grundrechtsbetätigung der Betroffenen". Wegen seiner Wirkung stelle „[d]as ‚kleine Parteiverbot' der exekutivisch verhängten Berufsverbote [...] ein das Entscheidungsmonopol des Bundesverfassungsgerichts unterlaufendes ‚übergroßes Parteiverbot'" dar.

Die Pflicht zur Verfassungstreue konnte für Ridder nicht den Sinn haben, „das Ausnahmeregime einer ‚Staatsräson' zu instituieren", oder von einer „Vorschrift des Grundgesetzes dispensieren". Das Berufungsurteil behaupte dagegen

> „nicht weniger als eine verfassungsrechtliche Pflicht und Befugnis zum jedenfalls partiellen Verfassungsbruch [...] zugunsten des Wiedereintritts eines a-rechtlichen Regimes der ‚Staatsräson', was einem Rückfall in die [...] konstitutionelle Verfassungsdoktrin gleichkommt und insbesondere das aus bitterer Erfahrung gewonnene grundgesetzliche Gebot der Bindung aller Staatsgewalt an die Grundrechte ‚als unmittelbar geltendes Recht' an der Wurzel zerstört. Es dekapitiert den formellen Rechtsstaat, der doch vom Grundgesetz in einem derart präzedenzlosen Umfang ausgebaut worden ist, daß darin eine ‚Krönung' der Rechtsstaatlichkeit gesehen worden ist, die der NS verhöhnt hatte."

Die Institute der sogenannten streitbaren Demokratie, also Art. 9 Abs. 2, Art. 18, Art. 21 Abs. 2 GG stellten gegenüber dem „grobschlächtigen Notstandsartikel 48 der Weimarer Reichsverfassung" eine „rechtsstaatliche Verbesserung" dar. Diese werde aber

> „preisgegeben, und die Anfälligkeit der Reichsrepublik für den demokratisch illegitimen verhüllten Rückgriff auf das vorparlamentarische Diktaturregime erneuert und verstärkt sich sogar für die Bundesrepublik dadurch, daß auf breiter Front und in der alltäglichen Staatspraxis die beamtenrechtliche Treuepflicht als Vehikel zur Entdomestizierung jener grundgesetzlichen Notstandsartikel eingesetzt wird."

Als rechtsstaatlich skandalös empfand es Ridder, dass das OVG Gohl die Verfassungstreue abspreche im Wege einer – von einer teils „erschütternden Ahnungslosigkeit" geprägten – politischen Analyse der DKP-Ziele: Das OVG wolle „Bewerber sogar wegen vermeintlicher Absichten ablehnen, wegen Absichten, die jedenfalls nicht erklärt worden sind, sondern über die nur Vermutungen angestellt werden können". Während das preußische OVG seinerzeit für disziplinarische Maßnahmen noch verlangt habe, dass einem Beamten „eine zurechenbare ausdrückliche Erklärung seiner verfassungsfeindlichen Ziele in dem Sinne nachgewiesen werden müßte, daß er die gewaltsame Beseitigung der Verfassung des Deutschen Reiches anstrebe", formuliere das Berufungsurteil „eine bloße Verdächtigung", entwickele aber keinen Beweis, „der einer objektiven Überprüfung zugänglich wäre". Die Argumentation nehme in einer „für die Zustände dieses Landes symptomatischen Weise geradezu zynische, unseriöse Züge an, wenn es etwa heißt, die Freiheit des politischen Bekenntnisses werde nicht tangiert – offenbar solange dieses im forum internum des ‚Gewissens' verschlossen bleibt, also der Feststellung nicht zugänglich ist. Das heißt: Etwas, was sich der Erkenntnis entzieht, wird großzügig für rechtmäßig erklärt – eine Banalität, die nur dann keine ist, wenn man schon das Verbot der terroristischen Ausforschung der Privatsphäre für das Wesen politischer Meinungsfreiheit hält".

Wie auch in seinen wissenschaftlichen Publikationen, etwa in seinem dogmatisch-theoretischen Leitfaden „Die soziale Ordnung des Grundgesetzes" (1975),[42] aber auch in vielen kleineren Schriften bis hin zu Leserbriefen,[43] kritisierte Ridder den Radikalenbeschluss und dessen gerichtliche Absegnung also vehement, weil er mit dieser Praxis die Verfassungsordnung insgesamt in Gefahr sah: Für ihn war ein Rückfall in den vorparlamentarischen Konstitutionalismus zu befürchten, drohten Bürgerrechte und Demokratie unter Berufung auf einen substanzhaften Staat hinter der Verfassung missachtet zu werden. Diese Fehlentwicklung hielt Ridders Revisionsbegründung für eine „Entfremdung des bundesrepublikanischen Verfassungsrechts von den demokratischen Verfassungsgrundsätzen der übrigen westeuropäischen Staatenwelt, die sich historisch nur aus den besonderen Umständen der Spaltung des deutschen Gesamtstaats erklärt", also aus der Systemkonfrontation des Kalten Kriegs.

2.3. Karlsruher „Stilblüten" des „vorparlamentarischen Konstitutionalismus"

Im Laufe des Revisionsverfahrens fiel 1975 die zentrale Entscheidung des Zweiten Senats des BVerfG zum Radikalenbeschluss, die sich nicht nur auf den Fall Peter Gohl auswirken sollte.[44] Im Ausgangsverfahren hatte das Schleswig-Holsteinische

---

42 Siehe insbesondere den „Inkurs über die ‚freiheitliche demokratische Grundordnung'", S. 54 ff.
43 Vgl. zur Entscheidung des BVerwG in der Sache Lenhart: *Ridder*, Trauerspiel der „Berufsverbote". Leserbrief, in: Frankfurter Rundschau, Nr. 102 vom 3. Mai 1975, S. 2, zitiert nach *Balzer* 2009, Bd. 3, S. 358 f.: Die „anstelle einer überzeugenden Begründung auf 59 fleißigen Seiten zusammengetragenen Lesefrüchte und tautologischen Sequenzen können den Irrationalismus nicht kaschieren, mit dem sich der Rückfall in die rechtsfreien Räume des preußischen Konstitutionalismus vollzieht und alle historischen Potenzen einer Nichtüberwindung noch einmal heraufbeschworen werden. […] Denn daß es zur Wiederherstellung der von der restaurierten demokratischen Verfassung abgeurteilten sog. substanzhaften, d. h. rechtswidrigen, Staatlichkeit jenseits der Verfassung schon genügen konnte, den ‚Staatsfeind' als ‚Verfassungsfeind' zu bezeichnen, das kann im übrigen Nord-, West- und Sudeuropa, heute nur noch Spanien ausgenommen, nicht einmal ein Jurist verstehen."
44 BVerfGE 39, 334, Beschl. d. Zweiten Senats v. 22.05.1975 – 2 BvL 13/73.

Oberlandesgericht eine Ernennung zum Referendar und die Aufnahme in den Vorbereitungsdienst abgelehnt, „u.a. deshalb, weil der Bewerber während seiner Studienzeit an Veranstaltungen der Roten Zelle Jura an der Universität Kiel teilgenommen habe; diese Organisation verfolge verfassungsfeindliche Bestrebungen".[45] Auf die konkrete Normenkontrolle des Verwaltungsgerichts Schleswig hin entschied der Senat letztlich: Da „für viele ein juristischer Beruf außerhalb des Staatsdienstes in Betracht kommt",[46] müsse das Referendariat ggf. in einem anderen als dem herkömmlichen beamtenrechtlichen Ausbildungsverhältnis angeboten werden, um die Berufsfreiheit nach Art. 12 GG zu wahren. Wie Uwe Wesel kritisiert hat, beschränkte sich die Entscheidung aber keineswegs auf diese Feststellung, sondern ergriff die Gelegenheit, „'nebenbei' [...] die Berufsverbote mit ihren vielen einzelnen Problemen ganz allgemein zu rechtfertigen"; dieser „eigene Sündenfall" des BVerfG sei „zu 90 Prozent überflüssig" und damit als juristische Leistung mangelhaft gewesen.[47]

Dass und wie die Senatsmehrheit den Radikalenbeschluss für vereinbar mit der Parteienfreiheit und den Grundrechten erklärte, zeichnete sich in der Tat nicht durch dogmatische Plausibilität aus: Weder die Konstruktion einer letztlich von der Beamtin zu beweisenden „identifikatorischen Treuebindung" (Böckenförde)[48], noch gar deren anschließende Übertragung auf Angestellte waren sonderlich überzeugend. Es handelte sich um eine autoritäre „Übertreibung der Treuepflicht" (Anna-Bettina Kaiser)[49] und stellte einen rechtsdogmatischen Irrtum dar, aus einzelnen Ausnahmevorschriften des Grundgesetzes ein allgemeines „Prinzip von schlechter Abstraktion" namens „streitbare Demokratie" zu konstruieren – die „Feindererklärung von Gegner*innen der Demokratie, wie wir sie kennen, bleibt ihrerseits undemokratisch" (Tim Wihl).[50] Eine konsequent rechtsstaatliche Gegenposition vertrat im zeitgenössischen Verfassungsrecht aber nur eine Minderheit, darunter der liberale Erhard Denninger und der zu häufig pauschal als Etatist bezeichnete Ernst-Wolfgang Böckenförde.[51]

Für den Zweiten Senat forderte die politische Treuepflicht als hergebrachter Grundsatz des Berufsbeamtentums im Sinne von Art. 33 Abs. 5 GG „mehr als nur eine formale korrekte, im übrigen uninteressierte, kühle, innerlich distanzierte Haltung gegenüber Staat und Verfassung; sie fordert vom Beamten insbesondere, daß er

---

45 BVerfGE 39, 334 (337 f.).
46 BVerfGE 39, 334 (373).
47 *Wesel* 2004, S. 269 ff. (273).
48 *Böckenförde* 1981, S. 14.
49 *Kaiser* 2020, S. 293 ff.; für Kaiser gehört der Beschluss „zu den wenigen Entscheidungen des Gerichts, in denen es sich vom Zeitgeist (Studentenrevolte, RAF) hat affizieren lassen" (S. 295).
50 *Wihl* 2020, S. 219.
51 Nachweise bei *Thurn* 2013, S. 279 f., 290 f.; problematisch insofern etwa Frieder *Günther*, Etatistischer Nachklang. Ernst-Wolfgang Böckenförde und die bundesdeutsche Staatsrechtslehre. Verfassungsblog 2019/5/06, online unter: https://verfassungsblog.de/etatistischer-nachklang-ernst-wolfgang-boeckenfoerde-und-die-bundesdeutsche-staatsrechtslehre/.

sich eindeutig von Gruppen und Bestrebungen distanziert, die diesen Staat, seine verfassungsmäßigen Organe und die geltende Verfassungsordnung angreifen, bekämpfen und diffamieren".[52] Beamte könnten (nur) bei einem konkreten Vergehen aus dem Dienst entfernt werden, wobei das „bloße Haben einer Überzeugung und die bloße Mitteilung, daß man diese habe, [...] niemals eine Verletzung der Treuepflicht" sei;[53] aber jedes „Verhalten, das als politische Meinungsäußerung gewertet werden kann, [sei] nur dann verfassungsrechtlich durch Art. 5 GG gedeckt, wenn es nicht unvereinbar ist mit der in Art. 33 Abs. 5 GG geforderten politischen Treuepflicht".[54] Ausgeschlossen sei, dass „dieselbe Verfassung, die die Bundesrepublik Deutschland aus der bitteren Erfahrung mit dem Schicksal der Weimarer Demokratie als eine streitbare, wehrhafte Demokratie konstituiert hat, diesen Staat mit Hilfe des Art. 3 Abs. 3 GG seinen Feinden auszuliefern geboten hat".[55] Bewerber müssten „Gewähr dafür bieten, daß sie jederzeit für die freiheitliche demokratische Grundordnung einzutreten bereit sind",[56] Einstellungsbehörden seien dabei nicht zur vorherigen Anhörung verpflichtet und fällten Prognoseentscheidungen mit Beurteilungsspielraum; eine Differenzierung nach Amt sei dabei nicht geboten. Auch Angestellte, was „der Vollständigkeit halber zu bemerken" sei, dürften nicht „den Staat, in dessen Dienst sie stehen, und [!] seine Verfassungsordnung angreifen. Auch sie können wegen grober Verletzung dieser Dienstpflichten fristlos entlassen werden".[57]

Liberaler las sich die Passage zur millionenfach durchgeführten „Regelanfrage": Systematische Erhebungen bei den Verfassungsschutzämtern über Verhaltensweisen in der „Ausbildungs- und Studienzeit eines jungen Menschen", die „häufig Emotionen in Verbindung mit engagiertem Protest entspringen und Teil von Milieu- und Gruppenreaktionen sind",

„vergiften [...] die politische Atmosphäre, irritieren nicht nur die Betroffenen in ihrem Vertrauen in die Demokratie, diskreditieren den freiheitlichen Staat, stehen außer Verhältnis zum ‚Ertrag' und bilden insofern eine Gefahr, als ihre Speicherung allzu leicht mißbraucht werden kann. Deshalb sind solche Ermittlungen und die Speicherung ihrer Ergebnisse *für Zwecke der Einstellungsbehörden* schwerlich vereinbar mit dem im Rechtsstaatsprinzip verankerten Gebot der Verhältnismäßigkeit."[58]

Die Parteienfreiheit hielt der Senat nicht für verletzt, denn Mitglieder nicht-verbotener Parteien seien als Bürger von Sanktionen freigestellt, nicht aber als Beamte von der politischen Treuepflicht: „Der Staat in seiner freiheitlichen demokratischen Verfaßtheit bedarf, wenn er sich nicht selbst in Frage stellen will, eines Beamtenkör-

---

52 BVerfGE 39, 334 (348).
53 BVerfGE 39, 334 (350).
54 BVerfGE 39, 334 (367).
55 BVerfGE 39, 334 (368 f.).
56 BVerfGE 39, 334 (352).
57 BVerfGE 39, 334 (355).
58 BVerfGE 39, 334 (356 f.).

pers, der für ihn und [!] die geltende verfassungsmäßige Ordnung eintritt, in Krisen und Loyalitätskonflikten ihn verteidigt, indem er die ihm übertragenen Aufgaben getreu in Einklang mit dem Geist der Verfassung, mit den verfassungsrechtlichen Wertentscheidungen und Geboten und den geltenden Gesetzen erfüllt."[59] Art. 21 GG schütze nicht vor faktisch nachteiligen Auswirkungen auf eine Partei, „die sich mittelbar aus den dargelegten Schranken [ergeben], die Art. 33 Abs. 5 GG für den Zugang zum Staatsdienst und für die Belassung im Staatsdienst aufrichtet".[60] Bei der „Beurteilung der Persönlichkeit des Bewerbers" dürfe nicht allein, müsse aber auch die Mitgliedschaft in einer Partei berücksichtigt werden, „die verfassungsfeindliche Ziele verfolgt, – unabhängig davon, ob ihre Verfassungswidrigkeit durch Urteil des [BVerfG] festgestellt ist oder nicht".[61]

Insbesondere sein eigenes Monopol, die Verfassungswidrigkeit von Parteien zu prüfen, hatte das BVerfG damit geschwächt: Als Konsequenz des Beschlusses konnten Einstellungsbehörden jeweils eigenständig die Verfassungskonformität von Parteien beurteilen. In der Folge herrschte nach Sarah Schulz „über die Anwendung des Erlasses völlige Rechtsunsicherheit und der Spielraum der Exekutive wurde ausgedehnt".[62] Differenzierungen anhand des Amts, also etwa wegen besonderer Anforderungen bei sicherheitsrelevanten hoheitlichen Tätigkeiten, schien der verfassungsrechtliche Boden entzogen zu sein: Die politische Treuepflicht galt unterschiedslos auch für Lehrerinnen, Postboten und Lokomotivführer. Die zwischen SPD/FDP und CDU/CSU bzw. den jeweiligen Landesregierungen umstrittene Frage, ob auch Parteimitglieder ohne Funktionen grundsätzlich als „Verfassungsfeinde" zu behandeln waren, blieb unbeantwortet. Das BVerfG kritisierte es immerhin, die Einstellungspraxis gewissermaßen automatisch auszurichten an Informationen und Bewertungen der Verfassungsschutzämter, insbesondere im Vorbereitungsdienst.[63]

Insofern kann man durchaus von einem gewissen Kompromisscharakter des im Ergebnis einstimmigen Beschlusses sprechen.[64] Jedenfalls, solange die Verfahrensakten der Forschung nicht zugänglich sind,[65] darf aber anhand des Entscheidungs-

---

59 BVerfGE 39, 334 (358).
60 BVerfGE 39, 334 (360); vgl. dagegen das Sondervotum *Rupp*, BVerfGE 39, 378 ff. (382): Es müsse „bei Einstellung des Bewerbers die Tatsache seiner bloßen Mitgliedschaft bei der nicht verbotenen Partei außer Betracht bleiben". Eine Partei müsse „frei sein, Mitglieder zu haben und neue Mitglieder zu werben. Wenn daher ihre Mitglieder nur wegen ihrer Mitgliedschaft durch staatliche Maßnahmen Nachteile erleiden […], so bedeutet dies – zumal in einem Staat, in dem die Zahl der Beamten beträchtlich ist – in Wahrheit eine Aushöhlung des Parteienprivilegs; denn eine Partei ‚existiert' nur durch ihre Mitglieder. Das sind nicht nur ‚faktische Nachteile', sondern Folgen eines rechtserheblichen, mit Art. 21 GG nicht vereinbaren Handelns der Exekutive."
61 BVerfGE 39, 334 (359).
62 *Schulz* 2019, S. 328.
63 So auch *Jaeger* 2019, S. 363 ff.
64 Siehe dazu, mit Bezug auf entsprechende Äußerungen des sozialdemokratischen Verfassungsrichters Martin Hirsch, *Jaeger* 2019, S. 369 ff. (371).
65 Siehe § 35b Abs. 5 BVerfGG, insbesondere Satz 2.

textes von einem maßgeblichen Einfluss des Berichterstatters Willi Geiger[66] ausgegangen werden. Geiger hatte in seiner Dissertation 1940 eine beamtenähnliche „Rechtsstellung des Schriftleiters" mit entsprechender Identifikationspflicht konstruiert, woraus er Berufsverbote für jüdische oder ehemals in der „marxistischen Presse" tätige Journalisten abgeleitet hatte.[67] Nach Florian Meinel ist der Fall ein „berühmte[s] Beispiel" dafür, dass am BVerfG die Wahl des Berichterstatters schon „das Ergebnis interner Auseinandersetzungen mit vorentscheidender Bedeutung" sein kann, weil „das Ergebnis anders hätte ausfallen können, hätte der Erste Senat seine Zuständigkeit unter dem Gesichtspunkt der Berufsfreiheit gegen jene des Zweiten unter dem Gesichtspunkt des Beamtenrechts behauptet".[68]

2.4. Ridders angekündigte Niederlage

Auf die Differenzen der beiden Senate ging bereits Ridder ein: Der Erste Senat „desselben Gerichts, dessen Zweiter Senat sich [nun] als Staatsgärtner und Verfassungsbock betätigt", habe noch 1957 mutig und einsichtig entschieden zu den NS-Beamtenverhältnissen, und es für einen „begriffsjuristische[n] Irrweg" erklärt, „von einem gewissermaßen über- und vorstaatlichen Begriff des Berufsbeamtentums auszugehen".[69] Für Ridder wäre daher nach § 16 Bundesverfassungsgerichtsgesetz (BVerfGG) das Plenum des BVerfG zuständig gewesen. In seiner Urteilskritik erklärte Ridder, vielleicht auch sich selbst gegenüber, es für leichtsinnig, „sich bloß von der Zerfetzung der Stilblüten und sentimentalen Kraftmeierei des Beschlusses […] einen wesentlichen Beitrag zur Heilung der deutschen Krankheit zu erhoffen",

---

66 Verfassungsrichter 1951-1977; zur Biographie siehe *Kramer* 2017, S. 85 ff.; *ders.* 1994, S. 232-237.
67 Siehe *Müller* 2018, S. 276 (auch zu Geigers Mitverantwortung für Todesurteile als NS-Staatsanwalt am Sondergericht Bamberg); vgl. *Jaeger* 2019, S. 362 (auch zu Geigers SA- und NSDAP-Mitgliedschaft) und S. 370; in einem anderen Berufsverbotsverfahren stellte der Betroffene, Hans Michael Empell, einen Befangenheitsantrag gegen Geiger, in welchem er aus dessen Dissertation zitierte; der Antrag Empells, der Beschl. des 2. Senats („vermag das Vorbringen […] eine Besorgnis der Befangenheit […] ersichtlich nicht zu begründen") und eine Anm. v. Joachim *Perels* sind dokumentiert in: KJ 1976, H. 3, S. 311-315. Sehr harsch dagegen die Seitenhiebe im Beschl. v. 4.10.1977, 2 BvR 80/77 – BVerfGE 46,14, zur Befangenheit des liberalen Richters Hirsch: „Das ungewöhnliche, mit der gebotenen Zurückhaltung schwer verträgliche, persönlich gefärbte, wiederholte Eingreifen in die öffentliche Diskussion um den sog. Radikalenbeschluß des Bundesverfassungsgerichts allein kann die Besorgnis der Befangenheit hier nicht rechtfertigen."
68 *Meinel* 2021, S. 111.
69 *Ridder* 1975c, zitiert nach *Balzer* 2009, Bd. 3, S. 408-425 (420), mit Verweis auf BVerfGE 6, 132; Ridder verwies dort auf die auffälligen Anleihen der Entscheidung beim NS-Beamtenrechtler Hanns Seel, Autor in dem von Hans Frank 1937 herausgegebenen „Deutschen Verwaltungsrecht" („Es genügt nicht, daß [dem NS-Staat] der Beamte fremd, gleichgültig oder uninteressiert gegenübersteht […]. Der Beamte muß sich immer und überall zu seinem Staat bekennen […] Staat und Beamter müssen sich innerlich und äußerlich decken […]").

und beklagte insbesondere ein „ungeschminktes Bekenntnis zum preußisch-deutschen vorparlamentarischen Konstitutionalismus": Die „Entbürgerlichung der Beamtenpersönlichkeit" darin entspreche der Konzeption eines Staates, der „gegenüber der ‚Gesellschaft' substantiell verselbständigt" sei, was gegen „jede parlamentarisch-demokratische Westeuropäische Verfassung, die die demokratisch gewählte Volksvertretung zuhöchst setzt", verstoße.[70]

Im Fall Peter Gohl blieben nach dieser Karlsruher Vorentscheidung Ridders Revisionsbegründung und sein mündlicher Vortrag in Westberlin „als Ordinarius im schwarzen Talar mit roter Samtbahn"[71] ohne Aussicht auf Erfolg: Das BVerwG hielt im April 1977 weder die Wissenschaftsfreiheit noch sonst revisibles Recht für verletzt. Die auch für einen Lehrbeauftragten maßgebliche Treuepflicht als hergebrachter Grundsatz des Berufsbeamtentums verlange, dass der Betreffende sich durch sein gesamtes Verhalten zur freiheitlich-demokratischen Grundordnung bekenne und für deren Erhaltung eintrete. In den Worten des BVerfG erfordere dies

> „mehr als nur eine formal korrekte, im übrigen uninteressierte, kühle, innerlich distanzierte Haltung gegenüber Staat und Verfassung; sie fordert vom Beamten insbesondere, daß er sich eindeutig von Gruppen und Bestrebungen distanziert, die diesen Staat, seine verfassungsmäßigen Organe und die geltende Verfassungsordnung angreifen, bekämpfen und diffamieren".[72]

Statt um bloß äußerliche Gesetzestreue ging es also um Gesinnungsidentifikation. In diesem Zusammenhang, bei der Darstellung des rechtlichen Maßstabs, handelte der Senat einzelne Ridder-Argumente ab: Es sei falsch, dass nach dem BVerfG „zwar ein Minister Verfassungsfeind sein [dürfe], nicht aber dessen Fahrer".[73]

Für das BVerwG, das insgesamt nicht für eine liberale Rechtsprechung zum Radikalenbeschluss bekannt war,[74] waren weder die Parteienfreiheit noch Individualgrundrechte verletzt. Denn Mitgliedschaft und Betätigung „in einer nicht verbotenen Partei [schlössen es] nicht aus, die damit zusammenhängenden tatsächlichen Umstände unter dem Gesichtspunkt seiner Eignung für ein Amt zu prüfen".[75] Und das Diskriminierungsverbot wegen der politischen Anschauungen könne nicht so verstanden werden, dass – wiederum die Formulierung des BVerfG – „dieselbe Verfassung, die die Bundesrepublik Deutschland aus den Erfahrungen der Vergangenheit als eine streitbare, wehrhafte Demokratie konstituiert hat, diesen Staat mit Hilfe des

---

70 *Ridder* a.a.O., S. 418.
71 Nach *Derleder/Deiseroth* 1999, S. 259, trat Ridder so vor dem Bundesverwaltungsgericht auf.
72 BVerwGE 52, 313 – Urteil v. 22.04.1977 – Rn. 40, mit Verweis auf BVerfGE 39, 334 (348).
73 BVerwGE 52, 313 – Urteil v. 22.04.1977 – Rn. 42; Rn. 53 erwähnte Ridders Verständnis von Art. 5 Abs. 3 S. 2 GG, den er nicht als traditionelle Treuepflicht des Beamten interpretierte, sondern als „eine allgemeine, jedem Staatsbürger obliegende Treuepflicht (so Professor R[idder] in der mündlichen Verhandlung vor dem erkennenden Senat)".
74 Vgl. etwa *Kutscha* 1985, S. 218 ff.
75 BVerwGE 52, 313 – Urteil v. 22.04.1977 – Rn. 45.

Art. 3 Abs. 3 GG seinen Feinden auszuliefern geboten hat".[76] Das Berufungsurteil habe sich keineswegs auf „Verdächtigungen" beschränkt, sondern „auf die praktische und aktive politische Betätigung des Beigeladenen abgestellt": Die Ausführungen des OVG, wonach „die Ziele der DKP, die der Beigeladene fördert, mit der freiheitlichen demokratischen Grundordnung nicht vereinbar seien, sind revisionsgerichtlich nicht zu beanstanden".[77]

Ridder hatte also zwar durchaus den Finger in die Wunde gelegt, was die „Absurdität und Rechtlosigkeit der exekutivischen Berufsverbotspraxis" anging. Über die Argumentation, dass eine Partei nicht durch Art. 21 GG vor den bloß tatsächlichen Nachteilen der Berufsverbote für ihre Mitglieder geschützt sei, machte er sich mit einigem Recht lustig.[78] Aber weder Spott noch bissige Ideologiekritik – etwa: „der Bürgerkriegsassoziationen mitschwingen lassende Terminus ‚Verfassungsfeindlichkeit' [ist] dem Grundgesetz fremd" – konnten letztlich dem hegemonialen Verfassungsverständnis etwas anhaben.

3. Wissenschaftlicher Pluralismus und „Verfassungsschutz"

Zu den maßgeblichen rechtsdogmatischen Fragen rund um den Radikalenbeschluss vertrat Ridder zwar vielfach Positionen, die in der Staatsrechtslehre unter den Vorzeichen des „roten Jahrzehnts" (Gerd Koenen) immerhin die liberale Minderheit teilte; insbesondere sollte danach für den (Zugang zum) Öffentlichen Dienst das Prinzip gesetzlicher Freiheit gelten, die Überprüfung von Gesinnungen auf ihre Legitimität sollte unterbleiben. Auch dass „Verfassungsfeindlichkeit" ein Begriff war, „den das Grundgesetz nicht kennt und der unbestimmt genug ist, um vieles abzudecken" (Böckenförde),[79] wurde vielfach thematisiert. Fachlich ausgegrenzt und vom Verfassungsschutz registriert wie Ridder wurden aber die wenigsten.

---

76 BVerwGE 52, 313 – Urteil v. 22.04.1977 – Rn. 47.
77 BVerwGE 52, 313 – Urteil v. 22.04.1977 – Rn. 66-69; in Rn. 63 ist sogar von den „vom Berufungsgericht als verfassungswidrig angesehenen Ziele der DKP" die Rede, womit das BVerwG für *Jaeger* 2019, S. 311, „dem OVG – wenn auch ungewollt – Kompetenzüberschreitung" unterstellte.
78 *Ridder* 1975c (Fn. 69), S. 418: „Sieben der acht Herren [des BVerfG] aber möchten [...] den von ihnen erfundenen Assoziationstyp der mitgliederlosen Partei zum Patent anmelden. Schlagen wir also die Gründung einer DKBP (Deutsche Kommunistische Beamten Partei) vor. Sie wird kaum Mitglieder haben können. Denn zwar ist Mitgliedschaft in ‚verfassungsfeindlichen' Parteien nach dem Senat nur ein ‚Stück' des zur Zurückweisung vom öffentlichen Dienst führenden Verhaltens. Aber das ‚Stück' könnte doch jederzeit 99 Prozent des Verhaltens ausmachen. So wird die DKBP keine Mitglieder, infolgedessen auch keinen Vorstand und keine sonstigen Organe haben, und ihre nicht vorhandenen Mitglieder können auch nicht bei Wahlen kandidieren. Aber abgesehen von diesen nicht ins Gewicht fallenden ‚faktischen Nachteilen' genießt sie in unserer freiheitlichen Demokratie doch den vollen rechtlichen Schutz des Art. 21 GG, der schließlich seinen Preis wert ist."
79 *Böckenförde* 1991, S. 281.

Was den radikaldemokratischen Rechtspositivisten bereits seit den 1950er Jahren ausgezeichnet hatte, war zum einen *methodisch* eine spezifische Verbindung von „Normtextnähe und Geschichts- und Politikbewusstsein".[80] Wie in seinen wissenschaftlichen Schriften stellte Ridder auch in seiner Revisionsbegründung dogmatische Fragen in einen größeren Zusammenhang, betrieb „historisch fundierte Ideologiekritik" (Deiseroth/Müller).[81] So wollte er ausdrücklich die parlamentarische Demokratie als Errungenschaft von 1918 und 1949 vor den Verfechtern des „antiparlamentarischen Konstitutionalismus" bewahren, die „den ‚wahren Staat' einer autonomen Exekutivgewalt wiederhergestellt wissen möchten". Besonders kritisch sah Ridder die zur Legitimation materialer Vorstellungen von „Wehrhaftigkeit" bemühte Geschichtsdeutung, wonach 1933 ein formalistisches Demokratieverständnis und der Rechtspositivismus der NSDAP einen legalen Weg zur Macht geebnet hätten: Es handelte sich dabei um eine interessengeleitete Legende, da die Machtübernahme weder mit Hitlers Ernennung zum Reichskanzler beendet, noch legal abgelaufen, sondern mit Verfassungs- und Gesetzesverstößen, auch Straftaten aller Art einhergegangen war.[82] Damit wendete Ridder sich ersichtlich gegen in der „Bonner Republik" wirkmächtige Überzeugungen und Mentalitäten.

Zum anderen war seine Kritik an Rechtsprechung und „herrschender Meinung" *stilistisch* von ungewöhnlicher Schärfe. Das könnte dafür sprechen, seine Außenseiterstellung in der Staatsrechtslehre mit seinem Hang zur Polemik zu begründen.[83] In der Tat hatte schon 1953 Ridders Auftreten auf dem Juristentag zu einem Eklat geführt.[84] Auch seine akademischen Schüler nennen Ridder einen „Meister pointenreicher aufklärerischer Polemik", der wissenschaftlich „zunehmend zum Solitär" geworden sei;[85] Perels attestiert jedenfalls dem Spätwerk einen „überpolemische[n] Ton […], der der Diskursivität der Texte nicht unbedingt förderlich ist".[86] Von

---

80 *Martini* 2018, S. 179; falsch ist insoweit die Deutung bei *Requate* 2008, S. 382 ff. (390), Ridder habe im Laufe der 1970er Jahre eine „(geläuterte) Rückkehr zum Rechts- und insbesondere Verfassungspositivismus" vollzogen; siehe dazu *Thurn* 2013, S. 108-110, 366 f.
81 *Deiseroth/Müller* 2007, S. 625-627.
82 Vgl. *Ridder* 1975b, S. 576-584, zitiert nach *Balzer* 2009, Bd. 3, S. 364-371 (368): „An der ‚Machtergreifung', die durch Tausende massivster Rechtsbrüche, Morde, Erschießungen ‚auf der Flucht', Freiheitsberaubungen, terroristische Gesinnungsverfolgung und Einschüchterung erst verwirklicht wurde, aber vom schlichten Oberlehrerverstand umstandslos mit der Ernennung des Herrn Hitler zum Reichskanzler am 30. Januar 1933 gleichgesetzt wird, war gerade nichts legal!"; näher dazu *Deiseroth* 2008, S. 91-102.
83 So etwa *Martini* 2018, S. 178: Seine „barsche Polemik wird zu Fremd- wie Selbst-Exklusion beigetragen haben".
84 Laut *Günther* 2004, S. 74 f., hatte Ridder den „akzeptierten Rahmen des guten Tons" mit Angriffen auf einen Strafrichter „eindeutig überschritten".
85 *Deiseroth/Müller* 2007, S. 625-627; vgl. ebd.: „Auch denen, die ihn näher kannten, war es ein Rätsel, woher Helmut Ridder die Kraft nahm, so viele […] Gegnerschaften auszuhalten, so viele Anfeindungen und eine so große Einsamkeit zu ertragen." […] „Seine Schüler und Freunde erinnern sich an Helmut Ridder als ein Monument der Unbeugsamkeit, der Arbeitsamkeit, der Charakterfestigkeit."
86 *Perels* 2007, S. 196-198.

den Ausschlussmechanismen der bundesdeutschen Staatsrechtslehre war indes mindestens ebenso Wolfgang Abendroth betroffen, obwohl der einen ganz anderen, sprachlich sehr viel nüchterneren Stil als Ridder pflegte.[87] Konservative warfen beiden gleichermaßen „ideologisierende Exegese" vor, während sie sich selbst als „vernünftige" Wissenschaftler ohne politisches Vorverständnis darstellten.[88] Nach der Verdrängung von Abendroth und Ridder aus der Staatsrechtslehrervereinigung[89] kam die verfassungsrechtliche Linke im Zentrum des Fachs nicht mehr zu Wort, wozu insbesondere die Nicht-Aufnahme der Öffentlichrechtler aus Bremen beitrug.[90] Es liegt also nahe, politische Motive derjenigen anzunehmen, die Ridder wissenschaftsintern marginalisierten.

Gravierende Auswirkungen auf den wissenschaftlichen Pluralismus hatte aber auch der Radikalenbeschluss selbst, insbesondere die Regelanfrage. Ridders Revisionsbegründung thematisierte die bekannt gewordene „Praxis der permanenten Bespitzelung und Überwachung von potentiellen Bewerbern für den öffentlichen Dienst vor allem an den Universitäten", die sich auch in der Rechtswissenschaft bemerkbar machte. Dass „die Einstellungsbehörden über noch so unbedeutende politische Aktivitäten auch solcher Bewerber, die keineswegs durch Diskussionsbeiträge oder in anderer Weise besonders hervorgetreten wären, genauestens informiert waren", lasse „eine realistische Einschätzung des Ausmaßes der politischen Überwachung" zu. Die Regelanfrage, die ab 1978 sukzessive abgeschafft werden sollte,[91] stärkte die „Definitionsmacht" (Schulz)[92] der – auch personell deutlich vergrößerten[93] – Inlandsgeheimdienste, deren Wissen über „Verfassungsfeinde" und „Extremisten" angefragt wurde. Insofern war es leider folgerichtig, dass Ridders kritische Positionierung ihn selbst in das Visier des Verfassungsschutzes geraten ließ.

---

87 Vgl. dazu *Derleder/Deiseroth* 1999, S. 261: „Ganz anders als Abendroth, der Polemik stets vermied, gab [Ridder] ihr eine analytisch-literarische Dimension".
88 Siehe die Nachweise bei *Thurn* 2013, S. 495-510 (500).
89 Im Gespräch mit Perels, NPL 50 (2005), H. 3, S. 365-382, erklärte *Ridder* seinen Austritt 1980/81 lediglich so: „Ich wollte damit nicht weiter in Zusammenhang gebracht werden."
90 Dazu *Thurn* 2013, S. 569; von einer „breiten Abwehrhaltung gegen vermutete oder wirkliche ‚Linke' im Gefolge der Jahre nach 1968" spricht auch *Stolleis* 2012, S. 480; vgl. a.a.O., S. 402 f., zur hochschulpolitischen Auseinandersetzung zwischen dem 1968 gegründeten linken „Bund demokratischer Wissenschaftlerinnen und Wissenschaftler" (BdWi), dem als einer der wenigen Öffentlichrechtler Ridder angehörte (von 1972 bis 1974 im Vorstand), und dem 1970 gegründeten liberal-konservativen „Bund Freiheit der Wissenschaft" (BFW), dem eine Vielzahl von Staatsrechtslehrern mindestens nahestand.
91 1978/79 wurde nach *Jaeger* 2019, S. 483, in der Hamburger Behördenpraxis wieder der Stand des Beamtenverständnisses der 1950er und 1960er Jahre erreicht. In unionsregierten Bundesländern dauerte die Liberalisierung länger, Bayern schaffte die Regelanfrage sogar erst 1992 ab.
92 *Schulz* 2019, S. 332; vgl. *Jaeger* 2019, S. 501: „Der Verfassungsschutz orientierte sich weniger an Verfassungsrecht und Grundrechten als an der diagnostizierten Gefahrenlage und pragmatischen Überlegungen".
93 Zahlen bei *Stein* 2020, S. 97.

4. Ausblick

Während eine völkisch-autoritäre Partei in Bundestag und Landtagen gegen die Demokratie agiert und während sich rechtsradikale Netzwerke in Sicherheitsbehörden zu häufen scheinen,[94] werden als vermeintliche Antwort wieder die Verfassungsschutzämter personell und kompetenziell gestärkt.[95] Nicht zuletzt angesichts neuerlicher Diskussionen um die Regelanfrage[96] bleibt der Umgang mit „Radikalen" im Staatsdienst verfassungsrechtlich wie demokratietheoretisch brisant. Um die Freiheits- und Demokratiegefährdungen zu thematisieren, die von institutionalisierter „Wehrhaftigkeit" ausgehen, bieten Ridders Texte „einen ungewöhnlich reichen Schatz ideologiekritisch geschärfter Rechtsanalysen, deren neue Rezeption einen wichtigen Beitrag zur Sicherung der rechtsstaatlichen Demokratie leisten kann" (Perels).[97]

Kritische Juristinnen und Juristen können, in Ridders Worten, jedenfalls „ein Bremsfaktor von nicht geringer Tragweite" sein im Prozess „des Fortschreitens des Politikums nach rechts",[98] insbesondere wenn „Staatsräson" als übergesetzliche Legitimität ausgespielt werden soll gegen die „bloß formale" Legalität. Auch wenn rechtspraktisches Engagement dabei oftmals ohne (vollständigen) Erfolg bleiben mag: Rechtswissenschaftliche Analysen, die nicht moralisieren, sondern Recht aufklärerisch hinterfragen,[99] können anknüpfen an Ridder, der nach Karl-Heinz Ladeur in den 1970er Jahren „sein Verständnis einer ‚politischen Wissenschaft' realisiert [hat], die als Wissenschaft andere Foren des Öffentlichen wählt, aber deshalb ihre Rationalitätsansprüche nicht aufgibt".[100]

---

94 Siehe etwa *Meisner/Kleffner* 2019.
95 Kritisch dazu etwa *Pichl* 2019, S. 174 ff.
96 Siehe zuletzt etwa *Sehl*, Wie die Justiz gegen Verfassungsfeinde aufrüstet, in: Legal Tribune Online v. 17.5.2021, online unter: https://www.lto.de/recht/justiz/j/richter-staatsanwaelte-verfassungstreue-extremisten-verfassungsschutz-ueberpruefung-regelabfrage/; *Thurn* 2021, S. 48 f.; *Wihl* 2020, S. 216-224.
97 *Perels* 2007, S. 196-198.
98 *Ridder* 1971, S. 375.
99 Siehe dazu *Feichtner*, Politische Verfassungsrechtswissenschaft und ihre Verantwortung, Verfassungsblog 2021/4/04, online unter: https://verfassungsblog.de/politische-verfassungsrechtswissenschaft-und-ihre-verantwortung/.
100 *Ladeur* 2007, S. 549 f. – wobei heute Online-Medien, Podcasts etc. neue Möglichkeiten bieten.

Bibliographie

Abendroth, Wolfgang et al., 1974: Berufsverbote durch Gesetz? Wortlaut und Kritik des „Entwurfs eines Gesetzes zur Änderung dienstrechtlicher Vorschriften". Stellungnahmen. In: Hefte zu politischen Gegenwartsfragen, Nr. 14, Köln.

Böckenförde, Ernst-Wolfgang, 1991: Verhaltensgewähr oder Gesinnungstreue? Sicherung der freiheitlichen Demokratie in den Formen des Rechtsstaats. In: ders.: Staat, Verfassung, Demokratie. Studien zur Verfassungstheorie und zum Verfassungsrecht, Berlin, S. 277 ff.

Böckenförde, Ernst-Wolfgang, 1981: Rechtsstaatliche politische Selbstverteidigung als Problem. In: ders./Tomuschat, Christian/Umbach, Dieter C. (Hrsg.): Extremisten und öffentlicher Dienst. Rechtslage und Praxis des Zugangs zum und der Entlassung aus dem öffentlichen Dienst in Westeuropa, USA, Jugoslawien und der EG, Baden-Baden, S. 9-33.

Deiseroth, Dieter, 2008: Die Legalitäts-Legende. Vom Reichstagsbrand zum NS-Regime. In: Blätter für deutsche und internationale Politik, H. 2, S. 91–102.

Deiseroth, Dieter/*Müller*, Christoph, 2007: Nachruf auf Helmut Ridder 18.7.1919-15.4.2007. In: JuristenZeitung 62, H. 12, S. 625-627.

Denninger, Erhard (Hrsg.), 1977: Freiheitliche demokratische Grundordnung. Materialien zum Staatsverständnis und zur Verfassungswirklichkeit in der Bundesrepublik. Band II. Berlin.

Derleder, Peter/*Deiseroth*, Dieter, 1999: Der Erste nach dem Krieg. Zum 80. Geburtstag von Helmut Ridder. In: Kritische Justiz 32, H. 2, S. 254-262.

Günther, Frieder, 2004: Denken vom Staat her. Die bundesdeutsche Staatsrechtslehre zwischen Dezision und Integration 1949-1970. München.

Jaeger, Alexandra, 2019: Auf der Suche nach „Verfassungsfeinden". Der Radikalenbeschluss in Hamburg 1971-1987. Göttingen.

Kaiser, Anna-Bettina, 2020: Ausnahmeverfassungsrecht. Tübingen.

Kocher, Eva, 2020: Die Arbeitsverfassung als Gegenstand des Sozialstaatsgebots. Die Koalitionsfreiheit bei Helmut Ridder und heutige Spuren. In: Kritische Justiz 53, H. 2, S. 189-199.

Kramer, Helmut, 2017: Prof. Dr. Willi Geiger. Vom Antisemiten und Staatsanwalt am NS-Sondergericht zum Richter am Bundesverfassungsgericht. In: Proske, Wolfgang (Hrsg.): Täter Helfer Trittbrettfahrer. Band 7: NS-Belastete aus Nordbaden + Nordschwarzwald, Gerstetten, S. 85 ff.

Kramer, Helmut, 1994: Ein vielseitiger Jurist – Willi Geiger (1909-1994). In: Kritische Justiz 27, H. 2, S. 232-237.

Kutscha, Martin, 1985: Zwischen Vollzug und Verweigerung. In: Demokratie und Recht, S. 218 ff.

Ladeur, Karl-Heinz, 2007: Helmut Ridder 1919-2007. In: Blätter für deutsche und internationale Politik 52, H. 5, S. 549 f.

Martini, Stefan, 2018: Helmut Ridder und das Grundsozialgesetz im Verfassungsrechtsdiskurs. In: Marsch, Nikolaus/Münkler, Laura/Wischmeyer, Thomas (Hrsg.): Apokryphe Schriften. Rezeption und Vergessen in der Wissenschaft vom Öffentlichen Recht, Tübingen, S. 177-190.

Meinel, Florian, 2021: Die Akten des Bundesverfassungsgerichts als Quellen. In: Deiseroth, Dieter/Weinke, Annette (Hrsg.): Zwischen Aufarbeitung und Geheimhaltung. Justiz- und Behördenakten in der Zeitgeschichtsforschung, Berlin, S. 103-112.

Meisner, Mathias/*Kleffner*, Heike (Hrsg.), 2019: Extreme Sicherheit. Rechtsradikale in Polizei, Verfassungsschutz, Bundeswehr und Justiz. Freiburg.

Müller, Ingo, 2018: Furchtbare Juristen. Die unbewältigte Vergangenheit der deutschen Justiz. München.

Perels, Joachim, 2007: Wider die Umwandlung von Macht in Recht. Zum Tod von Helmut Ridder (1919-2007). In: Kritische Justiz 40, H. 2, S. 196-198.

Pichl, Maximilian, 2019: Der Extremismusbegriff schützt vor allem eins: die Verfasstheit der herrschenden Wirtschafts- und Sozialordnung gegen emanzipatorische Politik. In: Berendsen, Eva/Rhein, Katharina/Uhlig, Tom (Hrsg.): Extrem unbrauchbar. Über Gleichsetzungen von links und rechts, Berlin, S. 169-179.

Requate, Jörg, 2008: Der Kampf um die Demokratisierung der Justiz. Richter, Politik und Öffentlichkeit in der Bundesrepublik. Frankfurt a.M.

Ridder, Helmut, 1975a: Die soziale Ordnung des Grundgesetzes. Leitfaden zu den Grundrechten einer demokratischen Verfassung. Opladen.

*Ridder**, Helmut, 1975b: „Berufsverbot"? Nein, Demokratieverbot! In: Das Argument 92, S. 576-584.

Ridder, Helmut, 1975c: Monumentum Germaniae Juridicum. Der „Radikalen-Beschluß" des Bundesverfassungsgerichts oder: Der Austritt der Bundesrepublik aus der Familie der west-europäischen parlamentarischen Demokratien. Eine freiwillige Satire auf eine unfreiwillige. In: konkret – Zeitschrift für Politik und Kultur, Nr. 10 + 11.

Ridder, Helmut/*Ladeur*, Karl-Heinz, 1972: Zur Funktion eines Zusammenschlusses gesellschaftskritischer Juristen und von Juristen überhaupt. In: Kritische Justiz 5, H. 1, S. 16-23.

Ridder, Helmut, 1971: Verfassungsreform und gesellschaftliche Aufgabe der Juristen. In: Kritische Justiz 4, H. 4, S. 371-377.

Ridder, Helmut, 1968: Politische Justiz. Zur Erinnerung an Otto Kirchheimer. In: Neue Politische Literatur, S. 301-305.

Rübner, Hartmut, 2012: „Die Solidarität organisieren". Konzepte, Praxis, Resonanz linker Bewegung in Westdeutschland nach 1968.

Schulz, Sarah, 2019: Die freiheitliche demokratische Grundordnung. Ergebnis und Folgen eines historisch-politischen Prozesses. Weilerswist.

Stein, Klaus, 2020: Wer sind die Verfassungsfeinde? Die Rolle des Verfassungsschutzes bei der Berufsverbotepraxis. In: Kerth, Cornelia/Kutscha, Martin (Hrsg.): Was heißt hier eigentlich Verfassungsschutz? Ein Geheimdienst und seine Praxis, Köln, S. 88-103.

Stolleis, Michael, 2012: Geschichte des öffentlichen Rechts in Deutschland. Band 4: Staats- und Verwaltungsrechtswissenschaft in West und Ost 1945-1990. München.

Thurn, John Philipp, 2021: Radikale aus dem öffentlichen Dienst? In: PÄDAGOGIK, H. 4, S. 48 f.

---

* Alle Werke von Helmut Ridder (mit Ausnahme von „Die soziale Ordnung des Grundgesetzes" (1975) und des Beitrags 1971 in der KJ) werden zitiert nach *Balzer*, Friedrich-Martin (Hrsg.) 2009: Helmut Ridder für Anfänger und Fortgeschrittene. Das Gesamtwerk, Werkausgabe in 6 Bänden (CD-ROM). Bonn.

Thurn, John Philipp, 2013: Welcher Sozialstaat? Ideologie und Wissenschaftsverständnis in den Debatten der bundesdeutschen Staatsrechtslehre 1949-1990. Tübingen.

Tischbirek, Alexander, 2020: Helmut Ridder – Antidiskriminierungsrechtler der frühen Stunde? In: Kritische Justiz 53, H. 2, S. 212-224.

Wesel, Uwe, 2004: Der Gang nach Karlsruhe. Das Bundesverfassungsgericht in der Geschichte der Bundesrepublik. München.

Wihl, Tim, 2020: Mit Ridder gegen Ridder denken: Eine Neufassung der „streitbaren Demokratie". In: Kritische Justiz 53, H. 2, S. 216-224.

Ino Augsberg

Inpersonale Grundrechte

1. Einleitung

Der Ausdruck „inpersonale Grundrechte" bezeichnet offensichtlich Grundrechte, die sich nicht auf Personen als Grundrechtsträger beziehen, sondern losgelöst von einem solchen Personenbezug zu denken sind. Die Wendung erscheint damit als ein Oxymoron, also als ein nicht bloß sinnloses, sondern sogar in sich widersprüchliches Nominalsyntagma: Sind Grundrechte nicht notwendigerweise rechtliche Gewährleistungen, die genauer als individuell-personale Berechtigungen verstanden werden müssen? Bilden sie nicht das Grundmodell jener Rechte, die man als „subjektive" kennzeichnet? Legt nicht zumindest das Grundgesetz ausdrücklich ein derartiges Verständnis zugrunde, wenn es einerseits programmatisch die Würde des Menschen sowohl an den Anfang der Verfassung insgesamt als auch an den Beginn des den Grundrechten gewidmeten Abschnittes stellt und dergestalt das menschliche Individuum als Orientierungsgröße für das gesamte Grundrechtsdenken hervorhebt,[1] und wenn es andererseits durch Artikel (Art.) 19 Abs. 3 des Grundgesetzes (GG) eine Ausweitung dieser fundamentalen Grundkonzeption zwar mit Bezug auf juristische Personen zulässt, aber eben mit dieser speziellen Erweiterung des grundrechtlichen Anwendungsbereichs doch das personale Paradigma nur noch ein weiteres Mal auf andere Weise bekräftigt?

Im scharfen Gegensatz zu diesen scheinbaren rechtlichen Selbstverständlichkeiten ist Helmut Ridders verfassungstheoretische Konzeption, die er als einen „Leitfaden zu den Grundrechten einer demokratischen Verfassung" versteht,[2] gerade um die Idee derartiger „inpersonaler" Grundrechte zentriert. Ausdrücklich definiert er diese Grundrechte als solche, die keinen personalen Träger voraussetzen.[3] Seinem Selbstverständnis zufolge handelt es sich bei dieser Konzeption allerdings keineswegs um eine allererst von ihm *er*-, sondern ganz im Gegenteil um eine im Text des Grundgesetzes selbst *ge*fundene Idee, die also in die Verfassung nicht erst hinein-, sondern

---

1 Vgl. prägnant etwa *Lepsius* 1999, S. 53: „Wenn Art. 1 Abs. 1 Satz 1 GG feststellt, die Würde des Menschen ist unantastbar, dann drückt er damit aus, daß das Grundgesetz den Menschen als individuelles Subjekt an den nicht hinterfragbaren Anfang aller Rechtsetzung stellt."
2 Vgl. *Ridder* 1975; dazu *Stein* 1999; zu Ridder allg. als Wissenschaftler und als Person etwa *Preuß* 2009; *Ladeur* 2015; *Derleder* 2016; *Wihl* 2019; zur Rezeptionsgeschichte von Ridders Ansatz *Martini* 2019.
3 Vgl. *Ridder* 1975, S. 86 f., 90.

bereits aus ihr herauszulesen ist.[4] Positiv gewendet unternimmt es Ridders Konzeption, ein Grundrechtsverständnis zu entwickeln, das jenseits – oder vielleicht genauer noch: diesseits – des die grundrechtsdogmatischen Debatten unter dem Grundgesetz dominierenden, personal-individualistischen Paradigmas zu verorten ist.[5] In negativer Hinsicht muss sie dazu sowohl die Relevanz des Art. 19 Abs. 3 GG relativieren als auch die fundamentale Bedeutung der Menschenwürde zwar nicht als solche in Frage stellen, aber ihre Verabsolutierung zu einer ungeschriebenen Metaverfassung zurückweisen.

Wie aber werden die auf diese Weise bezeichneten Grundrechte von Ridder inhaltlich näher bestimmt? Was zeichnet sie aus? Für die Beantwortung dieser Fragen sind in einem ersten Schritt die methodologischen Prämissen zu klären, die der Entwicklung jener Idee zugrunde liegen. Das betrifft zum einen die von Ridder immer wieder betonte juristische Methodik, erstreckt sich zum anderen aber auch auf nicht ebenso offen genannte allgemeine theoretische Leitideen (2.). In einem zweiten Schritt ist die Konzeption selbst näher in den Blick zu nehmen und mit Bezug auf einzelne Anwendungsfelder genauer zu diskutieren (3.). Auf Basis der dergestalt entfalteten Grundidee kann dann ein dritter Schritt fragen, ob und inwieweit nicht auch eine Ridders Ideen grundsätzlich folgende und an ihnen festhaltende Grundrechtstheorie eine Art *re-entry* des Individuums für erforderlich halten, also die Ausgangskonzeption im gewissem Sinne re-personalisieren muss (4.). Ein knappes Fazit fasst den Gedankengang abschließend noch einmal zusammen (5.).

2. Prämissen

2.1. Ridders juristische Methode

Ridders methodologische Selbstverortung erfolgt schon auf den allerersten Seiten seines Hauptwerks über „Die soziale Ordnung des Grundgesetzes".[6] Entscheidende Passagen bereits des „Vorworts" sind, ebenso wie die Anfangsabschnitte des ersten inhaltlichen Abschnitts, ausdrücklich diesem Problemfeld gewidmet. Die entsprechende Selbstverortung wird im weiteren Verlauf des Textes zudem mehrfach wiederholt und bestätigt. Prägend sind danach vor allem drei Faktoren.

---

4 Vgl. zur Differenz von ge- und erfundenem Recht *Ridder* 1975, S. 145; zur Unterscheidung von hinein- und herauslesen *Ridder* 2019b, S. 25.
5 Vgl. zu diesem Paradigma näher *Vesting* 2018, S. 165 ff.
6 Vgl. zu Ridders Methode bereits etwa *Derleder* 2016, S. 417, 423 f.; *Martini* 2019, S. 179 ff.; *Engelmann* in diesem Band; sowie *Preuß* 2020.

2.1.1. Recht und Wirklichkeit

Entscheidend ist erstens die grundsätzlich beibehaltene Scheidung von Normativität und Faktizität. Sie wird zwar nicht im Sinne der neukantianischen Tradition als unhintergehbare, mit unserer Bewusstseinsstruktur untrennbar verbundene und daher absolute Notwendigkeit verstanden.[7] Ridder verweist vielmehr ausdrücklich auf die Möglichkeit von Zonen des Übergangs und der Überlappung.[8] Er wehrt sich aber entschieden gegen die Tendenz, eine angeblich bestehende „Verfassungswirklichkeit" gegen die Verfassung selbst auszuspielen und diese von jener her umzudeuten.[9] Begründet wird dies vor allem mit der Eigenart des Rechts und seiner speziellen sozialen Funktion, die eine rein funktionalistische, mit Kriterien von „Effizienz" oder „Sachzwang" operierende Logik gerade zurückweisen soll,[10] weil diese die Wirklichkeit gegen das Recht auszuspielen versuche. Das Recht soll jedoch der Maßstab für die Wirklichkeit sein, indem es Vorgaben für ihre mögliche Transformation bestimmt, und nicht umgekehrt.

> „Da das Recht, zuvörderst das Verfassungsrecht, dazu bestimmt ist, Kursänderungen oder -korrekturen des Ablaufs der Wirklichkeit vorzunehmen, ist die je aktuelle Wirklichkeit die dubioseste aller in Betracht kommenden Erkenntnis- und Konstruktionshilfen."[11]

---

7 Vgl. zu einem solchen Verständnis dagegen *Kelsen* 1960, S. 5.
8 Vgl. *Ridder* 1975, S. 13.
9 Vgl. *Ridder* 1975, S. 13 f.
10 Vgl. *Ridder* 1975, S. 23: „,Funktionieren war damals [d.i. 1933, I.A.] (und ist heute) eine der wirksamsten Vokabeln sich selbst verhüllender Verhüllungsdemagogie. Sie gehört zum festen Waffenbestand des Kampfes der ‚Wirklichkeiten' aller Art gegen das Recht (hat freilich erst heute ihre endgültige Absegnung auch in Rechtsprechung und Lehre gefunden, wo sie mit den denn doch tatsächlich zu ‚Instituten' erhobenen Vokabeln ‚Effizienz', ‚Veränderung', ‚Sachzwang' und zahllosen anderen Wucherungen des spätidealistischen deutschen Irrationalismus und ihren durch Inzucht hervorgebrachten Hybriden ein äußerlich buntscheckiges Vokabelvölkchen von begrifflich gleich hohlen primitiven Einzellern bildet)."
11 *Ridder* 1975, S. 17. Angesichts des von Ridder festgestellten „Kampfs der ‚Wirklichkeiten' aller Art gegen das Recht" (a.a.O., S .23) muss man fragen, ob nicht die „‚Wirklichkeiten' aller Art" selbst noch eine aufgeklärtere, die „klassenbedingten Realien der vorhandenen gesellschaftlichen Konflikte und Widersprüche in der Gesellschaft" (a.a.O., S. 56) in Rechnung stellende Realitätswahrnehmung beinhalten. Anders allerdings *Engelmann* in diesem Band: „Indem *Ridder* diese Analyse [der Klassengegensätze, I.A.] zugrunde legte, konnte er durch seine Methode des Einschnitts und des Beharrens eine widerständige Haltung begründen. Eine Kritik, die sich *Ridders* Methode aneignen wollte, ohne seine Klassenanalyse zu übernehmen, wäre nicht mehr als eine weitere sinnlose Spielerei." Damit wird genau genommen jede Methode als solche zum sinnlosen Spiel; entscheidend bleibt die Zugrundelegung der richtigen Wirklichkeit. Von einem Widerstand des Textes selbst, im Sinne seiner Materialität, die einen „Einschnitt" gegenüber allen Verweisen auf bloße Faktizität vornimmt, bleibt damit nichts übrig. Ridders „Methode" – die der Untertitel von Engelmanns Aufsatz demnach nicht ohne Grund in An- und Abführungszeichen setzt – wäre auf diese Weise wenig mehr als ein Taschenspielertrick.

2.1.2. Der Buchstabe des Gesetzes

Anstelle dieser verfehlten Orientierung an der – zudem meist defizitär erfassten – Wirklichkeit soll, zweitens, der aus Ridders Sicht fälschlicherweise geschmähte Rechtspositivismus zu neuen Ehren gelangen.[12]

> „Nach der diesem Leitfaden zugrundeliegenden ‚Methode' gefragt, könnte ich nur antworten: Es gibt nur *eine* einzige legitime Methode, die der *juristischen* Aufgabe gerecht werden kann, das *positive* Recht zu ermitteln. Sie trägt den zu Unrecht schimpfbeladenen Namen ‚*Positivismus*'."[13]

Gemeint ist damit eine sich eng am Wortlaut des Grundgesetzes orientierende Hermeneutik, die dem „Buchstaben des Gesetzes" treu bleibt, statt ihn leichthändig zu ignorieren und stattdessen anhand allgemeiner „Werte" und „Prinzipien" zu etwas zu gelangen, was in Ridders Augen den Namen „Rechtsfindung" nicht länger verdient, sondern als „Küchenjurisprudenz normloser ‚Güterabwägungen' und ähnlicher pomphaft selbstsicher auftretender, intellektueller Schwindeleien"[14] nur Gegenstand von Warnungen sein kann. Es geht also darum, „anstelle von ‚Leitsätzen' und erfundenen ‚Prinzipien' wieder die Rechtsnorm zu inthronisieren."[15] Statt gestützt auf derartig diffuse Vorverständnisse, die eher unreflektierten Vorurteilen gleichen, einen allgemeinen „Sinn" der Verfassung zu postulieren, redet Ridder einer Rückkehr zum Text als zentralem Maßstab der juristischen Auslegung das Wort.[16] Entscheidend für die eigentliche juristische Tätigkeit ist danach „die Bereitschaft, die Normtexte zunächst einmal hinzunehmen und nicht verfälschen zu wollen"[17].

2.1.3. Historische Kontextualisierung

Nicht übersehen wird dabei, dass der bloße Positivismus nicht ausreicht. Bei einer bloß passiven Hinnahme kann die Hinwendung zum Text nicht ihr Bewenden finden. Der Positivismus soll vielmehr – das ist der dritte entscheidende Faktor von

---

12 Vgl. dazu näher auch *Preuß* 2020.
13 *Ridder* 1975, S. 11; vgl. zu der ähnlichen Aneignung des Positivismus-Begriffs für die eigene Methodik durch Wolfgang Abendroth näher *Perels* 2012; sowie an Abendroth anschließend, eigentümlicherweise aber nur mit einer einzigen eher marginalen Referenz auf Ridder *Römer* 1977.
14 *Ridder* 1975, S. 10.
15 Ebd.
16 Vgl. prägnant *Engelmann* in diesem Band: „Es liegt in dieser ‚Methode' zunächst gar nicht viel mehr, als vom Text auszugehen und damit einen Einschnitt, eine Zäsur, gegen die eigenen Vorurteile, Vorverständnisse und Folgenabwägungen ‚hinzunehmen', statt einen ‚Verfassungssinn' für sich zu reklamieren, der sich erstaunlich geschmeidig an wechselnde politische Überzeugungen anpasst." Allg. zum methodologischen Imperativ einer „Rückkehr zum Text", mit Bezug insbesondere auf das „Textual Reasoning", *Augsberg* 2017.
17 *Ridder* 1975, S. 16.

Ridders methodologischem Selbstverständnis – über seine eigenen sozialen Bedingtheiten aufgeklärt werden.[18] Der Positivismus muss demnach nicht etwa aufgegeben, aber doch „durch Ergänzung korrigiert und modifiziert [werden]; *ihm* muß der Star der partiellen historischen, politischen und soziologischen Blindheit gestochen, *er muß in seiner Erkenntnis der Wirklichkeit realistisch* werden"[19]. Intendiert ist damit vor allem ein gesteigertes Bewusstsein für die konkrete geschichtliche Situation, in der eine gesetzliche Regelung erarbeitet wurde: Auf sie und die in ihr verarbeiteten sozialen Konflikte, und damit zugleich auf die jeweils bestehenden „Vor-Urteile", muss der Gesetzesausleger eingehen.[20] Er muss zudem die historische Konstellation mit den Anforderungen der Gegenwart abgleichen, darf dabei allerdings wiederum nicht den Fehler machen, die historische Wirklichkeit unmittelbar zum Deutungsmaßstab zu nehmen. Seine Aufgabe besteht vielmehr darin – das führt zum ersten Punkt zurück –, zugleich die grundsätzliche Struktur und Funktion des Rechts vor Augen zu haben, der gemäß das jeweils neu eingeführte Recht die „je aktuelle Wirklichkeit" nicht einfach abbilden, sondern gerade verändern soll. Dementsprechend heißt es etwa sehr deutlich, dass der zu ermittelnde „Normbereich" eines Grundrechts sich nur finden lasse,

> „wenn Klarheit darüber besteht, welche Interessenstrukturen von den jeweiligen Grundrechten geschützt werden sollen. Das läßt sich oft nur bei genauer Kenntnis der historischen Provenienz der Formulierung ermitteln, und da die historische Situation, auf die das Grundrecht angesetzt wurde, sich oft verändert hat, muß versucht werden, deren Gegenstücke in der Gegenwart ausfindig zu machen. […] [A]ber all das darf nicht Adaption an ‚Wirklichkeit' darstellen, sondern muß den wirklichkeitsgestaltenden Gebotscharakter der Grundrechtsnorm im Auge behalten."[21]

Die zu interpretierende Norm muss dergestalt nicht nur aus ihrem sozialen Kontext heraus verstanden werden; umgekehrt kann sich vielmehr ihr Verständnis auch gegen diese sozialen Verhältnisse selbst und ihre Hinnahme als naturgegebene Notwendigkeit richten. Der normative Anspruch der Verfassung macht sich als Korrektiv gegenüber der Realität geltend. Weil die Norm die Differenz zur Wirklichkeit wahrt, leistet der „‚integrationstheoretische' Standpunkt" im Sinne Smends und Hennis, den Ridder auch „soziologischer Positivismus" nennt, „die Anpassung an die tatsächlichen Machtverhältnisse wesentlich effizienter als der (deshalb?) geschmähte Rechtspositivismus."[22] Gerade die Aufrechterhaltung der Differenz von Normativität und Faktizität führt demnach zugleich dazu, dass beide auf eine

---

18 Vgl. hierzu ausführlich wiederum *Preuß* 2020.
19 *Ridder* 1975, S. 11; vgl. ähnlich *Abendroth* 1972, S. 15 f.
20 Vgl. *Ridder* 1975, S. 15. Anhand des konkreten Beispiels des Grundgesetzes und dessen besatzungsrechtlicher Vorgeschichte ferner instruktiv *Ridder* 2019a.
21 *Ridder* 1975, S. 77.
22 *Ridder* 1975, S. 18; vgl. dazu wiederum näher *Preuß* 2020.

schwierig zu entwirrende Weise mit- und ineinander verflochten erscheinen, ohne jedoch die eine auf die andere Perspektive zu reduzieren.

2.2. Theoretische Orientierungspunkte

Während das methodische Selbstverständnis vehement und wiederholt vorgetragen wird, lässt Ridder mögliche darüberhinausgehende, allgemein theoretische Orientierungspunkte für das eigene Vorgehen weitgehend im Dunkel. Deutlich ist zunächst nur ein Abwehrgestus, der sich zum einen auf natur- oder vernunftrechtliche Konzeptionen bezieht, zum anderen all jene Positionen attackiert, die von einem methodischen Individualismus ausgehen. Auch in dieser Frage dominiert aber die binnenjuristische Auseinandersetzung. Mit einem feinen philologischen Gespür für die Sollbruchstellen der Argumentation wird insbesondere das vom Bundesverfassungsgericht vertretene „Menschenbild des Grundgesetzes" zurückgewiesen, und dies nicht nur deswegen, weil schon der Grundansatz verfehlt sein soll – „das Grundgesetz", so heißt es, „enthält kein ‚Menschen*bild*'. Ein vorgefaßtes ‚Menschenbild' ist eine Vergewaltigung des Menschen. Ein ‚Menschenbild' hatten die Nazis"[23] –, sondern auch, weil seine inhaltliche Ausgestaltung an den (auf diese Weise nunmehr implizit doch als Maßstab für die Betrachtung zugelassenen) sozialen Realitäten vorbeigehe.

> „‚Das Menschenbild des Grundgesetzes ist' laut Bundesverfassungsgericht […] ‚nicht das eines isolierten souveränen Individuums; das Grundgesetz hat vielmehr die Spannung Individuum-Gemeinschaft im Sinne der Gemeinschaftsbezogenheit und Gemeinschaftsgebundenheit der Person entschieden, ohne dabei deren Eigenwert anzutasten.' Die Wortwahl ist verräterisch. Das Individuum steht in einer ‚Spannung' zur ‚Gemeinschaft'; ‚Gesellschaft' dagegen gibt es nicht. *Ferdinand Tönnies* hätte seine Freude daran gehabt: der Bruch mit der Realität wird nicht geheilt, sondern ‚solidaristisch' zugedeckt."[24]

Nicht ausdrücklich, aber doch deutlich genug abgelehnt werden damit zugleich all jene Positionen, die wie die klassischen Gesellschaftsvertragstheorien von einem teils impliziten, teils expliziten ego-ontologischen Modell ausgehen, das das vereinzelte Individuum als quasi-majestätisches Subjekt an den Anfang stellt, dem sich die Vergesellschaftung dann erst in einem zweiten Schritt – als ausdrückliche, damit nicht unbedingt notwendige „Entscheidung" – verdanken soll.[25] Derartige Positionen sind aus Ridders Sicht „realitätsferner Unsinn, dem […] die Fiktion des

---

23 *Ridder* 1975, S. 154.
24 *Ridder* 1975, S. 74; das Binnenzitat des Bundesverfassungsgerichts aus BVerfGE 4, 7 (15 f.).
25 Vgl. zur Kritik an dem so charakterisierten Verfahren *Hamacher* 2018, S. 208, 246.

a-sozialen Individuums zugrunde liegt"[26]. Das Konzept des „ökonomischen Wolfsmenschen" setze eine „Ent-Sozialisierung ‚des' Menschen" voraus.[27] Gerade vor dem Hintergrund späterer Fortentwicklungen des Konzepts der inpersonalen Grundrechte bemerkenswert ist zudem Ridders ausdrückliche Zurückweisung systemtheoretischer Ansätze.[28] Ridder erteilt derartigen Erklärungsmodellen nicht nur im Haupttext mehrfach eine eindeutige Abfuhr.[29] In einer der insgesamt eher spärlich eingesetzten Fußnoten bringt er seine Einschätzung noch unverblümter zum Ausdruck. Zwei Fliegen mit einer Klappe schlagend, verwirft Ridder in ein und demselben Satz nicht nur Luhmanns eigenen Ansatz, sondern erklärt zugleich dessen angeblich wichtigsten theoretischen Hauptgegner für erledigt:

„Als entmythologisierende Methode der Gegenaufklärung übernimmt die Luhmannsche ‚Systemtheorie' im gegenwärtigen Disput mit der absterbenden ‚kritischen Theorie' als einer Methode kastrierter Aufklärung bruchlos deren Funktion."[30]

Positive Bezugnahmen auf bestimmte Theorietraditionen lassen sich demgegenüber eher assoziativ mit dem Text verknüpfen als in Gestalt konkreter Referenzen im Text selbst oder seinem Anmerkungsapparat nachweisen. In der Abwehr der rein negatorischen Freiheit als Willkür zugunsten einer positiven Freiheitsbestimmung, die sich als Organisation eines sozialen Feldes versteht, mag man in dieser Hinsicht ein gewisses – aber sehr unspezifisch gehaltenes – hegelsches Erbe sehen.[31] Explizit abgelehnt wird an anderer Stelle jedenfalls ein gedanklicher Ausgang von der „kantischen und idealistischen Fiktion eines isoliert in interplanetarische Räume projizierten Individuums"[32]. Zumindest etwas deutlicher erkennbar hält in der Wendung gegen die personal-individualistische Konzeption die Marx'sche Kritik an

---

26 *Ridder* 1975, S. 83; vgl. ähnlich a.a.O., S. 40, wo von der „realitätswidrigen fiktiven Vereinzelung" die Rede ist.
27 *Ridder* 1975, S. 91.
28 Vgl. zu diesen Weiterentwicklungen des Ridder'schen Ansatzes (von denen nach der eigenen Vermutung ihres Autors zumindest „einige [...] nicht den Beifall von Ridder finden werden") *Ladeur* 1999, der zwar keine Parallele unmittelbar zu Luhmann, aber zu dem seinerseits als Fortentwicklung des Luhmann'schen Ansatzes lesbaren Konzepts Gunther Teubners zieht; zu Ladeurs eigener Konzeption näher auch *Ladeur* 2014.
29 Vgl. etwa *Ridder* 1975, S. 19: „Der weitaus größte Teil des mit theoretischem Anspruch auftretenden heutigen verfassungsrechtlichen Fachschrifttums der Bundesrepublik Deutschland ergeht sich in immer neuen Variationen dieses ‚Realismus', dessen letzter Schrei die Hinwendung zu den ‚Realitäten' besonders eng verbundenen, aber im Gewand höchster Abstraktion auftretenden bundesdeutschen Spielart der ‚Systemtheorie' ist."
30 *Ridder* 1975, S. 160.
31 Vgl. *Ridder* 1975, S. 60: „Es ist eine elementare und von der ‚Sozialstaatsklausel' des Grundgesetzes bestätigte und verbindlich gemachte Grunderkenntnis der Demokratietheorie, daß Freiheit ‚an sich' ein interplanetarisches Hirngespinst ist, weil sie weder die ‚Freiheit wovon?' noch die ‚Freiheit wozu?' beschreiben kann. Demokratie ist das Selbstbestimmungsverfahren, das konkret die Freiheit der Menschen in ihrer konkreten Befindlichkeit, nämlich der gesellschaftlichen, bewirkt".
32 *Ridder* 2019b, S. 27.

den Menschenrechten nach, die diese als Rechte allein „des beschränkten, auf sich beschränkten Individuums"[33] enthüllt.

3. Das Konzept „inpersonale Grundrechte"

3.1. Inpersonale Grundrechte im Grundgesetz

3.1.1. Der Gesetzeswortlaut als Grundlage

Vor dem so bestimmten Hintergrund ist die doppelte Aufgabe der Ridder'schen Grundrechtslehre leicht erkennbar. Einerseits muss es ihr darum gehen, die auf grundrechtsdogmatischer Ebene der personal-individualistischen Konzeption entsprechende „Verkrüppelung der Grundrechte zu ‚negatorischen' Abwehrrechten"[34] zu überwinden. Andererseits darf der gebotene Gegenentwurf nicht freihändig erfolgen, das heißt er darf nicht einfach grundrechtliche Neuschöpfungen vornehmen, selbst wenn diese einem bestimmten sozialen Bedarf entsprechen mögen, weil sie funktionale Eigenlogiken einzelner Gesellschaftsbereiche widerspiegeln. Ob und wo derartige, über den bloß negatorischen Gehalt hinausweisende Grundrechte vorliegen, ist vielmehr – gemäß dem allgemeinen methodologischen Credo – dem Text des Grundgesetzes selbst zu entnehmen. „Der prinzipielle Fehler", der bislang dazu geführt habe, den speziellen Charakter jener Grundrechte zu verkennen, liege „überall wieder darin, daß von dem Wortlaut des Grundrechts gar keine Notiz genommen wird."[35] Positiv gewendet besagt das, dass ein inpersonales Grundrecht ein solches ist, „dessen Wortlaut nicht auf einen persönlichen ‚Träger' hinweist"[36], sondern, wie exemplarisch bei der Presse, der Kunst und der Wissenschaft, unmittelbar ein bestimmtes „soziales Feld" benennt, um dessen Freiheitsgewährleistung es gehen soll.[37]

3.1.2. Die Relevanz des Sozialstaatsgebots

Dieses den eigenen positivistischen Grundansatz konkretisierende Vorgehen ist allerdings sogleich in wiederum zweierlei Hinsicht zu relativieren. Zum einen gesteht Ridder selbst zu, dass anhand des von ihm propagierten Verfahrens eines historisch aufgeklärten *close reading* die einschlägigen Normtexte nicht genügend Material

---

33 *Marx* 1976, S. 364.
34 *Ridder* 1975, S. 23.
35 *Ridder* 1975, S. 87.
36 *Ridder* 1975, S. 90.
37 Vgl. *Ridder* 1975, S. 91.

liefern, um die jeweiligen „sozialen Felder" hinreichend konturenscharf darstellen zu können. Vielmehr müssten diese Felder, zumal „nach der Wegschrumpfung der in der Weimarer Reichsverfassung enumerierten sozialstaatlichen Institutionen", „an Grundrechte angelegt werden, die wegen ihrer textlichen Herkunft aus dem individualistisch-antistaatlich negatorischen Konzeptualismus weitmaschige und hochabstrakte Tatbestände aufweisen."[38] Die historische Kontextualisierung erfüllt demnach hier die Funktion, die Defizite des der Auslegung zugrunde zu legenden Normtextes zu begründen. Wie die damit deutlich gemachten Lücken zu schließen sind, wird zunächst nicht näher erläutert. Im Gegenteil deutet Ridder an anderer Stelle eher an, dass gerade die historische Kontextualisierung für die intendierte Auslegung ein Problem darstellen könnte, weil sie den insoweit begrenzteren Horizont des Verfassungsgebers in der Situation nach dem Zweiten Weltkrieg aufzeigen müsste.

„Im Grundrechtsteil des Grundgesetzes schoben sich ihm [d.i. jenem Verfassungsgeber, I.A.] unter dem Eindruck der politikfernen moralisierenden Würdigung des ‚Dritten Reichs' bloß als eines ‚verbrecherischen Unrechtsregimes', das die individuellen Menschenrechte mit Füßen getreten hatte, die der Überlieferung nach negatorisch konzipierten Freiheitsrechte für die Einzelperson in den Vordergrund."[39]

Zum entscheidenden Motor einer in dieser Hinsicht gerade nicht länger an der historischen Situation anknüpfenden, aber doch zugleich an dem spärlichen Text des Grundgesetzes anknüpfenden Auslegung wird für Ridder das Sozialstaatsgebot. „Sozial" ist dabei nicht eng im Sinne von „wohlfahrtsstaatlich" gemeint, sondern wird ausdrücklich mit „gesellschaftlich" gleichgesetzt.[40] So verstanden liegt in jenem Gebot der normative Anknüpfungspunkt für die Einschränkung des Normverständnisses durch bestimmte wirkliche, nämlich gesellschaftlich notwendige Verhältnisse. In diesem Sinne ordnet

„die ‚Sozialstaatsklausel' [...] als unaufhebbares Verfassungsrecht an, daß die Grenzenlosigkeit des persönlichen Freiheitsraums, weil sie wegen der faktisch unaufhebbaren Einbindung des einzelnen nicht nur in die Naturgesetzlichkeit, sondern auch in die Gesellschaft nie Realität sein kann, auch nicht als eine dennoch abstrakt mögliche in die Grundrechtsinterpretation und -anwendung hineingedacht werden darf."[41]

---

38 *Ridder* 1975, S. 51.
39 *Ridder* 1975, S. 47 f.
40 Vgl. *Ridder* 1975, S. 47, wo von dem generellen „*Gebot ‚sozialer (= gesellschaftlicher) Staatlichkeit*'" gesprochen wird; zu Ridders Sozialstaatskonzeption im engeren Sinn näher *Hase* 1999; sowie *Martini* 2019, S. 182 ff.; speziell zum Zusammenhang mit der Grundrechtsinterpretation auch *Wihl* 2019, S. 92 f.
41 *Ridder* 1975, S. 49.

3.1.3. Der allgemeine Charakter inpersonaler Grundrechte

Von dieser Position aus deutet sich bereits an, warum, zum anderen, auch die durch die enge Anbindung an den Text der einzelnen Grundrechte zunächst naheliegende Annahme, bei den inpersonalen Grundrechten handele es sich um eine Art Subspezies, verfehlt ist. Ridder be-handelt diese Grundrechte nicht allein als Spezialphänomene, sondern schreibt ihnen umgekehrt einen paradigmatischen Charakter zu, der eine allgemeine Eigenschaft aller Grundrechte lediglich besonders deutlich hervortreten lasse. Ausdrücklich statuiert er, bei den inpersonalen Grundrechten lasse sich lediglich

> „leichter als bei den personalen Grundrechten erkennen, was indes in Wahrheit allen Grundrechten der Gesamtverfassung gemeinsam ist, nämlich daß sie auf die konkrete Freiheit eines sozialen Feldes durch dessen Organisation abzielen."[42]

Inpersonale Grundrechte bilden demnach nicht die Ausnahme von der Regel des personalen Modells. Im Gegenteil: Durch die Loslösung von der Person öffnen sie den Blick dafür, dass auch in den ihrem Wortlaut zufolge ausdrücklich personal konzipierten Grundrechten niemals das isolierte Individuum, sondern stets schon das in vielfältigen sozialen Bindungen stehende Gemeinschaftswesen Mensch gemeint ist.

Ridder geht damit über seine eigene früher vertretene Position deutlich hinaus. In dem frühen Text zur „Meinungsfreiheit" im „Handbuch der Grundrechte" von 1954 hatte er noch drei Gruppen von Grundrechten unterschieden. Die „erztypische[n] Freiheitsrechte[n] des isoliert gedachten Individuums"[43], zu denen er etwa das Recht auf körperliche Unversehrtheit und Leben zählte, stellte Ridder damals zunächst den „Grundrechte[n] des Individuums, die seine materiellen und wirtschaftlichen Daseinsrequisiten, z.B. das Privateigentum, schützen", gegenüber, die als solche „mit der Veränderung der sozialen und ökonomischen Umwelt des Individuums und den sie begleitenden geistesgeschichtlichen Wandlungen sehr stark ‚ent-individualisiert' worden"[44] seien. „Die Besonderheit einer dritten Gruppe von individuellen Freiheitsrechten" bestimmte Ridder dann dadurch,

> „daß sie tatbestandsmäßig von vornherein eine besondere Beziehung zwischen mindestens zwei Individuen voraussetzen. Diese Grundrechte schützen das freie geistige Kommunizieren und in den durch ihre Natur als Freiheitsrechte bedingten Grenzen auch das gemeinsame Handeln frei denkender Menschen. Typische Beispiele sind das Recht der freien Meinungsäußerung und die eng damit zusammenhängende Vereins- und Versammlungsfreiheit."[45]

---

42 *Ridder* 1975, S. 91.
43 *Ridder* 1954, S. 246 f.
44 *Ridder* 1954, S. 247.
45 *Ridder* 1954, S. 248.

In einem weiteren, vierten Schritt, der sich vor allem auf die Pressefreiheit bezog, entwickelte Ridder schließlich eine „institutionelle Dimension" des Grundrechtsschutzes, bei der keine „individuelle oder auch kollektive negatorische Freiheit von staatlichen Eingriffen" mehr in Rede stehen soll, sondern „die öffentliche Aufgabe der politischen Presse, um derentwillen nachfolgend Freiheiten verbürgt werden."[46] In einem gewagten, vom Wortlaut der Norm her gesehen jedenfalls, vorsichtig formuliert, nicht unbedingt naheliegenden Manöver versuchte Ridder, diesen Aspekt des Schutzes der Pressefreiheit nicht primär auf Art. 5 Abs. 1 GG, sondern auf Art. 21 GG zu stützen.[47]

Über all diese Differenzierungen geht die Neukonzeption der „inpersonalen Grundrechte" deutlich hinaus, indem sie auf eine allen Gruppen gemeinsame, allerdings nur teilweise deutlich hervortretende, teilweise weitgehend implizit bleibende Charakteristik verweist. Gemäß dieser neuen Perspektive ist selbst das sogenannte allgemeine Persönlichkeitsrecht gemäß Art. 2 Abs. 1 GG, dem zufolge „Jeder [...] das Recht auf die freie Entfaltung seiner Persönlichkeit" hat, nur dann angemessen verstanden, wenn es gemäß „den realen Bedingungen von Persönlichkeitsentfaltung die soziale Situation des Individuums einbezieht."[48]

Auch bei dieser Lesart der Grundrechte wird offensichtlich der Wortlaut nicht als jenes strenge Unterscheidungskriterium bewahrt, als das es die methodologische Selbstverständigung zunächst ausgeben wollte. Losgelöst von der engen Wortlautorientierung wird vielmehr eine grundsätzliche konzeptionelle Umorientierung deutlich, die den Status der Grundrechte im Allgemeinen betrifft, unabhängig von der angeblichen Differenz zwischen personalen und inpersonalen Konzeptionen. „Grundrechte sind", so heißt es, „nicht im engeren juristischen Sinne ‚subjektive Rechte' wie etwa zivilrechtliche Ansprüche, sondern Freiheiten."[49] Aus diesem Grund ist die Redeweise von den „Trägern" von Grundrechten nicht nur für die inpersonalen Grundrechte zurückzuweisen. Sie ist auch im Übrigen „gefährlich",

„weil damit dem Eindringen eines am Zivilrecht orientierten Anspruchsdenkens in die Grundrechtslehre Vorschub geleistet werden kann. Grundrechte sind nämlich, um das noch einmal mit aller Deutlichkeit zu betonen, Freiheiten."[50]

---

46 *Ridder* 1954, S. 258.
47 Vgl. *Ridder* 1954, S. 255 ff., insb. S. 257: Ridder selbst präsentiert seine Sicht allerdings als einen „Schluß" aus einer „reine[n]" Wortinterpretation des Art. 21". Wenn dieser statuiert, dass die politischen Parteien bei der politischen Willensbildung *mit*wirken, folge daraus: „‚Mit'-wirken also logischerweise auch noch andere Kräfte" (a.a.O., S. 255); zum Ganzen auch *Ladeur* 2015, S. 924; zu Ridders Konzeption der Meinungs- und Pressefreiheit ferner *Tabbara* in diesem Band.
48 *Ridder* 1975, S. 45.
49 *Ridder* 1975, S. 69.
50 *Ridder* 1975, S. 87; vgl. ähnlich auch a.a.O., S. 106.

3.1.4. Mögliche Einwände

Der so begründeten Sichtweise ist dann auch weder die bundesverfassungsgerichtliche Judikatur zur Menschenwürde noch die Konzeption des Art. 19 Abs. 3 GG entgegenzuhalten. Letztere erklärt Ridder – in einer aus rein positivistischer Sicht wiederum bemerkenswerten Bewegung, die eher in die umgekehrte Richtung zielen müsste – als schlicht „überflüssig", weil die Norm lediglich

> „die Selbstverständlichkeit aussagt, daß Grundrechte ‚auch für inländische juristische Personen' gelten, ‚soweit sie ihrem Wesen nach auf diese anwendbar sind', und damit, richtig verstanden, nur einen renvoi auf eben die jeweils in Betracht kommenden Grundrechte enthält."[51]

Das ist eine einerseits bemerkenswerte Argumentation, weil sie die scheinbar zentrale Bestimmung jener Norm gerade verschweigt. Denn die Vorschrift zielt als Transformationsbestimmung gerade auf *juristische* Personen ab; sie markiert damit zugleich den offenbar keine weitergehende Erläuterung erfordernden Normalfall der natürlichen Personen. Die Aussage ist andererseits aber rechtstheoretisch konsequent, weil in dieser theoretischen Perspektive auch die sogenannte „natürliche Person" bereits ein juristisches Artefakt bildet,[52] dessen scharfe Abgrenzung gegenüber anderen Unterarten der Gattung „juristische Person" sich dementsprechend nicht allgemein, sondern jeweils nur im konkreten Einzelfall, das heißt aufgrund der speziellen (Nicht-)Anwendbarkeit einzelner Bestimmungen, erklären lässt. Einer so geschulten Sicht kann die Vorschrift des Art. 19 Abs. 3 GG in der Tat weitgehend redundant erscheinen.

Die Menschenwürde dagegen wird von Ridder zwar grundsätzlich verteidigt; er weist jedoch zugleich ihre inflationäre, alle konkreteren Bezugnahmen auf den Verfassungstext überspielende Inanspruchnahme scharf zurück. Ridder erkennt in diesem Vorgehen das alte, zu Beginn der „Sozialen Ordnung des Grundgesetzes" umfänglich mit Bezug auf die Weimarer Situation erläuterte Problem einer „Nebenverfassung".[53] Eine solche Nebenverfassung werde, so Ridder, nun auch in der Gegen-

---

51 *Ridder* 1975, S. 118.
52 Vgl. sehr deutlich etwa *Jesch* 1961, S. 52: „auch die ‚natürliche' Person ist eine juristische; sie ist daher grundsätzlich von dem zu unterscheiden, was andere Wissenschaften unter dem Stichwort ‚Mensch' bzw. ‚Person' betrachten"; klassisch dazu bereits *Kelsen* 1928 (1981), S. 134 f.; aus jüngerer Zeit instruktiv *Teubner* 1990, S. 117.
53 Vgl. dazu näher *Ridder* 1975, S. 20 ff., insb. S. 22; prägnant auch a.a.O., S. 106, wo von der „Legitimität einer wunschgedachten Überverfassung" die Rede ist.; zu einer analogen Kritik an einer sich selbst die Zuständigkeit der Entscheidung über die Rechtmäßigkeit noch der Verfassung selbst zusprechenden Verfassungsgerichtsbarkeit, und zwar anhand des Maßstabs eines „noch der Verfassung vorausliegenden Rechts" (vgl. BVerfGE 1, 14 [32]), *Maus* 2018b, insb. S. 27 ff; zu Maus' Verhältnis zu Ridder und ihrer Rezeption und Interpretation seiner Ideen ferner *Maus* 2018c (dieser Beitrag erschien zuerst in: Blätter für deutsche und internationale Politik 7/2004, S. 835 ff., und war „Helmut Ridder zum 85. Geburtstag" gewidmet).

wart wieder durch die Verfassungsrechtsprechung entwickelt, indem, am Text des Grundgesetzes vorbeigehend, sie „in den uferlos aufnahmefähigen Beutel der ‚Menschenwürde' des Art. 1 Abs. 1 GG erst hineingelegt wird."[54] Es handelt sich dabei um eine „‚Verfassung'" in Anführungszeichen, nämlich ein Recht, das „nicht das zur Zeit in der Bundesrepublik Deutschland geltende Grundgesetz mit seinen 146 Artikeln ist, sondern neben *und über* ihm steht und dessen einziger ‚normativer' Tatbestand die ‚Menschenwürde' ist".[55] Eine Interpretationslinie, die das gesamte Grundgesetz einseitig von der zum quasi-naturrechtlichen Über-Recht aufgebauschten Menschenwürde her verstehen und mit diesem ubiquitär einsetzbaren Joker-Argument selbst konkret entgegenstehende Textbefunde außer Kraft setzen möchte, wird damit als nicht nur verfehlt, sondern selbst verfassungswidrig zurückgewiesen.

3.2. Die „Sachgesetzlichkeit" der „sozialen Felder"

Zu klären bleibt damit die sachliche Hauptfrage, was mit der Unterscheidung von Freiheit und Recht qua Anspruch – das heißt genauer: „dem zivilistisch degenerierten Verständnis von Grundrechten als ‚Rechte' (im Sinne von – übertragbaren – Ansprüchen) statt als (Organisation von) Freiheit"[56] – im Einzelnen gemeint ist und wie die Umstellung des primären Freiheitssubjekts vom Individuum zu den genannten „sozialen Feldern" sich zu dieser Unterscheidung verhält.

Deutlich wurde bereits, dass aus Ridders Sicht Freiheit nicht einfach in der defizitären, nämlich lediglich negatorischen Gestalt individueller Willkür vorausgesetzt werden kann. Als „konkrete Freiheit" muss sie vielmehr in den sozialen Feldern verwirklicht werden. Weiterhin klärungsbedürftig ist damit jedoch, wie sich die sozialen Felder zueinander verhalten und inwiefern im Verlauf dieser Betrachtungsweise Freiheit nicht länger im Singular, sondern in einem möglicherweise ein eigenes Problem darstellenden heterogenen Plural gedacht werden muss.

Dass Ridders „soziale Felder" nicht umstandslos mit funktional differenzierten Subsystemen der Gesellschaft im Sinne Luhmanns gleichgesetzt werden dürfen, machte zwar die harsche Abgrenzung gegenüber dem systemtheoretischen Modell deutlich.[57] Nicht zu verkennen sind aber dennoch auch gewisse Überschneidungen zwischen beiden Ansätzen. Sie zeigen sich insbesondere in der Hervorhebung der sozialen Felder als Zonen spezifischer Kommunikation, die damit zugleich nicht statisch-substanziell, sondern als ein Prozess zu verstehen sind; oder genauer gesagt als

---

54 *Ridder* 1975, S. 143.
55 *Ridder* 1975, S. 146.
56 *Ridder* 1975, S. 106.
57 Vgl. dazu oben Fn. 29, 30.

ein „gesellschaftlicher kollektiver *Prozess*",[58] weil Kommunikation per definitionem kein reines Privatphänomen sein kann.

Noch deutlicher erscheint diese Parallele, wenn man beachtet, dass Ridder eine gewisse Eigengesetzlichkeit jener Kommunikationssphären in Rechnung stellt und diese offensichtlich so weit versteht, dass sie auch einen gewissen Schutz gegenüber direkten Ingerenzen von außen umfasst. Besonders manifest wird die Idee in der Darstellung der Wissenschaftsfreiheit. Sie soll einen Kommunikationsprozess bezeichnen, bei dem die Teilnahme nicht von „wissenschaftsfeindlichen Auswahlkriterien" abhängig gemacht werden darf, sondern in dem umgekehrt die Bestimmung dessen, was Wissenschaft ist und sein soll, also die Selbstdefinition des sozialen Feldes, „nur der Wissenschaft zur Verfügung" stehen soll. „Wissenschaftsfreiheit impliziert mithin das außerwissenschaftliche Definitionsverbot von Wissenschaft."[59] Politik wie Rechtsprechung können demnach an diese wissenschaftsinternen Kommunikationsprozesse nur anschließen, aber sie nicht selbst vorgeben.[60] Ganz entsprechend heißt es an anderer Stelle mit Bezug auf die Kunstfreiheit:

> „Allein aus der Sachgesetzlichkeit der Kunst lässt sich der Kunstfreiheit des Grundgesetzes Kontur und mit der Gestalthaftigkeit dann auch juristische Praktikabilität verschaffen."[61]

Geboten ist demnach eine rechtliche Reflexion, die die Selbstreflexion des betreffenden Gesellschaftsbereichs zum Ausgangspunkt, wenn nicht sogar zum Maßstab der eigenen Handlungsmöglichkeiten nimmt.[62]

Das gewisse Dilemma der Ridder'schen Konzeption und die in es eingebaute Spannung betrifft jedoch den Gegensatz zwischen den so verstandenen Eigengesetzlichkeiten und dem Konzept einer „Gesamtverfassung", in dem die (für die Selbstkonstruktion des deutschen Kaiserreichs entscheidende)[63] Dichotomie von Staat und Gesellschaft aufgehoben sein soll. Diese Aufhebung sollte ausdrücklich auch an der Möglichkeit zum Ausdruck kommen, Eingriffe in die „Eigengesetzlichkeiten" der sozialen Felder vorzunehmen – und zwar nicht erst durch den Gesetzgeber, sondern bereits durch die Verfassung selbst.[64] Genau genommen kann es sich in dieser

---

58 *Ridder* 2019b, S. 20; vgl. zu einer allgemeinen Bestimmung von Ridders Denken mit Bezug auf prozessphilosophische Figuren näher *Ladeur* 2020.
59 *Ridder* 1975, S. 135.
60 Vgl. den Gedanken aufgreifend und verallgemeinernd *Ladeur* 2015, S. 925: Danach lässt sich Ridders Grundidee in „der heutigen gewandelten Begrifflichkeit […] als eine Vorform der Theorie der Selbstorganisation der Öffentlichkeit verstehen, die ständig auch selbstreflexiv Grund und Grenzen des Öffentlichen reflektiert und in sozialen Regeln artikuliert, an die die Gerichte anschließen können".
61 *Ridder* 2019c, S. 191; vgl. zu diesem Aufsatz auch *Steinhauer* 2014.
62 Vgl. ähnlich mit Bezug auf Ridders Konzeption der Meinungs- und Pressefreiheit auch *Ladeur* 1999; *Ladeur* in diesem Band.
63 Vgl. *Ladeur* 2015, S. 921.
64 Vgl. zu diesem Konzept deutlich etwa *Ridder* 1975, S. 39 f.: „Die Verfassung ist mit ihrem Anspruch, nicht nur ‚auszugrenzen' – was sie z. B. mit den ‚justiziellen' Grundrechten, die den

Perspektive bei solchen Maßnahmen gar nicht mehr um „Eingriffe" im klassischen Sinn handeln, weil diese Begrifflichkeit noch das negatorische Abwehrdenken des liberalen Modells voraussetzt, das gerade als überwunden erklärt wird. Eben diesem Ansatz kontrastiert nun aber das skizzierte Programm. Denn mit der Zurückweisung der „außerwissenschaftlichen" Einflussnahmen steht nicht nur die Frage nach ökonomischen, sondern ebenso politischen, und das wiederum heißt nicht nur: im engeren Sinne konkret parteipolitischen, sondern auch nach strukturellen, also etwa auf Fragen innerszientifischer Demokratisierung bezogenen, Ingerenzen im Raum.

Deren Erforderlichkeit, die an anderer Stelle aus einer Generalisierung des Gedankens in Art. 21 GG entwickelt wird,[65] ist offenbar auch mit Bezug auf die wissenschafts- und erst recht hochschulpolitischen Fragestellungen aus Ridders Sicht evident – nicht zuletzt sein eigenes hochschulpolitisches Engagement legt davon beredtes Zeugnis ab.[66] Sie bildet aber dennoch nicht das letzte Wort in dieser vielmehr komplexer konstruierten Angelegenheit. Die Schwierigkeit besteht darin, die Wissenschaft einerseits gegenüber der übrigen Gesamtgesellschaft abzugrenzen – eben darauf verweist die Rede von dem „außerwissenschaftlichen" Bereich –, ohne sie andererseits aus einem gesamtgesellschaftlichen Verantwortungsgefüge zu entlassen. Der Wissenschaftsprozess muss daher laut Ridder „als ein öffentlicher sich auch in den politischen Prozeß integrier[en]"[67] – und darf darin doch nicht aufgehen. „Wissenschaft", schreibt Ridder dementsprechend ausdrücklich, „ist [...] politisch" – um dann aber sofort in Parenthese eine Klarstellung anzufügen, die das grundlegende Dilemma des aufgehobenen, aber damit eben doch nicht vollständig überwundenen Spannungsverhältnisses noch einmal manifestiert: „(aber sie ist nicht Politik)".[68]

An den Grundrechten wird mithin deutlich, was Ridder an anderer Stelle, im Kontext einer Beschäftigung mit der Pressefreiheit, explizit erklärt: Die Aufhebung der Differenz von Staat und Gesellschaft ist, im klassisch hegelschen Sinn, immer auch eine Aufbewahrung dieses Unterschieds. Rekonzipiert als eine „Balancierung,

---

Einzelnen ein ‚rechtsstaatliches' Gerichtsverfahren garantieren sollen, auch heute noch tut –, sondern auch in wichtige, vor allem ökonomische gesellschaftliche Eigengesetzlichkeiten einzugreifen, zur ‚Gesamtverfassung' geworden."

65 Vgl. *Ridder* 1975, S. 52, wo die „*ausdrückliche verfassungsrechtliche Verpflichtung* [der Parteien, I.A.] *auf eine ‚innere Ordnung' nach ‚demokratischen Grundsätzen'* (Art. 21 Abs. 1 Satz 3 GG)" als „*ein schlagendes Paradigma für den Anspruch des Grundgesetzes als einer sozialstaatlichen ‚Gesamtverfassung*" verstanden wird.
66 Vgl. nur das gemeinsam mit Karl-Heinz Ladeur verfasste Gutachten über das „politische Mandat" der Studentenschaft: *Ridder/Ladeur* 1973.
67 *Ridder* 1975, S. 136.
68 *Ridder* 1975, S. 138; die Ambivalenz der Position wird auch an einer anderen Stelle (a.a.O., S. 137) deutlich, an der Ridder die Entscheidung des Bundesverfassungsgerichts kommentiert, der zufolge bei der Zusammensetzung von Berufungsgremien die „Gruppe der Hochschullehrer" stets die Mehrheit bilden müsse (vgl. BVerfGE 35, 79 [144 f.]). Ridder merkt dazu zunächst klar an: „Das ist falsch", um dann jedoch, wiederum in Parenthese, eine eigentümliche Ergänzung hinzuzufügen: „(wenn man auch die Meinung vertreten kann, daß es sinnvoll ist)."

ein mobile", erscheint er als die Gestalt der „neuen, con delicatezza zu praktizierenden Gewaltenteilung der modernen freiheitlichen Demokratie", in der sich

> „der materiell verfassungsrechtlich-durchorganisierte, ‚staatliche' Teil des politischen Lebens auswiegt mit der sogenannten freien, nicht als solche und als Ganzes organisierten und durchnormierten, beweglichen und heute pluralistisch differenzierten, nicht rechtsverbindlich herrschenden und legitimer physischer Zwangsgewalt durchaus entratenden Gesellschaft."[69]

Dass selbst diese Differenzierung im Sinne der Unterscheidung zwischen einer Freiheit von Politik und einer Freiheit zur politischen Aktivität noch weiter gefasst werden könnte, zeigen Ridders Ausführungen zur Kunstfreiheit. Denn der Kunstfreiheit wird ihre besondere Eigenrelevanz gerade dort zugesprochen, wo sie nicht im klassischen Sinne „engagiert", also politisch tätig sein will.[70] Mehr noch: Ausdrücklich notiert Ridder eine Unabhängigkeit der Qualität künstlerischer Produktion von ihren politischen Ausgangsbedingungen:

> „Sklavenheere haben in technischer und künstlerischer Vollendung Pyramiden und Tempel errichtet, die Jahrtausende überdauern; und die Programmusik (i.S. von bestellter Gebrauchsmusik in dauernden Abhängigkeitsverhältnissen) aus den feudalen Perioden eigensinniger Kunst- und Machtverschmelzung behielt bis heute ihren Glanz. Dass die Emanzipation des Künstlers und damit der Kunst in den Raum einer freien Gesellschaft hinein den Qualitätspegel wunderbar hochschnellen lässt, mag füglich bezweifelt werden."[71]

Wenigstens implizit konzediert ist damit, dass es nicht nur eine Freiheit jedes einzelnen sozialen Feldes *in* der demokratischen Gesellschaft geben soll. Um die Sachgesetzlichkeit des betreffenden Feldes angemessen zu bewahren, bedarf es offenbar ebenso einer Freiheit *von* dieser Gesellschaft. Das Verhältnis von Staat und Gesellschaft darf nicht als identisches Einerlei begriffen werden. Es ist vielmehr als dialektischer, das heißt in seinen Teilen zugleich miteinander verflochtener und sich gegeneinander richtender Prozess zu verstehen.

4. Repersonalisierungsstrategien

4.1. Ridders Position

Ridders Grundanliegen bei der Erstellung seines „Leitfadens zu den Grundrechten einer demokratischen Verfassung" besteht somit in einer Hervorhebung des originär sozialen Status des Menschseins selbst, die nur scheinbar paradox zu einer Entperso-

---

69 *Ridder* 2019b, S. 22.
70 *Ridder* 2019c, S. 195 f.
71 *Ridder* 2019c, S. 198.

nalisierung des Grundrechtsdenkens führt. Zumindest an zwei Stellen in „Die soziale Ordnung des Grundgesetzes" wird dieser Ansatz aber auch wieder durch eine gewisse Repersonalisierung konterkariert. In dem einen Fall wird ein derartiges Vorgehen zumindest implizit vorausgesetzt, in dem anderen wird es sogar ausdrücklich als rechtstechnische Notwendigkeit gebilligt.

Die implizite Voraussetzung der personalen Dimension betrifft die Aufhebung der für das klassisch liberale Denken so konstitutiven Differenz von Staat und Gesellschaft im genannten Modell der „Gesamtverfassung". Ridder verweist zur Begründung dieser These nicht nur auf die demokratische Überformung des Staatsganzen, sondern zudem auf das beiden Seiten der angeblichen Unterscheidung zugrundeliegende identische „personelle Substrat".[72] Damit rückt die Betrachtung diesseits des im Übrigen dominierenden prozesshaft-operativen Denkens, das seinerseits mimetisch einer ebenso prozesshaft-operativen Realität entsprechen soll,[73] auch wieder eine quasi-materielle Gestalt in den Vordergrund der Diskussion und schreibt ihr eine eigene, spezifische Relevanz zu.

Die explizite Billigung einer personalen Konzeption betrifft die prozessuale Geltendmachung der einschlägigen Rechtspositionen. Ridder statuiert in diesem Kontext eine pragmatische Position, die vor allem den prozessrechtlichen Besonderheiten Rechnung tragen will. Nachdem er die Redeweise von den „Trägern" der Grundrechte zunächst ausdrücklich kritisiert und zurückgewiesen hat, fügt er relativierend hinzu: „Unter mancherlei praktischen Gesichtspunkten besonders im Hinblick auf die Sicherungen dieser Freiheiten mit den Mitteln des gerichtlichen Rechtsschutzes läßt sich aber die Ausdrucksweise vertreten."[74] Jedenfalls in diesem engeren funktionalen Kontext ist demnach das traditionell individualistische und darin zugleich zivilistische Schema nicht völlig verfehlt.

4.2. Eine mögliche Perspektiverweiterung

Erschöpft sich aber mit diesen beiden Verfahren die Notwendigkeit einer gewissen Repersonalisierungsstrategie? Oder muss diese noch an einer anderen Stelle ansetzen und damit scheinbar den Neuansatz wieder etwas revidieren? So plausibel und überzeugend das von Ridder entworfene, diesseits des personalistisch verengten Modells ansetzende Grundrechtsverständnis ist, so sehr mag man fragen, ob dadurch nicht doch zugleich auch das Kind mit dem Bade ausgeschüttet wird, weil die

---

72 Vgl. *Ridder* 1975, S. 36: Mit der Einführung des parlamentarischen Regierungssystems „war die vollständige Identität des personellen Substrats von ‚Staat' und ‚Gesellschaft' erreicht."
73 Vgl. zu dieser Doppelgestalt des Ridder'schen Prozessdenkens näher *Ladeur* 2020.
74 *Ridder* 1975, S. 87.

Bedeutung der individualistischen Perspektive ihrerseits zu eng gefasst und zu stark ausschließlich auf das traditionell negatorische Modell bezogen wird.

Relevant wird diese Frage vor allem bezüglich möglicher Innovationen und Veränderungen innerhalb der jeweiligen sozialen Felder und der in ihnen bestehenden Kommunikationsroutinen. Für die Kunst wird dieser Gedanke von Ridder ausdrücklich notiert. Kunst darf danach nicht aus Anpassung an den bestehenden Massengeschmack bestehen; sie muss, im Gegenteil, die üblichen Seh- und Hörgewohnheiten gerade unterlaufen und gegebenenfalls auch bewusst herausfordern. Sie umfasst in diesem Sinne auch den „Schutz von Fortschritt und Experiment".[75]

Entsprechendes gilt für die Wissenschaft. Auch im wissenschaftlichen Kontext ist – gemäß einem Wort Rudolf Wiethölters[76] – nicht nur die Arbeit *im*, sondern erst recht die Arbeit *am* jeweils dominierenden Paradigma schützenswert, weil hier zum einen eine erhöhte Schutzbedürftigkeit besteht, die bei dem bloßen Mitschwimmen im *mainstream* nicht vergleichbar gegeben ist, und weil zum anderen in solchen Verfahren und ihren ungewohnten, unerprobten, deshalb auch notwendigerweise riskanteren Sichtweisen ein besonderes Veränderungs- und damit Fortschrittspotential liegen kann (wenn auch natürlich nicht liegen muss).[77]

Dieser Befund dürfte fast selbstverständlich erscheinen. Von ihm ausgehend lässt sich dann aber weiter fragen, wie ein optimaler Schutz gerade dieser Veränderungsprozesse zu gewährleisten ist. Wenn die „*Gesamtfreiheit der Kunst in Bewahrung und Fortschritt*" nur in der Zusammenfügung der zahlreichen einzelnen Teile „eines weiten, den ganzen Raum der persönlichen und sachlichen, der statischen und dynamischen Relationen von Künstler, Kunstwerk und Publikum in Gesellschaft und Staat umspannenden Netzes notwendiger Einzelgarantien"[78] besteht, dann bliebe zu klären, welche Teile dieses Netzes in besonderem Maße dem Schutz des Fortschritts qua kreativer Transzendierung des status quo gewidmet sind. Das wiederum setzt eine Antwort auf die Frage voraus, von welchen Stellen innerhalb der sozialen Kommunikationssysteme derartige kreative Veränderungsimpulse am ehesten ausgehen können. Auch jenseits einer von grundlegenden Vorstellungen der Romantik oder stärker vielleicht noch der Klassik geprägten Genieästhetik liegt die Idee nicht fern, an dieser Stelle dem Individuum wieder mehr Aufmerksamkeit zu widmen.[79] In einer solchen Bewegung läge dann der Wiedereintritt eines zuvor ausgeschlossenen Moments, der seine eigentliche Relevanz aber erst dann erhält, wenn er zugleich als *Wieder*eintritt erscheint, der gegen das Establishment der bis dahin bewährten und

---

75 Vgl. *Ridder* 2019c, S. 199 f.
76 Vgl. *Wiethölter* 2014, S. 421.
77 Vgl. dazu etwa *Augsberg* 2011.
78 *Ridder* 2019c, S. 194.
79 Vgl. zu einem solchen Ansatz näher *Wielsch* 2008.

eingeschliffenen Prozessabläufe zu Felde zieht.[80] Das Individuum wird demnach nicht so sehr benötigt, um die innerhalb der sozialen Felder entstandenen Kommunikationsroutinen vor äußeren Ingerenzen zu schützen; auch wenn ihm in diesem Kontext, namentlich mit Bezug auf den Rechtsschutz, eine wichtige Funktion als eine Art Stellvertreter zukommen kann. Es wird vor allem benötigt, um jene kommunikativen Routinen von innen herauszufordern und systematisch zu destabilisieren.

In diesem Sinn ließe sich auch die im Übrigen grammatisch nicht zweifelsfreie Rede von den *in-* statt *im*personalen Grundrechten noch einmal anders, nämlich als ein Verweis auf diese zusätzliche Dimension des Konzepts begreifen: Die inpersonalen Grundrechte bezeichnen demnach entpersonalisierte Rechte, die sich dennoch in Personen manifestieren müssen, um sich fortzuentwickeln.[81]

5. Fazit

Ridders Ausführungen sind für uns nicht allein deswegen ebenso erhellend wie erfrischend, weil aus dem Gegensatz seiner um ein deutliches Wort nie verlegenen Kritik, die für die bundes-verfassungsgerichtliche Judikatur häufig wenig mehr als beißenden Spott übrighat, der gegenwärtige quasi-sakrale Umgang mit dem Verfassungsgericht (und zwar selbst dort, wo seinen einzelnen Entscheidungen einmal in der Sache entgegengetreten wird) in seiner ganzen Eigentümlichkeit hervortritt.[82] Formulierungen, wie die von der durch das Bundesverfassungsgericht „selbst betriebenen kasuistischen Auflösung des Verfassungsrechts zu einem allgemeinen opportunistischen Billigkeitsbrei"[83] geben in ihrer polemischen Schärfe eine markante Kontrastfolie ab, vor deren Hintergrund eine genauere Beobachtung der verfassungsrechtlichen Judikatur jenseits einer bloßen Nacherzählung oder Rekonstruktion mit Hilfe ihrer eigenen Kategorien überhaupt erst wieder möglich erscheint.[84] Sie verdeutlichen zugleich allerdings, wie weit Ridders Sicht von dem entfernt liegt, was im gegenwärtigen *mainstream* der Verfassungsrechtswissenschaft für selbstverständlich erachtet wird – nicht nur, aber insbesondere mit Bezug auf die deutschen

---

80 Vgl. zum *re-entry* als Doppelgestalt von Wieder- und Widereinführung allg. *Baecker* 1993, S. 13; zu einem diese Perspektive für die Grundrechtstheorie nutzenden Ansatz *Augsberg* 2014.
81 Für den Hinweis auf diese Lesart danke ich Karl-Heinz Ladeur.
82 Vgl. *Martini* 2019, S. 184: „Einen solch respektlosen Umgang mit dem deutschen Verfassungsheiligtum ist man nicht (mehr) gewohnt"; zu dem damit genannten allgemeinen Problem etwa *Maus* 2018a, S. 11, mit der Feststellung einer „quasi-religiösen Verehrung des Bundesverfassungsgerichts in der Bevölkerung, die bereitwillig das Prinzip der Volkssouveränität an das höchste Gericht delegiert".
83 *Ridder* 1975, S. 63.
84 Vgl. zu Ridders Kritik markant auch *Ridder* 1977.

juristischen „Exportschlager"[85] des Verhältnismäßigkeitsprinzips und seines methodologischen Pendants, der ubiquitären Abwägung.[86]

In Übereinstimmung mit seinem eigenen Freiheitskonzept können Ridders Ausführungen aber nicht nur in ihrer negativen Dimension als Abwehr einer allzu verfassungsgerichtshörigen Grundrechtsdogmatik überzeugen. Weiterführend ist vor allem ihr positiver Gegenentwurf. Ridder präsentiert eine Grundrechtstheorie, die den einzelnen Menschen nicht deswegen aus ihrem Zentrum vertreibt, weil sie stattdessen ihre Aufmerksamkeit auf anonyme Systemprozesse richten will. Er entpersonalisiert die Grundrechte, weil er den Menschen als soziales Wesen ernst nimmt.

Bibliographie

Abendroth, Wolfgang, 1972: Das Grundgesetz. Eine Einführung in seine politische Praxis. Pfullingen.

Augsberg, Ino, 2017: Was heißt *Textuales Rechtsdenken*? In: Lüdemann, Susanne/Vesting, Thomas (Hrsg.): Was heißt Deutung? Verhandlungen zwischen Recht, Philologie und Psychoanalyse, München, S. 107–123.

Augsberg, Ino, 2014: Autonomie als soziale Konstruktion. Zur Wiedergewinnung des Individuellen in der gesellschaftlich orientierten Grundrechtstheorie und Grundrechtsdogmatik. In: Vesting, Thomas/Korioth, Stefan /ders. (Hrsg.): Grundrechte als Phänomene kollektiver Ordnung. Zur Wiedergewinnung des Gesellschaftlichen in der Grundrechtstheorie und Grundrechtsdogmatik, Tübingen, S. 39–56.

Augsberg, Ino, 2011: Wissenschaftsverfassungsrecht. In: Vesting, Thomas/Korioth, Stefan (Hrsg.): Der Eigenwert des Verfassungsrechts. Was bleibt von der Verfassung nach der Globalisierung? Tübingen, S. 187–206.

Baecker, Dirk, 1993: Einleitung. In: ders. (Hrsg.): Probleme der Form, Frankfurt a.M., S. 9–21.

Derleder, Peter, 2016: Helmut Ridder (1919–2007). Ein Radikaldemokrat und Staatsrechtslehrer mit unerschrockener politisch-literarischer Rhetorik. In: Redaktion Kritische Justiz (Hrsg.): Streitbare JuristInnen, Band 2, Baden-Baden, S. 408–425.

Hamacher, Werner, 2018: Rechte. Glauben. Centologie. Mendelssohns Jerusalem und Hamanns Golgatha und Scheblimini. In: ders.: Sprachgerechtigkeit, Frankfurt a.M., S. 194–253.

Hase, Friedhelm, 1999: Helmut Ridders Überlegungen zum Sozialstaatsgebot. In: Kritische Justiz 32, H. 2, S. 295–300.

---

85 Vgl. *Jestaedt* 2007; *Saurer* 2012; *Koutnatzis* 2011.
86 Vgl. zu Recht *Engelmann* in diesem Band: „Ridders Interpretation des Grundgesetzes – als Demokratisierungsgebot ohne „Wechselwirkung", „Verhältnismäßigkeit" und „Wertordnung" – ist für den zeitgenössischen verfassungsgerichtspositivistischen Diskurs schlicht nicht anschlussfähig, so dass auch freundlich gesonnene Stimmen ihrem Weggefährten *Ridder* in Zeitschriftenbeiträgen nahelegen, es sich *post mortem* doch noch einmal zu überlegen, die ‚Abwägung' habe sich ‚bewährt' (*Derleder*).".

Jesch, Dietrich, 1961: Gesetz und Verwaltung. Eine Problemstudie zum Wandel des Gesetzmäßigkeitsprinzipes. Tübingen.

Jestaedt, Matthias, 2007: Die Abwägungslehre – ihre Stärken und ihre Schwächen. In: Depenheuer, Otto et al. (Hrsg.): Staat im Wort. Festschrift für Josef Isensee, Heidelberg, S. 253–275.

Kelsen, Hans, 1960: Reine Rechtslehre. Einleitung in die rechtswissenschaftliche Problematik. Wien.

Kelsen, Hans, 1928 (1981): Der soziologische und der juristische Staatsbegriff. Kritische Untersuchung des Verhältnisses von Staat und Recht. Tübingen (2. Neudruck Aalen).

Koutnatzis, Stylianos-Ioannis G., 2011: Verfassungsvergleichende Überlegungen zur Rezeption des Grundsatzes der Verhältnismäßigkeit in Übersee. In: Verfassung und Recht in Übersee 44, S. 32–59.

Ladeur, Karl-Heinz, 2015: Helmut K. J. Ridder (1919–2007). In: Häberle, Peter/Kilian, Michael/Wolff, Heinrich Amadeus (Hrsg.): Staatsrechtslehrer des 20. Jahrhunderts. Deutschland – Österreich – Schweiz, Berlin|Boston, S. 921–931.

Ladeur, Karl-Heinz, 2014: Die transsubjektive Dimension der Grundrechte. In: Vesting, Thomas/Korioth, Stefan/Augsberg, Ino (Hrsg.): Grundrechte als Phänomene kollektiver Ordnung. Zur Wiedergewinnung des Gesellschaftlichen in der Grundrechtstheorie und Grundrechtsdogmatik, Tübingen, S. 17–38.

Ladeur, Karl-Heinz, 1999: Helmut Ridders Konzeption der Meinungs- und Pressefreiheit in der Demokratie. In: Kritische Justiz 32, H. 2, S. 281–294.

Lepsius, Oliver, 1999: Steuerungsdiskussion, Systemtheorie und Parlamentarismuskritik. Tübingen.

Martini, Stefan, 2019: The unknown knowns. Helmut Ridder und das Grundsozialgesetz im Verfassungsrechtsdiskurs. In: Marsch, Nikolaus/Münkler, Laura/Wischmeyer, Thomas (Hrsg.): Apokryphe Schriften. Rezeption und Vergessen in der Wissenschaft vom Öffentlichen Recht, Tübingen, S. 177–190.

Marx, Karl, 1976: Zur Judenfrage. In: ders./Engels, Friedrich: Werke (MEW), Band 1, Berlin/Ost, S. 347–377.

Maus, Ingeborg, 2018a: Einleitung. In: dies.: Justiz als gesellschaftliches Über-Ich. Zur Position der Rechtsprechung in der Demokratie, Berlin, S. 11–16.

Maus, Ingeborg, 2018b: Justiz als gesellschaftliches Über-Ich. Zur Funktion von Rechtsprechung in der „vaterlosen Gesellschaft". In: dies.: Justiz als gesellschaftliches Über-Ich. Zur Position der Rechtsprechung in der Demokratie, Berlin, S. 17–45.

Maus, Ingeborg, 2018c: Vom Rechtsstaat zum Verfassungsstaat. Zur Kritik juristischer Demokratieverhinderung. In: dies.: Justiz als gesellschaftliches Über-Ich. Zur Position der Rechtsprechung in der Demokratie, Berlin 2018, S. 204–226.

Perels, Joachim, 2012: Die Funktion des demokratischen Positivismus bei Wolfgang Abendroth. In: Fischer-Lescano, Andreas/ders./Scholle, Thilo (Hrsg.): Der Staat der Klassengesellschaft. Rechts- und Sozialstaatlichkeit bei Wolfgang Abendroth, Baden-Baden, S. 137–150.

Preuß, Ulrich K., 2020: „Aufgeklärter Positivismus". In.: Kritische Justiz 53, H. 2, S. 152–160.

Preuß, Ulrich K., 2009: Feuerkopf der Demokratie: Helmut Ridder (1919–2007). In: Blätter für deutsche und internationale Politik, S. 24–27.

Ridder, Helmut, 2019a: Vom Grund des Grundgesetzes. In: Hase, Friedhelm/Ladeur, Karl-Heinz/ Preuß, Ulrich K. (Hrsg.): Helmut Ridder, Kommunikation in der Demokratie. Kleine Schriften und Vorträge, Tübingen, S. 1–8.

Ridder, Helmut, 2019b: Die öffentliche Aufgabe der Presse im System des modernen Verfassungsrechts. In: Hase, Friedhelm/Ladeur, Karl-Heinz/ Preuß, Ulrich K. (Hrsg.): Helmut Ridder, Kommunikation in der Demokratie. Kleine Schriften und Vorträge, Tübingen, S. 16–33.

Ridder, Helmut, 2019c: Die Freiheit der Kunst nach dem Grundgesetz. In: Hase, Friedhelm/ Ladeur, Karl-Heinz/ Preuß, Ulrich K. (Hrsg.): Helmut Ridder, Kommunikation in der Demokratie. Kleine Schriften und Vorträge, Tübingen, S. 189–200.

Ridder, Helmut, 1977: Das Bundesverfassungsgericht. Bemerkungen über Aufstieg und Verfall einer antirevolutionären Einrichtung. In: Römer, Peter (Hrsg.): Der Kampf um das Grundgesetz. Über die politische Bedeutung der Verfassungsinterpretation. Referate und Diskussionen eines Kolloquiums aus Anlaß des 70. Geburtstages von Wolfgang Abendroth, Frankfurt a.M., S. 70–86.

Ridder, Helmut, 1975: Die soziale Ordnung des Grundgesetzes. Leitfaden zu den Grundrechten einer demokratischen Verfassung. Opladen.

Ridder, Helmut K. J., 1954: Meinungsfreiheit. In: Neumann, Franz/Nipperdey, Hans Carl/ Scheuner, Ulrich (Hrsg.): Die Grundrechte. Handbuch der Theorie und Praxis der Grundrechte, Band 2: Die Freiheitsrechte in Deutschland, Berlin, S. 243–290.

Ridder, Helmut/*Ladeur*, Karl-Heinz, 1973: Das sogenannte Politische Mandat von Universität und Studentenschaft. Rechtsgutachten. Köln.

Römer, Peter, 1977: Kleine Bitte um ein wenig Positivismus. Thesen zur neueren Methodendiskussion. In: ders. (Hrsg.): Der Kampf um das Grundgesetz. Über die politische Bedeutung der Verfassungsinterpretation. Referate und Diskussionen eines Kolloquiums aus Anlaß des 70. Geburtstages von Wolfgang Abendroth, Frankfurt a.M., S. 87–97.

Saurer, Johannes, 2012: Die Globalisierung des Verhältnismäßigkeitsgrundsatzes. In: Der Staat 51, S. 3–33.

Stein, Ekkehart 1999: Das Verfassungsverständnis Helmut Ridders. In: Kritische Justiz 32, H. 2, S. 271–280.

Steinhauer, Fabian, 2014: Das Grundrecht der Kunstfreiheit. Kommentar zu einem Grundlagentext von Helmut Ridder. In: Vesting, Thomas/Korioth, Stefan/Augsberg, Ino (Hrsg.): Grundrechte als Phänomene kollektiver Ordnung. Zur Wiedergewinnung des Gesellschaftlichen in der Grundrechtstheorie und Grundrechtsdogmatik, Tübingen, S. 247–279.

Teubner, Gunther, 1990: Die Episteme des Rechts. Zu erkenntnistheoretischen Grundlagen des reflexiven Rechts. In: Grimm, Dieter (Hrsg.): Wachsende Staatsaufgaben – sinkende Steuerungsfähigkeit des Rechts, Baden-Baden, S. 115–154.

Vesting, Thomas, 2018: Staatstheorie. Ein Studienbuch. München.

Wielsch, Dan, 2008: Zugangsregeln. Die Rechtsverfassung der Wissensteilung. Tübingen.

Wiethölter, Rudolf, 2014: Begriffs- oder Interessenjurisprudenz – falsche Fronten im IPR und Wirtschaftsverfassungsrecht. Bemerkungen zur selbstgerechten Kollisionsnorm. In: Zumbansen, Peer/Amstutz, Marc (Hrsg.): Recht in Recht-Fertigungen. Ausgewählte Schriften von Rudolf Wiethölter, Berlin, S. 373–421.

Wihl, Tim, 2019: Ein Radikaler wider Willen. Zum 100. Geburtstag des Verfassungs- und Bürgerrechtlers Helmut Ridder. In: Blätter für deutsche und internationale Politik, S. 89–96.

Tarik Tabbara

Helmut Ridders Konzeption der öffentlichen Meinungsfreiheit und ihr Verhältnis zur Selbst-Regierung

Dieser Beitrag soll Helmut Ridders Konzeption der Kommunikationsfreiheiten ausgehend von einer Fußnote in seinem berühmten Beitrag zur Meinungsfreiheit, der 1954 im *Handbuch der Theorie und Praxis der Grundrechte* erschienen war,[1] nachgehen. Damit will er aber Ridder nicht dekonstruktiv gegen sich selbst lesen. Vielmehr geht es darum, ausgehend von dieser Fußnote, in der Ridder sich auf den US-Philosophen Alexander Meiklejohn (1872-1964) bezieht, so etwas wie eine transatlantische Konzeption der Kommunikationsfreiheiten nachzuzeichnen, für die eine besondere Verkoppelung der Kommunikationsfreiheiten wie Meinungs-, Presse- und Rundfunkfreiheit mit dem demokratischen Prozess prägend ist.

Ridder hat sich – abgesehen von der erwähnten Fußnote – nicht mehr auf das Werk von Meiklejohn bezogen. Meiklejohn, der in Deutschland kaum Beachtung findet,[2] beschäftigte sich zunächst vor allem mit Bildungsfragen, wandte sich seit Ende der 1940er Jahre der Kommunikationsfreiheit zu und hinterließ damit in den Vereinigten Staaten einen nachhaltigen Eindruck. Noch heute steht sein Name als Synonym und Bezugspunkt für Lesarten des First Amendment, dem ersten Verfassungszusatz, der die Kommunikationsfreiheiten garantiert, welche den Schutz freier Rede mit ihrer Funktion für die Demokratie begründen.[3] Auch wenn sich – zumindest textlich sichtbar – die „Begegnung" von Ridder und Meiklejohn auf diese eine Fußnote beschränkt, so lässt sich bei einer parallelen Lektüre gleichwohl eine ganz erstaunliche Geistesverwandtschaft feststellen. Verlässt man die engeren nationalen Diskursbahnen, so zeigt sich, dass Ridder gar nicht so sehr der Außenseiter war, als der er in der Staatsrechtslehre der Nachkriegs-BRD galt.[4]

Prägend für Ridders wie für Meiklejohns Nachdenken über die Kommunikationsfreiheiten war, wenn auch jeweils in etwas unterschiedlichen historisch-politischen Kontexten, die Sorge um die Demokratie als gesellschaftliches Experiment, dessen dauerhafter Erfolg alles andere als selbstverständlich ist.

---

1 *Ridder* 1954, zitiert nach *Balzer* 2019, Bd. 1, S. 252-288.
2 Siehe aber *Brunkhorst* 2020, S. 138; *ders.* 2002, S. 148, 197.
3 Stilbildend Supreme Court-Richter *Brennan* 1965; abgrenzende Bezugnahme z.B. bei *Redish* 2013, S. 28 ff.
4 *Wihl* 2019, S. 89.

1. Öffentliche Meinungsfreiheit und Selbst-Regierung

1.1. Die Meiklejohn-Fußnote

Mit seinem Handbuchbeitrag legte Ridder die Grundlagen seiner Konzeption der Meinungsfreiheit, die er in späteren Jahren weiterverfolgte. Axiome seiner Theorie der Meinungsfreiheit sind zum einen die Begründung des Schutzes der Meinungsfreiheit als Voraussetzung und Ausdruck einer demokratischen Verfassung und zum anderen – daraus abgeleitet – ein robuster Schutzstandard für (auch radikale) politische Kommunikation, um den demokratischen Meinungs- und Willensbildungsprozess nicht zu verkürzen. Auf der Suche nach Absicherung seiner Konzeption blickte Ridder in dem Handbuchbeitrag auch auf die Vereinigten Staaten. Dabei stellte er zutreffend fest, dass der berühmte „clear and present danger test" – jedenfalls in seiner damaligen Handhabung – keinen zuverlässigen Schutz vor politischer Gesinnungsverfolgung bot.[5] Dieser Gefahrentest besagt im Kern, dass gegen die Meinungsfreiheit erst dann eingeschritten werden kann, wenn eine klare und gegenwärtige Gefahr für schutzwürdige Rechtsgüter vorliegt, und nicht bereits bei vagen Anzeichen für eine mögliche Gefährdung in der Zukunft.[6] Heute gilt dieser Test zwar als Ausdruck einer frühen Form eines robusten, annähernd absoluten Schutzes der Kommunikationsfreiheit durch das First Amendment.[7] Allerdings gewährte der Supreme Court unter diesem Test, bei dem das Gericht letztlich eine Abwägungsentscheidung zwischen der Kommunikationsfreiheit und dem gefährdeten Rechtsgut trifft, in verschiedenen Phasen (worauf schon Ridder hingewiesen hatte)[8] recht unterschiedlich strikten Schutz bzw. wandte er alternativ den „bad tendency test" an, der bereits eine geringere Gefahr für ein schützenswertes Rechtsgut für ein Einschreiten gegen Meinungsäußerungen ausreichen ließ.[9] So hat der Supreme Court in einer ganzen Reihe von Entscheidungen in der Zeit um den ersten Weltkrieg in dem Verbreiten sozialistischer Propaganda eine hinreichende Gefahr gesehen, die eine strafrechtliche Verurteilung rechtfertigte.[10] Wie wenig robusten Schutz der „clear and present danger test" als solcher bot, zeigt sich auch daran, dass der Supreme Court keine einzige Entscheidung getroffen hat, die der Kommunisten-Hatz der McCarthy-Ära Einhalt geboten hätte.[11]

---

5 *Ridder* 1954, S. 286 f.
6 *Redish* 2013, S. 110.
7 Eine hierfür beispielhafte Rekonstruktion *Schauer*, S. 33 ff.
8 Ebd.
9 *Tabbara* 2003, S. 105 ff. zu den Ursprüngen und Umdeutungen des Gefahrentests.
10 Schenck v. United States, 249 U.S. 47 (1919); Frohwerk v. United States, 249 U.S. 204 (1919); Debs. v. United States, 249 U.S. 211 (1919).
11 *Tabbara* 2003, S. 137 ff.

In dem Abschnitt zur Rechtslage in den Vereinigten Staaten findet sich auch die eingangs erwähnte Fußnote. Diese beschäftigt sich mit Kritikern der US-Rechtsprechung. Sie geht u.a. auf Zechariah Chafee, Jr., ein und wendet sich anschließend knapp Meiklejohn zu. Trotz der Kürze der Fußnote wird erkennbar, dass Ridder in Meiklejohns Überlegungen einen besonders attraktiven Entwurf zu den Kommunikationsfreiheiten ausmachte. Zwar hatte schon Chafee die demokratische Funktion der Meinungsfreiheit betont, er kritisierte aber ganz in der Tradition des sozialreformerischen *Progressive Movement*, das gegenüber individuellem Grundrechtsschutz skeptisch eingestellt war, Meiklejohns Plädoyer für einen „absoluten" Schutz der Redefreiheit.[12] Ridder teilte diese Kritik von Chafee ausdrücklich nicht und sah dagegen „den beachtlichen Versuch von Alexander Meiklejohn, Free Speech and Its Relation to Self-Government (1948) [...] zwischen privater und öffentlicher Redefreiheit mit der Konsequenz zu unterscheiden, daß 'public discussions' von 'citizens' generell im Genuß einer Art parlamentarischen Immunität stünden."[13]

In dieser knappen Bemerkung finden sich bereits alle wesentlichen Elemente der „Ridder-Meiklejohn-Konzeption" der Kommunikationsfreiheit: Die tendenziell exklusive Betonung des politischen Diskussionsprozesses („public discussions"), ein Denken ausgehend von der demokratischen Gesellschaft („citizens") und der robusteste Schutz für politische Äußerungen auch radikaler Provenienz („Genuß einer Art parlamentarischen Immunität").

1.2. „Free Speech and Its Relation to Self-Government"

In dem von Ridder zitierten Band *Free Speech and Its Relation to Self-Government* (1948) entwickelte Meiklejohn seine Theorie zur Kommunikationsfreiheit, die er aus einer demokratischen Vertragstheorie ableitete. Zentraler Ausgangspunkt dieser Theorie ist ein konsequentes Verständnis der Demokratie als Selbst-Regierung, die er auch als „government by consent" bezeichnete.[14] Regierende und Regierte sind in der Selbst-Regierung personenidentisch, und es stelle sich daher die Frage, warum diejenigen, die bei der Verabschiedung eines Gesetzes überstimmt wurden, an dieses gebunden sein, obwohl sie hierzu nicht ihre Zustimmung gegeben haben, und ob dies nicht der Idee der Selbst-Regierung widerspreche. Meiklejohns Antwort

---

12 Das *Progressive Movement* setzte als einflussreiche Bewegung zu Beginn des 20. Jahrhundert in den USA auf staatliche Planung und Sozialreformen zur Bearbeitung der durch die Industrialisierung hervorgerufenen gesellschaftlichen Probleme. Scharf kritisiert wurde von der Bewegung dagegen der (übermäßige) Schutz naturrechtlich begründeter Individualrechte, wie sie die regulierungsfeindliche *Lochner*-Rechtsprechung des US Supreme Court kennzeichnete. Vgl. hierzu eingehend mit Bezug zum First Amendment *Tabbara* 2003, S. 91 ff.
13 *Ridder* 1954, S. 287, Fn. 153.
14 *Meiklejohn* 1948, S. 6.

hierauf ist die Unabhängigkeitserklärung, die er als revolutionär-demokratischen Gesellschaftsvertrag deutet. Damit sei gewährleistet, dass die Überstimmten nicht zu Unterworfenen werden. Denn alle US-Bürger würden als politisch Gleiche an dem Zustandekommen der Gesetze teilhaben:

> „But if the Declaration of Independence means what it says, if we mean what it says, then no man is called upon to obey a law unless he himself, equally with his fellows, has shared in making it. Under an agreement to which, in the closing words of the Declaration of Independence, "we mutually pledge to each other our Lives, our Fortunes, and our sacred Honor," the consent which we give is not forced upon us. It expresses a voluntary compact among political equals."[15]

Das Problem der bei der Selbst-Regierung politisch Unterlegenen „löst" Meiklejohn durch eine Rollendifferenzierung:

> „We, the People, acting together, either directly or through representatives, make and administer law. We, the People, acting in groups or separately, are the subject of the law. If we could make that double agreement effective, we would have accomplished the American Revolution. If we could understand that agreement we would understand the Revolution, which is still in the making."[16]

Wer als politisch Gleicher an der Ausübung der Volkssouveränität teilhat, der bleibt auch dann politisch frei, wenn er als Mitglied einer Gruppe oder als Individuum sich den Gesetzen unterordnet. Damit die Partizipation als politisch Gleiche an der Entscheidungsfindung dazu führt, dass die Unterordnung unter die Gesetze nicht zur Unterwerfung gerät, muss diese Partizipation frei von jeglichem Ausschluss oder staatlicher Einflussnahme erfolgen. Hierin liegt auch das Verbindungsstück zu Meiklejohns Theorie der Kommunikationsfreiheit, deren Credo er im Titel eines seiner letzten Aufsätze auf die Formel brachte: *The First Amendment is an Absolute* (1961).

1.3. Die öffentliche Meinung als Staatsorgan

Auch Ridder berief sich, wenn auch natürlich nicht ganz so bruchlos wie Meiklejohn, auf eine revolutionär-demokratische Tradition der Verfassung, um den tieferen Sinn der Kommunikationsfreiheiten zu erschließen. Das Grundgesetz war für ihn immerhin „eine gewisse Fortführung mindestens quasirevolutionär begründeter bürgerlicher Verfassungstradition."[17] Eine Tradition, in der gespeichert ist, „was die Gegner der Demokratie als ‚utopisch' diffamieren".[18] In die gleiche Richtung geht

---

15 *Meiklejohn* 1948, S. 10 f.
16 A.a.O., S. 11.
17 *Ridder* 1971, zitiert nach *Balzer* 2019, Bd. 3, S. 118-125 (121 f.).
18 A.a.O., S. 122.

auch Ridders Diktum, dass die demokratische Verfassung „im Augenblick ihres Eintritts in den politischen Prozeß ‚links' von der gesellschaftlichen Wirklichkeit" steht.[19] Diesen „utopischen" Gehalt im Sinne eines Derrida'schen Versprechens der Gerechtigkeit bzw. der *démocratie à venir* gilt es natürlich immer wieder neu zu aktualisieren, umso mehr, als es sich in Deutschland lediglich um eine gebrochene revolutionär-demokratische Tradition handelt.[20] Dies entspricht durchaus Meiklejohns bereits zitiertem Diktum von der „Revolution, which is still in the making".

Ridder formulierte seine demokratische Theorie der „öffentlichen Meinungsfreiheit", als deren Unterfall er entgegen der ganz herrschenden Auffassung auch die Pressefreiheit als „institutionalisierte" Meinungsfreiheit fasste,[21] nicht als Bestandteil einer Gesellschaftsvertragstheorie. Gleichwohl finden sich erhebliche Übereinstimmungen mit Meiklejohn. In seiner knappsten, gemeinsam mit Ekkehart Stein formulierten Form lautet Ridders demokratietheoretische Begründung der Kommunikationsfreiheiten: „Für das GG ist die öffentliche Meinungsfreiheit die gesellschaftliche Basis der Demokratie."[22] Der besondere Dreh an dieser Formulierung, die sich insofern von der Rechtsprechungsformel von der für die Demokratie schlechthin konstituierenden Bedeutung der Meinungsfreiheit abhebt,[23] ist die Wendung von der *gesellschaftlichen* Basis. Dies schließt an allgemeinere demokratietheoretische Überlegungen Ridders von der Überkommenheit der Trennung bzw. – genauer – der Gegenüberstellung von „Staat und Gesellschaft" an. Ridder argumentiert hier historisch: Die Trennung in einen „öffentlichen" Staat und eine „private" Gesellschaft sei ein Überbleibsel des Konstitutionalismus, in dem die Gesellschaft dem absoluten Fürsten (nur) machtbegrenzend gegenüberstand und die Parlamente nur „intermediäre Körper waren" und „das an der Staatsgewalt nur restriktiv beteiligte Volk nur ein Mittelglied zwischen Gesellschaft und Staat war."[24] Für eine demokratische Verfassung wie das Grundgesetz, die „politische Gesamtverfassung von Staat und Gesellschaft" sei, sei das Trennungsdenken überholt.[25] Ridder geht es dabei natürlich nicht um eine Identifikation von Staat und Gesellschaft, sondern darum, der gesellschaftlichen Basis der Demokratie einen eigenen verfassungsrechtlichen Ort zu geben:

„Diese freiheitlich-demokratische Grundordnung nimmt als demokratische das Volk als Basis aller Staatsgewalt in den Staat hinein – das Volk wählt und entscheidet nach Maßgabe der Verfassung wie ein Staatsorgan –, um es sogleich wieder als freie politische Gesellschaft neben den Staat, neben die Staatsorganisation mit ihrem Organgefüge zu

---

19 *Ridder* 1975, S. 17.
20 *Ridder* 1958b, zitiert nach *Balzer* 2019, Bd. 1, S. 418-424 (419).
21 *Ridder* 1957, zitiert nach *Balzer* 2019, Bd. 1, S. 398-399 (398).
22 *Ridder/Stein* 1961, zitiert nach *Balzer* 2019, Bd. 1, S. 656-663 (661).
23 BVerfGE 7, 198, 208 – Lüth.
24 *Ridder* 1962b, zitiert nach *Balzer* 2019, Bd. 1, S. 691-707 (694).
25 Ebd.

stellen, nicht aber als privatisierende Publikumsgesellschaft voll zu entlassen, weil das den augenblicklichen Tod des Gemeinwesens zur Folge hätte."[26]

Die freie politische Gesellschaft als Staatsorgan zu fassen, das aber nicht in die Staatsorganisation eingefügt ist, kommt Meiklejohns Verständnis vom First Amendment als (Ausdruck der) Selbst-Regierung sehr nah. Das First Amendment ist für Meiklejohn „concerned, not with a private right, but with a public power, a governmental responsibility".[27] Meiklejohn formuliert hier mit der Kommunikationsfreiheit als *öffentlicher Gewalt* und *Regierungsverantwortung* in der angelsächsischen Begriffstradition des *government,* was Ridder – ausnahmsweise – in typisch deutscher Staatsrechtslehrermanier in Begriffen der Staatlichkeit formuliert. Mit der verfassungsrechtlichen Beförderung der Gesellschaft zum Staatsorgan nimmt Ridder aber nicht etwa die Gesellschaft an die kurze staatliche Leine, sondern betont im Gegenteil ihre volle Souveränität, ganz so wie Meiklejohns „We, the People". Jeweils treten die Mitglieder der Gesellschaft, des Volkes in einer öffentlichen (kollektiven) neben ihrer privaten (individualisierten) Rolle auf.

Wie Ridder sieht auch Meiklejohn, dass die Gesellschaft nach dem Wahlakt nicht (gänzlich) aus ihren staatsorganschaftlichen Pflichten bzw. ihrer „Regierungsverantwortung" entlassen ist. Vielmehr finden diese über den öffentlichen Diskurs eine auf Dauer gestellte Fortsetzung:

> „In the specific language of the Constitution, the governing activities of the people appear only in terms of casting a ballot. But in the deeper meaning of the Constitution, voting is merely the external expression of a wide and diverse number of activities by means of which citizens attempt to meet the responsibilities of making judgments, which that freedom to govern lays upon them."[28]

1.4. „because they will be called upon to vote"

An die „governing activities" knüpft Meiklejohn auch ziemlich direkt den rechtlichen Schutzumfang des First Amendment und verknüpft diesen recht unmittelbar mit dem demokratischen Wahlakt. In *Free Speech and Its Relation to Self-government* formulierte er den Zusammenhang zum Wahlvorgang sehr eng:

> „The guarantee given by the First Amendment is not [...] assured to all speaking. It is assured only to speech which bears, directly or indirectly, upon issues with which voters have to deal – only therefore, to the considerations of matters of public interest."[29]

---

26 Ebd.
27 *Meiklejohn* 1961, S. 255.
28 Ebd.
29 *Meiklejohn* 1948, S. 94.

In Reaktion auf Kritik stellte Meiklejohn zwar später klar, dass der Zusammenhang zum Wahlvorgang weit auszulegen sei. An dem Zusammenhang als Voraussetzung des Schutzes des First Amendment hielt er aber stets fest: „I believe, as a teacher, that the people do need novels and dramas and paintings and poems, 'because they will be called upon to vote.'"[30] Alle anderen Äußerungen sollten dagegen lediglich den Verfahrensschutz (due process) des Fifth Amendment und damit nur einen sehr abgeschwächten Schutz erhalten, dessen Umfang im Wege einer Interessenabwägung zu ermitteln sei.[31]

Auch Ridder differenzierte zwischen öffentlichen/politischen und privaten Äußerungen. Allerdings tat er dies im Hinblick darauf, ob Äußerungen überhaupt an der Schutzgewährleistung des Artikels (Art.) 5 des Grundgesetzes (GG) teilhaben, nicht ganz so kategorial wie Meiklejohn. Aber auch Ridder sah nur für die auf den politischen Prozess bezogene Kommunikation den vollen verfassungsrechtlichen Schutz vor. Insoweit führte Ridder die so im Grundgesetz nicht (ausdrücklich) vorgesehene Kategorie der „öffentlichen Meinungsfreiheit" ein. Die öffentliche Meinungsfreiheit sei nicht die „Summierung von Einzelmeinungen, weil sie ein gesellschaftlich kollektiver *Prozeß*" sei.[32] Der Schutz der öffentlichen Meinungsfreiheit erstrecke „sich auf die gesamte Genese der öffentlichen ‚politischen' Meinung [...]." Auch individuelle Meinungsäußerungen gehörten hierzu, aber nur soweit sie sich auf den politischen Prozess beziehen, und dann seien sie auch nicht mehr als „privat" einzustufen.[33] Ohne das letztlich ganz ausdrücklich zu klären, wird auch bei Ridder damit deutlich, dass der volle grundrechtliche Schutz nur den „politischen" Äußerungen zukommen soll. Ähnlich formulierte Ridder dies für die Presse: Erfasst von der öffentlichen Meinungsfreiheit sei „selbstverständlich nur [...] die sogenannte politische Presse". Deren Begriff sei aber weit zu fassen, und gerade auch vermeintlich „unpolitische" Blätter seien oft in hohem Maße politisch.[34]

1.5. Kein Raum für Abwägung durch Gerichte – die Verfassung hat schon abgewogen

Sehr nah waren sich Ridder und Meiklejohn vor allem darin, wie der Schutz der öffentlichen Meinungsfreiheit bzw. der politischen Rede ausgestaltet sein sollte, und insbesondere darin, welche Art des Schutzes sie ablehnten: jede Form der Abwägung der Kommunikationsfreiheit mit anderen Rechts- oder Verfassungsgütern durch die Gerichte.

---

30 *Meiklejohn* 1961, S. 263.
31 *Meiklejohn* 1948, S. 37 ff., 57 ff.; hierzu *Tabbara* 2003, S. 149.
32 *Ridder* 1962b, S. 694 (Hervorhebung im Original).
33 *Ridder* 1954, S. 272.
34 Ebd.

Abstrakt formulierte Meiklejohn auch dies mit Bezug auf die revolutionäre Verfassungstradition: „The revolutionary intent of the First Amendment is [...] to deny all subordinate agencies authority to abridge the freedom of the electoral power of the people."[35] Letztlich abgeleitet aus der Volkssouveränität als dem eigentlichen Schutzzweck des First Amendment dürfe die demokratische Wahlfreiheit von keiner staatlichen Einrichtung eingeschränkt werden, weil dies auf eine Beschneidung der Volkssouveränität selbst hinausliefe. Konkreter Hintergrund des Drängens auf unbeschränkte politische Debatte war die Kommunistenverfolgung während des ersten Weltkriegs und der McCarthy-Ära. Stein des Anstoßes von Meiklejohn war der bereits erwähnte „clear and present danger test". Dieser Test gehört zwar heute zum festen Kanon der Heldengeschichte des First Amendment und seinem nahezu grenzenlosen Schutz. Jedenfalls in der Zeit, in der Meiklejohn schrieb, bot er aber keinen Schutz vor politischer Gesinnungsverfolgung. Wie bereits erwähnt, hatte der Supreme Court in Anwendung dieses Tests keine einzige Entscheidung getroffen, die Betroffenen Schutz vor der Kommunistenverfolgung der McCarthy-Ära geboten hätte.[36]

Konkreter Hintergrund der Abneigung Ridders gegen die „Abwägerei" war die deutsche Spielart des McCarthyism mit dem KPD-Verbot, den Notstandsgesetzen und den mit dem „Radikalenerlass" erfolgten Berufsverboten.[37] Mit der Abwägung sah Ridder das „scharfkantige" Grundrecht der Meinungsfreiheit sich verflüssigen („Alles fließt."[38]).[39] Der Schutz der Meinungsfreiheit richte sich dann im konkreten Fall nur noch „nach den moralischen Ansprüchen des erkennenden Senats".[40] Die Abwägung führe zu einer Entpolitisierung der Grundrechte, gerade auch der Kommunikationsgrundrechte. In dem Abwägungsdenken sah Ridder die Einbruchstelle für eine permanente Aufweichung der Verfassung und ihrer demokratischen Errungenschaften, die mit KPD-Verbot und Berufsverboten zu einer Demokratieverkürzung bzw. – in Ridders mitunter sehr drastisch werdenden Worten – zu einem „permanenten Demokratie-Abort" geführt habe.[41]

Ganz ähnlich sah Meiklejohn in den Abwägungen des „clear and present danger test" eine Gefährdung der Demokratie, weil aus Furcht vor politischen Ideen, die für gesellschaftliche Änderungen eintraten, der öffentliche Diskursraum durch staatliche Interventionen beschränkt würde.[42] Für Meiklejohn genossen auch radikalste politische Äußerungen den Schutz der Kommunikationsfreiheit. Auch hier berief

---

35 *Meiklejohn* 1961, S. 254; vgl. auch *ders.* 1953, S. 467 ff.
36 *Tabbara* 2003, S. 137 ff.
37 *Ridder* 1979, zitiert nach *Balzer* 2019, Bd. 4, S. 96-149 (146 ff.); kritisch zu Ridders Abwägungskritik: *Tabbara* 2020, S. 161 ff.
38 So der Titel von *Ridder* 1973.
39 *Ridder* 1969, zitiert nach *Balzer* 2019, Bd. 2, S. 711-721 (715, Fn. 4).
40 *Ridder* 1973, zitiert nach *Balzer* 2019, Bd. 3, S. 273-283 (279).
41 *Ridder* 1977, zitiert nach *Balzer* 2019, Bd. 3, S. 594-646 (595).
42 *Meiklejohn* 1961, S. 263.

er sich auf die revolutionäre Tradition der Vereinigten Staaten, die nach seiner Lesart verlange, dass das Eintreten für die Revolution und letztlich auch die Revolution selbst vom First Amendment geschützt sei.[43] Wie Ridder sah Meiklejohn insbesondere eine Gefahr durch eine ausufernde Abwägungsrechtsprechung, die gerade dann keinen Schutz für politische Äußerungen biete, wenn es darauf ankäme. Gegen diese Abwägungsrechtsprechung brachte Meiklejohn das First Amendent selbst in Stellung. Die Abwägung, so Meikljohn, habe die Verfassung nämlich mit der Gewährleistung der Kommunikationsfreiheit bereits selbst vorgenommen und abgeschlossen. Einer weiteren Abwägung bedürfe es daher nicht mehr:

> „The essential meaning of the First Amendment is that, already, in the making and maintaining of the Constitution, the procedure of 'balancing' has been undertaken and completed. On the basis of long experience and careful deliberation, a general principle of balancing has been adopted and maintained. And that principle explicitly denies to Congress and, by implication, to any other branch of government, authority, case by case, to abridge the political freedom of the People."[44]

Ganz ähnlich formulierte Ridder seine „Alternative" zur „Abwägerei". Wo die Gerichte – so Ridder – schlicht berufen seien, den „Grundentscheidungen der Verfassung zum Durchbruch zu verhelfen", da sei gar kein Raum „für die maßlose Maßhaltewägerei" durch die Gerichte.[45] Wie aber der Verfassung zum Durchbruch zu verhelfen sei, das ist entgegen der einfachen Formeln von Meiklejohn und Ridder alles andere als klar. Auch wenn beide Autoren mit ihren Forderungen auf eine praktische Wirksamkeit abzielten, formulierten sie doch eher einen theoretischen Orientierungsrahmen als eine praktisch handhabbare Anleitung für die Lösung konkreter Fälle.[46]

1.6. Abwägen ohne (begründete) Abwägung

Mit der Ausgrenzung von Kommunikation, die keinen Zusammenhang zum demokratischen Wahlprozess aufweist, vom Schutz des First Amendment hatte Meiklejohn selbst wichtige Einschränkungen vorgenommen. Allgemeiner formulierte er, dass das First Amendment die Freiheit der Rede („freedom of speech") und nicht die Freiheit zu reden („right to speak") schütze:[47] „The First Amendment [...] is

---

43 *Meiklejohn* 1953, S. 467: "It [the "Federalist"] finds, as basic features or our American plan of government, not only the right to "advocate revolution", but also, the right of "revolution" itself."
44 *Meiklejohn* 1951, S. 485.
45 *Ridder* 1967, zitiert nach *Balzer* 2019, Bd. 2, S. 432-446 (441).
46 Vgl. zu Ridder: *Tabbara* 2020, S. 164 ff.; zu Meiklejohn: *Tabbara* 2003, S. 135.
47 *Meiklejohn* 1948, S. 24.

not the guardian of unregulated talkativeness."[48] Dass ein absoluter Schutz des First Amendment praktisch gar nicht durchzuhalten ist, darauf haben auch die modernen Nachfolger von Meiklejohn wie Cass R. Sunstein und Owen M. Fiss hingewiesen.[49] Ein kategorischer Schutzansatz der Kommunikationsfreiheit erkauft die Reinheit seines Schutzes („Absolutheit") in der Praxis damit, dass das offene „balancing" sich in die Wahl der Kategorien (vom First Amendment geschützte „speech" versus nicht mehr geschützter „action") bzw. der anzuwendenden Regeln verschiebt und dort die Abwägung unsichtbar wird.[50] So gewann Meiklejohns demokratietheoretisch begründete, robuste Schutzkonzeption der Kommunikationsfreiheit unter der Ägide des liberalen *Warren-Court* in den 1960er-Jahren zwar einigen Einfluss wie z.B. in den berühmten Worten, wonach der Schutz der öffentlichen Debatte uneingeschüchtert, robust und weit offen sein soll: „debate on public issues should be uninhibited, robust, and wide open".[51] Der Supreme Court hat sich allerdings nie ganz der absolutistischen Lesart des First Amendment angeschlossen, sondern den immer weiterreichenden Schutz der Kommunikationsfreiheiten durch eine Kombination aus – mal mehr, mal weniger – formalen Tests und Teststufen, aber letztlich doch immer durch Formen abgestufter Abwägung gewährleistet, wobei nicht immer vorhersehbar ist, welcher Test oder welche Teststufe zur Anwendung kommt.[52]

Ridder hatte in der eingangs zitierten Fußnote seine Sympathie für Meiklejohns Konzeption eines robusten Schutzes der Kommunikationsfreiheit zum Ausdruck gebracht, die er als eine Art parlamentarischer Immunität für politische Äußerungen der Bürgerschaft umschrieb, wobei wohl sogar eher die parlamentarische Indemnität gemeint war, die die freie Rede *im* Parlament bis auf sehr geringe Ausnahmen dauerhaft vor straf- und zivilrechtlicher Verfolgung schützt (Art. 46 GG). Gleichwohl bediente sich Ridder nicht einer Sprache des „Absoluten". In Bezug auf die Frage eines unbegrenzten Schutzes der Pressefreiheit formulierte er kurz und knapp: „so etwas ist nicht denkbar".[53] Das nahm Ridder für die öffentliche Meinungsfreiheit insgesamt an. Welche Einschränkungen zulässig sein sollen, das hat er in *Die soziale Ordnung des Grundgesetzes* (1975) in Bezug auf die Schranke der „allgemeinen Gesetze" in Art. 5 Abs. 2 GG wie folgt gefasst: Die allgemeinen Gesetze seien gar keine Schranke des Grundrechts der Meinungsfreiheit, sondern „*vorbei*streichende Gesetze", die den eigentlich geschützten „Normbereich" des Grundrechts noch nicht mal tangierten, jedenfalls nicht einschränkten.[54] Hiermit hebt sich Ridder klar von dem seit der *Lüth*-Entscheidung des Bundesverfassungsgerichts gängigen Verständ-

---

48 A.a.O., S. 25; hierzu *Tabbara* 2003, S. 145.
49 *Sunstein* 1993, S. 121f.; *Fiss* 1996, S. 19.
50 *Schauer* 2019, S. 33 ff.
51 New York Times v. Sullivan, 376 U.S. 254, 270 (1964).
52 *Schauer* 2019, S. 38 ff.; *Tabbara* 2003, S. 268 f.
53 *Ridder* 1962b, S. 704.
54 *Ridder* 1975, S. 78 (Hervorhebung im Original).

nis der allgemeinen Gesetze i.S.v. Art. 5 Abs. 2 GG ab. Das Bundesverfassungsgericht versteht Art. 5 Abs. 2 GG als Schranke, die eine Beschränkung der Meinungsfreiheit rechtfertigen kann, solange ein Gesetz nicht gegen eine bestimmte Meinung oder den Prozess der Meinungsbildung gerichtet ist, sondern der Wahrung eines allgemein geschützten Rechtsgutes dient. Sind diese Anforderungen erfüllt, kommt es dann im konkreten Fall auf eine Abwägung zwischen dem (öffentlichen) Interesse am Schutz der Meinungsfreiheit und dem jeweils durch die Meinungsäußerung betroffenen Rechtsgut an.[55]

Ridders „*vorbei*streichende Gesetze" sind zweifellos ein starkes Bild. Wie aber genau zu bestimmen ist, welche Gesetze an Art. 5 GG „vorbeistreichen" und welche sich auf Kollisionskurs befinden, das lässt sich aus Ridders Formel selbst nicht ableiten. Und es ist auch sonst von ihm nicht genauer praktisch gemacht worden. Es finden sich lediglich mehr oder weniger „evidente" Beispiele für gesetzliche Regelungen, die zwar Äußerungen betreffen, die aber jenseits des Normbereichs der Meinungsfreiheit liegen sollen und daher aus dem Schutz der Meinungsfreiheit ausscheiden:

> „Natürlich reicht die Decke nicht hin, um Landesverrat, um Aufforderung zur Unzucht im Sinne des Strafrechts oder Verleumdung, die Behauptung von rufschädigenden Tatsachen wider besseres Wissen, zu schützen; das ist ganz klar; diese eindeutigen Komplexe können wir ausscheiden. Aber was übrig bleibt an sogenanntem Unseriösen oder Geschmacklosen oder nach manchen Auffassungen vielleicht auch Beleidigenden, das ist ein weiter Bereich."[56]

Ridder hätte seinem Geistesverwandten Meiklejohn sicher zu erklären gehabt, warum er den Landesverrat in die Liste seiner „eindeutigen Komplexe" aufgenommen hatte, war doch der *Espionage Act 1917* (eine Entsprechung des deutschen Landesverratsparagraphen) im ersten Weltkrieg zur Verfolgung von Kommunisten genutzt worden (und sollte zuletzt u.a. auch gegen den Whistleblower Edward Snowden eingesetzt werden).[57]

Ridders Ziel, die politische Kommunikation von vornherein aus dem gängigen Prozess der verfassungsrechtlichen Abwägung herauszuhalten und so möglichst jegliche staatlichen Übergriffe auszuschließen, hat, angesichts der trotz aller dogmatischen Einhegungen nicht gänzlich auszuschließenden Ergebnisoffenheit von Abwägungsentscheidungen, durchaus eine gewisse Attraktivität, insbesondere angesichts wiederkehrender Phasen restriktiver staatlicher Maßnahmenbündel gegenüber „radikalen" Äußerungen. Letztlich überzeugend ist Ridders Gegenentwurf zum herrschenden Verständnis, das die Grundrechtsschranke der allgemeinen Gesetze in

---

55 Ständige Rechtsprechung seit BVerfGE 7, 198 (207 ff.) – Lüth.
56 *Ridder* 1962b, S. 704.
57 Zum *Espionage Act 1917* und der darauf gestützten Verfolgung von Dissidenten: *Tabbara* 2003, S. 99 f.

Art. 5 Abs. 2 GG im Wege der Abwägung ausfüllt, aber nicht. Denn was „eindeutig" am Schutzgehalt der als demokratisch verstandenen Kommunikationsfreiheit vorbeistreicht und was nicht, ist eben alles andere als eindeutig und verschiebt bei Ridder wie auch bei Meiklejohn die Abwägung im Grunde in eine Form der Kategorisierung von geschützter und ungeschützter Kommunikation, wobei die Abwägung hierdurch intransparent(er) wird. Diese Einwände gegen die vermeintliche Überwindung der Abwägung beim Schutz der Kommunikationsfreiheit widerlegen freilich die strikt demokratische Ausrichtung der Kommunikationsfreiheiten, wie sie Ridder und Meiklejohn beide stark gemacht haben, nicht. Es geht vielmehr darum, zu erkennen, dass das, was von beiden Autoren in Form dogmatischer Handlungsregeln formuliert wird, diesem Anspruch nicht gerecht werden kann. Die demokratische Grundlagenarbeit, die Ridder und Meiklejohn geleistet haben, büßt dadurch aber nicht an Überzeugungskraft ein. Im Gegenteil: Liest man die beiden Theoretiker nicht als Dogmatiker, so ist der Zugang zu ihrer demokratischen Theorie der Kommunikationsfreiheiten für heutige Leser wesentlich erleichtert. Das gilt insbesondere dann, wenn man auch die Gedanken der beiden Theoretiker zu den Medienfreiheiten mit in den Blick nimmt.[58]

2. Die Demokratie zur Lebensform der Gesellschaft machen

2.1. Die Verfassung muss in die Gesellschaft ohne Übergriffigkeit übergreifen

Die „Meiklejohn-Interpretation" des First Amendment gehört zwar heute zur kanonisierten „Worthy Tradition" des First Amendment.[59] Das bezieht sich aber nur auf die negative Seite der Kommunikationsfreiheit, die staatliche Eingriffe abwehrt, worauf das ganz dominierende Verständnis des First Amendment beschränkt ist. Dabei hat Meiklejohn das First Amendment durchaus nicht als Verbot jeglichen staatlichen Handelns in Bezug auf die Kommunikationsfreiheiten verstanden: „Legislation which abridges that freedom is forbidden, but not legislation to enlarge and enrich it."[60] Der Staat werde durch das First Amendment nicht nur nicht an der Förderung der geistigen und zivilen Qualitäten gehindert, von denen das Gelingen des demokratischen Prozesses abhinge.[61] Meiklejohn wandte sich vielmehr insgesamt gegen ein bloß abwehrrechtliches Verständnis des First Amendment, das er als problematischen Formalismus kritisierte: „Misguided by that formalism we Americans have given that doctrine merely its negative meaning. We have used it for

---

58 Vgl. *Tabbara* 2020, S. 165 ff.
59 *Tabbara* 2003, S. 29 ff. zum Mythos der *Worthy Tradition*, die insbesondere zurückgeht auf *Kalven* 1988.
60 *Meiklejohn* 1948, S. 16.
61 A.a.O., S. 17.

the protection of private, possessive interests with which it has no concern."[62] Dass sich Grundrechte in den Vereinigten Staaten vielfach von Unternehmen zu einem Schutzschirm ihrer privatwirtschaftlichen Interessen aktivieren ließen, hat jüngst Adam Winkler in seiner umfassenden Untersuchung *We the Corporations* (2018) nachgezeichnet. Wie schon Meiklejohn kritisiert hatte, kann ein rein abwehrrechtliches Grundrechtsverständnis dazu führen, wirtschaftliche Interessen gegen demokratische Gesetzgebung, die auf das Erreichen realer gleicher Freiheit ausgerichtet ist, abzuschirmen, und damit in Spannung zu den demokratischen Aspirationen der Verfassung geraten.

Welche Formen eine Grundrechtsförderung im Bereich des First Amendment annehmen sollte, hat Meiklejohn allerdings nie näher ausgearbeitet und beispielhaft nur die Einrichtung kultureller Zentren genannt, die allen Bürgern zur Diskussion von Fragen von öffentlichem Belang zur Verfügung stehen sollten.[63] Hinter seiner Offenheit für Formen der Grundrechtsförderung steht die Einsicht, die er mit Ridder teilte, dass das Gelingen der Demokratie nicht allein durch formale staatsorganisationsrechtliche Regeln wie Wahlen, Gesetzgebung, Regierungssystem etc. zu gewährleisten sei, sondern dass die Demokratie vor allem von ihrer gesellschaftlichen Akzeptanz lebt, die alles andere als eine Selbstverständlichkeit ist. Ridder formulierte in diesem Zusammenhang mit Anklängen zu John Deweys berühmtem Diktum von der „democracy as a way of life",[64] ohne aber Dewey hierbei ausdrücklich zu zitieren: Es müsse die „Demokratie auch zur Lebensform der Gesellschaft, nicht nur des Staates" gemacht werden.[65] Meiklejohn formulierte im Ergebnis ähnlich, wenn auch in der US-typischen Verfassungsikonografie: „[The Constitution] derives whatever validity, whatever meaning, it has, not from its acceptance by our forefathers one hundred and sixty years ago, but from its acceptance by us, now."[66]

Ridder akzentuierte die positive Seite der Kommunikationsfreiheiten wesentlich stärker als Meiklejohn, schon weil sie eingebettet war in sein umfassenderes Verfassungsverständnis. Entgegen der üblichen Engführung auf das „Karitative" verstand Ridder die Sozialstaatsklausel des Art. 20 GG als umfassenden Auftrag an den Gesetzgeber zur Demokratisierung der Gesellschaft: „[D]ie Verfassung greift über, sie verrechtlicht gesellschaftliche Bezüge; sie muß das tun, weil sich gesellschaftliche Demokratie jedenfalls bei uns offensichtlich nicht von selbst lebt."[67] Dabei stand Ridder völlig klar vor Augen, dass ein solches Übergreifen in die Gesellschaft, gerade für die Kommunikationsfreiheiten, ein heikles Unterfangen ist, da es nicht zum

---

62 A.a.O., S. 104 f.
63 *Meiklejohn* 1961, S. 260.
64 *Dewey* 1939, S. 226. Zu Deweys radikaldemokratischem Verständnis der Demokratie: *Honneth* 1999, S. 40 ff.
65 Z.B. *Ridder* 1962a, zitiert nach *Balzer* 2019, Bd. 1, S. 677-690 (690).
66 *Meiklejohn* 1948, S. IX.
67 *Ridder* 1962b, S. 702.

staatlichen Übergriff kommen darf, der den Kommunikationsprozess lenkt oder auch nur geschickt *ausrichtet*. Gleichwohl war Ridder davon überzeugt, dass es eines „heilenden Zwang[s] zur Freiheit ... bis hart an den Punkt heran, aber niemals über den heiklen Punkt hinaus" bedarf.[68]

Wie ein solches Übergreifen der Verfassung, das den demokratischen Selbststand der Gesellschaft stärkt, aussehen kann, hat Ridder recht originell und plastisch anhand der Parteienfreiheit des Art. 21 GG verdeutlicht. Die Parteienfreiheit des Art. 21 GG, die er mitunter als die eigentliche Garantie der „öffentlichen Meinungsfreiheit" verstanden wissen wollte, war für Ridder die demokratiegemäße Form der Kommunikationsgrundrechte, da sie einerseits eine umfassende Betätigungsfreiheit bei höchsten Hürden der Einschränkung garantierte, aber andererseits auch die – gesetzgeberisch zu aktualisierende – Verpflichtung der Parteien zur inneren Organisation nach demokratischen Grundsätzen enthalte.[69] Allgemeiner formulierte Ridder, dass „jedes Grundrecht [...] die Freiheit eines konkreten sozialen Feldes organisiert", wobei dies (auch) ein rechtliches Organisieren der Freiheit beinhaltet.[70] In Bezug auf die Presse drückte Ridder sich programmatisch so aus, dass es gerechtfertigt sei, „das gesamte politische Pressewesen sowohl mit den Verpflichtungen aus Art. 21 GG zu überziehen als auch mit der Freiheit aus dieser Bestimmung auszustatten."[71] Das zielt vor allem auf eine innere demokratische Organisation als Verfassungspflicht des Pressewesens.[72] Die für Ridders Demokratieverständnis so zentrale Freiheit der Presse lässt ein rein negatorisches Freiheitsverständnis weit hinter sich, ohne dabei freilich den Gedanken der Presse als „Bollwerk der Freiheit" zu verabschieden.[73]

2.2. Inpersonale Medienfreiheiten

Dass die demokratisch-diskursiven Freiheiten ihre Funktion nicht als bloß abwehrrechtliche Ansprüche gegen den Staat erfüllen können, bestimmte sowohl Ridders als auch Meiklejohns Überlegungen zu modernen Massenmedien. Meiklejohn hat zwar nie zu Einzelfragen der Medienorganisation veröffentlicht, allerdings finden sich einige sehr grundsätzliche Aussagen zur Freiheit der modernen Massenmedien seiner Zeit in seinen Schriften.

Im Vorwort zu *Free Speech and Its Relation to Self-Government* stellte Meiklejohn ausgesprochen ernüchtert fest, dass mit der kommerziellen Organisation des

---

68 A.a.O., S. 707.
69 *Ridder* 1954, S. 263 f.; hierzu bereits *Tabbara* 2020, S. 167 f.
70 *Ridder* 1975, S. 78.
71 *Ridder* 1954, S. 188.
72 Hierzu: *Tabbara* 2020, S. 167 ff.
73 Siehe z.B. *Ridder* 1964, zitiert nach *Balzer* 2019, Bd. 2, S. 122-138 (134).

Radios in den Vereinigten Staaten eine überaus bedeutsame Chance verspielt worden sei, die öffentlich-demokratischen Debatten und damit das Prinzip der Volkssouveränität zu stärken:

> „When this new form of communication became available, there opened up before us the possibility that, as a people living a common life under a common agreement, we might communicate with one another freely with regard to the values, the opportunities, the difficulties, the joys and sorrows, the hopes and fears, the plans and purposes, of that common life. It seemed possible that, amid all our differences, we might become a community of mutual understanding and of shared interests. It was that hope that justified our making the radio 'free', our giving it the protection of the First Amendment."[74]

Diese Erwartungen sah Meiklejohn aber durch die kommerzielle Ausprägung des Radiowesens bitter enttäuscht:

> „The radio as it now operates among us is not free. It is not entitled to the protection of the First Amendment. It is not engaged in the task of enlarging and enriching human communication. It is engaged in making money. And the First Amendment does not intend to guarantee men freedom to say what some private interest pays them to say for its own advantage."[75]

Und in dem Vorwort zu der 1960 erschienenen Neuauflage erstreckte er seine Kritik auf das kommerzielle Fernsehen:

> „In the first edition of this book I cited, as a striking example of the disastrous effect of giving great 'liberty' to private enterprise, the handing over of the use of the airwaves to radio corporations. But privately sponsored television has proved to be even more deadly. Those businesses controls of communication are, day by day, year by year, destroying and degrading our intelligence and our taste by the use of instruments which should be employed in educating and uplifting them."[76]

In Meiklejohns Kritik am kommerziellen Rundfunk ist eine bildungsbürgerliche Distanziertheit gegenüber Phänomenen der Massenkultur kaum zu überhören. Sein paradigmatisches Bild für einen gelungenen First Amendment-Diskurs blieb das „traditional town meeting", in dem die Bürgerschaft zur Erörterung der Angelegenheiten von allgemeinem Interesse zusammenkam.[77] Meiklejohn kam es dabei durchaus nicht auf die genauen historischen Rahmenbedingungen an, er nutzte das „town meeting" vor allem als wirkungsmächtiges Bild der nationalen Geschichtserzählung.[78]

Die Traditionslinie des „town meeting" als US-Variante des Ur-Bildes eines demokratischen Diskurses mit ihren reichlich bildungsbürgerlichen Obertönen belastet

---

74 *Meiklejohn* 1948, S. 103 f.; hierzu auch *Tabbara* 2003, S. 153.
75 *Meiklejohn* 1948, S. 114.
76 *Meiklejohn* 1960, S. XV f.
77 *Meiklejohn* 1948, S. 22.
78 *Tabbara* 2003, S. 144 ff.

auch Modernisierungen der Meiklejohn-Interpretation in der Tradition des *Progressive Movement*, wie sie der renommierte Verfassungsrechtler Cass R. Sunstein vorgelegt hat. Sunstein zeigte in *Democracy and the Problem of Free Speech* (1993) erhebliche Sympathien für die Rundfunkrechtsprechung des Bundesverfassungsgerichts, die ansonsten in den Vereinigten Staaten wenig Aufmerksamkeit oder gar Zustimmung findet.[79] Jack M. Balkin – alles andere als ein Vertreter der typischen First Amendment-Interpretation – zog diesen Ansatz in einer Rezension durch den populärkulturellen Kakao:

> „When I'm in the car, I usually listen to FM radio; AM is full of talk radio – right-wing talk shows like Rush Limbaugh, or "shock jocks" like Howard Stern – which many people are quite devoted to. At least they let folks sound off a bit. I wonder if political theorists who emphasize dialogue had talk radio in mind. (Live from New York, it's the Jürgen Habermas show! Three hours of unconstrained dialogue under ideal social conditions with your wild and rational host, Jürgen Habermas!)"[80]

Dass eine Spannung zwischen dem demokratischen Anspruch und einer elitären Haltung gegenüber der Massenkultur besteht, liegt auf der Hand und ist gerade in den Vereinigten Staaten ein erhebliches Hindernis dafür, eine Grundrechtsförderung im Stile Meiklejohns zu popularisieren. Gewisse Vorbehalte gegen massenkulturelle Phänomene des Rundfunks finden sich auch bei Ridder. In einer frühen Schrift zum Rundfunk berief er sich auf eine minutengenaue Aufschlüsselung des Radioprogramms, wobei er nur die „politischen Sendungen" als für Art. 5 GG wirklich relevant erachtete.[81] Später erkannte Ridder aber an, dass gerade das vermeintlich Unpolitische der massenkulturellen Phänomene für die öffentliche Meinungs- und Willensbildung erhebliche Bedeutung hat. So habe die „Sensationspresse" eine „ungeheure Verantwortung", am „Fundament der freiheitlichen und kulturstaatlichen Demokratie" mitzubauen. Andernfalls blieben Freiheit und Gleichheit als „Freiheit zum Hobby" missverstanden.[82]

Wie Meiklejohn stemmte sich Ridder dagegen, die Kommunikations- und insbesondere die Medienfreiheiten in einer Unternehmerfreiheit des Medieneigentümers aufgehen zu lassen. Den Rundfunk, aber auch die Presse verstand Ridder als inpersonale Freiheiten, die wie die „Wissenschaft" oder die „Kunst" in Art. 5 Abs. 3 GG schon im Wortlaut keine individuellen Grundrechtsträger aufweisen.[83] Zu ersten Plänen der Einführung eines kommerziellen Fernsehens in den 1950er Jahren formulierte Ridder ganz grundlegende Einwände.[84] Den öffentlich-rechtlichen Rundfunk sah er „an der Nahtstelle zwischen der staatlich organisierten und der freien Gesell-

---

79 *Sunstein* 1993, S. 77 ff.
80 *Balkin* 1995, S. 1936.
81 *Ridder* 1958a, zitiert nach *Balzer* 2019, Bd. 1, S. 425-458 (449 f.).
82 *Ridder* 1962b, S. 705.
83 *Ridder* 1975, S. 85, 90, 128; vgl. hierzu: *Ladeur* 1999, S. 288 f.; *Tabbara* 2020, S. 169 f.
84 *Ridder* 1958a.

schaft aufgebaut".[85] Es ist leicht zu erkennen, dass sich die Organisation einer solchen „Nahtstelle" nicht in das Korsett subjektiver Rechte pressen lässt. Anders als Meiklejohn, der dem kommerziellen Radio und Fernsehen den Schutz des First Amendment schlicht „entzog", schloss Ridder zwar „subjektive Rechte" für den Rundfunk insgesamt aus, am Rundfunk Beteiligte sah er aber immerhin durch einen Rechtsreflex geschützt.[86] Bei allen Unterschieden sind sich Ridder und Meiklejohn über den Atlantik hinweg im Grundansatz einig: Die zentrale Rolle, die den Medien für den Erhalt demokratischer Freiheit zukommt, lässt sich nicht allein durch Grundrechtsschutz für die Medien*unternehmer* erreichen.

3. Transatlantisch-demokratische Theorie der Kommunikationsfreiheiten

Die beiden hier zusammen gelesenen Autoren sind ohne jede Frage jeweils ganz eigenständige Denker gewesen. Doch über die singuläre Fußnote hinaus, in der sich Ridder direkt auf Meiklejohn bezogen hat, findet sich eine bemerkenswerte Übereinstimmung in der Grundausrichtung ihres Denkens über die Kommunikationsfreiheiten. Man mag daher durchaus von Grundzügen einer transatlantisch-demokratischen Theorie der Kommunikationsfreiheiten sprechen: Diese zeichnet sich vor allem durch eine, wenn nicht exklusive, so doch ganz herausgehobene Verkoppelung der Kommunikationsfreiheiten mit dem demokratischen Meinungs- und Willensbildungsprozess aus. Weitere wesentliche Elemente sind ein ausgeprägt robuster Schutz des politischen Meinungsstreits, der (so gut wie) keine staatlichen Einschränkungen vorsieht. Zur Bewahrung dieses konturierten politischen Schutzes wird nicht-politischen Formen der Kommunikation nur ein deutlich abgeschwächter Schutz zugebilligt. Dabei besteht die problematische Neigung, die Bedeutung (populär-)kultureller Phänomene für den demokratischen Diskurs (zu) gering zu schätzen. Prägend für dieses Denken ist auch, dass es über ein bloß subjektivrechtliches, negatorisches Grundrechtsverständnis hinausgeht. Die Kommunikationsfreiheit löst sich z.T. vom „Grundrechtssubjekt" im Sinne eines „Trägers" der Medienfreiheit.

Dieses Denken hat gerade in Konstellationen der Netzwerkkommunikation in den sozialen Medien, die durch mehrpolige Konstellationen zwischen Bürgerinnen und Bürgern und kommerziellen Plattformanbietern geprägt sind, an Aktualität eher noch zugenommen. Wer gesetzgeberische Vorstöße, die Kommunikationsverantwortlichkeiten in der Netzwerkkommunikation akzentuieren, vornehmlich in den Kategorien der Zensur und der Kommunikationsfreiheit der Netzwerkmedienbetreiber fasst, findet sich schnell in der Sackgasse eines unauflöslichen „Rights Talk"

---

85 A.a.O., S. 457.
86 A.a.O., S. 450; ders. 1975, S. 87 f.

(Mary Ann Glendon) wieder.[87] Gerade für die aktuellen Mediendebatten mag das transatlantisch-demokratische Nachdenken über die Funktion und Ausgestaltung der Kommunikationsfreiheiten daher fruchtbar zu machen sein.

Die hier skizzierte geistige Korrespondenz von Ridder und Meiklejohn zeigt zudem, dass das Denken von Ridder ein Stück neu zu verorten ist. Seine Überlegungen zur Kommunikationsfreiheit sind jedenfalls nicht so randständig, wie es aus der Perspektive der Staatsrechtslehre der alten BRD erscheinen mag, sondern Teil einer transatlantischen, demokratischen Denkrichtung.

Bibliographie

Balkin, Jack M., 1995: Populism and Progressivism as Constitutional Categories. In: Yale Law Journal 104, S. 1935-1990.

Brennan, William J., Jr., 1965: The Supreme Court and the Meiklejohn Interpretation of the First Amendment, Harvard Law Review 79, S. 1-20.

Brunkhorst, Hauke, 2020: Randomized Minipublics, Popular Will-Formation, and the Societal Conditions of Deliberative Learning Processes. In: Krisis | Journal for Contemporary Philosophy 40(1), S. 136-143.

Brunkhorst, Hauke, 2002: Solidarität. Von der Bürgerfreundschaft zur globalen Rechtsgenossenschaft. Frankfurt a.M.

Dewey, John, 1939/1988: Creative Democracy – The Task Before Us. In: Boydston, Jo An (Hrsg.): John Dewey – The Later Works, Band 14 (1939 – 1941).

Eifert, Martin/*Gostomzyk,* Tobias (Hrsg.), 2018: Netzwerkrecht. Die Zukunft des NetzDG und seine Folgen für die Netzwerkkommunikation. Baden-Baden.

Fiss, Owen M., 1996: The Irony of Free Speech. Cambridge | Massachusetts.

Honneth, Axel, 1999: Demokratie als reflexive Kooperation. John Dewey und die Demokratietheorie der Gegenwart. In: Brunkhorst, Hauke/ Niesen, Peter (Hrsg.), Das Recht der Republik, Frankfurt a.M., S. 37-65.

Kalven, Harry, Jr. (hrsg. von Jaime Kalven), 1988: A Worthy Tradition. Freedom of Speech in America. New York.

Ladeur, Karl-Heinz, 1999: Helmut Ridders Konzeption der Meinungs- und Pressefreiheit in der Demokratie. In: Kritische Justiz 32, H. 2, S. 281-294.

Meiklejohn, Alexander, 1961: The First Amendment is An Absolute. In: The Supreme Court Review, S. 245-266.

Meiklejohn, Alexander, 1960: Political Freedom. The Constitutional Powers of the People. New York | Oxford.

Meiklejohn, Alexander, 1953: What does the First Amendment Mean? In: University of Chicago Law Review 20, S. 461-479.

---

87 Vgl. die ganz überwiegende Zahl der Beiträge zur Einführung des Netzwerkdurchsetzungsgesetzes z.B. in *Eifert/Gostomzyk* 2018. Dezidiert anders allerdings der Beitrag von *Eifert,* ebd.

Meiklejohn, Alexander, 1951: The First Amendment and Evils that Congress has a Right to Prevent. In: Indiana Law Journal 26, S. 477-493.

Meiklejohn, Alexander, 1948: Free Speech and Its Relation to Self-Government.

Redish, Martin H., 2013: The Adversary First Amendment. Free Expression and the Foundations of American Democracy. Stanford, California.

Ridder*, Helmut, 1979: Zur Ideologie der „Streitbaren Demokratie". Argument Studienheft 32. Berlin.

Ridder, Helmut, 1977: Vom Wendekreis der Grundrechte. In: Leviathan 5, H. 4, S. 467-521.

Ridder, Helmut, 1975: Die soziale Ordnung des Grundgesetzes. Leitfaden zu den Grundrechten einer demokratischen Verfassung. Opladen.

Ridder, Helmut, 1973: Alles fließt. Bemerkungen zum „Soraya-Beschluß" des Ersten Senats des Bundesverfassungsgerichts. In: Archiv für Presserecht (AfP), S. 453-457.

Ridder, Helmut, 1971: Verfassungsreformen und gesellschaftliche Aufgaben des Juristen. In: Kritische Justiz 4, H. 4, S. 371–377.

Ridder, Helmut, 1969: Das Zensurverbot. In: Archiv für Presserecht (AfP), S. 882-885.

Ridder, Helmut, 1967: Das Recht auf Information. In: Schriftenreihe der Evangelischen Akademie für Rundfunk und Fernsehen, H. 12, S. 19-34.

Ridder, Helmut, 1964: Staatsgeheimnis und Pressefreiheit. Zwei Vorträge gehalten am 25. Mai 1963 auf der 3. Bundestagung der Arbeitsgemeinschaft Sozialdemokratischer Juristen in Berlin (hrsg. vom Vorstand der SPD), S. 21-39.

Ridder, Helmut, 1962a: Probleme der inneren Pressefreiheit. Festvortrag auf dem Festakt zum Zweiten Deutschen Journalistentag in Köln. In: Der Journalist 12, H. 5 (Beilage), S. 14.

Ridder, Helmut, 1962b: Die öffentliche Aufgabe der Presse im System des modernen Verfassungsrechts. Vortrag im Wiener Justizpalast (hrsg. vom Verband österreichischer Zeitungsherausgeber).

Ridder, Helmut, 1958a: Kirche – Staat – Rundfunk. Grundsatzfragen ihrer Rechtsbeziehungen in der Bundesrepublik Deutschland. Frankfurt a.M.

Ridder, Helmut, 1958b: Vom Grund des Grundgesetzes. In: Juristenzeitung (JZ) 58, S. 322-324.

Ridder, Helmut, 1957: Zur „Polizeifestigkeit" der Pressefreiheit. In: Juristenzeitung (JZ) 57, S. 765.

Ridder, Helmut, 1954: Meinungsfreiheit. In: Neumann, Franz L./Nipperdey, Hans Carl/Scheuner, Ulrich (Hrsg.): Die Grundrechte. Handbuch der Theorie und Praxis der Grundrechte, Band 2, Berlin, S. 243-290.

Ridder, Helmut/*Stein*, Ekkehart, 1961: Die rechtliche Ordnung des Rundfunks. In: Staatslexikon der Görres-Gesellschaft, Band 6, Passau, S. 1005-1012.

Schauer, Frederick, 2019: Every Possible Use of Language. In: Bollinger, Lee C./Stone, Geoffry R. (Hrsg.): The Free Speech Century, New York, S. 33-47.

Sunstein, Cass R., 1993: Democracy and the Problem of Free Speech. New York | Don Mills, Ontario.

---

* Alle Werke von Helmut Ridder (mit Ausnahme von „Die soziale Ordnung des Grundgesetzes" (1975)) werden zitiert nach *Balzer*, Friedrich-Martin (Hrsg.), 2019: Helmut Ridder für Anfänger und Fortgeschrittene. Das Gesamtwerk, Werkausgabe in 6 Bänden (CD-ROM). Bonn.

Tabbara, Tarik, 2020: Meinungs- und Pressefreiheit bei Helmut Ridder: Negative Dogmatik und „utopischer" Überschuss. In: Kritische Justiz 53, H. 2, S. 161-171.

Tabbara, Tarik, 2003: Kommunikations- und Medienfreiheit in den USA. Zwischen demokratischen Aspirationen und kommerzieller Mobilisierung. Baden-Baden.

Wihl, Tim, 2019: Ein Radikaler wider Willen. Zum 100. Geburtstag des Verfassungs- und Bürgerrechtlers Helmut Ridder. In: Blätter für deutsche und internationale Politik, H. 7, S. 89-96.

Winkler, Adam, 2018: We the Corporations. How American Businesses Won Their Civil Rights. New York.

Karl-Heinz Ladeur

Helmut Ridders Konzeption der Meinungsfreiheit als Prozessgrundrecht und ihre Bedeutung für den Wandel der Medienordnung*

1. Zur Unterscheidung einer formalen und einer materialen Konzeption der Meinungsfreiheit

1.1. Das Weimarer Vorspiel

Helmut Ridder hat die „allgemeinen Gesetze" im Sinne des Artikel (Art.) 5 Abs. 2 des Grundgesetzes (GG), die die Meinungsfreiheit beschränken können, im Anschluss an eine in der Weimarer Zeit verbreitete Auffassung als solche Gesetze bezeichnet, die nicht die „rein geistige Wirkung" der Meinungsäußerung tangieren.[1] Diesen Begriff kann man nur richtig verstehen, wenn man ihn nicht für sich, isolierend betrachtet, sondern ihn in den Kontext der Auseinandersetzung um die Grenzen der Meinungsäußerung versetzt, ihn innerhalb einer politischen Konstellation beobachtet: Im Angesicht eines Deutungskampfes um die Grenzen der Meinungsfreiheit – der zunächst an die in der Weimarer Zeit vertretenen materialen oder formalen Positionen anknüpfte[2] – nimmt Ridders Konzeption einen „Einsatz" für die formale Position und gegen den Versuch vor, die Grenzen des „Sagbaren" so zu verschieben, dass vor allem sozialistische, kommunistische oder linksliberale Meinungen ins Zwielicht des Freund-Feind-Kampfes gerückt werden konnten.

Die materiale Konzeption der „allgemeinen Gesetze"[3] wollte für die Grenzbestimmung solche Werte in Anschlag bringen, die ohne Rücksicht auf die Freiheit der Meinung Schutz verdienen und deshalb den Vorrang beanspruchen. Damit waren die beiden „Attraktoren" bestimmt, die das Kraftfeld des Kampfes um die Freiheit der Meinungen strukturierten.

---

* Dies ist die erweiterte Fassung eines in KJ 53 (2020), H. 2, S. 172-182 erschienenen Beitrags.
1 *Ridder* 1968, S. 282; *ders.* 1975, S. 80.
2 *Häntzschel* 1932, S. 661.
3 *Smend* 1928, S. 52.

1.2. Die Auflösung der Unterscheidung durch das BVerfG – Abwägung ist alles!

Das Bundesverfassungsgericht (BVerfG) hat sich der Unterscheidung nur vordergründig entzogen, indem es beide, die formale und die materiale Position, gegeneinander verrechnet. Stattdessen hat es die Abwägung der miteinander von Fall zu Fall konkurrierenden Interessen ins Zentrum gerückt, die – wie es bei Ridder heißt – im „getrübten Lichte" der „wertsetzenden Bedeutung des Grundrechts der Meinungsfreiheit" beobachtet und gegeneinander abzuwägen sind.[4] Die „Werte" werden beweglich, sie können schnell in Stellung gebracht werden, z.B. gegen die Einfuhr verfassungsfeindlicher Schriften,[5] die durch Gesetz deshalb verboten werden kann, weil sich das Gesetz gegen alle verfassungsfeindlichen Ideen richte: Solche heute nicht mehr im Strafrecht zu finden Vorschriften sind allein schon deshalb „allgemein" – dies ist nichts anderes als die Anwendung der materialen Konzeption! Es ist der „Wert" der freiheitlichen demokratischen Grundordnung, der allgemein die gegnerischen Ideen überstrahlt. Alle verfassungsfeindlichen Ideen sind „hors la loi". Damit wird der Schutz der Meinungsfreiheit auf die zweite Argumentationsebene verschoben: die der Abwägung im Einzelfall, für die eigentlich kein Platz mehr sein kann.[6] Die Meinungsfreiheit wird durch ein allgemeines Gesetz beschränkt – Punctum! ...müsste es heißen. Der Rest ist situative Opportunität! Die verfassungsfeindliche Meinung wird markiert, doch darf sie noch „nach Lage der Dinge" – wie es bei Abwägungen im Verwaltungsrecht heißt[7] – mitlaufen. Aber das BVerfG hat immer wieder die größten Schwierigkeiten bei der Bestimmung der Werte und Interessen, die in der Abwägung zu berücksichtigen sind.

1.3. Die Abschaffung des nicht-allgemeinen Schrankengesetzes

Bis auf einen einzigen Fall – den Fall der „Holocaust-Leugnung" und dort m.E. zu Unrecht – hat das BVerfG keinem Gesetz die Allgemeinheit im Sinne des Art. 5 Abs. 2 GG abgesprochen.[8] (Dort wurde eine Ausnahme für notwendig gehalten.)

Die formale Konzeption der Meinungsfreiheit, wie von Ridder vertreten, wird auch der Herausforderung durch die Strafbarkeit der Leugnung des Holocausts gerecht. Hier zeigt sich zunächst das Problem, dass das BVerfG die Eigenständigkeit

---

4 BVerfGE 7, 198 (208).
5 BVerfGE 33, 52 (55).
6 Allg. nur *Alexy* 2006; *ders.* 2001; *Klatt* (Hrsg.) 2013; vgl. zur Kritik *Ridder* 1975, S. 142f; *ders.* 2019b, S. 52; *Fischer-Lescano* 2008, S. 166ff.; vgl. auch die Beiträge in: ders./Franzki/Horst (Hrsg.) 2018; *Ladeur* 2004; anders *Schladebach* 2014, S. 263.
7 *Hoppe* 1977, S. 136.
8 BVerfG, K&R 2018, S. 621 m. Anm. *Karl-Heinz Ladeur*.

der Schranke der „persönlichen Ehre" ignoriert.⁹ Dies ist bei Ridder anders: Das Recht der persönlichen Ehre ist gerade ein Recht, das typischerweise die „rein geistige Wirkung" einer Meinung tangiert. Umgekehrt ist die Achtung der *„persönlichen Ehre"* letztlich eine Art funktionaler Selbstbegrenzung der Kommunikation: Es kann grundsätzlich kein legitimes Interesse daran geben, einen anderen so aggressiv zu adressieren, dass eine Fortsetzung der Kommunikation nicht mehr zumutbar ist. So wird die Gewalt, die der Holocaust gegen jeden einzelnen Juden gerichtet hat, durch die Negierung der Vergasung (etwa in Auschwitz) gerade fortgesetzt, zumal damit umgekehrt eine Verschwörungstheorie verbunden ist: Danach sind es die Juden selbst, die die Gaskammern erfunden haben, um dem deutschen Volk zu schaden. Dies ist eine extreme Form der Infragestellung der persönlichen Ehre jedes einzelnen Juden.

2. Die Konzeption der Meinungsfreiheit: „Subjektivität des einzelnen als letzte Instanz" (J. Masing) oder Schutz eines „Prozesses" (H. Ridder)

2.1. Die Meinung als „unmittelbarster Ausdruck der Persönlichkeit" (BVerfG) und die verdinglichende Beschwörung „historischer Gesetze" (KPD-Verbotsurteil)

Die starke Akzentuierung der einzelnen Individuen, der „Subjektivität des einzelnen als letzte Instanz", als „das a priori des demokratischen Rechtsstaats"[10] führt keineswegs zu einer Schärfung des Verständnisses der Meinungsfreiheit und der Ausdifferenzierung ihrer dogmatischen Infrastruktur. Sie führt eher, wie noch zu zeigen sein wird, zu einer Perspektivenverengung.[11] Ähnlich tut dies auch die Auffassung des BVerfG, dass nämlich die Meinungsäußerung „unmittelbarster Ausdruck der Persönlichkeit" sei.[12] Bedeutung gewinnt diese Akzentuierung erst in der Verweisung auf die Selbstinterpretation der freiheitlichen demokratischen Grundordnung durch das KPD-Verbotsurteil[13] – im Rekurs also auf ihr Gegenteil: Dort wird nämlich der Sache nach die Frage aufgeworfen und bejaht, ob es auch Meinungen gibt, die nicht „unmittelbarster Ausdruck der Persönlichkeit" sind. Allerdings! Dies sind nämlich Meinungen, die sich scheinbar selbst als persönliche zum Verschwinden bringen, wenn sie das Individuum zum unpersönlichen Bestandteil der Bewegung historischer Gesetze machen, die im Klassenkampf ihren notwendigen Ausdruck findet. Im KPD-Verbotsurteil entwickelt das BVerfG eine ideale Konzeption der

---

9   BVerfGE 12, 113 (124); kritisch *Ridder* 1961, Anm. zu dieser Entscheidung, S. 539.
10 *Masing* 2012, S. 585.
11 Dieses Bekenntnis zum Individuum als „a priori" wird begleitet von der „Skepsis" gegenüber den „Selbstregulierungskräften der freien Meinungsbildung", *Masing,* a.a.O.
12 BVerfGE 7, 198 (208).
13 BVerfGE 5, 85.

liberalen Meinungsbildung in der freiheitlichen demokratischen Grundordnung, die von wechselseitiger Toleranz geprägt werde und die politische Gewalt in der freien Auseinandersetzung aufhebe. Diese Idealisierung nimmt eine normative Wendung darin, dass sie deren Infragestellung für verfassungsfeindlich hält. Jedenfalls zur Zeit des Urteils ist das BVerfG davon ausgegangen, dass mit einem Parteiverbot auch die Ideen der verbotenen Partei aus dem politischen Prozess ausgeschlossen werden sollen.[14] D.h. die angenommene Selbstfestlegung der KPD auf ein substanzhaftes Denken erlaubt umgekehrt die Vorstellung der Eliminierung ihrer Ideen.

Widersprüche, Ambivalenzen, Paradoxien des Politischen werden damit ausgeblendet – dies gilt z.B. für die selbst geschaffenen Zwänge, im Falle eines Parteiverbotes (= Ideenverbotes) die Fortsetzung dieser Ideen oder die Schaffung von „Ersatzideen", welche an die Stelle der verbotenen treten, ihrerseits strafrechtlich verfolgen zu müssen und damit ein Klima des Verdachts zu erzeugen:[15] Ist ein liberaler Verein, der sich für die Aufhebung des KPD-Verbots einsetzt, eine Fortsetzung der KPD? Wie unterscheidet sich ein kommunistischer Verein, der dieses Ziel verfolgt, von einem liberalen, wenn er sich „verstellt"?

Später hat das BVerfG diese verdinglichende Vorstellung politischer Ideen, die mit der Vorstellung der Meinungsbildung als Prozess kollidiert, allerdings aufgegeben.

Wenn man nun den Blick wieder auf Ridders Konzeption der Meinungsfreiheit und der sie beschränkenden „allgemeinen Gesetze" lenkt, so muss auch für sein Verständnis der „allgemeinen Gesetze" die Vermessung des Kraftfeldes den Grenzstein des KPD-Verbots beachten. Das für Ridder zentrale Rechtsproblem des KPD-Verbots besteht darin,[16] dass das BVerfG ein paradoxes Bild der „Ideen" der freiheitlichen demokratischen Grundordnung entworfen hat: als einer toleranten, liberalen, pluralistischen, experimentellen Ordnung, die eher durch eine variable Kombinatorik der Mittel als durch einen Bestand von Zielen bestimmt wird. Praxis und Ideologie der KPD sollen sich als eine Form der Festlegung der Politik unterscheiden lassen, die geradewegs auf die Errichtung einer Diktatur des Proletariats zustrebe. Doch das Verhältnis zwischen den Ideen einer Parteiformation und ihrer realen Politik kann sehr unterschiedlich je nach politischer Konstellation sein. Ridders Argumentation belegt an einer konkreten Konstellation, am Fall, was substanzhaftes Denken bedeutet und wie sich prozesshaftes Denken davon unterscheidet. Er sieht, dass der staatliche Schutz der freiheitlichen demokratischen Grundordnung selbst zu einer Gefahr für den gesellschaftlichen Prozess der Meinungsbildung werden kann, dem die Setzung scharfer Grenzen fremd ist.

---

14 BVerfGE 2, 1 (73) – SRP.
15 Vgl. allg. *von Brünneck* 1978.
16 *Ridder* 2019, S. 103, insb. S. 108f. (zur Problematik der Rechtskraft eines Verbotsurteils).

2.2. Was heißt die Meinungsfreiheit „prozesshaft" verstehen?

Helmut Ridder hat die Meinungsfreiheit und die Pressefreiheit gerade nicht primär als Individualgrundrechte gesehen (was nicht heißt, dass sie diesen Charakter nicht auch haben), sondern als Freiheit des gesellschaftlichen politischen Prozesses.[17] Daraus folgt, dass die „rein geistige Freiheit" des Meinens nicht im Gegensatz zur Auseinandersetzung um politische Macht steht. Selbstverständlich geht es im Deutungskampf – im „Meinungen-System", wie Georg Christoph Lichtenberg[18] formuliert hat – um *Sprech*akte, die Wirkungen erzeugen. Aber es gilt auch die andere Betonung: geschützt sind Sprech*akte*. Es geht um die Erhaltung und Ermöglichung des politischen Sprechens.

Gegen die Beschreibung des Gegenstandes der Meinungsfreiheit als „Prozess" ist schon früh der Einwand erhoben worden, dann sei nicht mehr das Subjekt der Kommunikation Träger des Grundrechts.[19] Selbstverständlich kann auch dann, wenn insbesondere die Pressefreiheit als „inpersonales" Grundrecht verstanden wird,[20] ein an diesem Prozess beteiligtes Individuum sein eigenes Interesse als subjektives Recht geltend machen.

Der Rekurs auf den „Prozess" der Meinungsbildung beschwört nicht einfach die Autonomie des „Flusses" der Kommunikationen, sondern zugleich dessen Potential zur Struktur- und Ordnungsbildung, der Grenzziehung, z. B. durch die Unterscheidung von Öffentlichem und Privatem oder unterschiedlicher Teilöffentlichkeiten (z. B. von Kunst und Wissenschaft, Geschäftskommunikation).[21] Dies sind Unterscheidungen, die gerade nicht von Individuen getroffen werden können. Kein Individuum kann für sich sagen: „Dies ist öffentlich, das ist privat!" Diese Unterscheidung ist ein emergenter Effekt des Experimentierens mit der Veränderung von Grenzen.

Die dem Prozess eigene Reflexivität erlaubt die Herausbildung und Beobachtung produktiver Verhaltensmuster, professioneller Regeln (z. B. über die Verdachtsberichterstattung)[22] und sozialer Normen (Respekt vor Persönlichkeitsrechten, Verhältnis von Öffentlichem und Privatem)[23] für die Bewältigung von Kollisionen innerhalb der Entfaltung seiner Eigenlogik und mit anderen Rationalitäten. Das prozess-

---

17 *Ridder* 1975, S. 85.
18 *Lichtenberg* 1992, F 1222.
19 *Gross* 1971, S. 22. In frühen Schriften hat *Ridder* statt des Begriffs „Prozess" den Begriff „Institution" verwendet, so 1954, S. 269. Der Sache nach besteht kein Unterschied zum Prozessbegriff. Ridder hat sich später von der missverständlichen Referenz auf die „Institution" gelöst, die für die sehr ambivalente verfassungsrechtliche Gewährleistung eines Bestandes von Normen des einfachen Rechts (z.B. das Beamtentum) steht, *Schmitt* 1970, S. 171, 173, 182.
20 Vgl. dazu näher *Augsberg* 2013, S. 532f.; *Ladeur* 2016, S. 228 – dass Ridder die Schreibweise „*in*personal" (statt: „impersonal") ist eine Idiosynkrasie, die wahrscheinlich einen verfremdenden, ein Innehalten provozierenden Hiatus erzeugen sollte.
21 *Vesting* 1997, S. 337.
22 BVerfGE 99, 185 (196ff.); BGHZ 143, 199 (203).
23 *Ladeur* 2000, S. 1979.

hafte Verständnis der Kommunikationsgrundrechte wendet sich gegen die Reduktion der kollektiven Seite der Meinungsbildung auf eine bloße „objektiv-rechtliche Dimension", auf welche dann doch nicht verzichtet werden kann, auf eine Angelegenheit des Schutz gewährenden Staates, vor allem in Gestalt der Richter, die die Verfassung zu einer „Juristenverfassung" machen.[24]

Die so verstandene Konstruktion der Meinungsfreiheit bedeutet keine Geringschätzung des Individuums, aber sie wendet sich gegen die Vorstellung, die Meinung sei als „unmittelbarster Ausdruck der menschlichen Persönlichkeit in der Gesellschaft" zu schützen.[25] Gegenstand der Meinungsfreiheit ist deshalb ein Prozess, weil es um ein transsubjektives Phänomen des „organizing intelligence"[26] geht, um die *Herstellung* einer „creative, progressive, exciting and intellectually robust community".[27] Dies impliziert nach der einen, der individuellen Seite ein (Selbst-)Verhältnis – nämlich das der „Selbstreform" („self reformation")[28], der Selbstrelativierung, der Uneinigkeit mit sich selbst.[29] Auf der anderen Seite geht das Individuum mit seiner Meinungsäußerung „über sich hinaus"[30] und findet sich in einem *Prozess* wieder, der nicht primär von ihm selbst bestimmt wird, weil er „immer schon" vorhanden war und seine eigene Struktur herausgebildet hat.

3. Der Prozess der Meinungsbildung und seine „Kollisionsregeln"

3.1. Kollisionsrechtliches Denken statt begriffsloser Abwägungen

Ridder geht es mit seiner Konzeption der Meinungsfreiheit eben um eine gesellschaftliche Freiheit[31], die Freiheit der Selbstorganisation der Bedingungen der Meinungsbildung durch die Praktiken der Beteiligten. Diese Konzeption stellt selbstverständlich die staatliche Schranken- und Ausgestaltungsgesetzgebung nicht in Frage, diktiert ihr aber Bedingungen für eine privat-öffentliche Kollisionsordnung. Insbesondere die Schrankengesetze werden Teil eines „Grenzregimes", innerhalb dessen Kollisionsregeln grundrechtsgerecht auf die durch die Praktiken der Medien

---

24 *Bryde* 2004, § 17 Rn. 67.
25 BVerfGE 7, 198 (208).
26 So im Anschluss an *Lippmann* 1965; *Cover* 1981, S. 369.
27 *Emerson* 1966, S. 14, 59.
28 *Wetters* 2008, S. 137.
29 *Augsberg* 2016, S. 91.
30 *Wetters* 2008, S. 137.
31 Dies ist nach *Ridder* konstitutiv für die „dritte Dimension" des Sozialstaats; zur verfassungsrechtlichen Stellung der Gewerkschaften im Sozialstaat nach dem Grundgesetz für die BRD: 1960, S. 16ff.

bestimmte Eigenlogik der sozialen Normen für Situationstypen abgestimmt werden, nicht aber begriffslos durch „Abwägungen"[32] von Fall zu Fall konkretisiert werden.

Prozesshaft oder institutionell denken heißt bei Ridder auch nicht nur, das „Fließen" der Meinungen im Gegensatz zur einzelnen Meinung ins Zentrum zu rücken, sondern auch die sozialen Regeln der Praxis der Medien, die den Prozess der Meinungsbildung strukturieren. Sie gewinnen rechtliche Bedeutung in Gestalt der Rezeption in die dogmatische Konturierung der einschlägigen Rechtsbegriffe. Das gleiche gilt für die sozialen Regeln und Erwartungen, die das Verständnis der „persönlichen Ehre" bestimmen. Auch dieser Begriff verweist auf soziale Normen, die durch Praxis selbstorganisiert werden.[33]

Die von der Rechtsprechung praktizierten Abwägungen demonstrieren jedoch, was von dem „a priori" individueller Freiheitsausübung bleibt: nicht viel. Das kann auch nicht anders sein, weil auf der anderen Seite, z. B. bei der Kollision der öffentlichen Meinungsbildung mit dem Ehrenschutz, sich konsequenterweise auch ein „a priori" geltend machen würde. Zu den sich durch Praxis herausbildenden Kollisionsregeln[34] gehört insbesondere eine Metaregel, die die Frage einführt, ob der Streit (z. B. um die Grenzen der Achtung von Persönlichkeitsrechten) nicht – IPR-rechtlich gesprochen [IPR = Internationales Privatrecht] – im Wege des „Renvoi" an die Öffentlichkeit zurückgegeben werden kann (etwa im „Mephisto"-Fall),[35] weil Kontroversen sich innerhalb der „schon immer" fließenden Kommunikationsströme entwickeln:[36] Klaus Mann, Thomas Manns Sohn, hatte in einem „Schlüsselroman" (*Mephisto – Roman einer Karriere*) seinem Protagonisten „Hendrik Höfgen" das Verhalten des damals bekannten Schauspielers, Regisseurs und Intendanten Gustaf Gründgens in der Nazi-Zeit so zugeschrieben, dass dieser als die eigentliche Hauptperson angesehen werden konnte. Hier ging es im eigentlichen Sinne um Gustaf Gründgens' *„öffentliche* Ehre", die auch Gegenstand öffentlicher Kontroversen sein sollte, die unterschiedliche Positionen allerdings zuließ (was auch in der Diskussion in den Medien so zur Geltung gekommen ist). Deshalb hätte der Roman – entgegen der Meinung des BVerfG – nicht verboten werden sollen. Inzwischen ist er längst wieder öffentlich zugänglich, da Gründgens' Adoptivsohn später keinen gerichtlichen Schutz gegen die eigentlich verbotswidrige Verbreitung des Romans gesucht hat. Auch dieses Urteil des BVerfG zeigt, was es bedeutet, die Kommunikationsfreiheit nicht prozesshaft zu verstehen: Die durch die „Materie" der Prozesse des Wandels der Gesellschaft und ihres Wissens „provozierte Offenheit nach vorne"[37] unterläuft die Subsumtion der Verhältnisse unter die als stabil gedach-

---

32 Zur Kritik der Abwägung *Ridder* 1975, S. 142f; *ders.* 2019b, S. 52.
33 *Wielsch* 2020, S. 105.
34 *Fischer-Lescano* 2008, S. 166ff.
35 BVerfGE 30, 173 – hier allerdings ging es um die Grenzen der Kunstfreiheit.
36 *Wetters* 2008, S. 138, 144.
37 *Rheinberger* 2016, S. 82.

ten zurückschauenden Rechtsbegriffe. Das prozesshafte Denken verdankt sich einer „Philosophie (an) der Arbeit"[38], die sich ins „Gewimmel" (Ludwig Wittgenstein) stürzt, aber dennoch begrifflich arbeitet und die Passung ihrer Begriffe immer neu beobachtet.

Helmut Ridders Sprachstil ist selbst geprägt von einem Oszillieren zwischen Begriffen, Figuren, Formen, Assoziationen, literarischen Gattungen, an welche immer neue Gedanken anschließen, und formt einen Prozess, der sich selbst beobachtet, spiegelt und die „mille plateaux" (Gilles Deleuze/Félix Guattari) des Politischen und der Kultur vielfach gegeneinander verschiebt. Sein Sprechen wirft stets aufs Neue die Frage auf: „What next?" Ridders Sprache selbst rastet nicht in einer Doktrin ein, in der das Sprechen verstummt. Sie kennt keine scharfe Grenze zwischen dem Sagbaren und dem Unsagbaren, sondern hält deren Verhältnis in der Schwebe. Die „rein geistige Wirkung" der Meinungen ist die Bewegung des politischen Prozesses[39] diesseits der Entscheidungsöffentlichkeit des Staates. Sie kann prinzipiell nicht Gegenstand einer staatlichen Entscheidung werden.

Die Eigenlogik des Meinens besteht zu einem erheblichen Teil darin, dass sie gerade nicht „höchstpersönlich" ist, sondern – das wird schon bei John Locke betont – eher eine „disorderly force"[40]: Sie wird zum Platzhalter für eine „Gedankenarbeit", die einmal in der Vergangenheit geleistet worden ist oder in die Zukunft aufgeschoben wird.[41] Das prozesshafte Verständnis der Meinungsfreiheit bedeutet keine Geringschätzung des Individuums. Es impliziert nur, wie erwähnt, ein (Selbst-)Verhältnis im und zum Prozess der Meinungsbildung, in dem das Subjekt nicht mit sich selbst eins sein kann.[42] Ebendies wird im Rekurs auf die Prozesshaftigkeit der Meinungsbildung in Anschlag gebracht. Sie verweist wiederum auf ein Verständnis der Sprache, das durch Saussure eine entscheidende Wende erhalten hat: Die Sprache ist kein Instrument des Subjekts, das ihm hilft, „seine" Meinung auszudrücken. Die Sprache war immer schon vorher da. Und ohne die Sprache und den Zugang zu ihr kann das Subjekt nicht wirksam werden. Das Subjekt muss Anschluss finden und wird dadurch stets aufs Neue verändert, es wird ein anderes, weil es sich in der Kommunikation auch immer selbst anspricht, ohne sich ausdrücklich zu adressieren. Deshalb ist das Subjekt immer nur als geteiltes denkbar.[43] Deshalb ist die Meinung, wie schon erwähnt, auch nicht „unmittelbarster Ausdruck der Persönlichkeit".[44] Sie ist im Gegenteil eher ein „*mittelbarer* Ausdruck der Persönlichkeit", der ohne den Ausdruck der Anderen gar nicht möglich wäre. Die Freiheit ist immer schon „media-

---

38 *Bachelard* 1986, S. 9: „philosophie(s) au travail".
39 *Ridder* 1975, S. 85f.
40 *Wetters* 2008, S. 132.
41 A.a.O., S. 133.
42 *Augsberg* 2016, S. 91.
43 *Ricard* 2015, S. 9; *Augsberg* a.a.O., S. 91.
44 BVerfGE 7, 198 (208).

tisiert", sie wird „strukturiert durch das, was als ihr anderes erscheint".[45] Aber dieser Prozess muss sich primär selbst organisieren und dazu auch die „passenden" Regeln, Selbstbegrenzungen, Institutionen hervorbringen.

Genau das ist die „rein geistige Wirkung" der Meinungen, die nach Ridder zu schützen ist. Damit ist durchaus ein Geist „von dieser Welt" gemeint, der *soziale Wirkungen* bewusst oder unbewusst erzeugt. Die „geistige Wirkung" ist das, was grundsätzlich nicht durch Entscheidung aus dem Prozess ausgeschlossen werden darf. Zwar ist der Prozess auch Selbstgefährdungen durch Selbstbeschränkungen der Vielfalt der Unterschiede ausgesetzt, die die Setzung von Schranken aber nur zum Zwecke der Erhaltung der *Selbstorganisation* des Prozesses durch „re-entry" des Ausgeschlossenen, durch Wiederherstellung von Vielfalt, zulassen. Wichtig ist festzuhalten, dass die Selbstorganisation dieses Prozesses, die zu einem erheblichen Teil nicht bewusst und kontrolliert erfolgt, auch den Prozess der Selbstorganisation des Subjekts umfasst.

Auch wenn Ridder den Begriff des Prozesses nicht theoretisch ausgearbeitet, sondern nur am Fall spezifiziert hat, so lässt sich hier doch eine Brücke zur Prozessphilosophie schlagen:[46] Die Prozessphilosophie lässt sich mit einer Engführung auf eine rechtswissenschaftliche Anschlussfähigkeit durch die Annahme charakterisieren, dass die soziale Welt basal aus Ereignissen, entsprechenden Erfahrungen mit sich dynamisch wandelnden Materialitätsströmen in der Zeit, besteht, die eher heterarchisch mit einander verknüpft oder verknüpfbar sind und Verknüpfungsmuster durch eine auf Wandel angelegte Kombinatorik selbst organisieren und nicht durch substanzhafte, stabile, hierarchisch geordnete Ideen und Werte vorstrukturiert ist. Mit Hans-Jörg Rheinberger[47] könnte man im Hinblick auf die Erzeugung von Wissen von einer „Prozessepistemologie" sprechen.

Einer Prozesstheorie der Meinungsfreiheit entspräche im Bereich des Konflikts von Öffentlichem und Privatem ein bewegliches „Kollisionsregime", das die sozialen Normen über die Austragung politischer Konflikte auf die Erwartungen des Schutzes der Privatheit abstimmt. Mit der alten Schrankendogmatik oder der formlosen Abwägung hat dies nur noch wenig zu tun.

3.2. Historische Reminiszenzen zum „Meinungen-System" (G. Ch. Lichtenberg)

Die Annahme des BVerfG, die „Meinung" sei ein „höchstpersönliches" Phänomen, ist wiederum die Erscheinungsform eines nicht prozesshaften Denkens: Sie schnei-

---

45 *Kervégan* 2016, S. 31, 35 (meine Übersetzung – KHL).
46 *Seibt* "Process Philosophy", in: Stanford Encyclopedia of Philosophy (Stand 2017), online unter: https://plato.stanford.edu/entries/process-philosophy/.
47 *Rheinberger* 2005, S. 108.

det den Zugang zur gesellschaftlichen, insbesondere historischen Bestimmung der Bedeutung der „öffentlichen Meinung" und der Grenzen der Meinungsfreiheit ab. Bis zum 16. Jahrhundert war die öffentliche Kultur von der Vorstellung einer (durch Gott gestifteten und durch die christlichen Monarchen ausgesprochenen) *Wahrheit* bestimmt, während das Meinen als *doxa* keinen Wert beanspruchen konnte. Erst ungefähr ab dem 17./18. Jahrhundert entsteht so etwas wie die Vorstellung von dem Wert des Meinungsstreits in einem (beinahe) modernen Sinne: Insbesondere die wirtschaftlichen Verhältnisse hören auf, als natürliche Evidenzen in einem stabilen kulturellen Kontext erlebt zu werden. Mehr Möglichkeiten der Abstraktion vom Gegebenen der Erfahrung werden sichtbar und lösen Debatten über politische Optionen und Entscheidungen zwischen diesen verschiedenen Möglichkeiten aus.

Das Politische des so entstehenden „Meinungen-Systems" zwingt nicht zur Sachlichkeit. „Ironie und Satire, Hohn und Zorn, einer hohen Kultur Salz und Zierde" (Otto Küster)[48], die jetzt allerdings auf der Schwundstufe der „Comedy" angelangt ist, sind legitime Formen des politischen Meinungskampfes. Auch die Sprache des Hasses gehört dazu – so ließe sich im Anschluss an das neue Buch Karl Heinz Bohrers[49] sagen –, aber: das gilt nur, soweit sie ihre Kraft aus dem Angriff auf die Grenze des Sagbaren, aus dem *sprachlichen* Exzess gewinnt – und nicht aus der reduzierten Sprache der „Blindbegriffe" (R. Koselleck), die nur die dünne Tünche vor der Gewalt bilden.

Das ist begrifflich nicht scharf, weil wir es mit beweglichen Zielen zu tun haben! Es bedarf der Ausdifferenzierung von Mustern und Fallgruppen und Konstellationen, die praktikable Stabilisierungen erlaubt. Wir brauchen Kollisionsregeln, aber eben Kollisions*regeln*, keine Abwägungen im Einzelfall!

3.3. Das Lüth-Urteil des BVerfG und die unterscheidungslose Abwägung

Das Lüth-Urteil[50] zeigt die Grenzen der Abwägung, die oft übersehen werden, weil das Urteil im Ergebnis ja durchaus liberal zu nennen ist. Das hat Helmut Ridder gesehen.[51] Das BVerfG hat auf alle möglichen Einzelgesichtspunkte in der Lüth-Konstellation abgestellt: Paul Lüth war Sprecher des Senats der Freien und Hansestadt Hamburg, er hatte sich für ein neues Verhältnis zu jüdischen Menschen in Deutschland eingesetzt. Das BVerfG hat darauf hingewiesen, dass dieses Ziel für die Bundesregierung und viele Persönlichkeiten des öffentlichen Lebens von hoher Bedeutung sei.[52] Anderseits ging es um frühere Filme des Regisseurs Veit Harlan, der für

---

48 Zit. bei *Ridder* 1961, S. 538.
49 *Bohrer* 2019.
50 BVerfGE 7, 198 (208); kritisch dazu *Ridder* 1961, S. 538.
51 *Ridder* 2019c, S. 70.
52 Ridder 1975, S. 79ff.

NS-Propagandafilme verantwortlich war. In den 50er-Jahren hatte Harlan in vielen Heimatfilmen Regie geführt – und genau diese waren dann Gegenstand des Boykottaufrufs von Lüth. Das BVerfG hat in der Begründung des Urteils vor allem die erwähnten Gesichtspunkte in die Abwägung eingestellt. Nach Ridder hätte man annehmen müssen, dass die *öffentliche* Meinungsfreiheit grundsätzlich an den Grenzen des Privatrechts nicht Halt macht und dann untersucht werden muss, ob der hier zu prüfende § 826 BGB ein „allgemeines Gesetz" darstellt. Bei einer *General*klausel kann es dann nicht auf den – eben generellen – Wortlaut ankommen, sondern auf den für einzelne Konflikttypen zu spezifizierenden Untersatz, hier etwa: „Der Boykottaufruf ist sittenwidrig". Helmut Ridder[53] hat zur Begründung des Lüth-Urteils[54] mit Recht nachgefragt: Wie wäre der Fall entschieden worden, wenn eine Person ohne ein öffentliches Amt und ohne das vorangegangene Engagement für eine – auch von der Bundesregierung gutgeheißenen – Sache zum Boykott aufgerufen hätte? Hätte die Verfassungsbeschwerde abgewiesen werden können?

Es ist vielleicht ein unglücklicher Zufall gewesen, dass das Urteil auch die Frage nach der Drittwirkung der Grundrechte im Privatrecht aufwerfen musste, weil hier in der Ausgangskonstellation vor einem Zivilgericht, dem LG Hamburg, über die Sittenwidrigkeit des Aufrufs zu einer vorsätzlichen wirtschaftlichen Schädigung verhandelt worden war. Bis dahin war dies beinahe undenkbar gewesen – so wie es heute noch in den USA der Fall ist, wo ein „state act" als Voraussetzung für die Grundrechtsrelevanz verlangt wird. (Und zivilgerichtliche Urteile sind in diesem Sinne keine „state acts".)[55]

3.4. Drittwirkung der Meinungsfreiheit über die Generalklauseln – oder: die Suche nach den „inneren Gesetzen" der Meinungsbildung

Auch in Deutschland waren Zivilrecht und Öffentliches Recht strikt getrennt. Und auch darüber hinaus, im Strafrecht, galt, dass ein Journalist nicht in „Wahrnehmung berechtigter Interessen" i.S.v. § 193 StGB handelt, wenn er etwa im Interesse der Öffentlichkeit einen Verdacht gegen einen Politiker verbreitet, § 186 StGB.[56] Die Privatheit der Reputation durfte früher nur in den engen Grenzen des allgemeinen Strafrechts und des bürgerlichen Rechts primär im eigenen *privaten* Interesse ange-

---

53 *Ridder* 1961, S. 539 (zu BVerfGE 12, 113 (128)).
54 Es ist sehr empfehlenswert, in *Darnstädt*s Buch „Verschlusssache Karlsruhe: Die internen Akten des Bundesverfassungsgerichts" [2018], S. 199ff., die Darstellung des Lüth-Verfahrens zu lesen: Es entsteht der desillusionierende Eindruck einer Hilflosigkeit, die sich dann im Urteil als „Abwägung" fortsetzt.
55 *Schwabe* 1971 – dort wird die Drittwirkung der Grundrechte aus der Bindung der Richter abgeleitet. Es kommt aber darauf an, ob die Grundrechte zwischen Privaten gelten, nur dann kann der Richter die Grundrechte auf diesen Fall anwenden.
56 Vgl. etwa RGSt 5, 239 (16.12.1881); 56, 382; *Requate* 2009, S. 33.

griffen werden. Das BVerfG hat bekanntlich im Lüth-Fall eine Drittwirkung der Grundrechte in mittelbarer Form, nämlich in Gestalt der Ausstrahlung der Grundrechte in das Privatrecht, über die Vermittlung der Generalklauseln zur Geltung gebracht, hier über den Begriff der „Sittenwidrigkeit". Aber warum gerade über die Generalklauseln? Offenbar, weil sie den Wertungen freien Raum geben. Helmut Ridder[57] hat demgegenüber einen ganz anderen theoretisch reflektierten Ansatz entwickelt, als er zunächst im Hinblick auf die Frage der Allgemeinheit des Gesetzes darauf aufmerksam gemacht hat, dass es nicht auf die Formulierung des Gesetzes ankomme, sondern – wie oben gezeigt – auf den konkreten Obersatz, den das Gericht für den Fall entwickelt.[58] Er hat an anderer Stelle präzisierend genauer darauf abstellen wollen, welches die Anforderungen der Eigengesetzlichkeit des Öffentlichen sind.[59] Hier hätte man berücksichtigen können und müssen, dass der Gegenstand des Boykotts der Filme Veit Harlans, um den es im Lüth-Urteil ging, selbst eine an die Öffentlichkeit – und nicht an eine Menge von Privaten – adressierte Leistung war und ein politisch begründeter Boykottaufruf, der sich nur auf die Kraft der Sprache verlässt, von der Meinungsfreiheit gedeckt sein muss, auch wenn private wirtschaftliche Interessen davon betroffen sind. Hier wäre von einem hybriden privat-öffentlichen Bereich auszugehen sein, innerhalb dessen die *Regeln* der öffentlichen Meinungsbildung Vorrang beanspruchen müssten. Die „öffentliche Meinungsfreiheit [muss] ihre Begrenzungen nach ihren eigenen inneren Gesetzen finden". So heißt es, wie erwähnt, bei Helmut Ridder in dem jetzt wieder durch die neue Sammlung von „kleinen Schriften und Vorträgen" zugänglich gewordenen Vortrag im Wiener Justizpalast von 1962.[60] D. h. der transsubjektive Prozess der Meinungsbildung besteht nicht nur aus dem Flow der Meinungen, dem von außen Schranken gesetzt werden, sondern er wird begleitet von einem selbstreferentiellen Moment der Irritation durch die Beobachtung seiner Grenzen, die die erste Stufe der (Selbst-)Beschränkung durch *soziale* Normen bilden. Das Sagbare und das Unsagbare, deren Unterscheidung Gegenstand der Beschränkung wird, sind nicht scharf voneinander getrennt. Es ist nicht primär die Rationalität des Gesetzes, die den Meinungen Schranken „setzt", sondern die Schranken werden zunächst „gefunden" als die „eigenen inneren Gesetze" der Kommunikation. Hier kommt die subjektive Seite der Kommunikation in dem reflexiven Prozess der „self-reformation" der Subjekte zur Geltung, die sich fragen, wie weit sie sich selbst relativieren müssen und wie weit sich diese Reflexion in starken oder (dem Experiment unterworfenen) schwachen Regeln niederschlagen sollte. Erst in zweiter Instanz, in einer Beobachtung zweiter Ordnung, wird die Regelbildung daraufhin reflektiert, wie weit die Praxis der Befolgung von

---

57 *Ridder* 1975, S. 79.
58 *Ridder* 1961, S. 539.
59 *Ridder* 2019c, S. 74; ähnlich 1968, S. 254.
60 *Ridder* 2019a, S. 32.

sozialen Regeln sich selbst überlassen bleiben kann oder eine richterliche Intervention erforderlich ist. Diese Intervention sollte primär *Irritation* sein, die in die soziale Praxis der Regelbildung eingehen und einen Wandel auslösen kann. Der Prozess der Meinungsbildung umfasst dann nicht nur den Schutz des Flows der Meinungen, sondern auch den Prozess seiner Selbstbegrenzung durch Regeln. Hier wird deutlich erkennbar, dass die prozesshafte Konzeption der Meinungs- und Pressefreiheit nicht nur die Stellung der Individuen nicht verkürzt, sondern im Gegenteil deren Einfluss gegenständlich um die Möglichkeit der Einwirkung auf die Bildung der sozialen Regeln erweitert.[61]

So hätte man den Fall Lüth begrifflich klarer und vor allem unter Beachtung von Regeln der öffentlichen Meinungsbildung entscheiden können und sollen: Lüth hatte ein Thema von öffentlicher Relevanz aufgegriffen, zugleich wurde dadurch die private Reputation der Produktionsfirma mit wirtschaftlichen Folgen geschädigt. Solange der Schaden nur durch einen Aufruf ausgelöst wird, müssen die Regeln der öffentlichen Meinungsbildung den Vorrang haben, die zugleich dem betroffenen Unternehmen die Möglichkeit geben, sich seinerseits öffentlich zur Wehr zu setzen. Das wäre der praktische „re-entry" der privaten Reputation als (zugleich) öffentlicher Achtungsanspruch, der aber nicht rechtlich auf das Weiterwirken und die Beseitigung des Reputationsschadens durch Ausschluss der kollidierenden Position aus dem öffentlichen Raum (und ggfs. Schadensersatz) gerichtet sein kann.

Für die (private) Kritik an der Qualität von *Produkten* bedarf es ggfs. einer genaueren Differenzierung, gerade weil es möglicherweise keinen „immer schon" vorhandenen Strom der Meinungen gibt, an den die Kritik anknüpft (Gen-Milch-Fall[62]). Hier sollte danach unterschieden werden, ob die Frage nach der Qualität oder den Eigenschaften eines Produkts ein Thema von (tatsächlich) öffentlichem Interesse ist oder ob bspw. die Frage nur wenige Menschen tatsächlich interessiert und der Kritisierte nicht damit rechnen kann, mit Einwänden in der Öffentlichkeit gehört zu werden (Prangerwirkung).[63]

3.5. Die Öffnung der Rechtsprechung des BVerfG seit den 70er-Jahren des 20. Jahrhunderts und die Bestimmung der „persönlichen Ehre"

Man muss anmerken, dass das BVerfG, auch wenn es an der Methode der Abwägung festgehalten hat, vor allem in den 70er und 80er-Jahren des 20. Jahrhunderts

---

61 Vgl. auch *Wielsch* 2020, S. 113 – zur selbstorganisierten Bildung sozialer Regeln über den Schutz der persönlichen Ehre.
62 Kriterien für das Recht auf Bezeichnung von (Müller-)Milch als „Gen-Milch" wegen des bei der Ernährung der Kühe verwendeten Futters, BGH, NJW 2008, 2110; dazu *Gostomzyk* 2008, S. 2082; Vorinstanz: OLG Köln, GRUR-RR 2005, 363.
63 BVerfGE 54, 129 (138) – Beschl. v. 23.6.2020, 1 BvR 1716/17.

sich sehr viel mehr auf die Beobachtung der sich herausbildenden und als rechtlich relevant anzuerkennenden professionellen Regeln der Presse eingestellt hat (Verdachtsberichterstattung,[64] Satire,[65] Abgrenzung von Tatsachen und Meinung,[66] etc.). Dies entsprach durchaus den Gesichtspunkten, die Ridder gegen das Lüth-Urteil in Anschlag gebracht hatte.

Im Übrigen hat Helmut Ridder mit Recht darauf hingewiesen, dass das Recht der persönlichen Ehre nicht nur eine partielle Wiederholung der Schranken der allgemeinen Gesetze ist.[67] Der Schutz der persönlichen Ehre kollidiert typischerweise mit der Meinungsfreiheit. Die „rein geistige Freiheit" findet sich auf beiden Seiten des Konflikts. Die „Ehre" kann begrifflich nicht mehr scharf definiert werden; sie ist selbst in den Prozess der öffentlichen Meinungsbildung einbezogen,[68] weshalb sie nicht ohne den Blick auf die Erfordernisse der Öffentlichkeit bestimmt werden kann. Eine leere Abwägung, die die „Ehre" ganz unterbestimmt lässt, ist aber nicht akzeptabel. Man muss vielmehr Meinungsfreiheit und Ehrenschutz aufeinander spiegeln: Wie ein Sprechakt, der den anderen zum Schweigen bringt, mit dem Prozess des öffentlichen Räsonierens nicht vereinbar ist, so schränkt m.E. auch eine persönlich herabsetzende Äußerung die Freiheit eines anderen dann ein, wenn der Betroffene nicht durch Äußerung einer Gegenmeinung reagieren kann (weil es sich etwa um sehr spezielle Fragen handelt) oder wenn dies unzumutbar erscheint: Auf eine schwere persönliche Herabsetzung kann man nur noch selten so antworten, dass man nicht die Herabsetzung fortsetzt (etwa durch Wiederholung der beleidigenden Äußerung).

Hier muss auch mit Ridder genauer zwischen der „*persönlichen* Ehre" und der „*öffentlichen* Ehre" unterschieden werden. Um letztere Variante geht es dann, wenn um den Achtungsanspruch z. B. eines Politikers gestritten wird. Die Äußerung wird primär im Hinblick auf die Frage geprüft, ob man die Bewertung nicht an den politischen Prozess zurückgeben muss,[69] statt sie rechtlich auf eine bestimmte Lesart festzulegen. Freund und Feind arbeiten derart miteinander und gegeneinander an einem unbestimmt bleibenden Bild des Politikers, das rechtlich auch unbestimmbar bleiben kann und soll. Die Entscheidung über wahr und falsch ist in dieser Konstellation nicht angemessen durch ein Gericht vorzunehmen, sie ist stattdessen in politischen Wahlen zu treffen. Diese produktive Fragestellung hat der Erste Senat des BVerfG in einer Reihe von wichtigen Entscheidungen weiter spezifiziert – über die

---

64 BVerfGE 99, 185 (196ff.); BGHZ 143, 199 (203); des Rückgriffs auf § 193 StGB bedarf es nicht mehr, dies wird unmittelbar aus Art. 5 Abs. 1 GG abgeleitet; § 193 StGB enthält im Übrigen einen Vorbehalt der Notwendigkeit (BGH, MDR 1953, 401), der mit Art. 5 Abs. 1 GG kaum vereinbar wäre.
65 BVerfGE 81, 278; 82, 1; 86, 1.
66 Vgl. nur BVerfG, NJW 2003, 661.
67 *Ridder* 1961, S. 539.
68 *Ladeur* 2007, S. 19ff., 29ff.
69 Vgl. dazu schon *Ladeur* 1999, S. 181.

Politik hinaus für die Kultur[70] und die Unternehmensentwicklung.[71] Angesichts des prozesshaften Moments der Meinungsbildung muss auch der Ehrenschutz zurücktreten, und zwar nicht deshalb, weil er weniger Gewicht hätte, sondern weil auch die politische Ehre eine vergleichbare prozesshafte Dimension hat: Sie ist ihrerseits Gegenstand vielfältiger Interpretationen. Die Bestimmung der politischen Ehre ist eine öffentliche Angelegenheit, sie kann sehr viel weniger den privaten Erwartungen zur Bestimmung überlassen werden.

In der Entscheidung „CSU NPD Europas"[72] hat der Erste Senat die schwierige Abgrenzung zwischen einem „Beitrag" zum objektiven Prozess der politischen Willensbildung und der Absicht der subjektiven Herabsetzung eines Politikers durch das Kriterium der *„Unvermeidlichkeit"* eines Nebeneffekts konkretisiert.[73] Zweck und Mittel sind vielfach austauschbar, aber man muss genauer auf das abstellen, was H. Ridder die *„eigenen* inneren Gesetze" der „öffentlichen Meinungsfreiheit" genannt hat;[74] Regeln, die sich im Prozess der öffentlichen Meinungsbildung durch Selbstorganisation entwickeln. Nach diesen muss zuallererst gefragt werden, wenn es um die Einordnung einer Kommunikation geht.[75] Geht es eher um die „Privatfehde" oder um eine Auseinandersetzung von öffentlichem Interesse? Antisemitische Äußerungen richten sich aber immer nicht nur gegen die jüdische Kultur, sondern gegen jeden einzelnen Juden. Deshalb muss man auch die Holocaust-Leugnung auf den einzelnen Juden beziehen – und nicht nur auf das Kollektiv der Juden.

Das Beispiel zeigt m. E., dass man mit einem formalen Ansatz zur Bestimmung der Schranken der Meinungsfreiheit keineswegs in ein schwer aufzulösendes Dilemma gerät, sondern dogmatische Infrastrukturen aufbauen und dadurch eine Alternative zu der begriffs- und dogmatiklosen Abwägung entwickeln kann, die Helmut Ridder immer wieder kritisiert hat.[76]

---

70 BVerfGE 54, 129 (136) – Kunstkritik.
71 BVerfGE 85, 1 (16) – Bayer-Aktionäre.
72 BVerfGE 61, 1 – „CSU NPD Europas" ; auch schon BVerfGE 7, 198 (208, 212) – Lüth; BVerfGE 12, 113 (126), m. Anm. v. *Ridder* 1961, S. 538, wo mit Recht – auch gegen das Lüth-Urteil – die Prozesshaftigkeit der öffentlichen Meinungsbildung betont wird. Der vom BVerfG als verfassungsrechtlich legitim anerkannte „Gegenschlag" ist dann eher eine soziale Institution als eine individuelles Gegenrecht.
73 BVerfGE 61, 1 – „CSU NPD Europas" – Rn. 11 f.
74 *Ridder* 2019a, S. 32.
75 Vgl. aber BVerfG, NJW 1993 – Böll-Henscheid: dort hat das BVerfG (ein seltener Ausnahmefall) einmal die instanzgerichtliche Einordnung einer Suada des Schriftstellers E. Henscheid über H. Böll als „Schmähkritik" für richtig gehalten – zu Unrecht! Durch den Kontext einer Literaturzeitschrift (*Der Rabe*) wird die Veröffentlichung geprägt, nicht durch die genaue Lektüre des Textes: Es handelt sich um einen literarischen Denkmalsturz, der auch Teil des Prozesses der Literatur als Prozess war.
76 So in der Anmerkung zu dem schon erwähnten Richard-Schmid-Beschluss, JZ 1961, 538, wo auch das Lüth-Urteil wegen seiner juristischen Konturlosigkeit kritisiert wird; auch zu BVerfGE 34, 269 – Soraya, siehe *Ridder* 1973, S. 453.

3.6. Aporien der jüngeren Entwicklung der Rechtsprechung des BVerfG zur Meinungsfreiheit

In den letzten Jahren hat die 3. Kammer und später die 2. Kammer des Ersten Senats die – man könnte sagen – kollisionsrechtliche Problematik der Koordination von Meinungsfreiheit und Persönlichkeitsrecht mehr und mehr zurücktreten lassen und gänzlich auf den Vorrang des Schutzes der Meinungsäußerung vor dem Ehrenschutz abgestellt. Muss sich nach einem Strafprozess eine Staatsanwältin ohne nähere Begründung von einem Rechtsanwalt als „durchgeknallte Staatsanwältin"[77] bezeichnen lassen? Die zuständige Kammer des mit dieser Frage befassten BVerfG hatte in dieser Konstellation angenommen, die Frage hänge davon ab, ob der Rechtsanwalt Gründe für seine Meinung gehabt habe. Infolgedessen habe das Fachgericht den Anwalt dazu befragen müssen. Dabei wird jedoch übersehen, dass auch die betroffene Staatsanwältin selbst damit praktisch – bevor sie auf zivil- oder strafrechtlichem Weg gegen die Kränkung vorgehen konnte – bei deren Urheber hätte nachfragen müssen: „Haben Sie einen Grund, mich für ‚durchgeknallt' zu halten?" Aber das ist unzumutbar!

Die Fachgerichte wissen im Grunde nicht mehr, was überhaupt in die Abwägung zugunsten des Ehrenschutzes eingestellt werden kann. Dies umso mehr, als das BVerfG ja meistens das angegriffene Urteil nur aufhebt, wenn es die Freiheit der Meinungsäußerung durch Einordnung der Äußerung als Schmähkritik zurückgesetzt sieht,[78] aber nicht über die eigentliche Abwägung entscheidet. Die Kammern können deshalb ihre Rechtsprechung auch nicht in Fallgruppen oder Mustern stabilisieren. So ist m.E. auch das bekannte Urteil des LG Berlin[79] gegen Renate Künast zu erklären: Das Landgericht hatte extrem herabsetzende Äußerungen für von der Meinungsfreiheit gedeckt gehalten, weil der Äußernde ein „Sachanliegen" gehabt habe. Das LG Berlin ist neben dem LG Hamburg *das* Gericht gewesen, bei dem der Ehrenschutz einen verhältnismäßig hohen Rang genossen hat. Eine ganze Reihe seiner Urteile sind durch die Kammern des BVerfG aufgehoben worden. Ob das genannte Urteil als Provokation des BVerfG zu verstehen ist oder als Ausdruck der desorientierenden Wirkung der genannten Rechtsprechung – jedenfalls ist es symptomatisch für den Mangel einer theoretisch informierten Durcharbeitung der Bedeutung der Meinungsfreiheit in den unterschiedlichen Konstellationen ihrer Kollision, insbesondere mit dem Recht der persönlichen Ehre. Die neuere Rechtsprechung der Kammern des Ersten Senats demonstriert allzu deutlich, dass die Vorstellung der „Subjektivität des einzelnen als [...] a priori"[80] für die Dogmatik der Meinungsfrei-

---

77 BVerfG, AfP 2016, S. 431; dazu *Ladeur* 2016, S. 402.
78 BVerfG, K&R 2019, 582 m. Anm. *Ladeur*.
79 LG Berlin, MMR 2019, 754; abgeändert durch KG Berlin, MMR 2020, 867.
80 *Masing* 2012, S. 585.

heit nur eine leere Formel bleibt. Das Urteil des LG Berlin ist m. E. ein Menetekel für die Rechtsprechung des BVerfG.

Die Zweite Kammer des Ersten Senats des BVerfG hat jüngst eine „Klarstellung der Rechtsprechung zum Verhältnis von Meinungsfreiheit und persönlicher Ehre" unternommen, indem sie vier einschlägige Beschlüsse zusammen veröffentlicht und mit einer kommentierenden Presseerklärung verbunden hat.[81] Hier ging es wieder um eher *interpersonale* Kommunikationen Privater mit öffentlichen Amtsträgern (oder über sie), die aber wenig oder gar keine Wirkung auf die öffentliche Meinungsbildung erzeugt haben. Auch Persönlichkeitsrechte haben eine von Dan Wielsch[82] überzeugend hervorgehobene aktive, auf die Beteiligung an der sozialen *Regelbildung* bezogene Funktion. Der Rekurs der Kammer insbesondere auf ein zumutbares Maß an „Selbstbeherrschung" oder andere persönliche Eigenschaften des Äußernden bleibt demgegenüber viel zu vage und führt weg von der Orientierung an einem öffentlichen Interesse an der Findung von *„Verkehrsregeln"* für Kommunikationsprozesse. Auch hier geht es um soziale Prozesse der Kommunikation und die dabei entstehenden, durch Gerichte aufeinander abzustimmenden Erwartungen und *sozialen Normen,* die aus den praktischen Kommunikationsprozessen hervorgebracht werden und im Konfliktfall von Gerichten aufeinander abzustimmen sind, nicht um die Anerkennung von Idiosynkrasien Einzelner.[83]

4. Ausblick auf die Prozesse der Kommunikation in den „sozialen Netzwerken"

Bis jetzt war nur von den Medien der Vergangenheit die Rede, die aber auch noch die der Gegenwart sind. Zur Rundfunkfreiheit hat Helmut Ridder sich nur sporadisch geäußert,[84] auch wenn er im 1. Rundfunkstreit als Gutachter aufgetreten ist. Allerdings bedürfen das Internet und seine meinungsbezogenen Foren wenigstens einer kurzen Erwähnung im Hinblick auf die Frage: Was bleibt für die Zukunft? Bleibt überhaupt etwas? Die selbst organisierte Regelbildung kann im Internet nicht mehr in einem, mit dem der klassischen Medien vergleichbaren, Evolutionsprozess erwartet werden. Aber auch in den sozialen Medien des Internets muss nicht nur im Einzelfall, sondern regelhaft die Kollision unterschiedlicher Auffassungen in einer neuen Form, die man als eine Art „Kuratierung" bezeichnen kann,[85] gewährleistet

---

81 BVerfG, NJW 2020, 2629; NJW 2020, 2622 m. Anm. *Gostomzyk*; NJW 2020, 2631; NJW 2020, 2636; sowie die Presseerklärung 49/2020 vom 19. Juni 2020; vgl. dazu *Ladeur* 2020a, S. 943-950.
82 *Wielsch* 2020, S. 113.
83 Vgl. *Ladeur* 2020a, S. 943-950.
84 *Ridder* 1958.
85 *Groys* 2012, S. 27; vgl. auch in transnationaler Perspektive: *Medzini/Shwartz Altshuler* 2019, S. 63: Die Verantwortung ergibt sich aus der „Moderierung" nach selbst gesetzten Regeln; *Ingold* 2019, S. 183.

werden. Es müssen nicht nur konkrete Konflikte bewältigt werden, sondern die dazu erforderlichen Regeln über den Einzelfall hinaus geradezu in Echtzeit entwickelt und durch eine Praxis abgesichert werden. Das ist m. E. eines der Probleme der Internetkommunikation.

Die Möglichkeit der Differenzierung von Foren und der für sie geltenden Regeln ist Teil des Grundrechtsschutzes der Provider als „Kuratoren" von Meinungsforen.[86] Die sozialen Netzwerke sind aber neue Medien, die neuer Regeln bedürfen. Die institutionelle Komponente des Schutzes der Medienfreiheit der Provider besteht vor allem darin, diese Regeln primär eher in der Form der Ausdifferenzierung von Community Standards durchsetzen zu können und zu müssen – und diese und ihre Konkretisierung zugleich am Einzelfall streitig zu stellen, etwa vor privaten Schiedsgerichten als „Cyber Courts".[87] Eine Einzelfallorientierung der Kontrolle der Grenzen des Sagbaren von Fall zu Fall wäre ebenso zum Scheitern verurteilt wie eine primär staatliche Kontrolle, die die Provider zu bloßen Vollziehern staatlicher Regeln machen wollte, wie dies mit dem Netzwerkdurchsetzungsgesetz (NetzDG) geschehen ist und mit der Novelle von 2020 fortgesetzt werden soll.[88] Wie bei der Regulierung der anderen Medien auch müssen die Besonderheiten der sozialen Netzwerke in der Dreieckskonstellation von Provider, Nutzer und Drittbetroffenen berücksichtigt werden, und das heißt, dass auch dort der Selbstorganisation von Kollisionsregeln breiter Raum gegeben werden muss. Die Prozessregeln, die für die Presse entwickelt worden sind, bedürfen einer Entsprechung in den sozialen Medien. Ich glaube aber darüber hinaus, dass den Netzwerkprovidern und auch Google als Suchmaschinenbetreiber, als neuer medialen Institution, aber auch als einer neuen Form der Verbreitung, ein grundrechtlicher Status im Hinblick auf die Beteiligung an der Selbstorganisation und Ausgestaltung der Regeln über die *Prozesse* der Netzkommunikation sowie das *Kuratieren* zuerkannt werden muss.[89] Das „Kuratieren" von Kommunikationen in den sozialen Medien ist Bestandteil des transsubjektiven Prozesses der Kommunikation, der seine eigenen Regeln hervorbringt. Und diese Leistung ist grundrechtlich geschützt.[90] Insbesondere das „Kuratieren" in der Gestalt des Rankings ist – in Bezug auf Meinungen, nicht tatsächliche Informationen (z.B.

---

86 *Groys*, a.a. O.
87 *Ladeur* 2018.
88 *Ladeur* 2020b, S. 248; *ders./Gostomzyk* 2017, S. 390.
89 Wenn schon unselbständige inhaltsferne Hilfsfunktionen von Presseunternehmen, vgl. BVerfGE 25, 296 (304) – Buchhaltung; BVerfGE 64, 108 (114 f.) – Anzeigenaufnahme; BVerfGE 77, 346, Tz. 24 – wenn Pressegrosso in den Schutzbereich von Art. 5 Abs. 1 Satz 2 GG fallen, muss dies erst recht für die neue inhaltsbezogene Funktion des „Kuratierens" gelten; vgl. auch *Ladeur/Gostomzyk* 2017, S. 392f.
90 OLG Hamburg, MMR 2011, 685 (687); vgl. auch *Gostomzyk* 2018, S. 109; *Lüdemann* 2019, S. 279; für die anglo-amerikanische Literatur (pro) *Volokh/Falk* 2012, S. 883, 884 f.; enger *Whitney/Simpson* 2019, S. 47 (nur für Meinungen i.e.S.); *Grimmelmann* 2014, S. 868 (der Googles Funktion eher als die eines "advisor" bezeichnen will – auch dies gehört aber in den Schutzbereich der Medienfreiheit).

über Preise) – eine Meinung über die Relevanz von Meinungen.[91] Auch hier bedarf es einer neuen *Prozessregel*, der Offenlegung der Kriterien und der Anwendung ihrer Praxis. Es ist nicht unbedingt beruhigend zu lesen, was der YouTube-Manager Neal Mohan unter einem „Faktencheck" im Interesse der Gewährleistung des Zugangs zu den „richtigen Informationen" versteht.[92] Zu den neuen „inneren Gesetzen" der sozialen Medien gehört die Wiedereinführung der Kontrolle des „Kuratierens" des Kommunikations-Flows durch die Beteiligung der User an der Beobachtung und Bewertung ihrer Praxis. Auch dort entstehen als Effekte *zwischen* Subjekten soziale Normen.[93] Das „Kuratieren" darf ebenfalls nicht aus dem Prozess der Kommunikationen herausgelöst werden. Das „Kuratieren" besetzt allerdings nur eine, wenn auch wichtige Stelle in der ordnungsbildenden Struktur der Kommunikation in den sozialen Medien, eine Stelle, von der aus Impulse zur Irritation ausgehen, die aber nicht einseitig die Richtung des Flows bestimmen dürfen. Die „inneren Gesetze" der Kommunikation in den sozialen Medien sind nicht die gleichen wie in den klassischen Medien. Sie müssen durch Selbst- und Fremdbeobachtung des Experimentierens herausgebildet werden – unter Berücksichtigung der neuen Asymmetrien (Machtverhältnisse) oder der Hybridisierung des Öffentlichen und des Privaten (kleine Foren, große Foren) in immer neuen (Re-)Figurationen. Die neuen „inneren Gesetze" der Kommunikation in den sozialen Medien müssen ebenfalls primär gefunden, nicht gesetzt werden. Diese Problematik wird an der generellen Schließung von Trumps Twitter-Account deutlich. Die Beobachtung der Eigenrationalität des Kommunikationsprozesses jenseits der einzelnen Kommunikation ist die bleibende Quintessenz von Ridders Denken, das auch für die sozialen Medien seine Bedeutung behält.

Dies wäre ein kleiner Versuch, Ridders Prozessdenken, die Orientierung an der Selbstorganisation der Regeln der Öffentlichkeit, auch auf Medien zu übertragen, von denen er keine Vorstellung haben konnte.

Nicht nur mit dem Ausblick sollte demonstriert werden, dass Helmut Ridders Denken, das von der Vorstellung der Selbstorganisation der sozialen Normen über die Ausdifferenzierung der Eigengesetzlichkeit der neuen Foren des Öffentlichen nicht weit entfernt ist, für uns auch heute noch – gerade angesichts der Herausforderungen der Internetkommunikation – von erheblicher Bedeutung ist.[94]

Helmut Ridders Ideen für ein sich selbst beobachtendes Recht der öffentlichen Meinungsbildung werden nicht verloren gehen.

---

91 *Volokh/Falk*, a. a. O.; *Grimmelmann*, a. a. O.
92 *Neal Mohan* im FAZ Interview (Nr. 223) v. 24.9.2020, S. 22.
93 *Zarsky* 2015, S. 138.
94 Besonders anregend und weiterführend ist auch die prozesshafte Konstruktion der Kunstfreiheit: vgl. *Ridder* 2019e, S. 189.

Bibliographie

Alexy, Robert, 2006: Theorie der Grundrechte, Frankfurt a.M.

Alexy, Robert, 2001: Theorie der juristischen Argumentation. Die Theorie des rationalen Diskurses als Theorie der juristischen Begründung, Frankfurt a.M.

Augsberg, Ino, 2016: Kassiber. Die Aufgabe der juristischen Hermeneutik. Tübingen.

Augsberg, Ino, 2013: „Wer glauben will, muss zahlen"? Erwerb und Aufgabe der Kirchenmitgliedschaft im Spannungsfeld von Kirchenrecht und Religionsverfassungsrecht. In: Archiv des öffentlichen Rechts 138, H. 4, S. 493-535.

Bachelard, Gaston, 1986 : Le rationalisme appliqué. Connaissance commune et connaissance scientifique. Paris.

Bohrer, Karl Heinz, 2019: Mit Dolchen sprechen. Der literarische Hass-Effekt. Berlin.

Brünneck, Alexander von, 1978: Politische Justiz gegen Kommunisten in der Bundesrepublik Deutschland 1949-1968. Frankfurt a.M.

Bryde, Brun-Otto, 2004: Programmatik und Normativität der Grundrechte. In: Merten, Detlef/ Papier, Hans-Jürgen (Hrsg.): Handbuch die Grundrechte in Deutschland und Europa, Band 1: Entwicklung und Grundlagen, Heidelberg, § 17.

Cover, Robert M., 1981: The Left, the Right and the First Amendment: 1918-1928. In: Maryland Law Review 40, S. 349-388.

Darnstädt, Thomas, 2018: Verschlusssache Karlsruhe. Die internen Akten des Bundesverfassungsgerichts. München.

Emerson, Thomas Irwin, 1966: Toward a General Theory of the First Amendment. New York.

Fischer-Lescano, Andreas/*Franzki,* Hannah/*Horst,* Johan (Hrsg.), 2018: Gegenrechte. Recht jenseits des Subjekts. Tübingen.

Fischer-Lescano, Andreas, 2008: Kritik der praktischen Konkordanz. In: Kritische Justiz 41, H. 2, S. 166-177.

Gostomzyk, Tobias, 2018: Grundrechtsträgerschaft für soziale Netzwerke? Der Anwendungsbereich des Art. 19 Abs. 3 GG. In: Eifert, Martin/Gostomzyk, Tobias (Hrsg.): Netzwerkrecht. Die Zukunft des NetzDG und seine Folgen für die Zukunft, Baden-Baden, S. 109-124.

Gostomzyk, Tobias, 2008: Äußerungsrechtliche Grenzen des Unternehmenspersönlichkeitsrechts. Die Gen-Milch-Entscheidung des BGH. In: Neue Juristische Wochenschrift 61, H. 29, S. 2082-2085.

Grimmelmann, James, 2014: Speech Engines. In: Minnesota Law Review 98, S. 868-952.

Gross, Ingrid, 1971: Die Institution Presse. Zugleich ein Beitrag zum Wesen der Einrichtungsgarantie und ihrem Verhältnis zu den Individualgrundrechten. Berlin.

Groys, Boris, 2012: Google. Worte jenseits der Grammatik (dOCUMENTA 13: 100 Notes – 100 Thoughts). Berlin.

Häntzschel, Kurt, 1932: Das Recht der freien Meinungsäußerung. In: Anschütz, Gerhard/ Thoma, Richard (Hrsg.): Handbuch des deutschen Staatsrechts, Band 2, Tübingen, S. 651.

Hoppe, Werner, 1977: Die „Zusammenstellung des Abwägungsmaterials" und die „Einstellung der Belange" in die Abwägung „nach Lage der Dinge" bei der Bauplanung. In: Deutsches Verwaltungsblatt 77, S. 136-144.

Ingold, Albert, 2019: „Governance of Algorithms". Kommunikationskontrolle durch „Content Curation" in sozialen Netzwerken. In: von Ungern-Sternberg, Antje/Unger, Sebastian (Hrsg.): Demokratie und künstliche Intelligenz, Tübingen, S. 183-213.

Kervégan, Jean-François, 2016: Le „droit du monde". Sujets, normes et institutions. In: ders./ Marmasse, Gilles (Hrsg.): Hegel penseur du droit, Paris, S. 31-46.

Klatt, Matthias (Hrsg.), 2013: Prinzipientheorie und Theorie der Abwägung. Tübingen.

Ladeur, Karl-Heinz/*Gostomzyk* Tobias, 2017: Das Netzwerkdurchsetzungsgesetz und die Logik der Meinungsfreiheit. In: Kommunikation und Recht, S. 390-394.

Ladeur, Karl-Heinz, 2020a: Die Kollision von Meinungsfreiheit und Ehrenschutz in der interpersonalen Kommunikation. Was stellt die »Klarstellung« des BVerfG vom 19. 5. 2020 klar? In: JuristenZeitung 75, H. 19, S. 943-950.

Ladeur, Karl-Heinz, 2020b: Ist der Regierungsentwurf eines NetzDG 2.0 vom 19. 2. 2020 netzgerecht? Darstellung der Novelle und Skizze einer Alternative. In: Kommunikation und Recht, S. 248-253.

Ladeur, Karl-Heinz, 2018: Netzwerkrecht als neues Ordnungsmodell des Rechts. Nach dem Recht der Gesellschaft der Individuen und dem Recht der Gesellschaft der Organisationen. In: Eifert, Martin/Gostomzyk, Tobias (Hrsg.): Netzwerkrecht. Die Zukunft des NetzDG und seine Folgen für die Netzwerkkommunikation, Baden-Baden, S. 169-185.

Ladeur, Karl-Heinz, 2016: Die „durchgeknallte Staatsanwältin" – Ende des Schutzes der persönlichen Ehre in öffentlichen Auseinandersetzungen? In: AfP – Zeitschrift für Medien- und Kommunikationsrecht, H. 5, S. 402-404.

Ladeur, Karl-Heinz, 2016: A Critique of Balancing and the Principle of Proportionality in Constitutional Law – A Case for 'Impersonal Rights'? In: Transnational Legal Theory 2, H. 7, S. 228-256.

Ladeur, Karl-Heinz, 2007: Das Medienrecht und die Ökonomie der Aufmerksamkeit. In Sachen Dieter Bohlen, Maxim Biller, Caroline von Monaco u.a. Köln.

Ladeur, Karl-Heinz, 2004: Kritik der Abwägung in der Grundrechtsdogmatik. Plädoyer für eine Erneuerung der liberalen Grundrechtstheorie. Tübingen.

Ladeur, Karl-Heinz, 2000: Persönlichkeitsschutz und „Comedy". Das Beispiel der Fälle Sat.1/S. Stahnke und RTL2/Gerhard Schröder. In: Neue Juristische Wochenzeitung, S. 1977.

Ladeur, Karl-Heinz, 1999: Helmut Ridders Konzeption der Meinungs- und Pressefreiheit in der Demokratie, Kritische Justiz 32, H. 2, S. 281-294.

Lichtenberg, Georg Christoph, 1992: Aphorismen (Sudelbücher). München | Zürich.

Lippmann, Walter, 1965: Public Opinion. New York.

Lüdemann, Jörn, 2019: Grundrechtliche Vorgaben für das Löschen von Beiträgen in sozialen Netzwerken. In: Multimedia und Recht (MMR), S. 279-284.

Masing, Johannes, 2012: Meinungsfreiheit und Schutz der verfassungsrechtlichen Ordnung, JuristenZeitung 67, H. 12, S. 585-592.

Medzini, Rotem/*Shwartz Altshuler*, Tehilla, 2019: Dealing with Hate Speech on Social Media. The Israel Democracy Institute & Yad Vashem Policy Papers E12. Israel.

Requate, Jörg, 2009: Kennzeichen der deutschen Mediengesellschaft des 19. Jahrhunderts. In: ders. (Hrsg.): Das 19. Jahrhundert als Mediengesellschaft. Zur Wechselwirkung medialer und gesellschaftlicher Veränderungen in Deutschland und Frankreich, München, S. 30-42.

Rheinberger, Hans-Jörg, 2016: Der Kupferstecher und der Philosoph. Zürich | Berlin.

Rheinberger, Hans-Jörg, 2005: Iterationen. Berlin.

Ricard, Hubert, 2015: Les ambiguïtés du terme „représentation" et des termes qui lui sont liés. In : Journal Français de Psychiatrie 41, S. 9-18.

Ridder, Helmut, 2019a: Die öffentliche Aufgabe der Presse im System des modernen Verfassungsrechtes. In: Hase, Friedhelm/Ladeur, Karl-Heinz/Preuß, Ulrich K. (Hrsg.): Kommunikation in der Demokratie. Kleine Schriften und Vorträge, Tübingen, S. 16-33.

Ridder, Helmut, 2019b: Das Zensurverbot. In: Hase, Friedhelm/Ladeur, Karl-Heinz/Preuß, Ulrich K. (Hrsg.): Kommunikation in der Demokratie. Kleine Schriften und Vorträge, Tübingen, S. 48-59.

Ridder, Helmut, 2019c: Das Recht auf Information. In: Hase, Friedhelm/Ladeur, Karl-Heinz/Preuß, Ulrich K. (Hrsg.): Kommunikation in der Demokratie. Kleine Schriften und Vorträge, Tübingen, S. 60-75.

Ridder, Helmut, 2019d: Aktuelle Rechtsfragen des KPD-Verbots. In: Hase, Friedhelm/Ladeur, Karl-Heinz/Preuß, Ulrich K. (Hrsg.): Kommunikation in der Demokratie. Kleine Schriften und Vorträge, Tübingen, S. 103-148.

Ridder, Helmut, 2019e: Die Freiheit der Kunst nach dem Grundgesetz. In: Hase, Friedhelm/Ladeur, Karl-Heinz/Preuß, Ulrich K. (Hrsg.): Kommunikation in der Demokratie. Kleine Schriften und Vorträge, Tübingen, S. 189-200.

Ridder, Helmut, 1975: Die soziale Ordnung des Grundgesetzes. Leitfaden zu den Grundrechten einer demokratischen Verfassung, Opladen.

Ridder, Helmut, 1973: *Alles fließt.* Bemerkungen zum „Soraya-Beschluss" des Ersten Senats des Bundesverfassungsgerichts. In: Archiv für Presserecht, S. 453-457.

Ridder, Helmut, 1968: Meinungsfreiheit. In: Neumann, Franz L./Nipperdey, Hans Carl/Scheuner, Ulrich (Hrsg.): Die Grundrechte. Handbuch der Theorie und Praxis der Grundrechte, Bd. 2, Berlin, S. 243-290.

Ridder, Helmut, 1961: Anmerkung zu BVerfG, Beschluss vom 25.1.1961 – 1 BvR 9/57 – „Richard Schmid-Beschluss". In: JuristenZeitung, S. 535.

Ridder, Helmut, 1960: Zur verfassungsrechtlichen Stellung der Gewerkschaften im Sozialstaat nach dem Grundgesetz für die Bundesrepublik Deutschland. Stuttgart.

Ridder, Helmut, 1958: Kirche, Staat, Rundfunk. Grundsatzfragen ihrer Rechtsbeziehungen in der Bundesrepublik Deutschland. Frankfurt a.M.

Schladebach, Marcus, 2014: Praktische Konkordanz als Verfassungsprinzip. Eine Verteidigung. In: Der Staat 53, H. 2, S. 263-283.

Schmitt, Carl, 1970: Verfassungslehre. Berlin.

Schwabe, Jürgen, 1971: Die sogenannte Drittwirkung der Grundrechte. Zur Einwirkung der Grundrechte auf den Privatrechtsverkehr. München.

Smend, Rudolf, 1928: Das Recht der freien Meinungsäußerung (Mitbericht). In: Veröffentlichungen der Vereinigung der Deutschen Staatsrechtslehrer (VVDStRL) 4, S. 44-72.

Vesting, Thomas, 1997: Soziale Geltungsansprüche in fragmentierten Öffentlichkeiten. Zur neueren Diskussion über das Verhältnis von Ehrenschutz und Meinungsfreiheit. In: Archiv des öffentlich Rechts 122, H. 3, S. 337-371.

Volokh, Eugene*/Falk,* Donald M., 2012: First Amendment Protection for Search Engine Search Results. White Paper Commissioned by Google. In: Journal of Law, Economics & Policy 8, S. 883.

Wetters, Kirk, 2008: The Opinion System. Impasses of the Public Sphere from Hobbes to Habermas. New York.

Whitney, Heather M.*/Simpson,* Robert Mark, 2019: Search Engines and Freedom of Speech Coverage. In: Gelber, Katharine/Brison, Susan J. (Hrsg.): Free Speech in the Digital Age, New York | Oxford, S. 33-51.

Wielsch, Dan, 2020: Medienregulierung durch Persönlichkeits- und Datenschutzrechte. In: JuristenZeitung 75, H. 3, S. 105-114.

Zarsky, Tal Z., 2015: Social Justice, Social Norms and the Governance of Social Media. In: Pace Law Review 35, H. 1, S. 138-172.

Isabell Hensel

Gewerkschaft als kollektiver Prozess:
Helmut Ridders Plädoyer für mehr Bewegung in der Tarifpolitik

Helmut Ridder kämpfte in allen gesellschaftlichen Verästelungen für die Realisierung der Demokratie. Diese war ihm kein formales Staatsorganisationsprinzip, sondern gesellschaftliche Aufgabe. Sein Plädoyer für eine Demokratisierung der Wirtschaftsverfassung und ihrer Prozesse resultiert daher konsequent in der Forderung: „Die Gewerkschaft muss also eine demokratische Struktur aufweisen."[1]

1. Eine andere Demokratisierung

In diesem Sinn verfasst Helmut Ridder 1958 das Rechtsgutachten „Zur verfassungsrechtlichen Stellung der Gewerkschaften im Sozialstaat nach dem Grundgesetz der Bundesrepublik Deutschland", das die IG Metall im Rahmen einer Verfassungsbeschwerde gegen die Verpflichtung zum Ersatz aller aus dem Streik in der schleswig-holsteinischen Metallindustrie von 1956/57 entstandenen Schäden in Auftrag gegeben hat.[2] Wenn er darin annimmt, dass ein rechtmäßiger Streik die Durchführung einer Urabstimmung voraussetzt und eine entgegenstehende Schlichtungsvereinbarung dahingehend unwirksam ist, leitet er seine Forderung an die demokratische Willensbildung in den Gewerkschaften nicht einfach aus deren öffentlicher Aufgabe ab. Das ist der gängige Weg, Forderungen einer autonomen Binnenstruktur der Gewerkschaften herzuleiten[3] und die Urabstimmung als verfassungsrechtliche Notwendigkeit zu verlangen.[4] Ridder geht aber nicht den ausgetretenen Pfad der demokratischen Zumutungszuweisung aufgrund öffentlicher Funktion, sondern er verknüpft seine praktische Forderung mit seiner sozial-theoretisch informierten Grundrechtstheorie.

So erschließt sich erst vor dem Hintergrund seiner Theorie inpersonaler, prozeduraler Grundrechte die den Gutachten zugrunde liegende eigenständige rechtliche Wertung und ihr Mehrwert für die Gewerkschaftsdebatte. Sein theoretisch geprägter,

---

1 *Ridder* 1960, S. 43.
2 Dazu und zum weiteren Verlauf umfassend: *Kittner* 2005, S. 630 ff.
3 Jeweils freilich mit Abweichungen im Herleitungsweg: siehe u.a. *Biedenkopf* 1964; *Popp* 1975, S. 52 f., 107 ff., 131 f.; *Föhr* 1974, S. 123 ff.
4 Statt vieler: *Hettlage* 2004.

methodisch am „therapeutischen Selbstverständnis des GG"[5] ausgerichteter und rechtspolitisch motivierter Blick auf die Gewerkschaften ist bis heute geeignet, den politischen Gehalt des Artikel (Art.) 9 Abs. 3 Grundgesetz (GG) über einen bloßen Institutionenschutz hinaus zu rekonstruieren. Ridder liest die Koalitionsfreiheit als gesellschaftliche Freiheit mit einer besonderen kollektiven, also sozialen als politischen Dimension.

Aus einer funktionalen Grundrechtsperspektive folgen besondere Konsequenzen für die Binnendemokratisierung der Gewerkschaften, indem die Desiderate der Mitgliedergleichheit oder eines Mehrheitssystems mit gleichen Teilnahmechancen verfassungsrechtlich rückgebunden werden. Doch die funktionell argumentierenden Grundrechtstheorien verfahren in der Funktionsanalyse häufig unterkomplex.[6]

Anders Ridder: Sein Verständnis von Kollektivität ist geeignet, die Funktionsbereiche der Grundrechte präzise zu erfassen. Mit Hilfe seiner Lesart des Grundrechts der Koalitionsfreiheit gelingt eine funktionelle Rekonstruktion, die an die kollektive Grundentscheidung der Verfassung und nicht an das vorherrschende Selbstverständnis der Gewerkschaften als durch die Verfassung legitimierte Monopole anschließt.

Ridders Perspektive auf die Gewerkschaften ist aktueller denn je. So zeigt etwa die Revitalisierungsdebatte, wie Gewerkschaften derzeitig durch neue Organizing-Modelle, die auf kampagnenförmige Mobilisierung von Mitgliedern gerichtet sind und neue wirtschaftliche Handlungsräume eröffnen sollen, sich gegen Machtverluste, Mitgliederschwund und Vertretungsdefizite behaupten.[7] Ridder geht es zentral um die Horizontalwirkung der Koalitionsfreiheit in gesellschaftliche Prozesse hinein, also um die Entfaltung ihrer kollektiven Dimension auch gerade durch die Einhegung der von den Gewerkschaften selbst ausgehenden Gefahren. Die Debatte um die verfassungsrechtliche Bindung und Rolle von Gewerkschaften betrifft im Kern die Grundrechtsfragen privatrechtlicher Infrastrukturen, also Fragen der gesellschaftlichen Grundrechtsausübung in zwei Richtungen: zum einen das Verhältnis kollektiver Infrastrukturen zu den koalierenden Individuen, also zwischen individueller und kollektiver Koalitionsfreiheit, und zum anderen das Verhältnis der handelnden gesellschaftlichen Kollektive zu Gerichten und zur Legislative. Beides bleibt in der bisherigen verfassungsdogmatischen Unterscheidung zwischen Ausgestaltungsfreiheit und Eingriffsrechtfertigung noch unterbelichtet. Regulierungsinitiativen werden typischerweise durch Berufung auf eine mehr oder weniger sakrosankte Verbandsautonomie untergraben und die Ausgestaltungsgrenzen bzw. -pflichten des Gesetzgebers im Bereich der Koalitionsfreiheit geraten durch die fehlgehende Systematisierung oft aus dem Fokus.

---

5 *Ridder* 1960, S. 11; zur Methode der „verfassungsgrundentscheidungskonformen Auslegung" unter Beachtung der „Generalanliegen der Verfassungsschöpfung": a.a.O., S. 18.
6 Zu einem funktionalen Verständnis aber schon statt vieler: *Hueck/Nipperdey* 1970, S. 137, 915; BVerfGE 92, 365 (394f.).
7 Umfassend statt vieler: *Brinkmann u.a.* 2008.

2. Inpersonale, prozedurale Grundrechte als kollektive Lernprozesse

An dieser Stelle von Ridder lernen, hieße, zu lernen, die einfache Dichotomie individueller und kollektiver Grundrechte, die fast zwangsläufig in einem Konkurrenz- oder Steigerungsverhältnis aufgelöst werden muss, in Grundrechtstheorie und -praxis zu überwinden und jenseits dieser unterkomplexen Differenz die kollektive, gesellschaftliche Dimension der Grundrechtsbereiche angemessen zu entfalten. Statt der zu engen Ausrichtung der Grundrechtsdogmatik an Subjekten und juristischen Personen, verknüpft Ridder den subjektrechtlich ausgerichteten Grundrechtsschutz mit einer inpersonalen, „transsubjektiven"[8] Grundrechtsdimension, die auf gesellschaftliche Ordnungsbildung gerichtet ist. Grundrechte sind für Ridder zwar auch, aber nicht primär Individualgrundrechte.[9] Sie sollen aber darüber hinaus die Freiheit sozietal-politischer Prozesse schützen,[10] wie etwa die Meinungsfreiheit das politische Sprechen absichern soll.[11]

Ridder verortet in der Konsequenz den Begriff des Politischen nicht alleine in der öffentlichen Sphäre, sondern zieht ihn ausgehend von dem Konzept des Sozialstaates in die Gesellschaft hinein.[12] Die Gesellschaft hat aus sich heraus eine eigene, originäre politische Funktion.[13] Hier gibt es mit der „Sozialordnung"[14] eine Sphäre des Politischen, in der gesellschaftliche politische Kräfte in „dauerhafter Konfrontation mit dem Staatsapparat wirken."[15] In der Folge dienen Grundrechte der Struktur- und Ordnungsbildung und sichern damit zum einen ähnlich der abwehrrechtlichen Dimension die Grenzziehung zwischen Staat und Gesellschaft, aber zum anderen auch horizontal vor gesellschaftlichen Gefährdungen und (Selbst-)Blockaden.

Der Ansatz legt offen, dass sich die Grundrechtsdimensionen, anders als es gängige Drittwirkungstheorien annehmen, nicht in subjektiven und objektiven Grundrechtsdimensionen erschöpfen.[16] So geht es nicht ausschließlich darum, vorhandene oder eingeübte Kommunikationsstrukturen gesetzlich abzusichern. Ridder zeigt stattdessen, dass es notwendig ist, gerade die Freiheit dieser Kommunikationsprozesse, also auch das Ausbrechen aus diesen Routinen, zu schützen, weil Ordnungsbildungsprozesse erst in der freien Gesellschaft stattfinden können.

Während Ridder selbst diese kollektive Dimension noch am Wortlaut einzelner Grundrechte und damit im Rahmen der Eigennormativität der Verfassung fest macht,

---

8   Zur Begriffsverwendung siehe *Ladeur* 2006, S. 645 ff.
9   Zu dieser „Doppelspurigkeit" auch *Teubner* 2018.
10 Vgl. *Ridder* 1975a, S. 85; dazu auch *Ladeur* 1999.
11 Dazu *Ladeur* 2020, S. 175 ff.; *Tabbara* in diesem Band.
12 *Ridder* 1960, S. 15, 22 f.
13 Zur Entwicklung dieses Verfassungsverständnisses: *Ridder* 1975a, S. 15.
14 Begriff von *Luhmann* 1999, S. 96; auch er beschreibt dieses „gesellschaftliche Geschehen, das politisch zu werden verspricht", a.a.O., S. 98.
15 *Ridder* 1960, S. 15.
16 Eine eingehende Auseinandersetzung damit bei *Hensel/Teubner* 2014.

sehen einige seiner Schüler*innen diese Kollektivitätsdimensionen in allen Grundrechtsbereichen angelegt.[17] Dazu knüpfen sie vor allem an die von Ridder betonte gesellschaftliche Sphäre an und entwickeln die inpersonale Grundrechtsdimension systemtheoretisch informiert weiter. Danach haben alle Grundrechte, die nicht ausschließlich auf die Persönlichkeit abstellen, einen durch gesellschaftliche Erwartungen und Kommunikationsprozesse geprägten Schutzbereich.[18] Gesellschaftliche, reflexive Infrastrukturprozesse sind der rechtlichen Verfassung vorgelagert und prägen diese. Grundrechtsstrukturen sind daher kein quasi feststehendes, statisch, oder räumlich vorstellbares System, sondern müssen immer neu hergestellt werden. Sie sind diskursive Prozesse und können nicht mehr rein objektiv bestimmt werden.[19] Genauso lassen sie sich nicht, einfach auf Subjekte zurückführend, als intersubjektive Prozesse beschreiben, weil die Diskurse ihre Teilnehmer*innen erst hervorbringen. Aber auf der anderen Seite gestalten und prägen diese wiederum den Diskurs, sind deren Motor. Hier bilden sich in experimenteller Art bereichs- und funktionsspezifisch Erwartungen, Verhaltensmuster, Standards etc. als ein gemeinsamer Wissensbestand heraus, die den individuellen Handlungs- und Denkraum übersteigen und ein Mehr an Möglichkeiten schaffen. Grundrechtsgehalte sind danach immer schon reflexiv angelegt.[20]

In diesem Kontext ist die Rede von „kollektiven Effekten"[21] spezifischer Selbstorganisationsprozesse oder „kollektiven Lernprozessen", in denen in stetigen Schleifen Objektivität und Subjektivität konfrontiert, neu verhandelt und schließlich neu hervorgebracht werden.[22] Um das diffizile Wechselverhältnis zwischen Kollektiv und Individuen im Ridderschen Grundrechtsmodell zu verdeutlichen, führt Fabian Steinhauer den treffenden Begriff „kollektiv-institutionell" ein.[23] Die besondere kollektive Dimension ist nicht einfach als Zusammenfügung oder Vereinigung von Personen in einer Gruppe bzw. Summe zu fassen. Unterkomplex wäre es auch, das zusammengefasste Ganze aufgrund seiner Form und neuer institutioneller Eigenschaften mit bloßem Mehrwert gegenüber der Summe seiner Teile zu versehen. Zentrales Merkmal der kollektiven Emergenz ist, dass sie nicht als Produkt, sondern nur als rekursiver Prozess zu fassen ist. Nicht der Status von Institutionen, wie er bei der Begründung von juristischen Personen herangezogen wird, ist zentral, sondern emergierende Prozesse, genauer deren emergente Effekte,[24] die schon als kollektiver „Eigensinn", als Exzess und als „Ermöglichungs- und Verheißungsüberschüsse"

---

17 Statt vieler: die Beiträge in *Vesting/Korioth/Augsberg*, 2014; auch *Augsberg*, 2013, S. 530.
18 Vgl. auch *Luhmann* 1999, S. 98 f.
19 *Augsberg* spricht insoweit vom Kreativitätsschutz der Grundrechte, ders. 2013, S. 528 f.
20 Vgl. *Ladeur* 2006, S. 646 ff.; zu Reflexionsmechanismen für die Wissenschaft: *Hensel* 2021; für die Kunst: *Ridder* 1963.
21 *Ladeur* 2006, S. 647 f.
22 Etwa *Eder* 1986.
23 *Steinhauer* 2014.
24 Zu einem solchen Emergenzbegriff etwa *Luhmann* 1994, S. 42; auch *Teubner* 1996.

bezeichnet wurden.[25] Die institutionellen genauso wie personalen Einheiten werden immer wieder erst in wechselseitiger Rekursivität hergestellt.

Diese Lesart der Grundrechte geht über eine Institutsgarantie im Sinne Carl Schmitts weit hinaus.[26] Sie verzichtet auf die konservierende Lesart des Institutionenbegriffs als staatliche Bestandsgarantie, der soziale Wirklichkeit nicht mehr fassen kann.[27] Die „kollektiv-institutionelle" Weiterentwicklung der Ridderschen Grundrechtstheorie will nicht einen festen Staats- und Normenbestand schützen,[28] sondern versucht, eine prozedurale Verbindung zu den gesellschaftlichen Grundlagen wiederherzustellen. Referenzpunkt einer Grundrechtstheorie sind dann weder eine objektive Schutzdimension noch vermeintlich feststehende Diskursteilnehmer*innen oder ein neuer (Akteur*innen-)Status, sondern die verschiedenen gesellschaftlichen Kommunikationssphären, „innerhalb derer sich die einzelnen Kommunikationsakte und auch die Kommunikationssubjekte erst konstituieren."[29] Zentrale Schutzobjekte sind dann nicht ausschließlich Subjekte, sondern die Pluralität der Diskurse,[30] plurale Sprachspiele,[31] die Polykontextualität in einer funktional ausdifferenzierten Gesellschaft.[32] Grundrechtsschutz würde dann bedeuten, die Bedingungen dieser kollektiven Lernprozesse abzusichern und ihre sowohl subjektiven als auch objektiven Vereinnahmungen zu verhindern, indem durchgehend Anschlussmöglichkeiten offengehalten werden.[33] Gerade Ridders Verständnis von der Koalitionsfreiheit und der daraus folgenden Funktionsbestimmung der Gewerkschaften zeigen, wie er sich trotz seines Festhaltens an der Eigennormativität der Verfassung und seinen Überlegungen entlang der verfassungsmäßigen Grundentscheidungen diese gesellschaftlichen Verfassungsbildungsprozesse vorstellt bzw. wie sich die skizzierten jüngeren Theorieentwicklungen in sein Modell einfügen.

3. Die Koalitionsfreiheit als kollektiv-institutionelles Grundrecht

3.1. Zur politischen Funktion kollektiver Prozesse

Diese Lesart der Grundrechte führt zu einer entscheidenden Wende im Kollektivverständnis des Art. 9 Abs. 3 GG. Rekonstruiert man den Schutzbereich der Koalitions-

---

25 *Steinhauer* 2014, S. 8 ff.; *Augsberg* 2017, S. 532; *Wiethölter* 2003, S. 18.
26 Nach diesem sind Institutionen „Bestehendes und Vorhandenes": *Schmitt* 1985, S. 155.
27 Kritisch zur Auslegung der Tariffreiheit als Institutsgarantie, die an die Tradition Schmitts anknüpft: *Nogler* 1996, S. 207.
28 Vgl. so etwa der Institutionenbegriff bei *Schmitt* 1970, S. 171 ff.
29 Dazu *Augsberg* 2013, S. 530; *Vesting* 2014.
30 *Augsberg* 2013, S. 531.
31 *Lyotard* 1985, S. 68 ff.
32 *Luhmann* 1999, S. 18 ff., 186 ff.; *Hensel/Teubner* 2014.
33 Dazu *Ladeur* 2004.

freiheit anhand ihrer Eigenrationalität, ist gerade das kommunikative Element zentral „für die Eigenart ihrer grundrechtlichen Position"[34] und verleiht ihr gegenüber anderen Formen der Vereinigung einen eigenständigen Verfassungswert. In Art. 9 Abs. 3 GG ist bereits in besonderer Weise eine kollektive Dimension angelegt, die mehr auf einen Prozess als auf ein Individuum oder eine Institution verweist: Nach dem Wortlaut ist für „jedermann und für alle Berufsarten" das Recht gewährleistet, „zur Wahrung und Förderung der Arbeits- und Wirtschaftsbedingungen Vereinigungen zu bilden." Der Wortlaut der Wahrung und Förderung der Arbeitsbedingungen verweist bereits darauf, dass eine autonome Ordnung der institutionellen Ebene vorgelagert sein muss, also dass die angestrebte Ordnung eine gesellschaftliche ist und jede Formalisierung durch Normierung dieser zum Ausdruck verhelfen muss. Kern der Norm ist eine autonome Ordnung.[35] Entsprechend ist der Schutzzweck der Norm weder individualrechtlich noch institutionell bestimmbar, sondern auf die autonome, kollektive Gestaltung von Arbeit gerichtet. Auch die Systematik des Art. 9 GG spricht dafür, denn der bloße Zusammenschluss zur Förderung der Arbeitsbedingungen wäre bereits über die Vereinigungsfreiheit des Art. 9 Abs. 1 GG geschützt.

Die Gestaltung der Arbeits- und Wirtschaftsbedingungen findet nicht im „Privaten" durch individuelle Handlung statt, sondern ist – wie es auch Ino Augsberg schon für die Religionsfreiheit festgestellt hat – „von vorne herein auf eine kollektive Ausübungsform hin angelegt."[36] Liest man die Koalitionsfreiheit nicht als Gegensatz individueller und kollektiver Koalitionsrechte, sind diese kollektiven Gestaltungsprozesse grundrechtlich geschützt. Der Schutzbereich ist als gesellschaftliche Freiheit angelegt. Ridder betont, dass die Koalitionsfreiheit eine gesellschaftliche als öffentliche Sphäre schaffe.[37] Ganz ähnlich spricht auch Niklas Luhmann von der Koalitionsfreiheit als Kommunikationsfreiheit, die „politisch unabhängige Erwartungsbildungsprozesse" schützt.[38] Kollektive und Individuen haben keine entgegengesetzten Interessen an der Koalitionsfreiheit, die sich in individueller vs. kollektiver Koalitionsfreiheit abbilden ließen. Beide werden als Grundrechtssubjekte erst im von Art. 9 Abs. 3 GG geschützten Kommunikationsprozess hergestellt, „nach Maßgabe gegebener Kommunikationsmöglichkeiten, insbesondere sprachlicher und nichtsprachlicher Symbole."[39] Art. 9 Abs. 3 GG schützt nicht das Kollektiv „Koalition", sondern die Kommunikationssphäre der Koalition, ihr politisches Moment.

„Das Koalitionieren" zur Gestaltung von Arbeitsbedingungen weist über den Einzelnen genauso wie über die Organisation Gewerkschaft hinaus und beschreibt einen inpersonalen, transsubjektiven Prozess der Vergemeinschaftung. Sowohl indi-

---

34 *Ridder* 1960, S. 3.
35 Vgl. BVerfGE 44, 322 (341 f.).
36 So zur Religionsfreiheit: *Augsberg* 2013, S. 518.
37 *Ridder* 1960, S. 2 f.
38 *Luhmann* 1999, S. 98 f.
39 *Luhmann* 1999, S. 93.

viduelle Mitgestaltungsmöglichkeit als auch Mitgliedschaft sind dafür nicht konstitutiv. Geschützt ist mehr als die Summe der Gewerkschaftsmitglieder – als die Organisation.[40] Wie sich Ridder diese kollektiven Prozesse vorstellt, wird nicht nur in seinem Gutachten zur Gewerkschaftsfunktion von 1958, sondern auch und gerade in seinen vielfach kritisierten Gutachten für die Industriegewerkschaft Bau-Steine-Erden zu einem gewerkschaftlichen Solidaritätsbeitrag auch für nichtorganisierte Arbeiter*innen deutlich.[41] Vor dem Hintergrund seiner Grundrechtstheorie erscheint die Forderung eines solchen Solidaritätsbeitrags geradezu konsequent. Denn der geforderte Obolus ist nicht mehr an Mitgliedschaft gekoppelt und soll nicht einfach einem Mitgliedsverband zugutekommen, sondern dient primär der Förderung eines politischen Prozesses. Das kommt auch darin zum Ausdruck, dass die Solidaritätsbeiträge nicht in Gewerkschaftskassen, sondern in sog. Vorteilsausgleichskassen fließen sollen, auf die die Gewerkschaften paritätisch Einfluss ausüben können. Der entworfene kollektive Prozess gründet nicht mehr auf einem Organisationsgrad. Ziel des Solidaritätsbeitrages ist es, Arbeiter*innen davon unabhängig in den politischen Prozess einzubeziehen, ihnen Einfluss und Mitsprache zu gewähren. Im Gegenzug müssten, nach Ridder, auch die Gewerkschaften ihre Politik erweitern und ihre Handlungsfelder auch auf Nichtmitglieder erstrecken. Geschützt werden soll das System der kollektiven Gestaltung.

Zentral ist das kollektive „Grundrechtsregime"[42], das den Konflikt mit anderen individuellen wirtschaftlichen Freiheiten mit Arbeitsbezug geradezu ermöglicht. Die Koalitionsfreiheit bietet „strukturierte und dadurch besonders attraktive Kommunikationschancen,"[43] um diesem Konflikt Raum zu geben. Diese kollektiven Aushandlungs-, Entscheidungs- und Gestaltungsdimensionen erhalten durch die Verfassung gegenüber individualrechtlichen (z.B. vertraglichen) Vereinbarungen eine besondere Stellung und einen Vorrang, mit dem Ziel, ein autonomes kollektives Regelsystem zu schaffen. Koalitionsfreiheit ist demnach ein Grundrecht, „das eine ‚Regimekollision' ermöglicht, nämlich den Konflikt zwischen der kollektiven und der individualrechtlichen Ebene der Gestaltung der Arbeitsverhältnisse und zugleich dessen notwendige rechtliche Begrenzung."[44] Diese besondere Begründung der öffentlichen Funktion der kollektiven Prozesse im Rahmen der Koalitionsfreiheit, die auf die Herstellung einer autonomen Ordnung gerichtet sind, hat einen eigenständigen politischen Wert jenseits des Staates, der nicht einfach mit der Erfüllung einer öffentlichen Aufgabe gleichzusetzen ist. Befugnisse im Rahmen der Koalitionsfreiheit sind daher nicht ausreichend mit der Delegationstheorie beschrieben, d.h. die

---

40 So aber *Kittner*, in: Wassermann 1984, Art. 9 Rn. 63.
41 Siehe das Spiegelinterview mit *Ridder* 1961; zur Kontroverse: Hamburgisches Welt-Wirtschafts-Archiv (HWWA) 1961.
42 Zu diesem Begriff: *Ladeur* 2006, S. 656.
43 *Luhmann* 1999, S. 98.
44 *Ladeur* 2006, S. 656.

Macht ist nicht einfach vom Staat durch die Beleihung mit Rechtsetzungsbefugnissen übertragen.[45] Sie ersetzen nicht einfach den staatlichen Willensbildungsprozess und werden nicht in den Staat hineingenommen, sondern in Folge des „Einwirkens" des Sozialstaatsgebots auf die „innere Struktur gesellschaftlicher Kollektivgesamtheiten" wächst die Verfassung mit deren Einsetzung in den Gesellschaftsbereich hinein[46] und hat eine eigenständige, gesellschaftlich politische Funktion auch gegen den Staat. Mit der Verlagerung des politischen Prozesses auf die horizontale Ebene muss das Widerspiel zwischen Rechtserzeugungseinheit und politischer Öffentlichkeit nun innerhalb dieser gesellschaftlichen Sphäre stattfinden.[47] Damit ist der der „Arbeitsnormschöpfung"[48] vorausgehende gesellschaftliche Willensbildungsprozess ein besonderer Schutzgegenstand der Koalitionsfreiheit. Er ist ein „permanenter Prozeß der öffentlichen Meinungs- und Willensbildung als freiheitsverbürgendes Korrektiv staatlicher Machtausübung,"[49] Diese Entfaltung der „gesellschaftlichen politischen Kräfte"[50] darf nicht gestört, manipuliert oder unterwandert werden.

Koalitionsfreiheit ist somit nicht eine abgeleitete, gewährte Autonomie, die auf die Einheit des Staates und gleichzeitig den Vollzug der Trennung von Staat und Gesellschaft gerichtet ist, sondern eine spezifisch kollektive.[51] Die Herstellung der autonomen Ordnung durch eine „präsente"[52] Gesellschaft muss daher nicht nur gegen den Staat, sondern auch gegen andere gesellschaftliche Kräfte wie wirtschaftliche „Machtmonopolismen" abgesichert werden.[53]

3.2. Gesellschaftsordnung durch Arbeitsverfassungen

Denn diese autonome Ordnung, die Ridder zum Ausgang seiner Überlegungen macht, ist nicht rein ökonomischer Art, sondern ein multilateralisiertes, gesellschaftliches Regime. Dieses gründet nicht auf Privatautonomie, sondern auf seiner sozialen Funktion. Während die herrschende Grundrechtslehre allgemein eine sozialstaatliche Pflicht konstruiert, die Grundrechte über Gewährleistungsfiguren als Öffentliches im Privaten zur Geltung zu bringen,[54] leitet Ridder aus dem Sozialstaatsprinzip ein gesellschaftlich wirkendes Recht ab. Er überwindet so den vorherrschenden Dualismus von Privat- und Öffentlichem Recht.

---

45 So aber umfassend BAGE 111, 8.
46 So das „Bild" bei *Ridder* 1960, S. 22, 29 f.; zur Wirkung des Sozialstaatsgebots: a.a.O., S. 9 f.
47 *Ridder* 1960, S. 32 f.
48 *Ridder* 1960, S. 34.
49 *Ridder* 1960, S. 14.
50 *Ridder* 1960, S. 15.
51 So aber auch noch: *Sinzheimer* 1976c, S. 236 ff., 240.
52 *Ridder* 1960, S. 27.
53 *Ridder* 1960, S. 15.
54 Vgl. *Kittner*, in: Wassermann 1984, Art. 9 Rn. 70.

3.2.1. Tarifverträge als soziale Normierungsprozesse bei Sinzheimer

Hier gibt es deutliche Parallelen zur Konzeption sozialer Rechte, wie sie Hugo Sinzheimer eingeführt hat. In Abkehr vom Individualismus bezeichnet Sinzheimer soziale Rechte als dynamische Rechte, die „die Bewegungsquelle selbst erfassen" und „Sozialbestimmung" ermöglichen.[55] Solcherart Recht ist dadurch gekennzeichnet, dass es den gesamten „Lebensprozess", die sozialen Umstände zu erfassen sucht. Es ist sowohl in Abkehr von individueller als auch von kollektiver Privatautonomie konzipiert und entwirft die Idee der Bildung eines neuen Gemeinwillens, der die private Willensmacht ersetzt und sich zu einem Gemeinrecht verfestigt.[56]

Auf das Tarifvertragssystem gewendet, bedeutet dies, dass Tarifverträge eine auf Kooperation basierende Synthese aus Privat- und Öffentlichem Recht bilden, in denen sich der Übergang von der gesellschaftlichen Wirklichkeit hin zur sozialen Norm vollziehen soll.[57] Dieser Gemeinwille wird ausgeübt durch „Willenszentren […] (Wirtschaftsräte, Kartelle, Koalitionen)", die zu Trägern der Befugnisse werden und sich über den Einzelwillen erheben. Sinzheimer spricht von einer „bewussten Gestaltung" der gesellschaftlichen Lebensprozesse zu einem sozialen Ganzen.[58] Hieran knüpft Sinzheimer den Begriff der „Arbeitsverfassung", der die Abrede und Gemeinschaft zwischen Arbeitgebenden und Arbeitnehmenden zur Einschränkung der Verfügungsrechte des Arbeitgebenden bezeichnet.[59] In diesem Konstrukt steht zwar die Autonomie des sozialen Rechts im Zentrum, es bleibt aber doch auf autonome Verbände als „Willenszentren" bezogen. Seine Idee der Wirtschaftsdemokratie bleibt an Verbände gekoppelt und entwickelt keinen Prozessbegriff. Stattdessen geht er davon aus, dass Gesellschaft zentralistisch erfassbar ist.

3.2.2. Tarifbewegungen als soziale Normungsprozesse bei Ridder

Ridder legt seinen Begriff der Arbeitsordnung aber noch konsequenter auf das „Wie" der Sozialbestimmung an und lässt es nicht in einem die alte Einheit durch eine neue Einheit ersetzenden „Gemeininteresse" aufgehen. Denn er hat kein Vertrauen in die integrative und soziale Funktion der Auseinandersetzung zwischen den Sozialpartner*innen. Daraus würde nicht eine von einem gemeinsamen Interesse der Arbeitnehmer*innen getragene, sondern allerhöchstens eine kompromisshafte

---

55 *Sinzheimer* 1976a, S. 42 ff., 48.
56 *Sinzheimer* 1976a, S. 47; so auch z.B. *Kaiser* 1978, S. 187; *Däubler/Hege* 1976, Rn. 132 m.w.N.
57 *Sinzheimer*, 1977; *ders.* 1976a; dazu umfassend *Blanke* 2005, S. 101 ff., insb. 113 ff.
58 *Sinzheimer* 1976a, S. 47.
59 *Sinzheimer*, 1927, S. 107.

„sinnvolle"[60] Ordnung des Arbeitslebens entstehen.[61] Anstatt das von Sinzheimer beschriebene „Zwischen" in normierenden Verbandsstrukturen aufgehen zu lassen, stellt Ridder diesen Bezug zur Gesellschaft auf Dauer. Die Koalitionsfreiheit wirkt für Ridder nicht im Verhältnis der „Sozialpartner", sondern ist eine Freiheit des Arbeitnehmendenkollektivs als Ort der kollektiven Lernspiele, des pluralen Diskurses.[62] Während also im horizontalen Verhältnis zwischen den Tarifparteien nur über das Ob des Zustandekommens entschieden wird, findet in der Verknüpfung zwischen der Gewerkschaft mit den beschriebenen kollektiven Prozessen die tatsächliche „Arbeitsnormschöpfung" statt. Diese inneren Willensbildungsprozesse inklusive der dazugehörigen Arbeitskämpfe müssen als „Machtringen von sozialen Kampfgruppen"[63] den bloßen Verhandlungen auf der Ebene der Sozialpartner*innen vorausgehen. Diese eigentlichen Aushandlungsprozesse stellen nach Ridder eine auf Dauer gestellte, unbeschränkte innere Kommunikation dar, die nicht ausgesetzt oder still gestellt werden kann.[64] Nicht zufällig nimmt Ridder Bezug auf die Meinungsfreiheit und den „nicht in eine bestimmte Richtung einzwängbaren formlosen Meinungs- und Willensbildungsprozess im Gewerkschafts'volk'".[65] Fiele dieser Bewegungsmoment aus, „würde die Gewerkschaft sich der Fremdbestimmung ihres Willens durch die Stelle [den Arbeitgebenden] unterwerfen, die infolge der dualistischen Struktur der Rechtserzeugungseinheit faktisch die Position des Konservators des ihre eigene Machtfülle deckenden normativen *status quo* einnimmt."[66]

Ridder sieht in den gesellschaftlichen Ordnungsprozessen eine „Arbeitsordnung" als Teil einer „gesellschaftlichen Gesamtverfassung".[67] Diese verortet er zwischen dem Staat, Institutionen und Individuen. Der Gesellschaftsbezug, seine kollektive Dimension, dürfe nicht durch eindimensionale Zuordnung aufgehoben werden. Damit fordert er nicht weniger als die prozedurale Neuorientierung des kollektiven Arbeitsrechts ein.

---

60 BVerfGE 4, 96 (107 f.).
61 *Ridder* 1960, S. 40 ff.
62 *Ridder* 1960, S. 47.
63 *Ridder* 1960, S. 41, 45; zu Ungleichgewichten in diesen Aushandlungsprozessen auch *Kempen* 1977, S. 473 ff., 479 f.
64 *Ridder* 1960, S. 37 f., 42.
65 *Ridder* 1960, S. 44, 47 f.
66 *Ridder* 1960, S. 37, auch 34.
67 Zur Arbeitsordnung: *Ridder* 1960, S. 203; zur gesellschaftlichen Gesamtverfassung: *ders.* 1975a, S. 40.

4. Folgen der institutionellen Gegenerzählung für die Koalitionsfreiheit

Entsprechende „Prozesstheorien"[68] sind insbesondere für die Meinungsfreiheit entwickelt worden, bleiben für die Koalitionsfreiheit bisher aber nur angedeutet.[69] Die für die Verfassungsdogmatik des Art. 9 Abs. 3 GG weitgehenden Folgen entfalten sich auf mindestens drei Ebenen: Die bisherige Ausrichtung auf einen Institutionenschutz ist nicht plausibel (dazu 1.). Anstelle der, einer Eingriffslogik folgenden, Abwägungsmodelle ist eine begleitende Ausgestaltung der Kollektivprozesse durch den Gesetzgeber angezeigt (dazu 2.). Ridders Vorstellung von einer Tarifbewegung fordert kollektive Aushandlungsprozesse unter veränderten Teilnahmeregeln (dazu 3.).

4.1. Institutionelle Gegenerzählung zum Institutionenschutz

Ridder entwirft eine institutionelle Gegenerzählung und bindet die Koalitionsfreiheit radikal an die gesellschaftliche Selbstorganisation zurück. Auch Institutionen sind danach nur noch prozedural als Teil dieser Ordnungsbildungsprozesse erfasst. Nicht dem Bestand des Kollektivs Gewerkschaft bzw. dem Grad seiner Institutionalisierung kommt verfassungsmäßiger Wert zu, sondern dem Kollektiv in Bewegung, konkreter dem institutionalisierten prozeduralen (Mit-)Gestaltungsprozess. Damit ist eine „Kartellierung" nach der Verfassung zwar zulässig, aber nur unter strengen Bedingungen. Der damit „zwangsläufig gegebene Monopolismus" muss „wieder von innen pluralistisch aufgelockert" werden.[70]

Stellt man wie Ridder den kollektiven Prozess ins Zentrum der Koalitionsfreiheit, wird die Argumentationslinie der bisherigen Verfassungsdogmatik umgedreht und die Hoffnung auf zweckrationale Normfindung zwischen den Tarifparteien zunichte gemacht. Es gibt dann keinen Vorrang der individuellen[71] oder der kollektiven[72] Privatautonomie der Verfassung. Die Unterscheidung zwischen privatautonomer Selbst- und kollektiver Fremdbestimmung ist zu sehr an der ökonomischen Logik der Tarifverhandlung zwischen den Tarifpartner*innen ausgerichtet.[73] Denn danach soll ein paritätisches Verhandlungsgleichgewicht, u.a. durch die kompensatorische Wirkung des Streikrechts zur Vermeidung eines „kollektiven Bettelns",[74] einen wirtschaftlichen Machtausgleich und damit einen einer „Richtigkeitsvermutung"

---

68 *Ladeur* 2020, S. 178.
69 Weiterführend dazu aber bereits *Ladeur* 2008.
70 *Ridder* 1960, S. 42 ff., insb. S. 44; in diese Richtung auch *Böckenförde* 1976.
71 Zur Begründung der kollektiven Verteidigung des individuellen Selbstbestimmungsrechtes etwa *Picker* 1998, S. 673.
72 So etwa *Zachert* 2002, S. 331.
73 Beispielhaft für diese Entwicklung BVerfGE 34, 307 (316 f.); *Hartmann* 2014; kritisch: *Kocher* 2020.
74 So BAGE 33, 140 (151).

unterliegenden, „vernünftigen", „angemessenen" und „fairen" Interessenausgleich zwischen den Parteien bringen.[75] Stellt man darauf ab, dass Schutzgegenstand der Koalitionsfreiheit „angemessene" und „sinnvolle"[76] Ergebnisse bzw. Ordnungsmodelle in Form von wirtschaftlichen Kompromissen sind,[77] nimmt man dem Kollektivierungsprozess gerade seine freiheitliche und eigenständige Gestalt, wie sie nach Ridder das Sozialstaatsgebot aufgibt. Nur in dieser Logik konnte das Bundesarbeitsgericht (BAG) in dem Ridders Rechtsgutachten (dazu unter 1.) zugrunde liegenden Konflikt auch zu dem Ergebnis kommen, dass der von der IG Metall herbeigeführte Beschluss über die Durchführung einer Urabstimmung zur Ermittlung der Streikbereitschaft der Gewerkschaftsmitglieder eine unzulässige Kampfmaßnahme sei, da sie gegen eine in einer Schlichtungsvereinbarung zwischen der IG Metall und dem Arbeitgeberverband Gesamtmetall von 1955 festgelegte Frist verstoßen habe.[78] Nach dem Gericht konnte die private Schlichtungsvereinbarung die – nach Ridder so entscheidende und daher gerade nicht abdingbare – interne Streikwillensbildung ausschließen und den „sozialfriedlichen" Interessenausgleich zwischen den sog. Sozialpartner*innen schützen. Diese Annahme einer Bindungswirkung entspricht der gegenwärtigen Entwicklung der Dogmatik der Koalitionsfreiheit, die zum Schutz der Tarifautonomie ein Verhandlungs- und Machtgleichgewicht zwischen den sog. „Sozialpartner*innen" anstrebt.[79] Arbeitskampf hat damit eine sich diesem Zweck unterordnende kompensatorische Funktion.

In der Folge würden die Anforderungen an die interne Binnenstruktur lediglich aus der Funktionsfähigkeit der Tariffähigkeit abgeleitet. Und gleiche Teilnahmemöglichkeiten an der Willensbildung dienten alleine der Legitimation der tariflichen Normsetzungsbefugnisse, hätten also keinen eigenständigen Verfassungswert, wie dies aber Ridder herausarbeitet.[80] Damit degeneriert die Koalitionsfreiheit zu einem Gesetz des Machtausgleichs und schließlich zu einem Organisationsrecht, wenn es bei der faktischen Bewertung der Kräfteverhältnisse zwischen den Tarifparteien darum geht, den Gewerkschaften einen festen und systemnotwendigen Status im Spiel der wirtschaftlichen Kräfte zuzuweisen.[81] Eine solche Ermächtigungs- und Statuspolitik, die nicht zuletzt von der „Kernbereichs"-Rechtsprechung des Bundesverfassungsgerichts vorangetrieben wird,[82] die einen unantastbaren Kernbereich zur Sicherung der Betätigungsfähigkeit der Koalition formuliert, führt weg von einem

---

75 Statt vieler etwa BVerfGE 94, 268; 146, 71; *Badura* 1978, S. 17 ff., 19; *Lerche* 1968, S. 30 f.; kritisch: *Freese* 2017.
76 Vgl. *Nipperdey* 1937, S. 261 f.
77 *Ridder* 1960, S. 41 f.
78 *Kittner* 2005, S. 630 ff.
79 Statt vieler: BVerfGE 84, 212; BAGE 33, 140 (150 f.).
80 BAGE 117, 308; *Rieble* 2019, § 218 Reichweite der Koalitionsfreiheit Rn. 70.
81 Kritisch zu diesem Einbruch ökonomischer Wertmodelle: *Wiethölter* 2014, S. 238.
82 Klarstellende Rspr.: BVerfGE 93, 352 (357 ff.).

Prozess- und hin zu einem Bestands- und Systemschutz.[83] Dies kommt der faktischen Gewährleistung einer Einrichtungsgarantie gleich,[84] die es so formal nach Art. 9 Abs. 3 GG gerade nicht geben soll und die dem freiheitlichen Grundrechtsgehalt zuwiderläuft.

4.2. Grundrechtsermöglichende Ausgestaltung statt abwägendem Eingriff

Diese nach der jüngeren Entwicklung der Dogmatik zur Koalitionsfreiheit angestrebte Liberalisierung über den Schutz der Gewerkschaften als Träger der Koalitionsfreiheit führt aber ironischerweise gerade in eine staatsnahe Institutionalisierung des Arbeitsmarktes und ist „Defensivkonzept gegen funktionelle Wandlungen."[85] Auch in der historischen Entwicklung zeigt sich, wie die Idee kollektiver Selbstverwaltung immer wieder mittels der Institutionentheorie von Carl Schmitt an den Staat und seine Institutionen rückgebunden und rückwärtsgewandt wurde.[86] Mit dem Institutionenbegriff tritt an die Stelle sozialer Wirklichkeit die Konservierung bestehender Strukturen, die die Dichotomie Staat/Gesellschaft festigt. Über die staatsnahe Organisation der Verbände soll die „kollektive Integration" der Gesellschaft in den Staat sichergestellt werden,[87] denn sie ist zugleich indirektes und direktes Steuerungsmodell. Der Staat kann unter dem Topos der Verbandsautonomie sein Steuerungs- und Wissensdefizit überwinden und kontrolliert an die Organisation delegieren, während die Organisation ihre Handlungen mit Verweis auf ihre staatstragende Funktion legitimieren kann. Die von der Verfassung vorgesehene Selbstorganisation wird so kanalisiert und kontrollierbar.

4.2.1. Probleme der Abwägung

Dieser Fokus auf die Machtfrage und die Sicherung der Verhandlungssymmetrie führt – eindrucksvoll bereits von Gunter Teubner für die im allgemeinen Zivilrecht oft angewendete Figur der gestörten Vertragsparität dargestellt[88] – in willkür-

---

83 In diese Richtung aus ganz unterschiedlicher Perspektive etwa BVerfGE 13, 174 (175); *Diedrich,* in: Erfurter Kommentar 2005, Art. 9 Rn. 38; *Kittner,* in: Wassermann 1984, Art. 9 Rn. 58 ff.; *Kempen* 1995, S. 427.
84 Schon früh zum Charakter der Institutsgarantie und den als Konnex folgenden Rechten der Koalition: *Neumann* 1932, etwa S. 26 f., 65; zu dieser Kritik umfassend: *Ladeur* 2006, S. 656.
85 So für die Gefährdungen der Eigengesetzlichkeit der Kunstfreiheit: *Hufen* 1982, S. 390 ff., 380 f.: „Organisiert wurde nicht die Kunst selbst, sondern nur ein äußerer institutioneller Rahmen."
86 Siehe auch die Analyse bei *Nogler* 1996, S. 207.
87 *Neumann* 1932, S. 13.
88 *Teubner* 2000.

liche, auf praktische Konkordanz abstellende Abwägungslagen zwischen Gewerkschaft/Unternehmen, Arbeit/Wirtschaft, individuellen und kollektiven Rechten etc.[89] So wird die wenig produktive Differenz von Organisation und Individuum mit Verweis auf deren übergreifenden Wert und Vorrang meist zugunsten der Koalition aufgelöst, an der dem einzelnen Individuum lediglich gleiche Teilnahmerechte zugesprochen werden.[90] Dagegen gibt es große Schwierigkeiten, ein Sensorium für die von Gewerkschaften selbst ausgehenden Gefahren für die Koalitionsfreiheit und den dahinter geschützten Kollektivprozess zu entwickeln. Die mit der Personalisierung einhergehende Verselbstständigung der Verbände gegenüber ihren Mitgliedern kann kaum erfasst werden.[91]

Der über die unmittelbare Geltung des Art. 9 Abs. 3 GG begründete rechtliche Schutz horizontaler Verhandlungsposition führt dagegen zu starken und gleichzeitig unklaren gerichtlichen und legislativen Eingriffsmöglichkeiten, etwa durch den Einbau subjektiver Rechte in die Tarifverhältnisse, sobald Zweifel an der materiellen Richtigkeit bestehen.[92] Über die Eingriffs- und Abwägungslogik werden systemfremde, etwa konjunkturpolitische Erwägungen zu den staatlichen, nicht selten wirtschaftlich motivierten Interventionszielen in die Abwägung eingeführt, gerade wenn auf die öffentliche Aufgabenerfüllung der Gewerkschaften abgestellt wird.[93] Der von Ridder geprägte Blick auf die eigentlichen Konflikt- und Kollisionslagen im Kollektivprozess zwischen verschiedenen Regelungs- und Funktionsansprüchen bleibt in diesen Dualismen Staat/Gesellschaft und Kollektiv/Individuum verstellt. Denn das Fatale an der durch die rechtliche Eingriffs- und Vorrangkonstruktion noch gestärkten Institutionenentwicklung ist nicht, dass sie individuelle Rechte zurückdrängt, sondern, dass sie die von Ridder geforderte kollektive Bewegungsfähigkeit ausschaltet.

4.2.2. Ausgestaltungsauftrag der Legislative

Ridders Ansatz ist hingegen geeignet, die Rolle des Gesetzgebers zu konkretisieren und auf die Förderung der beschriebenen Kollektivprozesse auszurichten. Mit Luhmann ist dabei „nicht Herrschaft, sondern Sensibilität seine Losung."[94] Der Gesetzgeber hat als Mediator die besondere kollektive Form der Institutionalisie-

---

89 Zu dieser gängigen Praxis etwa BVerfGE 100, 271 (284 ff.); kritisch: *Ridder* 1975a, S. 142 f.; *ders.* 2019, S. 52; vgl. auch *Fischer-Lescano* 2008.; *Wiethölter* 2014.
90 Vgl. z.B. BVerfGE 100, 214.
91 So auch *Picker* 2002.
92 Dazu *Klocke* 2020; für die Eingriffe in die Tarifverhältnisse: *Ladeur* 2008, S. 649.
93 Siehe etwa BVerfGE 50, 290 (367); 55, 7 (21); 57, 220 (245); 64, 208 (213); Bezugnahmen auch in 73, 261 (270); 116, 202 (218); 146, 71 (114); dazu kritisch schon *Kempen* 1977.
94 *Luhmann* 1999, S. 99.

rung autonomer Regelungssysteme zu rekonstruieren und die Möglichkeiten der selbstorganisierten Prozesse zu sichern. Diese ist eine andere als die bisher angenommene dienende Funktion staatlicher Gesetzgebung zur Verwirklichung der Autonomien der Grundrechte.[95] Während üblicherweise gerade vor dem Hintergrund der beschriebenen Verbandsautonomie unter Zugrundelegung von Schutzpflichtenkonzepten oder auch objektiven Drittwirkungstheorien ein Streit über den Umfang dieser staatlichen Pflichten brodelt,[96] löst sich bei Ridder dieser Widerspruch auf: er weist dem Gesetzgeber klare, bestimmbare und begrenzte Ausgestaltungsregeln zu. Maßstab bzw. Grenze ist dafür eben nicht eine Verbands- oder Satzungsautonomie, sondern die Gestaltungsautonomie kollektiver Prozesse, sie bedingt die Statussicherung der Gewerkschaften. Fremde Motive wie öffentliche Zielsetzungen (etwa Arbeitsmarkt- oder Konjunkturpolitik) dürfen bei der Ausgestaltung nicht einbezogen werden. Besonders geschützt sind die Wahl von Kommunikationsthemen, -partner*innen, -mitteln und deren Reichweite.[97] Staatliche Ausgestaltung ist in dieser Logik kein Eingriff,[98] wenn sie auf die Ermöglichung und Gewährleistung der Grundrechtsausübung, also diese kollektiven Prozesse gerichtet ist. Erforderlich ist bei dieser „anderen Art" der Konfliktlösung entlang verschiedener Funktionslogiken und Regelungsansprüche ein „Kollisionsrecht", das nach dem Versagen bisheriger Rechtsprogramme der Formalisierung genauso wie der Materialisierung von Form und Inhalt auf Prozess umstellt.[99]

„Kollisionsregeln" für ein solches „Prozessrecht" ergeben sich aus der Eigenlogik und den vorhandenen Instrumenten und Medien des Koalitionsprozesses selbst, die es herauszuarbeiten und zu schützen gilt. Rudolf Wiethölter spricht von Metaregeln innerhalb des Sozialbereichs,[100] Karl-Heinz Ladeur von „Spielregeln"[101]. Im Anschluss an die obige Kritik des Institutionenschutzes sind diese Ansätze darauf angelegt, zu verhindern, dass die kollektiven Prozesse einseitig auf Bestehendes, auf Tradition, auf faktisch geltende Vorrangs- bzw. Institutionenregeln, auf Machtansprüche setzen. Stattdessen gilt es, an den systemspezifischen Reflexionsmechanismen anzuknüpfen, um Gestaltungsoptionen zu entwickeln und zu erproben und Blockaden interner Bewegungsfähigkeit zu beseitigen. Prozessanregende Gesetze sollen die inneren Prozesse autonom halten und vor staatlichen Eingriffen schützen. Der Gesetzgeber hat die Ausübung dieser Prozesse (als Freiheitsgrundrechte) zu schützen, indem er entsprechende Normenkomplexe schafft, die zu gesellschaftlichen Normie-

---

95   Vgl. *Kittner*, in Wassermann 1984, Art. 9 Rn. 70.
96   Siehe etwa BVerfGE 57, 220 (245 ff.); BAGE (GS) 20, 175, AP Nr. 13, zu Art. 9.
97   *Luhmann* 1999, S. 98.
98   So auch *Ladeur* 2006, S. 655.
99   *Wiethölter* 2014, S. 236.
100 Mit Nachweisen dazu *Hensel* 2019.
101 *Ladeur* 2006, S. 667.

rungsprozessen hin offen und wandlungsfähig sind.[102] Recht hat eine experimentelle Veränderungsdynamik in den internen Systemstrukturen abzusichern.[103] Dies bedarf einer kontinuierlichen Überprüfung, ob die vorgesehenen Regeln die angestrebten Kollektivprozesse noch aktivieren und sichern können oder ob sie neu justiert und an gesellschaftliche Veränderungen angepasst werden müssen. Dies und nicht die Frage nach dem gewerkschaftlichen Machtproblem müsste Dreh- und Angelpunkt des kollektiven Arbeitsrechts sein. Diese Grundrechtsverpflichtung horizontaler Art geht über die schon mehrfach eingeforderte „Sozialpflichtigkeit"[104] von Gewerkschaften hinaus, weil sie nicht bloß „quasistaatliche" Ersatz-Gemeinwohlinstanzen sind.

Herausforderung wäre es dann, in diesen Lern- und Veränderungsprozess[105] auch die „in ‚Fälle' (Probleme) verstrickten" gesellschaftlichen Akteur*innen einzubeziehen und deren Lernfähigkeit und -bereitschaft zu erhöhen.[106] Nach Wiethölter sollen alle Gruppen eingeschworen werden „auf den Vollzug von entdeckbaren und verwirklichbaren Möglichkeitsplänen, weniger in Form dekretierter, umkämpfter, sanktionierter Normansprüche als nach Art von (selbstverständlich nicht kampflos) abgestimmten gesellschaftlichen Lernverhaltensweisen."[107]

4.3. Tarifbewegung als bereichsspezifische Demokratieanforderung

Ridders Aufruf zur internen Politisierung ist nicht gerichtet auf einen externen, von autoritärer Politik aufoktroyierten Akt der Rückbindung der Koalitionsfreiheit an das politische System oder an gesellschaftliche Interessengruppen bzw. Organisationseinheiten wie Gewerkschaften. Das Experiment eines Reformrechts zielt auf nicht viel weniger als auf die Erziehung zur Freiheit. Es müssen interne Strukturen geschaffen werden, die interne Bewegungsfähigkeit als Selbstreinigungs- und Selbstregulierungsprozesse möglich machen. Dieser Gestaltungsauftrag gibt die Anforderungen an die Willensbildungsstrukturen vor. Ridder hat für das „government" der Gewerkschaften eine Harmonisierung zwischen den formlosen Meinungs- und Willensbildungsprozessen und dem organisierten, rechtsverbindlichen Willensbildungsprozess vor Augen. Die Rückbindung muss so gelingen, dass sie „die innergewerkschaftlichen Integrationsvorgänge hochgradig verdichtet" und einer Monopo-

---

102 Vgl. BVerfGE 50, 290 (368).
103 Zur Verknüpfung des Rechts mit Grundlagenauseinandersetzungen in einer Streitrechtskultur: *Wiethölter* 1988, S. 407 f.
104 So aber die über Gewerkschaften als Gemeinwohlinstanz: *Ockenfels* 1987; auch *Lemke* 1975.
105 *Wiethölter* 2014.
106 Zur (Fremd-)Vergabe von Entscheidungskompetenzen an gesellschaftliche Akteur*innen: *Wiethölter* 2014, S. 246.
107 *Wiethölter* 2014, S. 247.

lisierung entgegenwirkt, indem sie sie „von innen her pluralistisch auflockert."[108] Solche kommunikativen Planungs- und Lernprozesse müssen interne Hindernisse entsperren, Ziele und Inhalte alter Strukturen permanent herausfordern und hinterfragen und einen „stabilen Dauerwandel" ermöglichen.[109]

4.3.1. Sicherung der Offenheit

Mit diesem freiheitlichen Rechtsprogramm verschiebt sich der Rechtsfokus von der Ebene der Ausgestaltung des Verhältnisses der Tarifparteien hin zu Kollektivierungsprozessen von Beschäftigten als Ort interner Strukturbildungsprozesse. Damit gemeint sind nicht bloß organisationsinterne Demokratisierungsbestrebungen, in dem Sinn, dass das Handeln der Organisation direkter auf den Willen des bzw. der Einzelnen rückführbar wäre. Irreführend und verkürzend sind daher Versuche, über die Beschreibung einer öffentlichen Aufgabe[110] staatsdemokratische Maßstäbe einzuführen. Dies würde an dem besonderen kollektiven Charakter des Art. 9 Abs. 3 GG vorbei gehen, der gerade den Dualismus von Individuum und Kollektiv überwindet. Mit der Verknüpfung mit dem Sozialstaatsprinzip modifiziert Ridder gerade das Demokratieprinzip. Anders als etwa Wolfgang Abendroth beschreibt er die kollektive Dimension der Gewerkschaften „jenseits der Tarifpartnerschaft" nicht als Parallelprozess zum politischen Willensbildungsprozesses des Staates, der – so Abendroth – durch seine immanente Fokussierung auf ein Gesamtinteresse geeignet sei, die Dominanz und Korruption von Sonderinteressen im politischen Prozess zu korrigieren.[111] Entsprechend obliegt es nach Abendroth den Gewerkschaften, ihre Mitgliederinteressen auch über Beteiligungsformen zu einem politischen Interesse zu einen.

Ridder fordert dagegen nicht die Integration der Gewerkschaften in die politische Ordnung, in der Form, dass diese zur Ausbildung eines Gesamtinteresses beitragen sollten. Es geht auch nicht darum, der individuellen Selbstbestimmung zum Ausdruck zu verhelfen, wie mehrfach unter Betonung der „individuellen Wurzeln der kollektiven Koalitionsfreiheit" mit der Rückbindung an das personale Substrat und die individualrechtlichen Interessen gefordert wird.[112]

Die Verfassungsfunktion des gewerkschaftlichen Kollektivprozesses ist komplexer: Ziel ist die Politisierung der Gesellschaft, mit der Folge, dass das politische Prinzip der Willensbildung nicht einfach auf Gewerkschaften übertragen werden

---

108 *Ridder* 1960, S. 43 ff.
109 *Wiethölter* 2014, S. 243.
110 So etwa *Gamillscheg* 1989, S. 102.
111 *Abendroth* spricht von den Gewerkschaften als die „großen Schulen des Gemeininteresses", denen „ihre demokratische Zielsetzung notwendig immanent sei", *ders.* 1952, insb. S. 647 f.
112 Vgl. statt vieler *Zachert* 1993, S. 487; *Nogler* 1996, S. 209.

kann. Nicht die Sicherung gleicher individueller Einflussnahme in organisationalen Mehrheitsentscheidungen und/oder die Herstellung der Handlungs- und Willensfähigkeit von Organisationen ist angestrebt,[113] sondern die Sicherung gerade des kollektiven Willensbildungsprozesses, also der kommunikativen Entfaltung der gesellschaftlichen Sphäre. Das Riddersche Modell der demokratischen Willensbildung zielt weniger auf repräsentative Vertretung von individuellen Grundrechtsträger*innen, sondern mehr auf die Schaffung von „Verknotungs- und Verdichtungspunkten im politischen Prozess" als kollektive Grundrechtsausübung.[114] Dieses Bild privatautonomer Selbst- oder Fremdbestimmung hinter sich lassend, geht es nicht mehr um befriedete oder befriedende Ordnungsmodelle, sondern die Sicherung der Offenheit durch die Steigerung der Lernfähigkeit. Willensbildungsprozesse müssen danach auf Auseinandersetzung und nicht mehr auf den Zweck der Koalition, wie auf Legitimation von Entscheidungen oder die Herstellung der Willensfähigkeit durch die Rekonstruktion eines Verbands- oder Gemeinwillens, gerichtet sein.

4.3.2. Veränderte Teilnahmerechte

Dieses Bild der „Unruhe", des „Machtringens von sozialen Kampfgruppen"[115] und der Beweglichkeit findet sich durchgängig in Ridders Texten. Die Unmöglichkeit der Setzung eines verbindlichen Allgemeinen bzw. Gemeinwillens muss präsent gehalten werden. Aussichtsreich, so hat es bereits Gunther Teubner für die Unternehmensorganisation vorgeschlagen,[116] ist es, Konflikte etwa in Form von Oppositionen zuzulassen, welche die Normierungsprozesse stets offen und unabgeschlossen halten. An die Stelle einer passiven Mitgliedschaft tritt eine aktive Beteiligung, die eher einer Protest- als einer geordneten Partizipationsstruktur folgt, um die Diskursvielfalt zu erhalten. Schon Abendroth sah gerade in „Aktionen der Mitglieder" geeignete Gegengewichte zu eingeübten, intransparenten Sonderinteressen von Funktionseliten.[117] In dieser Perspektive sind die individuellen Beteiligungen nicht als Summe von Individualmeinungen relevant, die in eine repräsentative Mehrheit strukturiert werden könnten.[118] Auch zielt dieses Modell nicht auf die anspruchsvolle Idee der Basisdemokratie.

---

113 Zu Teilnahmerechten und deren Begrenzung z.B. BVerfGE 19, 303 (312); 64, 208 (213); 73, 261 (270); 116, 202 (218).
114 So konkret auch für die Gewerkschaften: *Ridder* 1975b, insb. S. 69 f.
115 *Ridder* 1960, S. 41.
116 *Teubner* 1978.
117 *Abendroth* 1952, S. 648.
118 So noch die klassischen Anforderungen z.B. bei *Leisner* 1979; *Föhr* 1974, S. 171 f.

Denn solche Teilnahmerechte folgen nicht einfach aus der Subjektstellung und deren Schutzbedürfnissen,[119] sondern vor allem aus der Funktion kommunikativer Prozesse, um die Variabilität der jeweiligen Kommunikationssphäre zu steigern.[120] Sie ermöglichen die Funktion sozialer Praxis.[121] Individuelle Mitgestaltung ist erst als Teil eines kollektiven Gestaltungsprozesses denkbar. Sie dienen gerade dazu einseitige und dominante Definitionsansprüche zur Ausfüllung der Gestaltungsaufgabe der Koalitionsfreiheit zurückzuweisen. Der kollektive Gestaltungsprozess ist niemandem eigen. Aus den subjektiven Ansprüchen auf Teilnahme werden funktionale, aber eigene Teilnahmerechte und -pflichten, hinter die die individuelle (negative) Koalitionsfreiheit zurücktritt.[122] Dabei sind sie nicht etwa nachrangig zu konstruieren, sondern in ihrer gestaltenden und modifizierenden Kraft für die Diskurse zu erfassen.

Ridders vor dem Hintergrund seiner Grundrechtstheorie konsequente Lesart der Koalitionsfreiheit fordert nicht nur bisherige Denkgewohnheiten heraus, sie entzieht ihnen ihre Begründungsbasis und bietet gleichzeitig einen neuen normativen Rahmen. Sie liefert nicht weniger als einen Beitrag zu einer Kollektivtheorie des Rechts, die alle am Kollektivprozess im Sinne des Art. 9 Abs. 3 GG Beteiligten zur Bewegung auffordert.

Bibliographie

Abendroth, Wolfgang, 1952: Zur Funktion der Gewerkschaften in der westdeutschen Demokratie. In: Gewerkschaftliche Monatshefte 11, S. 641-648.

Augsberg, Ino, 2013: „Wer glauben will, muss zahlen?" Erwerb und Aufgabe der Kirchenmitgliedschaft im Spannungsfeld von Kirchenrecht und Religionsverfassungsrecht. In: Archiv des öffentlichen Rechts 138, H. 4, S. 493-535.

Badura, Peter, 1978: Das Recht der Koalition. Verfassungsrechtliche Fragestellung. In: Das Arbeitsrecht der Gegenwart 15, S. 17-36.

Biedenkopf, Kurt, 1964: Grenzen der Tarifautonomie. Karlsruhe.

Blanke, Sandro, 2005: Soziales Recht oder kollektive Privatautonomie? Hugo Sinzheimer im Kontext nach 1900. Tübingen.

Böckenförde, Ernst-Wolfgang, 1976: Die politische Funktion wirtschaftlich-sozialer Verbände und Interessenträger in der sozialstaatlichen Demokratie. In: Der Staat 15, S. 457-483.

Brinkmann, Ulrich/*Choi*, Hae-Lin/*Detje*, Richard/*Dörre*, Klaus/*Karakayali*, Serhat/*Schmalstieg*, Catharina (Hrsg.), 2008: Strategic Unionism: Aus der Krise zur Erneuerung? Wiesbaden.

---

119 Eine nach wie vor eindrucksvolle Kritik subjektiver Rechte bei *Luhmann* 1981, S. 45 ff., insb. 50 ff.
120 Vgl. *Ladeur* 2009, S. 109.
121 Siehe *Menke* 2018, S. 13 ff., 25 ff.
122 Schon *Sinzheimer* hat von einer sozialen Pflicht der Teilnahme gesprochen, *ders.* 1976b.

Däubler, Wolfgang/*Hege*, Hans, 1976: Koalitionsfreiheit. Ein Kommentar. Baden-Baden.

Dieterich, Thomas/*Müller-Glöge*, Rudi/*Preis*, Ulrich/*Schaub*, Günter (Hrsg.), 2005: Erfurter Kommentar zum Arbeitsrecht. München. [zitiert: *Bearbeiter*, in: Erfurter Kommentar 2005]

Eder, Klaus, 1986: Der permanente Gesellschaftsvertrag. Zur kollektiven Konstruktion einer sozialen Ordnung. In: Kern, Lucian/Müller, Hans-Peter (Hrsg.): Gerechtigkeit, Diskurs oder Markt? Opladen, S. 67-81.

Fischer-Lescano, Andreas, 2008: Kritik der Praktischen Konkordanz. In: Kritische Justiz 41, H. 2, S. 166-177.

Föhr, Hort, 1974: Willensbildung in den Gewerkschaften und Grundgesetz. Berlin.

Gamillscheg, Franz, 1989: Die Grundrechte im Arbeitsrecht. Berlin.

Hamburgisches Welt-Wirtschafts-Archiv (HWWA) (Hrsg.), 1961: Um den Solidaritätsbeitrag der Arbeitnehmer, Hamburg, S. 62-66.

Hartmann, Felix, 2014: Negative Tarifvertragsfreiheit im deutschen und europäischen Arbeitsrecht. Tübingen.

Hensel, Isabell, 2021: Grundrechtskonflikte im Vertrag. Verfahrensrecht für die Kooperation von Hochschulen und Wirtschaft. Baden-Baden.

Hensel, Isabell, 2019: Wissenschaftskampfrecht: „... einige heilige Kühe also auch hier schlachten". In: Kritische Justiz 52, H. 4, S. 449-478.

Hensel, Isabell/*Teubner*, Gunther, 2014: Matrix Reloaded. Kritik der staatszentrierten Drittwirkung der Grundrechte am Beispiel des Publication Bias. In: Kritische Justiz 47, H. 2, S. 152-170.

Hettlage, Manfred, 2004: Sind Streiks ohne Urabstimmung „wilde Streiks"? In: Neue Juristische Wochenschrift, H. 46, S. 3299-3301.

Hueck, Alfred/*Nipperdey*, Hans Carl, 1970: Lehrbuch des Arbeitsrechts, Band 2, München.

Hufen, Friedhelm, 1982: Die Freiheit der Kunst in staatlichen Institutionen. Baden-Baden.

Freese, Jonas, 2017: Schlüsselposition mit Blockademacht. In: Kritische Justiz 50, H. 4, S. 497-507.

Kaiser, Joseph, 1978: Repräsentation organisierter Interessen. Berlin.

Kempen, Otto, 1995: Staatliche Schutzpflicht gegenüber der Tarifautonomie? In: Heinze, Meinhard/Schmitt, Jochem (Hrsg.): Festschrift für Wolfgang Gitter, Wiesbaden, S. 427-445.

Kempen, Otto, 1977: Strukturwandel der Arbeitsverfassung. In: Gewerkschaftliche Monatshefte, S. 473-481.

Kittner, Michael, 2005: Arbeitskampf: Geschichte, Recht, Gegenwart. München.

Klocke, Daniel, 2020: Die unmittelbare Drittwirkung der kollektiven Koalitionsfreiheit nach Art. 9 Abs. 3 GG. In: Soziales Recht (Wissenschaftliche Zeitschrift für Arbeits- und Sozialrecht) 10, S. 17-34.

Kocher, Eva, 2020: Die Arbeitsverfassung als Gegenstand des Sozialstaatsgebots. In: Kritische Justiz 53, H. 2, S. 189-199.

Ladeur, Karl-Heinz, 2020: Helmut Ridders Konzeption der Meinungsfreiheit als Prozessgrundrecht. In: Kritische Justiz 53, H. 2, S. 172-182.

Ladeur, Karl-Heinz, 2009: Das subjektive Recht und der Wunsch nach Gerechtigkeit als sein Parasit. In: Zeitschrift für Rechtssoziologie 29, S. 109-124.

Ladeur, Karl-Heinz, 2006: Methodische Überlegungen zur gesetzlichen „Ausgestaltung" der Koalitionsfreiheit. Zugleich ein Beitrag zu den Möglichkeiten und Grenzen der Flexibilisierung des Tarifvertragssystems. In: Archiv des öffentlichen Rechts 131, H. 4, S. 643-667.

Ladeur, Karl-Heinz, 1999: Helmut Ridders Konzeption der Meinungs- und Pressefreiheit in der Demokratie. In: Kritische Justiz 32, H. 2, S. 281-294.

Leisner, Walter, 1979: Organisierte Opposition in Verbänden und Parteien? In: Zeitschrift für Rechtspolitik, S. 275-280.

Lemke, Helmut, 1975: Über die Verbände und ihre Sozialpflichtigkeit. In: Die Öffentliche Verwaltung, S. 253-256.

Lerche, Peter, 1968: Verfassungsrechtliche Fragen des Arbeitskampfes. Bad Homburg.

Luhmann, Niklas, 1999: Grundrechte als Institution. Berlin.

Luhmann, Niklas, 1994: Soziale Systeme. Grundriß einer allgemeinen Theorie. Frankfurt a.M.

Luhmann, Niklas, 1981: Subjektive Rechte. In: ders. (Hrsg.): Gesellschaftsstruktur und Semantik, Band 2, S. 45-104.

Lyotard, Jean-François, 1985: „Nach" Wittgenstein. In: ders. (Hrsg.): Grabmal des Intellektuellen, Graz u.a., S. 68-74.

Menke, Christoph, 2018: Genealogie, Paradoxie, Transformation. In: Fischer-Lescano, Andreas/Franzki, Hannah/Horst, Johann (Hrsg.): Gegenrechte, Tübingen, S. 13-34.

Neumann, Franz, 1932: Koalitionsfreiheit und Reichsverfassung. Berlin.

Nipperdey, Hans Carl, 1937: Mindestbedingungen und günstigere Arbeitsbedingungen nach dem Arbeitsordnungsgesetz. Ordnungsprinzip und Leistungsprinzip. In: Kölner Rechtswissenschaftliche Fakultät (Hrsg.): Festschrift für Heinrich Lehmann, Berlin, S. 257-269.

Nogler, Luca, 1996: Die unfruchtbaren Weimarer Wurzeln des Grundrechts auf Koalitionsfreiheit. In: Arbeit und Recht, H. 6, S. 206-210.

Ockenfels, Wolfgang, 1987: Zur Sozialpflichtigkeit der Gewerkschaften. In: ders. (Hrsg.): Krise der Gewerkschaften – Krise der Tarifautonomie?, Bonn, S. 167-182.

Picker, Eduard, 2002: Tarifautonomie, Betriebsautonomie, Privatautonomie. In: Neue Zeitschrift für Arbeitsrecht, S. 761-770.

Picker, Eduard, 1998: Tarifmacht und tarifvertragliche Arbeitsmarktpolitik. In: ZfA – Zeitschrift für Arbeitsrecht, S. 573-714.

Popp, Klaus, 1975: Öffentliche Aufgaben der Gewerkschaft und innerverbandliche Willensbildung. Berlin.

Ridder, Helmut, 2019: Das Zensurverbot. In: Hase, Friedhelm/Ladeur, Karl-Heinz/Preuß, Ulrich (Hrsg.): Kommunikation in der Demokratie. Kleine Schriften und Vorträge, Tübingen, S. 48-59.

Ridder, Helmut, 1975a: Die soziale Ordnung des Grundgesetzes. Opladen.

Ridder, Helmut, 1975b: Sonstige Vereinigungen. In: ders. (Hrsg.): Die soziale Ordnung des Grundgesetzes, Opladen, S. 68-75.

Ridder, Helmut, 1963: Freiheit der Kunst nach dem Grundgesetz. München.

Ridder, Helmut, 1961: Zahlen ohne rot zu werden. In: Der SPIEGEL, Nr. 13.

Ridder, Helmut, 1960: Zur verfassungsrechtlichen Stellung der Gewerkschaften im Sozialstaat nach dem Grundgesetz der Bundesrepublik Deutschland. Rechtsgutachten zur Frage der Verfassungsmäßigkeit des Urteils des Bundesarbeitsgerichts von 31. Oktober 1958. Stuttgart.

Rieble, Volker, 2019: Münchener Handbuch zum Arbeitsrecht. Band 3: Kollektives Arbeitsrecht. München.

Schmitt, Carl, 1985: Freiheitsrechte und institutionelle Garantien der Reichsverfassung (1931). In: ders. (Hrsg.): Verfassungsrechtliche Aufsätze aus den Jahren 1924-1954, Berlin, S. 140-178.

Schmitt, Carl, 1970: Verfassungslehre (1928). Berlin.

Sinzheimer, Hugo, 1977: Ein Arbeitstarifgesetz. Die Idee der sozialen Selbstbestimmung im Recht (1916). Berlin.

Sinzheimer, Hugo, 1976a: Der Wandel im Weltbild des Juristen (1928). In: Kahn-Freund, Otto/Ramm, Thilo (Hrsg.): Hugo Sinzheimer – Arbeitsrecht und Rechtssoziologie, Band 2, Frankfurt a.M., S. 42-49.

Sinzheimer, Hugo, 1976b: Die Absperrklausel in Tarifverträgen und ihre Wirkung auf abgesperrte Arbeitnehmer (1921). In: Kahn-Freund, Otto/Ramm, Thilo (Hrsg.): Hugo Sinzheimer – Arbeitsrecht und Rechtssoziologie, Band 1, Frankfurt a.M., S. 176-181.

Sinzheimer, Hugo, 1976c: Die Reform des Schlichtungswesens (1930). In: Kahn-Freund, Otto/Ramm, Thilo (Hrsg.): Hugo Sinzheimer – Arbeitsrecht und Rechtssoziologie, Band 1, Frankfurt a.M., S. 236-254.

Sinzheimer, Hugo, 1927: Grundzüge des Arbeitsrechts. Jena.

Steinhauer, Fabian, 2014: Das Grundrecht der Kunstfreiheit. Kommentar zu einem Grundlagentext von Helmut Ridder. In: Vesting, Thomas/Korioth, Stefan/Augsberg, Ino (Hrsg.): Grundrechte als Phänomen kollektiver Ordnung, Tübingen, S. 247-279.

Teubner, Gunther, 2018: Zum transsubjektiven Potential subjektiver Rechte. In: Fischer-Lescano, Andreas/Franzki, Hannah/Horst, Johann (Hrsg.): Gegenrechte. Recht jenseits des Subjekts, Tübingen, S. 357-375.

Teubner, Gunther, 2000: Ein Fall von struktureller Korruption? In: Kritische Vierteljahresschrift für Gesetzgebung und Rechtswissenschaft 83, S. 388-404.

Teubner, Gunther, 1996: Globale Bukowina. In: Rechtshistorisches Journal 15, S. 255-290.

Teubner, Gunther, 1978: Organisationsdemokratie und Verbandsverfassung. Tübingen.

Vesting, Thomas, 2014: Nachbarschaft. Die Kultur der Netzwerke und die Unmöglichkeit, Grundrechte „vom Einzelnen her" zu denken. In: Vesting, Thomas/Korioth, Stefan/Augsberg, Ino (Hrsg.): Grundrechte als Phänomen kollektiver Ordnung, Tübingen, S. 57-84.

Vesting, Thomas/*Korioth*, Stefan/*Augsberg*, Ino (Hrsg.), 2014: Grundrechte als Phänomene kollektiver Ordnung. Tübingen.

Wassermann, Rudolf, 1984: Kommentar zum Grundgesetz für die Bundesrepublik Deutschland. Alternativkommentar. Band 1. Neuwied. [zitiert: *Bearbeiter*, in: Wassermann 1984]

Wiethölter, Rudolf, 2014: Entwicklung des Rechtsbegriffs (am Beispiel des BVG-Urteils zum Mitbestimmungsgesetz und – allgemeiner – an Beispielen des sog. Sonderprivatrechts) (1982). In: Amstutz, Marc/Zumbansen, Peer (Hrsg.): Recht in Recht-Fertigungen, Berlin, S. 227-247.

Wiethölter, Rudolf, 2003: Recht-Fertigungen eines Gesellschaftsrechts. In: Joerges, Christian/ Teubner, Gunther (Hrsg.): Rechtsverfassungsrecht, Baden-Baden, S. 1-21.

Wiethölter, Rudolf, 1988: Rechtstaatliche Demokratie und Streitkultur. Vortrag gehalten auf dem Kongress „20 Jahre Kritische Justiz". In: Kritische Justiz 21, H. 4, S. 403-409.

Zachert, Ulrich, 2002: Elemente einer Dogmatik der Grundrechtsbindung der Tarifparteien. In: Arbeit und Recht, S. 330-332.

Zachert, Ulrich, 1993: Tarifautonomie zwischen Wirtschaftsliberalismus und Wiederentdeckung des Individuums. In: WSI Mitteilungen (Zeitschrift des Wirtschafts- und Sozialwissenschaftlichen Instituts der Hans-Böckler-Stiftung), S. 481-488.

Fabian Thiel

Sozialisierung

1. Einführung: Art. 15 GG („Sozialisierung")

Für Helmut Ridder war Artikel (Art.) 15 GG die einzige Bestimmung des Grundgesetzes (GG), die der sozialstaatlichen Dynamik des Art. 20 Abs. 1 GG unmittelbar Raum geben könne.[1] Was regelt Art. 15 GG? Art. 15 GG erlaubt die Überführung in der Norm genannter Gegenstände in Gemeineigentum oder andere Formen der Gemeinwirtschaft zum Zweck der Vergesellschaftung. Die Norm lautet: „Grund und Boden, Naturschätze und Produktionsmittel können zum Zwecke der Vergesellschaftung durch ein Gesetz, das Art und Ausmaß der Entschädigung regelt, in Gemeineigentum oder in andere Formen der Gemeinwirtschaft überführt werden. Für die Entschädigung gilt Artikel 14 Abs. 3 Satz 3 und 4 entsprechend." Art. 15 GG wird als Verfassungskompromiss zwischen den zur Zeit der Grundgesetzentstehung herrschenden politischen Verhältnissen bezeichnet, der freilich aufgrund der im Parlamentarischen Rat bestehenden Kräftekonstellation nur die Verabschiedung eines Verfassungstextes zuließ, der möglichst viele – auf den ersten Blick sich widersprechende – Entwicklungsmöglichkeiten offenließ. Das Verhältnis zwischen Art. 15 GG und Art. 14 GG (die Eigentumsgewährleistung) ist ein gutes Beispiel für diesen Widerspruch: Privateigentum oder Gemeineigentum an Grund und Boden, Produktionsmitteln und Naturschätzen? Pointiert ausgedrückt: Kommunismus oder Kapitalismus? Der Weg hin zu einer gemischten Wirtschaftsordnung bleibt seit 1949 unbeschritten.

Viel spricht heute dafür, den Grundgesetzartikel 15 im Sinne einer kreativen, rechtlich und rechtspolitisch umsetzbaren Verfassungsinterpretation offen und keinesfalls restriktiv zu lesen. Zu dieser bis heute gleichsam mystisch gebliebenen Norm gibt es nur vergleichsweise wenig Kommentarliteratur und Fachaufsätze sowie keine substanzielle Rechtsprechung. Aus dem Wort „können" in Art. 15 Satz 1 GG wird eine *Ermächtigung* zur Sozialisierung abgeleitet, kein Verfassungs- oder Gesetzgebungsauftrag. Bis heute (März 2021) haben weder der Bund noch die Länder von der Ermächtigung nach Art. 74 Abs. 1 Nr. 15 GG als Kompetenztitel Gebrauch gemacht. Art. 15 GG bedarf der Ausgestaltung durch den einfachen Bundes- oder Landes*gesetz*geber. Ein Verwaltungsakt auf Grund eines förmlichen Vergesell-

---

1 *Ridder* 1952, S. 146; *Thurn* 2020, S. 185.

schaftungsgesetzes reicht nicht aus, um die in Art. 15 Abs. 1 GG aufgeführten Gegenstände sozialisieren zu können. Diese sogenannte qualifizierte Gesetzesausgestaltung könnte jederzeit und rasch auch heute schon erfolgen (Sofortsozialisierung), wenn politischer Wille dazu vorhanden wäre und wenn verhindert werden soll, dass private Unternehmen die staatliche Gewalt steuern.

Auch einzelne Verfassungen der Bundesländer enthalten Sozialisierungsermächtigungen, so beispielsweise Art. 160 Bayerische Verfassung, Art. 41 Hessische Verfassung, Art. 52 Saarländische Verfassung und Art. 42 Bremische Verfassung. Sozialisierung ist von der Enteignung nach Art. 14 Abs. 3 GG abzugrenzen, da es sich nicht um einen konkret-individuellen Entzug des Eigentums zur Erfüllung bestimmter öffentlicher Aufgaben handelt, sondern um eine wirtschaftsverfassungsrechtliche Umgestaltung des Eigentums an bestimmten Wirtschaftsgütern zum Zweck der Vergesellschaftung. Treffender als der Terminus Sozialisierung ist die von Ridder verwendete Bezeichnung „*Sozialentwährung*". Sozialentwährung bedeutet eine Rechtsaufhebung mit der positiven Zweckrichtung unmittelbarer Ermöglichung konkreter Verwaltungsvorhaben und der negativen Zweckrichtung der Beseitigung oder Verhütung sozialschädlicher Rechtsausübung unter Erhaltung der betroffenen Werte. Nach Ridder ist Art. 15 GG die „roteste Vorschrift" im Grundgesetz neben der Koalitionsfreiheit des Art. 9 Abs. 3 GG. Mit Sozialismus oder Zentralverwaltungswirtschaft habe dies indes nichts zu tun. Art. 15 GG sei, so Ridder, vielmehr nur dann sozialistisch, wenn die gewählte Form der Gemeinwirtschaft sozialistisch sei. Hier aber habe der Gesetzgeber sehr wohl Wahlmöglichkeiten. „Mehr ist dazu nicht zu sagen".[2]

Bevor im nachfolgenden Abschnitt detailliert auf das Eigentums- und vor allem das Sozialisierungsverständnis Ridders eingegangen wird, sollen zunächst die wichtigsten Kernthesen Ridders zu Art. 15 GG umrissen werden. Ridder vertrat im Jahr 1951 im Rahmen eines als ergänzender Diskussionsbeitrag angelegten Staatsrechtslehrervortrags, der ein Jahr später als meinungsbildender, vielzitierter, gleichwohl fehlinterpretierter Aufsatz in den Veröffentlichungen der Deutschen Staatsrechtslehrer (VVDStRL) erschien[3], die These, dass eine Nichtausübung der Sozialisierungskompetenz in unmittelbarem zeitlichem Zusammenhang mit der Verfassungsausarbeitung diese Norm in relativ kurzer Zeit obsolet werden lasse. Er hat diese Feststellung indes mit einem Fragezeichen versehen. Ridder wollte sie in der Gesamtschrift zur „Sozialen Ordnung" später eher als politische Prognose denn als die Behauptung einer *zeitlichen Begrenzung* der Ermächtigung des Art. 15 GG verstanden wissen.[4] Ridder ging aber noch weiter: Die Sozialisierung sei nicht allein eine Beschränkung des Eigentums, sondern sie sei vielmehr selbst ein *echtes* Grundrecht, das Freiheit

---

2 *Ridder* 1952, S. 124 ff.; *Ridder* 1975, S. 100.
3 *Ridder* 1952, S. 124-147.
4 *Ridder* 1952, S. 124; *Ridder* 1975, S. 100 ff.; *Gramlich* 1983, S. 165; *Bryde* 2021, S. 1188.

organisiert.[5] Diese Feststellung beschreibt anschaulich Ridders im Kern liberales Staatsverständnis.

Vergesellschaftung (Sozialisierung) ist danach nichts anderes als Ent-Privatisierung und Selbstbestimmung und damit kein Unterfall, auch kein Sonderfall der Enteignung.[6] Ridder verstand unter „andere Form der Gemeinwirtschaft" eine Ausformung der betrieblichen Mitbestimmung.[7] Grundrechte waren – nach Ridders Auffassung – einer Gesamtverfassung als Gewährleistungen freiheitsdienender Organisationen oder Institutionen anzusehen.[8] Er traf zudem eine trennscharfe Unterscheidung zwischen der verfassungsrechtlichen Enteignung und der Vergesellschaftung. Art. 15 GG sei ein vehementer Spannungsausgleich quasirevolutionärer Art.[9] Dieser Spannungsausgleich wird dadurch offenbar, dass sich Art. 15 GG im Grundrechtsteil des Grundgesetzes befindet und die einzige Interventionsermächtigung des Staates in diesem Abschnitt des Grundgesetzes gegen die Privateigentümer:innen darstellt. Auch das Verhältnis von Privateigentum und Gemeineigentum ist daher keines von Oberfall und Unterfall. Grundrechte werden nach herkömmlichem Verständnis vorrangig als Abwehrrechte der Bürger:innen gegen den Staat interpretiert. Ridder nimmt insofern eine Sonderstellung ein, als er aus Art. 15 GG ein *Grundrecht derjenigen Nichteigentümer:innen* konstruiert, die an der Sozialisierung ein Interesse haben und diese befürworten.[10] Ebenso klar wandte er sich gegen die These – die er als „doktrinäre Extraktion"[11] bezeichnete – die Sozialisierung dürfe das „Institut Eigentum" und somit den Wesensgehalt (den Kernbereich) des Eigentums nach Art. 19 Abs. 2 GG nicht antasten. Ridder hielt die Herausbildung einer sogenannten Institutsgarantie des Eigentums für schlichtweg unzulässig.[12] Und er drehte den Argumentationsstrang gleichsam um, indem er von der Konstituierung des Eigentums an Grund und Boden, Naturschätzen und Produktionsmitteln zur Überführung in eine Form der Gemeinwirtschaft *abweichend* von Art. 14 GG sprach. Dies ist ein starker, (auch) mich überzeugender Befund. Zudem vertrat er die Auffassung, dass Grundgesetzkommentatoren generell nicht viel von der Grundgesetzlektüre halten.[13] Dieser Befund gilt in besonderem Maße für Art. 15 GG, wie im Folgenden an der Gegenüberstellung der Auslegung des Art. 15 GG durch die überwiegende („herrschende") Auffassung und Meinung der juristischen Lehre und der hiervon im Wesentlichen abweichenden Meinung Helmut Ridders gezeigt wird. Insbesondere aus diesem Ge-

---

5 *Ridder* 1975, S. 104.
6 *Ridder* 1952, S. 124 (dort Fn. 1-4).
7 *Winter* 1976, S. 121.
8 *Ridder* 1952, S. 142.
9 *Stein* 1999, S. 271 ff.
10 *Ridder* 1975, S. 181.
11 *Ridder* 1975, S. 117.
12 *Ridder* 1975, S. 101.
13 *Ridder* 1975, S. 83.

gensatz ergeben sich sinnvolle und rechtlich mögliche Konkretisierungen für eine Neubewertung des Inhalts und der Implementationsmöglichkeiten des Art. 15 GG.

2. Zum Eigentums- und Sozialisierungsverständnis Helmut Ridders

Ein feststehendes Prüfungsschema, wie Art. 15 GG auszulegen ist, gibt es etwa vom Bundesverfassungsgericht mangels einschlägiger Judikatur nicht. Aus der Kommentarliteratur und dem Schrifttum gibt es aber immerhin einige Hinweise, wie die Norm interpretiert werden *könnte* und wie sich Ridders Meinung dazu darstellt. Es können fünf Hauptprüfungsschritte genannt werden: Zunächst wird nach den Gegenständen der Sozialisierung gefragt, sodann nach der rechtlich zulässigen Maßnahme – untergliedert in formelle und materielle Anforderungen –, anschließend nach dem Zweck bzw. Ziel der Sozialisierung, der Gesetzesvoraussetzung und schließlich nach der Entschädigung hinsichtlich Art und Ausmaß (Junktim). Diesem Grobschema folgend skizziere ich nun die mit Art. 15 GG verbundenen Rechtsprobleme und Auffassungen der herrschenden Lehre, jeweils kontrastiert mit den Aussagen Ridders.

2.1. Zulässige Gegenstände und Wirtschaftsgüter der Sozialisierung

2.1.1. Produktionsmittel

Sozialisierungsfähige Gegenstände und Wirtschaftsgüter sind in Art. 15 Satz 1 GG abschließend aufgezählt: Grund und Boden, Naturschätze und Produktionsmittel. Ridder hat sich zunächst intensiv mit der Auslegung des Begriffs *„Produktionsmittel"* beschäftigt. Für Ridder sind Produktionsmittel nicht nur körperliche Gegenstände zur Herstellung von Gütern (etwa ein Hammer oder eine Maschine), sondern auch Verkehrs- und sonstige Dienstleistungsbetriebe. Ob er unter jene „sonstigen Dienstleistungsbetriebe" auch Banken und andere Finanzdienstleistungsunternehmen fasste, erschließt sich aus seinen Veröffentlichungen nicht. Wir erfahren daher nicht, ob Ridder die Sozialisierung von Grund und Boden, auf dem ein nach herrschender Lehre nicht-sozialisierungsfähiges Unternehmen ein Gebäude im Eigentum hat – etwa eine Bank oder ein Immobiliendienstleistungsunternehmen, das sich gewerblich mit der Vermietung und dem Verkauf von Wohnungen und Gewerbeflächen beschäftigt – für zulässig gehalten hätte.

Die herrschende juristische Meinung legt Art. 15 GG „eng" aus: Produktionsmittel umfassen danach nur sachliche und rechtliche Mittel, die der gegenständlichen Produktion dienen, nicht aber Kreditinstitute, Versicherungen und sonstige Dienstleistungsbetriebe. Wichtiger ist, dass Ridder Art. 15 GG eine *Sperrfunktion* zukommen lassen wollte, die die Reprivatisierung bereits sozialisierter Gegenstände und Wirtschaftsgüter, insbesondere aber Produktionsmittel, blockiert.[14] Denn von einer Ordnungsfunktion des Privateigentums an Produktionsmitteln wolle, so Ridder, das Grundgesetz nichts wissen. Gegen die Privatisierungs-„Welle" der Unternehmen der Daseinsvorsorge sei mithin nur ein normatives Kraut gewachsen: Art. 15 GG mit seiner Sperrfunktion.[15] Eine pauschale Ent-Privatisierung ist Art. 15 GG allerdings nicht zu entnehmen.

Ridder lässt die Frage offen, ob eine Sozialisierung von mobilen und immobilen Produktionsmitteln – etwa Unternehmen der Versicherungswirtschaft – nicht zu verschiedenen Ergebnissen führen muss. Denn eine Sozialisierung der *mobilen* Produktionsmittel, etwa der hergestellten Produkte und „Fertigwaren", aber auch das Arbeitsergebnis einer durchgeführten Dienstleistung, kann niemand ernstlich anstreben. In diesem Fall wäre tatsächlich die Zentralverwaltungs- bzw. Kommandowirtschaft eingeführt. Das Bundesverfassungsgericht hat hingegen in der Entscheidung zur Privatisierung des Volkswagenwerks diese Sperrfunktion verneint[16] mit dem Argument, dass die Verfassung keinen Auftrag zur Sozialisierung erteilt. Ridder meinte, das Gericht habe den Sinn der Vorschrift nicht verstanden, und begründet dies mit dem Verfassungskompromiss des Jahres (1949), aus dem die Norm entstanden ist. Die Sperrfunktion bekomme eine „von Tag zu Tag" zunehmende Wichtigkeit. Ridder belegte dies mit den inländischen Privatisierungs- und Expansionsmöglichkeiten auf dem Gebiet des Versicherungs-, Transport-, Verkehrs- und sonstigen Dienstleistungsgewerbes, mithin der Privatisierung der Daseinsvorsorge. Vehement sprach er sich gegen die Entstaatlichung von Bundespost und Bundesbahn, der Verkehrsinfrastruktur und der kommunalen Aufgaben aus. Sehr aktuell ist beispielsweise seine Feststellung, dass die Bundesbahn Nebenstrecken stilllege, um Luxuszüge zu bauen.[17]

2.1.2 „Grund und Boden"

Der Bedeutungsgehalt von *„Grund und Boden"* (Art. 15 Satz 1 GG) wird von Ridder hingegen nicht erschöpfend genug analysiert. Er verwies lediglich darauf, dass im Falle der Sozialisierung der großen Masse des Grund und Bodens niemand mehr den Beruf des freien Landwirts betreiben könne. Einen Verstoß gegen Art. 12 GG – die „Berufsfreiheit" – sah Ridder hierin nicht. Art. 12 GG gewähre keinen Anspruch darauf, dass bestimmte Berufe nicht untergehen können.[18] Grund und Boden wird

---

14 *Ridder* 1975, S. 105.
15 *Ridder* 1975, S. 104.
16 BVerfGE 12, 354 ff.
17 *Ridder* 1975, S. 103.
18 A.a.O., S. 100.

überwiegend mit dem terminus technicus „Grundstück" als abgrenzbarer Teil der Erdoberfläche samt seiner Bestandteile (§§ 93, 94 BGB) und samt des Zubehörs (§§ 97, 98 BGB) gleichgesetzt – unabhängig davon, ob städtische Grundstücke oder Eigenheime privaten Wohnzwecken oder der gewerblichen und landwirtschaftlichen Erwerbssicherung dienen. Aus Sicht der Grundstücksbewertung und der Bestimmung der Angemessenheit erwachsen aus dieser mangelnden Differenzierung erhebliche Schwierigkeiten bei der Entschädigungsermittlung. Sind Geschoßwohnungsbaugrundstücke (Wohngrundstücke) mit Mietpreis- und Belegungsbindungen bei der Vergesellschaftung mit demselben Bodenwert anzusetzen wie Grundstücke im frei finanzierten Wohnungsbau? Zweifel sind erlaubt. Denn in der historischen Rückschau spricht nichts für die These, die Vergesellschaftung von Grund und Boden sei bei privaten, selbstgenutzten (Einfamilienhaus-)Grundstücken und bei nicht-vergemeinschaftungsfähigen – „nicht-sozialisierungsreifen" – Unternehmensgrundstücken ausgeschlossen. Von dem Kriterium der so genannten „Sozialisierungsreife" (Beispiel: Nur Immobilienunternehmen mit einem Bestand von über 3.000 Wohnungen wären sozialisierungsreif) ist in Art. 15 GG und seiner Entstehungsgeschichte nichts zu finden. Es kann als ein von Ridder treffend bezeichnetes „interpretatorisches Zusatzgerät" aufgefasst und also ignoriert werden. Eine verfassungsrechtliche Zementierung des status quo der Bodennutzung ohne Veränderungsmöglichkeiten der Eigentumsarrangements kann vom historischen Verfassungsgeber nicht ernsthaft intendiert gewesen sein. Auch grundstücksgleiche Rechte wie Erbbaurechte und das Bergwerkseigentum werden daher durch den Begriff des Grund und Bodens erfasst.[19] Dem Verfassungsgesetzgeber des Jahres 1949 waren die Schriften der Bodenreformer wie Adolf Damaschke, die sich mit den Fragen des privaten Eigentums am unvermehrbaren und unentbehrlichen städtischen und ländlichen Boden beschäftigten, sehr wohl bewusst. Nicht zuletzt die Trennung von Bauwerk und Boden analog zum Erbbaurecht war eine der wesentlichen Forderungen der Bodenreformer.[20]

Es ist zu Recht auf den Pleonasmus des Terminus *Grund und Boden* verwiesen worden ebenso wie auf die Trennung von Eigentum und Nutzungsbefugnis.[21] Hans-Jochen Vogel schlug im Jahr 1973 eine Eigentumsaufspaltung in Verfügungs- und Nutzungseigentum vor. Die Kommunen sollten das Verfügungseigentum an Grundstücken bekommen und die Eigentümer:innen von Wohnungen und Häusern das Nutzungseigentum erhalten. In der Tat erscheint es fraglich, ob Art. 15 GG eine Trennung von öffentlichem oder öffentlich institutionalisiertem Gemeineigentum und privater Nutzungsbefugnis grundsätzlich ausschließt. Wo die Regelung der Bodennutzung in Rede steht und eine Analyse staatlicher Steuerungsmechanismen des Boden- und Wohnungsmarktes erforderlich ist, muss zudem der Aspekt der räumli-

---

19 *Ahlers* 1982, S. 89 f.; *Schell* 1996, S. 114 ff.
20 *Damaschke* 1920 (1902).
21 *Bryde* 2021, S. 1192 f.; *Dopatka* 1976, S. 179 ff.

chen bzw. regionalen Planung berücksichtigt werden. Ohne detaillierte kommunale und regionale Planungsvorgaben sind keine Aussagen über die Struktur der Eigentumsverhältnisse sowie über die eigentumspolitischen Auswirkungen jedweder Raumnutzungsplanung und interventionistischer Eingriffe möglich. Diese wichtigen Aspekte für eine zeitgenössische Auslegung von Art. 15 GG fehlen in Ridders Schriften.

2.2. Maßnahmen der Sozialisierung

Unterschiede zwischen der herrschenden Auffassung und Ridders Interpretation des Art. 15 GG ergeben sich auch aus den *Maßnahmen* und dem *Zweck* der Sozialisierung. Nach gängiger Meinung können die sozialisierungsfähigen Wirtschaftsgüter und Gegenstände (vgl. oben 2.1.) zum Zweck der Vergesellschaftung („Finalität") entzogen und in das Eigentum und die Verwaltung des Staates gegeben werden. Dadurch wird die Privatnützigkeit an den Gegenständen beseitigt. Stattdessen wird eine vorrangig gemeinwohlorientierte Bewirtschaftung erreicht. Die Vergesellschaftung wird durch die Überführung der sozialisierungsfähigen Wirtschaftsgüter in Gemeinwirtschaft überhaupt erst realisiert. Dies kann entweder durch Begründung von *Gemeineigentum* durch öffentlich-rechtliche Träger (etwa: Bund, Land, Gemeinde, Gemeindeverbände, als Rechtsträger für dieses Eigentum geschaffene Selbstverwaltungskörperschaften oder Organisationseinheiten als juristische Personen des öffentlichen Rechts) oder durch *andere Formen der Gemeinwirtschaft* nach Art. 15 Satz 1 GG geschehen. Staatliches oder gemeindliches Eigentum wird auch als „fiskalisches Eigentum" bezeichnet. Gemeineigentum erhält seinen besonderen Charakter in erster Linie durch die Überführung in Gemeinwirtschaft, die durch Einrichtungen mit eigener Rechtspersönlichkeit implementiert werden kann. Gemeineigentum ist gleichsam ein *res extra commercium*, also ein nicht-handelbares (Grundstücks-)Vermögen.

Gemeineigentum kann beispielsweise auch an Hochschulgrundstücken und Hochschulliegenschaften begründet werden. Ridder hat sich ausführlich mit der Hochschulorganisation, nicht zuletzt auch der Finanzierung der Fakultäten und Fachbereiche beschäftigt. Die Fakultäten erbringen die eigentliche wissenschaftliche Leistung als Lehre und Forschung nach Art. 5 Abs. 3 GG[22], an der u. a. die Budgetzuweisungen an die Universitäten ausgerichtet sind, woraus Hochschulausbau- und Neubaumaßnahmen finanziert werden. Interessant, weil in der Fachliteratur vollständig ausgeblendet, ist die Abgrenzung zwischen Gemeineigentum und *wirtschaftlichem Eigentum*. Befindet sich wirtschaftliches Eigentum in der Hand des Staates, ist es als

---

22 *Ridder* 1975, S. 134 ff.

Gemeineigentum im Sinne des Art. 15 GG anzusehen. Den Terminus *wirtschaftliches Eigentum an Grundstücken* kennt das deutsche Steuerrecht. Gemäß dem Bewertungsgesetz (BewG) gilt im Steuerrecht als Grundstück auch ein Gebäude, welches auf fremdem Grund und Boden errichtet wurde oder einem anderen Eigentümer als dem des darunterliegenden Grundstücks zuzurechnen ist, selbst wenn es wesentlicher Bestandteil jenes Grundstücks geworden ist (vgl. §§ 70 Abs. 3, 94 BewG). Am Beispiel von Hochschulgebäuden wird die Schwierigkeit der Abgrenzung von öffentlichem Gemeineigentum und öffentlichem wirtschaftlichem Eigentum deutlich. Die Hochschulen, die wirtschaftliche Eigentümerinnen ihres Immobilienbestands sind, verwalten zugleich treuhänderisch das jeweilige Landeseigentum. Mit der Eigentümerstellung ist vorrangig die Einführung von Vermieter-Mieter-Verhältnissen zur Verbesserung der Wirtschaftlichkeit des hochschulischen Flächen- und Liegenschaftsmanagements verknüpft.

Über die Bedeutung des Terminus *„Gemeinwirtschaft"* herrscht im Übrigen Unklarheit, analog zum Gemeineigentum. Man stellt Gemeinwirtschaft der Erwerbswirtschaft im Rahmen der eigenwirtschaftlichen Betätigung der öffentlichen Hand gegenüber. Gemeinwirtschaftliche Unternehmen dienen unmittelbar der Erfüllung öffentlicher Aufgaben. Unter Gemeinwirtschaft ist aber nicht nur ein bestimmtes Wirtschaftssystem aufzufassen, sondern auch die öffentliche Leistungserbringung nach Art. 87e–f GG. Für Interventionen in den Bodenmarkt ergäbe sich diese Folgerung: Die Übernahme von Wohnungsbeständen eines bislang privaten Unternehmens erfordert unter Art. 15 GG zwingend, diese Bestände in Gemeinwirtschaftsstrukturen zu überführen. Eine Eingliederung in bestehende, privatwirtschaftlich organisierte, landeseigene (Wohnungs-)Unternehmen *mit Gewinnerzielungsabsicht* ist ausgeschlossen. Andernfalls würde das überführte Eigentum der individuellen Gewinnerzielungsabsicht anstatt der Befriedigung eines öffentlichen Bedarfs an der Nutzung der in Art. 15 Satz 1 GG genannten Wirtschafsgüter wie Grund und Boden dienen. Die Gründung einer Anstalt öffentlichen Rechts (AöR) ist ebenfalls denkbar, in der das gemeinwirtschaftliche Prinzip als Kostendeckungsprinzip umgesetzt und in der die Renditeerwartung aus der Wohnraumvermietung und -bewirtschaftung ausgeschlossen ist.

Im Rahmen der anderen Formen der *Gemeinwirtschaft* kann das Eigentum daher formal auch beim bisherigen Eigentümer verbleiben; aber der staatliche (Mehrheits-)Einfluss wird durch entsprechende Regelungen gewährleistet, sodass das Ziel gemeinwirtschaftlichen Handelns erreicht werden kann, um dem Staat einen maßgeblichen Einfluss auf das im Gesellschaftsvermögen gebundene Eigentum mit dem finalen Zweck der Vergesellschaftung zu gewähren.

Ridder vertrat eine dezidiert andere Auffassung, was den Finalisierungszweck der Vergesellschaftung anbelangt. Für ihn blieb nicht nur der Begriff der Vergesellschaftung unklar. Auch unterstellte er der herrschenden (Lehr-)Meinung eine Verwechslung von Vergesellschaftung mit den (anderen) *Formen der Gemeinwirtschaft*. Für ihn manifestierte sich Vergesellschaftung vielmehr nicht in den Formen der Gemeinwirtschaft – Gemeineigentum oder andere Formen der Gemeinwirtschaft –, sondern Vergesellschaftung bedeute „nichts anderes als Ent-Privatisierung".[23] Diese Ent-Privatisierung bezog er allerdings nicht vorrangig auf Organisationsformen der vergesellschafteten Wirtschaftsgüter und Gegenstände, sondern brachte sie ausschließlich mit der Selbstbestimmung der Angestellten und Arbeiter:innen sowie der Selbstbestimmtheit von Arbeit in Verbindung.

2.3. Zweck (Ziel) der Vergesellschaftung

Mit Entschiedenheit wandte sich Ridder zudem gegen die bereits genannten interpretatorischen Zusatzgeräte wie das Übermaßverbot und das Verhältnismäßigkeitsprinzip. Von keinem stehe etwas in der Verfassung, so Ridder.[24] Rechtsprechung und herrschende Lehre sind Ridder in dieser entscheidenden Auffassung nicht gefolgt, ganz im Gegenteil. Im Falle von Art. 15 GG wird vielmehr vertreten, dass analog zu anderen staatlichen Eingriffen auch bei der Sozialisierung der Verhältnismäßigkeitsgrundsatz anzuwenden sei – mit dem Ergebnis, dass die hierbei erforderliche Prüfung der Geeignetheit, Erforderlichkeit und Angemessenheit der Vergesellschaftungsmaßnahme am Gemeinwohlziel zu messen ist.[25] Dies wird aus der Formulierung „(...) zum Zweck der Vergesellschaftung" (Art. 15 Satz 1 GG) abgeleitet. Die herrschende Meinung möchte die Verhältnismäßigkeit an der wirtschaftlichen Bedeutung der in Gemeineigentum oder in andere Formen der Gemeinwirtschaft überführten Wirtschaftsgüter und Gegenstände festmachen. Nur bei einer entsprechenden Sozialisierungsreife oder Sozialisierungseignung ist danach die Überführung zulässig, nicht aber im Falle von kleinbäuerlichen und kleinhandwerklichen Betrieben. Die Verhältnismäßigkeit wird beispielsweise im Rahmen der Berliner Initiative „Deutsche Wohnen & Co. enteignen – Spekulation bekämpfen"[26], die durch ein Sozialisierungsgesetz Wohnungsunternehmen mit einem Bestand von mehr als 3.000 Wohnungen in Gemeineigentum zum Zweck der Vergesellschaftung überführen möchte, kontrovers diskutiert. Es wird unter anderem darüber gestritten, ob es im Verhältnis zur Privateigentumsgewährleistung eine unverhältnismäßige Vergesellschaftung an Grund und Boden geben kann.[27] Ridder hingegen lehnte Generalklauseln wie das Verhältnismäßigkeitsprinzip hingegen entschieden ab. Von besonderer Bedeutung ist diese Auffassung für die Frage der Entschädigung.

---

23 *Ridder* 1975, S. 104.
24 *Ridder* 1975, S. 74.
25 Statt Vieler *Gröpl*, in: Gröpl/Windthorst/v. Coelln 2017, S. 285 f.
26 www.dwenteignen.de (letzter Zugriff am 02.03.2021).
27 *Drohsel* 2020, S. 30; *Röhner* 2020, S. 16 ff.; *Thurn* 2020, S. 183 ff.

2.4. Sozialisierung, Eigentumsgewährleistung und Entschädigung

Die herrschende Lehre nimmt im Verhältnis des Art. 15 GG zur Enteignung nach Art. 14 Abs. 3 GG weiterhin an, dass die Sozialisierung zwar keine besondere Form der Enteignung sei, dass sie aber ein „aliud" darstelle, also eine *weitere* Beschränkungsmöglichkeit des Privateigentums an den genannten Wirtschaftsgütern. Es werde in abstrakt-genereller Weise eine an den Grundsätzen der Gemeinwirtschaft ausgerichtete Umgestaltung des Privateigentums vorgenommen. Es muss hierbei nicht zwingend ein Eigentümerwechsel eintreten. Dass die Sozialisierung keinesfalls das „Institut Eigentum" des Art. 14 Abs. 1 GG und damit den Wesensgehalt der Eigentumsgewährleistung nach Art. 19 Abs. 2 GG antasten dürfe, wird heute indes von keiner Literaturmeinung (mehr) vertreten. Wichtiger ist das Verhältnis von Art. 15 zu Art. 14 GG. Für Ridder ist die Sozialisierung mitnichten eine „*weitere*" Beschränkungsmöglichkeit des Eigentums und damit auch kein Unterfall der Enteignung. Art. 15 GG steht hiernach selbstständig neben Art. 14 GG. Bedeutung erhält das vor allem für die Entschädigungsfrage. Art. 15 Satz 2 GG verweist auf Art. 14 Abs. 3 GG, der „entsprechend" anzuwenden sei. Ridder dreht hier die überwiegende Auffassung, dass sich die Höhe der Entschädigung nach denselben Grundsätzen wie bei der Enteignung – insbesondere auch das Abwägungsgebot und die Orientierung *am* Verkehrswert als kalkulatorische Grundlage – zu richten hat, um. Vor allem die Kompensationsfrage wird von der herrschenden Meinung zu wenig bedacht, insoweit, als Art. 15 Satz 2 GG (nur) eine Rechtsfolgenverweisung auf Art. 14 Abs. 3 Satz 3 GG enthält.

Weder zur Grundstücksbewertung des Gemeineigentums noch zur Gemeinwirtschaft liegen in der Fachliteratur bewertungsrelevante, modell- und systemkonforme Verfahren, Bodenrichtwertableitungen durch deduktive Methoden, Indexe, Daten, Koeffizienten oder Marktanpassungsfaktoren vor. Auch Ridder liefert keine Hinweise oder Handlungsempfehlungen, wie die Entschädigung im Rahmen von Art. 15 GG oder bei landesverfassungsrechtlichen Sozialisierungsnormen ausgestaltet sein könnte. Dies kann nicht verwundern, denn schließlich entstünde nach der Vergesellschaftung ein Markt mit eigener Kalkulation. Insbesondere darf die Kompensationshöhe keine Sozialisierungsbremse sein.[28] Organisation und Verfahren der Entschädigungsberechnung sind zu suchen. Allerdings erläutert Ridder nicht, inwiefern sich das seiner Auffassung nach nicht vorhandene Oberfall- und Unterfall-Verhältnis von Art. 15 GG zu Art. 14 GG in unterschiedlicher Art und abweichendem Ausmaß der Entschädigung widerspiegelt. Die herrschende Kommentarmeinung verweist zwar darauf, dass es eine Pflicht zur Entschädigung *zum* Verkehrswert nicht gibt[29], dass aber ein „äquivalenter Ausgleich" *analog* zum Verkehrswertbegriff des § 194

---

28 *Jarass* 2016, S. 446; BVerfGE 24, 367 (421) und BVerfGE 46, 268 (285).
29 *Bryde* 2021, S. 1194.

BauGB und zu den Regelungen bei Art. 14 Abs. 3 GG in jedem Fall erfolgen müsse.[30] Ridder hätte geantwortet: Auch davon steht nichts in der Verfassung. Er schrieb freilich nichts zur Höhe der Entschädigung bei der Überführung der Wirtschaftsgüter in Gemeineigentum oder in andere Formen der Gemeinwirtschaft. Es müssen die „richtigen" Verfahren zur Entschädigung bei der Sozialisierung vielmehr erst noch erarbeitet werden.

3. *„Höchst aktuelle Tragweite" (Ridder) des Art. 15 GG: Soziale Bodenpolitik und Raumplanung als Eigentumspolitik*

Wie können die Gedanken und Anregungen Ridders zur Auslegung von Art. 15 GG in heutiger Zeit fruchtbar gemacht werden? Dieser Frage soll nunmehr unter den Aspekten der Zielsetzung des Umgangs mit Grund und Boden, der Entschädigung und der Voraussetzungen zur Sozialisierung nachgegangen werden. Im Zuge der Finanz- und Wirtschaftskrise 2008/2009 und in neuerer Zeit aufgrund des angespannten Wohnungsmarktes in Metropolen hat Art. 15 GG eine gestiegene, auch mediale Aufmerksamkeit insofern erfahren, als – wie oben skizziert – im Land Berlin von einer Initiative die Vergesellschaftung von im Eigentum großer Wohnungsunternehmen stehenden unbebauten Grundstücken, Wohnungsbeständen und auch Aktienanteilen gefordert wird, um stark ansteigenden Mietpreisen und Wohnungsknappheit zu begegnen und vor allem um das Grundstücksportfolio des Landes Berlin zu vergrößern.[31] Bei wissenschaftlicher Analyse bietet Art. 15 GG das nötige Rüstzeug, um aus interdisziplinärer rechts-, wirtschafts- und sozialwissenschaftlicher Perspektive die allseits beklagten Defizite im „Wendekreis der Grundrechte"[32] für eine zeitgenössische Eigentumspolitik der Gegenstände der Vergesellschaftung abzubauen. Wohnen in der Stadt ist nicht nur für ärmere Menschen, sondern auch für Personen der breiten Mittelschicht vielerorts nicht mehr zu finanzieren. Die Privatisierung kommunaler Wohnungsbaugesellschaften, der Rückzug aus dem sozialen Wohnungsbau sowie eine niedrigzinsgestützte Spekulation mit Wohnungen haben dazu geführt, dass zunehmend private Wohnungsbaugesellschaften den Wohnungsmarkt bestimmen.[33] Private Bodenbevorratung und Eigentümer als „Land Banker" dominieren den Grundstücksmarkt vor allem in den Metropolen. Diese Land Banker erwerben baureife Grundstücke in spekulativer Absicht ohne Interesse an baulicher Nutzung. Somit liegt die Aufforderung an den Vergesellschaftungsgesetzgeber auf der Hand, die Spielräume des Art. 15 GG umsichtig, entschlossen und konsequent

---

30 *Gröpl*, in: Gröpl/Windthorst/v. Coelln 2017, S. 286.
31 *Thiel* 2019, S. 497; vgl. Fn. 26.
32 *Ridder* 1977, S. 467.
33 *Röhner* 2020, S. 19.

zu prüfen.[34] Mit der Mietpreisbremse, dem Mietendeckel und Milieuschutzsatzungen (§ 172 BauGB) sind verschiedene bodenrechtliche Instrumente zur Intervention bereits ausprobiert worden.

Mit diesen Maßnahmen ist aber auch das Erfordernis einer ergänzenden, dem Gemeinwohl verpflichteten Boden- und Baupolitik deutlich geworden. In dieser Situation ist auch die Forderung nach Vergesellschaftung von Wohnungen aufgeworfen worden. Die Unternehmen der Wohnungsgemeinnützigkeit konnten bis 1989 bezahlbaren Wohnraum zur Verfügung stellen, weil sie Steuervorteile genossen, die als Ausgleich für die gemeinnützigen Bindungen der Wohnungen gewährt wurden. Durch das Steuerreformgesetz 1990[35] wurde das Wohnungsgemeinnützigkeitsgesetz abgeschafft. Viele öffentliche und vormals gemeinnützige Wohnungsunternehmen und Grundstücke wurden an verwertungsorientierte Investoren (z.B. Deutsche Wohnen, Vonovia-Konzern) zum Höchstgebot veräußert, vor allem im Land Berlin, um Haushaltsdefizite auszugleichen. Mit einer strategischen Bodenbevorratung der öffentlichen Hand hat dies alles nichts zu tun. Heute ist anerkannt, dass es ohne eine gemeinwohlorientierte Bodenpolitik keine Zukunft der europäischen Stadt geben kann.

Ferner ist es durchaus denkbar, dass zur Verbesserung der *Innenentwicklung und des Flächenrecyclings* in schrumpfenden Regionen Deutschlands nicht genutzte, brachliegende oder untergenutzte Flächen, die bei dem „letzten Wirt" angelangt sind, vergesellschaftet und durch beschäftigungs- und arbeitsmarktpolitische Instrumente der Landessozialisierungsgesetze in Wert gesetzt werden. Derzeit präsentiert sich Deutschland, was die Raumnutzung angeht, zweigeteilt: in eine demografisch und ökonomisch wachsende Insel der Seligen mit Bevölkerungs- und Arbeitskräftezuwachs einerseits und in demografisch und ökonomisch schrumpfende Aufgabegebiete mit schwacher Wirtschaftsleistung andererseits. Die Beziehung zwischen Bürger:innen, Wirtschaft und Gemeinwesen und die urbanen und landwirtschaftlichen Eigentumsstrukturen haben sich in jüngster Zeit massiv verändert. Marktbeherrschend sind in den Wachstumsregionen international agierende Investoren, Fonds und Aktiengesellschaften. Für diese Investoren ist Grundeigentum der Hebel für schnelle und maximale Kapitalverwertung geworden. Der Nachweis, insbesondere die Kommunen seien per se gemeinwohlorientierte Bodeneigentümerinnen und Trägerinnen von Baugesellschaften und Wohnungsunternehmen, die mit ihren Grundstücken stets nicht-spekulativ umgehen, ist indes erst noch zu erbringen, etwa im Zuge der Diskussion um eine Neuorientierung der Bundesliegenschaftspolitik vermittels Einflussnahmen auf die Vergabe- und Verbilligungsrichtlinien der Bundesanstalt für Immobilienaufgaben (BImA). So gibt es nach eigenen Recherchen des Verfassers zahlreiche Beispiele von Kommunen, die bundeseigene Grundstücke

---

34 *Nehls* 2020, S. 39 ff.
35 Art. 21 des Steuerreformgesetzes 1990, BGBl. I, S. 1093.

– beispielsweise ehemalige Kasernenflächen in Ostwestfalen – zu ermäßigten Verkehrswerten oder sogar entgeltfrei von der BImA erhielten, diese Flächen nach einer Wartezeit zu dann erheblich gestiegenen Verkehrswerten allerdings wieder weiterverkauften. Dieses Verhalten ist das Gegenteil vom Aufbau einer strategischen Grundstücksreserve der öffentlichen Hand.

4. Entschädigung bei Art. 15 GG

Oben wurde dargelegt, dass die Entschädigungsfrage bei Art. 15 GG von der herrschenden Meinung nicht differenziert genug behandelt wird. Diese These ist nachfolgend vertieft zu behandeln. Entgegen dem ausdrücklichen Sinn und Zweck der Interventionsnorm des Art. 15 GG wäre eine Vergesellschaftung etwa privater Wohnungsunternehmen bei Verkehrswertentschädigung praktisch kaum möglich. Dies kann so nicht gewollt sein. Auch der Verweis Ridders auf die „wichtige Äußerung" des Abgeordneten Dr. Schmid im Parlamentarischen Rat, es handle sich bei der Sozialisierung nicht um eine (Individual-)Enteignung, sondern um einen Fall der strukturellen Änderung der Wirtschaftsverfassung[36], ist hier erneut elementar. Viel spricht dafür, dass bei der Vergesellschaftung des Grund und Bodens und der Produktionsmittel die Interessenabwägung dazu führt, dass die Kompensation bei Art. 15 GG, die dogmatisch richtig betrachtet nicht als „(Art und Ausmaß der) Entschädigung", sondern als (Vergesellschaftungs-)Kompensation zu bezeichnen ist, zwangsläufig zu einer weit geringeren Ausgleichssumme erfolgen *muss,* als sie für die Individualenteignung zu berechnen wäre.

4.1. Bestimmungsgrundlagen für „Art und Ausmaß"

Für Helmut Ridder drohte bei einer Entschädigung nach den Maßstäben der Enteignungsentschädigung eine „praktische Undurchführbarkeit" von Sozialisierungsmaßnahmen. Er arbeitete bei der Berechnung der Vergesellschaftungskompensation mit folgender griffiger Formel: „Gerechtes Subtrahieren vom vollen Wertersatz auf der einen, gerechtes Addieren zum Nichts auf der andern Seite!"[37]

Einer der zentralen Aspekte bei der Vergesellschaftung (gerade von Wohnraum) ist die Frage einer *angemessenen* Entschädigung. Die Angemessenheitsprüfung wird sich unter anderem daran zu orientieren haben, ob das zu vergesellschaftende Eigentum der Privaten von diesen durch eigene Leistung erworben wurde oder ob es ihnen leistungslos „in den Schoß" gefallen ist. Letztere Eigentumsbestände sind weit weni-

---

36 *Ridder* 1952, S. 125 (dort Fn. 4).
37 *Ridder* 1952, S. 145.

ger schutzwürdig und entschädigungspflichtig. Dieser Aspekt wird bei der Anwendung des Ertragswertverfahrens bei der Entschädigungsberechnung für sozialisierbare Gebäude und vor allem für den Bodenwert(anteil) und dessen Verzinsung von entscheidender Bedeutung sein. Das von Ridder pointiert geforderte „gerechte Subtrahieren vom vollen Verkehrswert" ist bei der Entschädigungsfestsetzung modell- und verfassungskonform umzusetzen. Dies kann einerseits durch die Berücksichtigung der Interessen der Mieter:innen im Abwägungsprozess nach Art. 14 Abs. 3 Satz 3 GG geschehen. Andererseits wird es bei der Bodenwertfestsetzung um die Isolierung der nicht durch eigene Leistung der privaten Eigentümer:innen erfolgten Wertsteigerung(en) und um die sachgerechte Bodenrichtwertbestimmung für Zwecke des sozialen und öffentlich geförderten Wohnungsbaus gehen. Grundstücke weisen je nach ihrer Lage Einmaligkeiten auf, die im Wesentlichen nicht vermehrbar oder nicht reproduzierbar sind. Aus der Unzerstörbarkeit und ewigen Nutzbarkeit des Bodens folgt, dass trotz laufender Nutzung (einschließlich der Aus- und Übernutzung) kein Ersatz notwendig ist. Die Grundrentenausschüttung an die Eigentümer:innen währt ewig, da das Grundstückseigentum als Ausfluss von Art. 14 Abs. 1 Satz 1 GG regelmäßig ewige Nutzungsrechte gewährt; die ewige Bodenrente ist umso bedeutender, je weiter die Gesamtnutzung des Gebäudes vorangeschritten ist. Der Baulandwert wird nicht durch die Arbeitsleistungen der Eigentümer, sondern durch äußere Faktoren wie Erschließung und Verkehrslage bestimmt. Erschließungsaufwendungen zur Baureifmachung sind nicht nur von den begünstigten Eigentümern (Erschließungsbeiträge), sondern auch von der Allgemeinheit zu tragen. Grundstücksverkaufsgewinne fließen hingegen unabgeschöpft fast ausschließlich den Grundstückseigentümern zu. Pointiert ausgedrückt: Es findet eine Privatisierung der Gewinne und eine Sozialisierung der Verluste aus der baulichen Grundstücksnutzung statt, wie derzeit in vielen Städten Deutschlands zu beobachten ist. Diese Ausführungen mögen belegen, wie relevant und praxisnah – aber auch wertermittlungstechnisch voraussetzungsvoll – Ridders Forderung nach dem *gerechten Subtrahieren* vom vollen Verkehrswert ist.

Insgesamt ist zu berücksichtigen, dass es bisher keinen Präzedenzfall und damit auch keine höchstrichterliche Rechtsprechung gibt, die als Orientierung dienen kann. Im Gesetzestext heißt es zunächst, dass die *Art der Entschädigung* zu regeln sei. Dies impliziert, dass verschiedene Arten der Entschädigung in Betracht kommen. Das Bundesverfassungsgericht hat in seiner Rechtsprechung zu Art. 14 GG in Bezug auf die Entschädigung ausgeführt, dass der Gesetzgeber entscheiden müsse, ob eine Entschädigung in Geld oder in anderen Werten, wie z.B. in Rechten, erfolgen kann.[38] So wird in der Literatur auch vertreten, dass eine Entschädigung nicht sofort geleistet werden müsse und auch eine Entschädigung in längerfristigen

---

38 BVerfGE 24, 367, 419.

Schuldtiteln (Staatsschuldverschreibungen) oder durch ein Recht auf Beteiligungen an Mieteinnahmen als marktüblich erzielbare Erträge[39] denkbar wäre. Auch Wertpapiere und Ersatzland analog zu § 100 BauGB kommen in Betracht. Es gibt historische Parallelen: Der Schweizer Architekt und Bodenreformer Hans Bernoulli wollte kurz nach dem 2. Weltkrieg den Rückkauf des Bodens durch die Gemeinden ermöglichen, indem diese aus den ihnen zufließenden Grundrenteneinnahmen die vormaligen Grundeigentümer:innen durch verzinsliche (bei heutigem Zins ca. 0,2%) tilgungspflichtige Landablösungstitel entschädigen.[40] In den 1970er Jahren unterbreitete Peters[41] handhabbare und implementierbare Vorschläge für die Ermittlung der Kompensation bei Art. 15 GG in Rentenform mit angemessener Laufzeit. Alternativ kommt die Art der Ausgleichszahlung als geleistete „Streckung" in lombardfähigen Schuldscheinen über mehrere Generationen in Betracht. Zugleich sollten die Kommunen die Grundsteuerzahlung der vergemeinschafteten Grundstücks- und Wohnungsunternehmen aussetzen, wodurch die Gemeinden indes ihre Haushaltsrechnung umstellen müssten. Die Grundsteuer würde weiter erhoben, ihre Zahlung aber gestundet und der Jahresbetrag würde auf die Entschädigungssumme verrechnet, bis im Laufe der Jahre die vollständige Tilgung erfolgt sei, so Peters.[42]

Zum *Ausmaß* der Entschädigung ist zu bemerken, dass die „entsprechende" Geltung der Entschädigungsregelung des Art. 14 Abs. 3 Satz 3 und Satz 4 GG nicht zu einem Ersatz in Höhe des Verkehrswerts führt. Anders als der enteignete Mensch gerät „der Sozialentwährte (…) der werdenden Ordnung gegenüber in einen Unrechtszustand", der nicht vom Äquivalenzgrundsatz gedeckt ist.[43] In der Rechtsprechung des Bundesverfassungsgerichts heißt es in Bezug auf Art. 14 Abs. 3 Satz 3 GG, dass dem Gesetzgeber eine starre und lediglich am Verkehrswert orientierte Entscheidung fremd sei. Es sei keinesfalls zutreffend, dass dem Enteigneten stets das volle Äquivalent für das Genommene zu gewähren ist, sondern gegebenenfalls kann auch eine Entschädigung unter dem vollen Ersatz (etwa des Kaufwerts) geleistet werden.[44] Bei der Bemessung des Ausmaßes der Entschädigung ist der Hinweis von Haaß[45] hilfreich, dass eine Entschädigung den Anschaffungs- und Herstellungsaufwand der baulichen Anlagen, die vergesellschaftet werden sollen, nicht unterschreiten darf. Der „nackte" Boden und die aufstehenden Gebäude sind bei der Erfassung des Grund und Bodens (Art. 15 Satz 1 GG), der sozialisiert werden soll, in der Bewertung strikt voneinander zu trennen. Ein pauschaler Verweis auf den (vollen) Verkehrswert ist unzulässig vereinfachend, ja falsch und systemwidrig.

---

39 *Drohsel* 2020, S. 37.
40 *Bernoulli* 1946, S. 107.
41 *Peters* 1971, S. 128.
42 *Peters* 1971, S. 7; *Höfling* 1975, S. 94-96.
43 *Ridder* 1952, S. 141, 149.
44 BVerfGE 24, S. 367.
45 *Haaß* 2019, S. 149.

Die Kernfrage lautet vielmehr: Wie kann erreicht werden, dass die Wertermittlung auf den real zu erwirtschaftenden mietpreisgedeckelten und gedämpften Bodenwert und auf den nachhaltig zu erzielenden, rechtlich zulässigen – nicht den maximal möglichen – Ertragswert beschränkt wird und somit nicht auf spekulative Verkäufe bezogen wird? Die Gutachterausschüsse (vgl. §§ 192 und 193 BauGB) gehen davon aus, dass der Grundstücksmarkt für sich genommen den Maßstab vorgibt und Vergleichskaufpreise den Verkehrswert nach § 194 BauGB abbilden, ohne dass ein Bezug zum realen Wohnungs- oder Gewerberaummietniveau hergestellt wird. Hinzu kommt, dass es hierzulande vier normative Grundlagen für die Bewertung von Boden und baulichen Anlagen, also Gebäuden, gibt: die ImmoWertV in Verbindung mit dem BauGB, das steuerliche Bewertungsgesetz (BewG), die bankeneigene Beleihungswertverordnung (BelWertV) und das Wertermittlungssystem der Wirtschaftsprüfer (IDW). Die BelWertV führt etwa zu erheblich niedrigeren Marktwerten als die ImmoWertV. Die Bewertungs- und Entscheidungsparameter sind hier jeweils völlig andere. Die kreditwirtschaftliche Wertermittlung zur Beleihung der Grundstücke und grundstücksgleichen Rechte (§ 13 PfandBG) ist gegenüber der Regelung in § 17 ImmoWertV deutlich zurückhaltender. Gemäß § 14 PfandBG dürfen Immobiliendarlehen nur bis zu einer Höhe von 60% des Beleihungswerts der finanzierten Liegenschaft zur Deckung von Pfandbriefen genutzt werden. Die § 16 Abs. 1 und Abs. 2 PfandBG konkretisierende BelWertV führt zu niedrigeren Marktwerten als die ImmoWertV. § 16 Abs. 2 PfandBG spricht von einer „vorsichtigen Bewertung", berücksichtigt regionale Gegebenheiten und betont die langfristigen, nachhaltigen Merkmale des Objekts. Die Einbeziehung spekulativer Elemente soll hierdurch während der gesamten Laufzeit der Beleihung ausgeschlossen werden (vgl. § 3 Abs. 1 BelWertV). Im Rahmen der BelWertV ist es zudem sehr relevant, ob bei der Bewertung bebauter Wohn- und gemischt genutzter Grundstücke eine Beschränkung der Umwandlung von Miet- in Eigentumswohnungen zu berücksichtigen ist. Sämtliche Verfahren führen zu höchst unterschiedlichen Werten für ein und dasselbe Bewertungsobjekt.

4.2. Alternative Verfahren zur Grundstückswertermittlung für die gemeinwohlverträgliche Entschädigung

Der realitätsgerechten Grundstücksbewertung kommt eine entscheidende Rolle in der Implementierung des Art. 15 GG zu. Dämpfungsmöglichkeiten und Sozialabschläge bei Kompensationszahlungen müssten viel konsequenter als bislang ausgenutzt werden. Es ist folglich nach wie vor nach einem Wertbegriff zu suchen, mit dem die Sozialisierungsentschädigung als gemeinwohlverträgliche Entschädigung sachgerecht umschrieben wäre. Die Abwägung muss hier notwendig zu anderen, gemeinwohl- und haushaltsverträglichen Lösungen und Werten führen. Die Entschädigungssumme ist insgesamt zu deckeln. Unbeschadet des Verfahrens ist Anknüpfungspunkt indes stets der Verkehrswertbegriff des § 194 BauGB. Sämtliche der hierzulande für die Grundstückswertermittlung vorgesehenen Verfahren nach § 8 ImmoWertV-2010, die zum Sachwert, Vergleichswert und Ertragswert führen, preisen die spekulativen, vom Eigentümer unterstellten, teilweise leistungslosen Grundstückswertsteigerungen von vornherein mit ein. Diese Wertsteigerungen müssen bei der Entschädigungsberechnung notwendig unberücksichtigt bleiben.

Das Bundeshaushaltsrecht wird dann relevant, wenn Vermögensgegenstände des Bundes (etwa Grundstücke) veräußert werden sollen. Nach § 63 Abs. 3 Satz 1 Bundeshaushaltsordnung (BHO) dürfen solche Gegenstände grundsätzlich nur zum „vollen Wert" (Verkehrswert) veräußert werden. Der Hintergrund hierfür ist, dass das Staatsvermögen zwar nicht in seinem Bestand, aber doch im Grundsatz nach dem vollen Wert erhalten bleiben muss – denn der Staat verschenkt nichts, so lautet die gängige Meinung. Doch ist der Unterwertverkauf ein Geschenk? Auch ist besonders zu berücksichtigen, dass die Vergesellschaftung keine Verkonsumierung von Gegenständen oder Steuermitteln ist, denn der Staat erhält im Gegenzug erhebliche Vermögenswerte in Gestalt von Wohnbau- und Gewerbegrundstücken sowie unbebauten Flächen. Steuerrechtlich läge ein Aktivtausch vor. Es wäre das von Ridder geforderte „gerechte Addieren zum Nichts". Eine haushaltsneutrale Finanzierung dürfte bei der Vergesellschaftung von Grundstücken oder Industriebetrieben im Regelfall nicht vorliegen, wenn auch das gegenwärtige Kreditzinsniveau günstig ist. Ohne Geld gibt es daher auch kein Gemeineigentum. Aber Geldwert ist Vermögenswert. Vom Grundsatz des „vollen Werts" (=Verkehrswerts) kann dann abgewichen werden, wenn Ausnahmen im entsprechenden Haushaltsgesetz vorgesehen sind (vgl. § 63 Abs. 3 Satz 2 BHO), wenn ein geringer Wert oder wenn ein dringendes Bundesinteresse besteht (§ 63 Abs. 3 Satz 3 BHO). Ein gerechter Ausgleich, der weite Spielräume bei der Interessenabwägung eröffnet[46] und der die privaten und öffentlichen Interessen in einen Ausgleich bringt, sollte in einem Mittelweg zwischen den „Extremen" volle Verkehrswertentschädigung und vollständige Kompensationslosigkeit durch den Gesetzgeber oder das begünstigte Unternehmen zu suchen sein. Vor diesem Hintergrund sind somit im Wesentlichen fünf Konstellationen alternativer (Portfolio-)Bewertungen und Entschädigungsvarianten denkbar: Schuldverschreibungen, Landeskredit, Kreditaufnahme durch den Träger der Vergesellschaftung, die Refinanzierung aus den Mieterträgen und die Entschädigung im Rahmen von Erbbaurechten.

Schuldverschreibungen: In diesem Modell erhalten die Unternehmen keine Barentschädigung, sondern (besicherte) Wertpapiere. Es müssen keine Kredite aufge-

---

46 *Ridder* 1952, S. 124.

nommen werden. Die Zins- und Tilgungskonditionen sind regelmäßig vollständig beherrschbar. Denkbar ist die Tilgung in gleichen Jahresraten oder die Endfälligkeit, bei der über einen längeren Zeitraum nur Zinsen gezahlt werden. Übertragbare Schuldverschreibungen können die Entschädigungsberechtigten am Kapitalmarkt gegen Barmittel substituieren.

Landeskredit: In der Variante des Landeskredits nimmt der Staat für die Zahlung der Entschädigung einen Kredit auf und überführt die re-kommunalisierten Wohnungen an die einzurichtende Wohnungsverwaltung. Die Zahlungen zur Refinanzierung des Kredits erfolgen aus den Mieterträgen, so dass dem Land keine laufenden Aufwendungen entstehen. Der Kredit wäre somit Schuldenbremsen-unschädlich.

Kreditaufnahme durch den Träger: In dieser Variante wird ein Träger durch die entsprechende Ausstattung mit Startkapital und die Gewährträgerhaftung durch den Staat in den Stand versetzt, die Entschädigungssumme durch die Aufnahme von Krediten zu zahlen. Die Refinanzierung der Fremdmittel und eine langfristige Rückzahlung des vorgestreckten Eigenkapitals erfolgen aus den Mieteinnahmen.

Refinanzierung aus den Mieterträgen: Unter Berücksichtigung der aktuellen Finanzierungsbedingungen könnte auch eine komplette Refinanzierung der Entschädigungssumme aus den künftigen Mieteinnahmen ohne eine Einschränkung für Substanzerhalt und Bewirtschaftung möglich sein.

Entzug von Eigentum bei Gewährung von Erbbaurechten: Es ist auch denkbar, den vormaligen Eigentümer:innen lediglich das Eigentum an den unbebaut gedachten Grundstücken zu entziehen und ihnen an den aufstehenden Bauwerken Erbbaurechte einzuräumen, verbunden mit der Verpflichtung zur Einhaltung einer Mietpreisobergrenze sowie inhaltlicher Vorgaben zur Bewirtschaftung der Wohnungsbestände. Dieser Weg ist theoretisch gangbar, aber die Entschädigungsvoraussetzungen und Bewertungen bei Auslaufen des Erbbaurechtsvertrags sind zu berücksichtigen. Zudem besteht stets die Schwierigkeit der Festsetzung eines marktgerechten Erbbaurechtszinses.

5. Strategie- und Implementationsansätze: Vom „Wendekreis" des Art. 15 GG

Welches Fazit lässt sich aus diesen Befunden ziehen? Welchen Beitrag vermag Art. 15 GG zur Normativität der „Gesamtverfassung", basierend auf den Vorarbeiten Ridders, zu leisten? Die herrschende Meinung hat sich zu lange – ohne Ergebnis und vor allem ohne Implementationserfolg – im Rahmen von Art. 15 GG mit der Frage der Kompensation (vgl. Art. 15 Satz 2 GG) oder mit dem Vorliegen eines legitimen Gemeinwohlinteresses, zu dessen Erreichung das zugrundeliegende Bundesgesetz geeignet und erforderlich zu sein hat, beschäftigt. Während sie sich nach wie vor am engen oder weiten Produktionsmittelbegriff abarbeitet, steht Grund und Boden als vergesellschaftungsfähiges Wirtschaftsgut im Zentrum der Betrachtung, Auslegung und Implementationsvorschläge.

5.1. Allgemeinwohlförderung (Benevolenzeffizienz)

Es ist Helmut Ridders Verdienst, auf die Frage der Re-politisierung der Politik – in diesem Kontext: der Bodenpolitik – kraftvoll und nachdrücklich hingewiesen zu haben. In den Worten von Ridder: Enteignung und Vergesellschaftung sind inkommensurable Größen.[47] Nicht zuletzt seine Schriften haben die Maßstäbe dafür gesetzt, einem (Landes-)Gesetzgeber im Rahmen des Art. 15 GG große haushaltsrechtliche Spielräume zu geben, deutlich unter dem Marktwert zu kompensieren. Man muss gewiss nicht so weit gehen, mit Friedrich-Wilhelm Dopatka auch gar nicht-kompensationspflichtige Verfahren für von der Direktionskraft des Art. 15 GG gedeckt zu halten.[48] Dies ist bislang nur eingeschränkt möglich. Eigenleistungen, die von privaten Wohnungsunternehmen nicht erbracht wurden, oder unternehmerische Risiken (etwa Wohnungsneubau), die nicht eingegangen wurden, weil der vorherige öffentliche Eigentümer sie übernahm, sind im Rahmen von Art. 15 Satz 2 GG jedenfalls überhaupt nicht auszugleichen. Eine stetige Weiterentwicklung der Wirtschafts- und Grundstücksorganisation ist gewollt und auch möglich, wenn die Versorgung mit bezahlbarem Wohnraum und mit benevolent (Allgemeinwohl fördernder), effizient organisierter Infrastrukturversorgung als ein Gemeinwesenbelang höchster Güte auf der politischen und rechtlichen Ebene anerkannt wird.

5.2. Fortentwicklung der sozialen Ordnung des Grundgesetzes
und des Bodenrechts: Vergesellschaftungsgesetz (VergG-E) und
Reprivatisierungssperre

Es bedarf für die Sozialisierung eines Bundes- oder Landesgesetzes, das hinreichend bestimmt, vorhersehbar, abstrakt-generell ist und welches den Maßstab der Kompensationsleistung sowie insbesondere die Methoden der Grundstücks- bzw. Unternehmensbewertung vorgibt. Am Beispiel des Landes Berlin ist dies nachfolgend deutlich zu machen. Wenn das Land Berlin dem am 26.09.2021 von 57,6% der Wähler:innen mehrheitlich angenommenen Volksentscheid folgt und ein entsprechendes Vergesellschaftungsgesetz für die Überführung von Wohnungsvermögen in eine AöR erarbeitet sowie im Abgeordnetenhaus beschließt, müsste der Landesgesetzgeber eine Regelung treffen, die eine (rein) konfiskatorische Vergesellschaftung aus-

---

[47] *Ridder* 1952, S. 124 ff.
[48] *Dopatka* 1976, S. 167 ff.

schließt und zugleich eine durch die Rechtsfolgenverweisung des Art. 15 Satz 2 GG notwendige Differenzierung in der Berechnung der Entschädigung jenseits der vollen Verkehrswertentschädigung vorsieht.[49] Im Mai 2021 wurde der Entwurf eines Gesetzes zur Überführung von Wohnimmobilien in Gemeineigentum (Vergesellschaftungsgesetz – VergG-E) von der Initiative „Deutsche Wohnen & Co. Enteignen" veröffentlicht. Ein Teil des als vergesellschaftungsreif erklärten Wohnungs- und Gewerbebestands wäre hiernach nach der Überführung in Gemeineigentum gleichsam vom Marktgeschehen ausgeschlossen, es wäre *res extra commercium*. Ein gewöhnlicher Geschäftsverkehr im Sinne des § 194 BauGB läge für diese (Teil-)Bestände und Teilmärkte zum Wertermittlungsstichtag nicht mehr vor.

Die §§ 4 und 5 VergG-E regeln Grundsätze und Höhe der Entschädigung. Die Orientierung an einer leistbaren Miete im „Faire-Mieten-Modell", eine Deckelung der Bewirtschaftungskosten und ein Einfrieren der Bodenrichtwerte zum 1. Januar 2013 setzen Ridders grobes Kalkulationsschema vom gerechten Addieren und Subtrahieren bei Art. 15 GG im Ansatz Erfolg versprechend um. Zudem sind für eine fortlaufende, regelmäßig alle drei Jahre stattfindende Bewertung systemkonforme Bewertungsmodelle zur Überprüfung der leistbaren Miete – Anpassung der „leistbaren Miete" gemäß fortgeschriebenem Mietspiegel und Wohnlagenklassifizierung nach Wohnlagenkarte nach § 558 BGB und nicht nach landesrechtlichen Vorgaben – und der Bewirtschaftungskosten zu finden. Ein hinsichtlich dieser Einflussgrößen und Parameter vereinfachtes Ertragswertverfahren genügt sowohl den Anforderungen des BVerfG an das Abrücken von einer starren, allein am Marktwert orientierten Entschädigung als auch dem vom BVerwG entwickelten Maßstab des Ertragswertverfahrens als ein Verfahren, das die äußersten Grenzen des Ermessens der Entschädigungsnorm durch Festsetzung einer gerechten Entschädigung einhält.

Art. 31 GG ist bei der Ausarbeitung von (Grund und Boden-)Vergesellschaftungsgesetzen auf Bundesländerebene zu beachten. Eine auf Art. 15 GG beruhende Sozialisierungsnorm im Bundes- oder Landeshaushaltsrecht, die auch die Reprivatisierung blockierende *Sperrfunktion* der Norm sicherstellt, könnte beispielsweise lauten:

(1) Grund und Boden im Eigentum des Bundes, der Länder, der Kommunen und deren Anstalten, Stiftungen und mehrheitlich beherrschten Unternehmen dient mit den darauf errichteten Gebäuden und Anlagen der Erfüllung staatlicher Aufgaben. Er ist auch nach deren Entfall vorrangig für Gemeinwohlzwecke wie geförderten Wohnungsbau, Gesundheitsvorsorge, Bildung und Betreuung, Kultur und Sport sowie Natur- und Klimaschutz nutzbar zu machen.
(2) Der Bestand des staatlichen Liegenschaftsvermögens ist zu erhalten und nach Möglichkeit zu mehren.

---

49 *Wieland* 2013, S. 1462.

(3) Grund und Boden im Eigentum von Bund, Ländern, Kommunen und deren Anstalten, Stiftungen und mehrheitlich beherrschten Unternehmen darf nicht privatisiert werden. Er kann mit Gemeinwohlbindungen anderen staatlichen Ebenen zu angemessenen Konditionen dauerhaft oder befristet übereignet werden. Eine Veräußerung gegen Höchstgebot ist ausgeschlossen.

Zu überlegen wäre, ob auch die „verbilligte" Veräußerung bundeseigener Grundstücke an private, nicht der Gemeinwirtschaft unterliegende Unternehmen im Sinne strategischer kommunaler Liegenschaftspolitik ausgeschlossen werden sollte. Privaten können befristete Nutzungsrechte mit Gemeinwohlbindungen im Wege des Erbbaurechts eingeräumt werden.

5.3. Die Organisation der Freiheit: Art. 15 GG als Freiheitsnorm

Die Steuerungsebene Gemeinschaft sorgt durch den Dritten Sektor, durch das bürgerlich-rechtliche und öffentlich-rechtliche Stiftungswesen, durch Vereine und gemeinnützige Unternehmen für die Implementation der Ressourcennutzungsstrategien. Die Gemeinschaft ist zusätzlich auf Recht und Ökonomie angewiesen: Sie benötigt einerseits das Recht für eine staatliche Rahmensetzung zur Verbesserung der Effizienz, Effektivität und Legitimität der Gemeinnützigkeit. Die Gemeinschaft bedarf andererseits der Ökonomie für eine attraktive Anreizsetzung, um optimierte Förderbedingungen für die zivilgesellschaftliche bauliche und ökologische Grundstücksnutzung zu schaffen. Vielleicht kann in den Liegenschafts-, Planungs- und Vermessungsämtern der Kommunen und auch bei der Bundesimmobilienverwaltung (BImA etc.) zukünftig ein neuer Geschäfts- und Steuerungsbereich „Vergesellschaftung" entstehen, der auch die Errichtung von kommunalen und regionalen Boden- und Infrastrukturfonds mit unterstützt. Im Ergebnis verschafft Art. 15 GG eine große Flexibilität, um unter ökonomischen, haushaltsrechtlichen und auch städtebaulichen Aspekten fragwürdige Privatisierungen ehedem kommunaler Wohnungsbestände (Berlin, Dresden usw.) wieder umzukehren. Dies sollte nicht nur aus Billigkeitserwägungen heraus geschehen. Durch die Darstellung einer sachen-, schuld- und haushaltsrechtlichen Sonderbehandlung des Grund und Bodens ergeben sich besondere Anforderungen an in diesem Sinne sensibilisierte Kommunalverwaltungen. Es geht mithin um die Kunst der Verfassungserneuerung im Rahmen von Art. 15 GG. Die Norm ist nach der hier vertretenen Auffassung als Leitbildprogramm hinsichtlich des Verhältnisses von Bodenmarkt und Sozialpflichtigkeit des Eigentums zu interpretieren. Diese Sozialpflichtigkeit muss wesentlich über die in Art. 14 Abs. 2 GG statuierte unpolitische, ja „absolut unsozialistische Sozialbindung"[50] hinausragen.

---

50 *Ridder* 1975, S. 112.

6. Zusammenfassung

Ob es Helmut Ridder geärgert hat, mit seiner lange Zeit meinungsbildenden These von der Obsoletwerdung des Art. 15 GG ständig zitiert zu werden, wissen wir nicht. Aus seinen Schriften lassen sich auch nur wenige konkrete Implementationsansätze für diese Norm ableiten. Wie zeitgenössische Ansätze zur Neuinterpretation des Art. 15 GG im Geiste Ridders aussehen könnten, sollte dieser Beitrag herausarbeiten. Nach der Rückverstaatlichung der Berliner Wasserbetriebe und dem Rückkauf der Unternehmensanteile an einem Energieversorger durch das Land Baden-Württemberg könnte nun die Re-Kommunalisierung von Grund und Boden durch ein Sozialisierungsgesetz in Berlin erfolgen. (Revolvierende) Boden- und Infrastrukturfonds könnten eingerichtet werden, um ehemals veräußerte Grundstücks- und Wohnungsbestände für die Kommunen zurückzugewinnen, ohne gegen das Prinzip der haushaltsrechtlichen Gesamtdeckung (so genanntes Nonaffektationsprinzip[51]) – Ausgaben im Budget müssen entsprechende gleich hohe Einnahmen gegenüberstehen – oder gegen die „Schwarze Null" bzw. die Schuldenbremse zu verstoßen.

Die Grundstückswertermittlung ist hierbei der Schlüssel zum verfassungs- und haushaltsrechtlichen Erfolg. Mehr noch: Art. 15 GG könnte das angesichts der stark steigenden Boden- und Mietpreise und der Wohnungsknappheit als unzulänglich empfundene Bodenrecht, das Städtebaurecht sowie auch die Grundstückswertermittlung insgesamt korrigieren. Die Bedeutung des Art. 15 GG liegt in der Betonung der Sozialpflichtigkeit gerade des Eigentums an Natur- bzw. Flächenressourcen über Art. 14 Abs. 2 GG hinaus, woraus sich der Effektivierungsnutzen dieser Norm des Grundgesetzes für eine Grundstücksressourcenbewirtschaftung ableiten lässt. Es ist im Sinne Ridders ein Plädoyer für ein *positives* Verständnis von Art. 15 GG zu führen, indem erörtert wird, dass der legitime Zweck der Eigentumsentziehung die Vergesellschaftung (Sozialisierung) ist und dass diese auch geeignet und erforderlich sein kann. Art. 15 GG zeigt nach wie vor genügend Wege auf, sich unbeliebt, ja angreifbar und streitbar zu machen.[52] Dennoch muss *heute* die Verfassung menschenfreundlich und freiheitlich interpretiert und erneuert werden, wenn das Staatswesen imstande sein soll, die voraussichtliche Wirklichkeit von *morgen* zu bewältigen.[53]

---

51 *Thiel* 2020, S. 241.
52 *Müller* 1989, S. 159.
53 *Saladin* 1998, S. 21.

Bibliographie

Ahlers, Jürgen, 1982: Die Sozialisierung von Grund und Boden. Historische Wurzeln, Zulässigkeit nach dem Grundgesetz sowie Vor- und Nachteile der Durchführung in der Bundesrepublik Deutschland. München.

Bernoulli, Hans, 1946: Die Stadt und ihr Boden. Nachdruck 1991. Basel.

Bryde, Brun-Otto, 2021: Kommentierung zu Art. 15 GG. In: v. Münch, Ingo/Kunig, Philip (Hrsg.): Grundgesetz, Band 1, München, S. 1187-1196.

Damaschke, Adolf, 1920: Die Bodenreform. Jena.

Dopatka, Friedrich-Wilhelm, 1976: Darstellung und Kritik der herrschenden Auslegung von Art. 15 Grundgesetz. In: Winter, Gerd (Hrsg.): Sozialisierung von Unternehmen – Bedingungen und Begründungen, Frankfurt a.M., S. 156-215.

Drohsel, Franziska, 2020: Über die Frage der Sozialisierung am Beispiel „Deutsche Wohnen & Co. Enteignen". In: Kritische Justiz 53, H. 1, S. 30-42.

Gramlich, Ludwig, 1983: Zur Zulässigkeit von Vergesellschaftungen (Nationalisierungen) nach dem Grundgesetz der Bundesrepublik Deutschland. In: Zeitschrift für Vergleichende Rechtswissenschaft: Archiv für internationales Wirtschaftsrecht, H. 82, S. 165-189.

Gröpl, Christoph/*Windthorst*, Kay/*von Coelln*, Christian, 2017: Grundgesetz. Studienkommentar. München.

Haaß, Bernhard, 2019: Vergesellschaftung von Wohnungsbeständen durch Volksgesetz. In: LKV Landes- und Kommunalverwaltung, H. 4, S. 145-151.

Höfling, Heinz, 1975: Die Kommunalisierung des Eigentums an Grund und Boden in Ballungszentren. Würzburg.

Jarass, Hans, D./*Pieroth*, Bodo, 2020: Grundgesetz für die Bundesrepublik Deutschland. München.

Müller, Friedrich, 1989: Gleichheit und Gleichheitssätze – Kleines Triptychon für Helmut Ridder. In: Stein, Ekkehart/Faber, Heiko (Hrsg.): Auf einem Dritten Weg. Festschrift für Helmut Ridder zum siebzigsten Geburtstag, Neuwied/Kriftel, S. 159-168.

Nehls, Paul, 2020: Vergesellschaftung von großen Wohnungsunternehmen als Instrument zur Schaffung von bezahlbarem Wohnraum. Eine Auseinandersetzung mit den Forderungen der Initiative Deutsche Wohnen & Co enteignen. Unveröffentlichte Masterthesis, TU Dortmund.

Peters, Karl-Heinz, 1971: Die Bodenreform. Ende eines Kompromisses. Hamburg.

Ridder, Helmut, 1952: Enteignung und Sozialisierung. In: Veröffentlichungen der Vereinigung der Deutschen Staatsrechtslehrer, Mitbericht, H. 10, S. 124-147.

Ridder, Helmut, 1975: Die soziale Ordnung des Grundgesetzes. Leitfaden zu den Grundrechten einer demokratischen Verfassung. Opladen.

Ridder, Helmut, 1977: Vom Wendekreis der Grundrechte. In: Leviathan 5 (Zeitschrift für Sozialwissenschaft), H. 4, S. 467-521.

Rittstieg, Helmut, 2001: Kommentierung zu Art. 14 und 15 GG. In: Denninger, Erhard/Hoffmann-Riem, Wolfgang/Schneider, Hans-Peter/Stein, Ekkehart (Hrsg.): Kommentar zum Grundgesetz für die Bundesrepublik Deutschland, Neuwied/Kriftel, S. 1-102.

Röhner, Cara, 2020: Eigentum und Vergesellschaftung in der Wohnungskrise. Zur Aktualität von Art. 15 GG. In: Kritische Justiz 53, H. 1, S. 16-29.

Saladin, Peter, 1998: Die Kunst der Verfassungserneuerung. Basel.

Schell, Thomas, 1996: Art. 15 GG im Verfassungsgefüge. Frankfurt a.M.

Stein, Ekkehart, 1999: Das Verfassungsverständnis Helmut Ridders. In: Kritische Justiz 32, H. 2, S. 271-280.

Thiel, Fabian, 2019: Artikel 15 GG – obsolet? Helmut Ridder zum 100. Geburtstag. In: Die Öffentliche Verwaltung, H. 13, S. 497-507.

Thiel, Fabian, 2020: Das Nonaffektationsprinzip im Haushalts- und Vergaberecht – insbesondere bei der Grundstücksfondsentwicklung. In: ZfBR – Zeitschrift für deutsches und internationales Bau- und Vergaberecht, H. 3, S. 241-251.

Thurn, John Philipp, 2020: Vergesellschaftung als sozialstaatliche Entprivatisierung und als Grundrecht. In: Kritische Justiz 53, H. 2, S. 183-188.

Wieland, Joachim, 2013: Kommentierung zu Art. 15 GG. In: Dreier, Horst (Hrsg.): Grundgesetz-Kommentar, Band 1, S. 1500-1512.

Winter, Gerd, 1976: Sozialisierung und Mitbestimmung in Hessen. In: Winter, Gerd (Hrsg.): Sozialisierung von Unternehmen, Frankfurt a.M., S. 121-153.

Cara Röhner

Helmut Ridder und das Bundesverfassungsgericht.
Von einer Institutionenkritik zur demokratischen
Grundrechtsinterpretation

Von einem radikaldemokratischen Standpunkt aus kritisierte Helmut Ridder das Bundesverfassungsgericht (BVerfG) vehement. Er übte scharfe Kritik sowohl an der Institution als solcher als auch an der von ihr entwickelten Grundrechtsdogmatik. Seine oftmals polemisch und zugespitzt formulierten Positionen werden dann verständlich und können für die heutige Zeit produktiv gemacht werden, wenn sie in den historischen Kontext eingeordnet werden. Ridder war 1919 geboren und daher junger Beobachter der verfassungsrechtlichen Entwicklung der Nachkriegszeit.[1] Er erlebte die kurze historische Phase nach dem Ende des Faschismus, in der die weitere wirtschaftlich-gesellschaftliche Entwicklung noch offen war. Sozialistische Institutionen für die zukünftige Gesellschaftsordnung wurden zu diesem Zeitpunkt ernsthaft diskutiert. Aufgrund des aufkommenden Ost-West-Konflikts und des Einflusses der westlichen Alliierten wurden Vergesellschaftungsideen jedoch nicht realisiert.[2] Dennoch wurde im Grundgesetz (GG) keine liberal-bürgerliche Eigentums- und Wirtschaftsordnung festgeschrieben, vielmehr zeichnet sich dieses durch eine wirtschaftspolitische Neutralität[3] und die Sozialisierungsoption in Artikel (Art.) 15 GG aus.[4] Ridder beschreibt das Grundgesetz daher als historischen Kompromiss zwischen einer bürgerlichen und sozialistischen Verfassungsordnung, der den Weg für eine Demokratisierung der Wirtschaft und Gesellschaft für die Zukunft offenhält.[5] Dieser Charakter als historischer Kompromiss ist für Ridder fundamental, weshalb für ihn eine jede Grundrechtsinterpretation ihren Ausgangspunkt in diesem finden muss und das Grundgesetz gesellschaftlichen Rückschritten – im Sinne von Entdemokratisierung und Privatisierung – entgegensteht.[6]

In seinem Hauptwerk „Die soziale Ordnung des Grundgesetzes" betont Ridder die starke kontrafaktische Normativität von modernen Verfassungen:

---

1 *Derleder* 2016, S. 420.
2 Siehe die kurz nach dem Faschismus 1946 entstandenen Verfassungen von Bayern und Hessen sowie den Hessischen Sozialisierungsstreit, dazu *Ridder* 1952; *Dürig* 1954.
3 BVerfGE 4, 7 (17 f.) – Investitionshilfen [1954]; BVerfGE 50, 290 (337) – Mitbestimmung [1979].
4 Zur Aktualität von Art. 15 GG *Röhner* 2020a; 2020b.
5 Siehe die Beiträge – insbesondere *Thurn* 2020 – in der Kritischen Justiz 53 (2020), H. 2.
6 *Ridder* 1975; 1977b, zitiert nach *Balzer* 2019, Bd. 3: Schriften 1970-1978, S. 594-646.

> „Alle (auch nur partiell) demokratischen Verfassungen, also alle nicht-sozialistischen („bürgerlichen") demokratischen Verfassungen, stehen, wenn nicht schon mit der Verfassungsschöpfung eine tiefgreifende tatsächliche Umwälzung vorgefundener vordemokratischer gesellschaftlicher Verhältnisse verbunden war, im Augenblick ihres Eintritts in den politischen Prozeß „links" von der gesellschaftlichen Wirklichkeit. Sie bieten die Chance einer vom Odium der Illegalität befreiten sozialstrukturellen Änderung auf eine demokratiegerechtere Ordnung hin."[7]

Dieses Zitat kann als Motto für Ridders Kritik am Bundesverfassungsgericht verstanden werden, in dem Sinne, dass für Ridder das Bundesverfassungsgericht sowohl als Institution innerhalb des Verfassungsgefüges als auch in seiner Rechtsprechungsmethodik das Potential für eine „demokratiegerechtere Ordnung" einhegt. Eine demokratische Ordnung erschöpft sich bei Ridder nicht in einer formalen Demokratie, also in einem politischen System, in dem die Bürger:innen ein Parlament als Regierung auf Zeit wählen, sondern umfasst die Demokratisierung der gesamten Gesellschaft durch eine auf kollektive Selbstbestimmung ausgerichtete Organisierung der grundrechtlichen Freiheiten.[8]

Im Folgenden soll Ridders Kritik am Bundesverfassungsgericht als Institution (1.) sowie an dessen Grundrechtsdogmatik (2.) dargestellt und Ridder dabei als Protagonist einer Machtkritik des Rechts rekonstruiert werden. Ridders Impuls, demokratische Verfassungen als Möglichkeitsräume für die Entwicklung einer demokratiegerechteren Ordnung zu verstehen, hat Potentiale für heutige Rechtskritiken. Denn er zeigt eindrücklich, dass eine Kritik der höchstrichterlichen Rechtsprechung nicht genügt, sondern es immer eines normativen Kompasses für ein progressives Rechtsprojekt bedarf (3.).

1. Das Bundesverfassungsgericht als restaurative Institution

1.1. Eine überschätzte Institution

Im Jahr 1977 stellte Ridder pointiert zum Bundesverfassungsgericht fest: „Fehleinschätzungen der Verfassungsgerichtsbarkeit sind […] an der Tagesordnung."[9] Damit richtete er sich gegen Teile der Sozialdemokratie, die im Bundesverfassungsgericht eine potentiell progressive Institution sahen, die gesellschaftlichen Fortschritt gegen eine konservative Mehrheit im Bundestag durchsetzen könne. In der noch jungen Bundesrepublik waren die Verhältnisse noch nicht endgültig festgezurrt.[10] Linke und

---

7 A.a.O., S. 17.
8 Siehe dazu *Preuß* in diesem Band.
9 *Ridder* 1977a, zitiert nach *Balzer* 2019, S. 567-579 (567); 1974, zitiert nach *Balzer* 2019, S. 307-323.
10 *Ridder* 1977a, S. 575.

sozialdemokratische Parteien waren nach den ersten Bundestagswahlen parlamentarisch in der Minderheit. Die Opposition versuchte, das Bundesverfassungsgericht als Kontrollinstrument gegen die Regierungsmehrheit zu nutzen und damit die eigene parlamentarische Schwäche zu kompensieren.[11] Die unter der Adenauer-CDU verabschiedeten Gesetze sollten daher noch einmal vom Bundesverfassungsgericht anhand der Verfassung überprüft werden. Bereits kurz nach Etablierung des Bundesverfassungsgerichts im Jahr 1951 strengte die sozialdemokratische Opposition verschiedene Verfahren an und versuchte parlamentarische Niederlagen im Nachgang noch einmal vom Bundesverfassungsgericht kontrollieren zu lassen.[12] Nach Ridders Auffassung hoffte die Sozialdemokratie auch, über ein starkes, mit mehr Macht und Kompetenz ausgestattetes Bundesverfassungsgericht die ausbleibende oder unzureichende Umsetzung der von der Verfassung in Aussicht gestellten Sozialstaatlichkeit und Vergesellschaftung von Privateigentum realisieren zu können.[13] Danach sollte das Bundesverfassungsgericht anstelle des Parlaments Verfassungsaufträge durchsetzen oder jedenfalls die Legislative zum Tätigwerden verurteilen. Das Bundesverfassungsgericht, so Ridder, sei daher als „Hilfsorgan einer verstaatlichten ‚außerparlamentarischen Opposition'" verstanden worden.[14] Ridder kritisierte dies als linkes Traum- und Wunschdenken.[15]

1.2. Verrechtlichung als Dezimierung demokratischer Kräfte

Als Radikaldemokrat sah Ridder in einem mit weitreichenden Kompetenzen ausgestatteten Verfassungsgericht eine Verrechtlichung demokratischer Politik sowie eine Verlagerung der Entscheidungsgewalt vom Parlament auf die Judikative.[16] Im Verfassungsgefüge komme dem Bundesverfassungsgericht, so Ridder, eine „Super-Gesetzgebungsfunktion" zu. § 31 Bundesverfassungsgerichtsgesetz war für Ridder eine „Ungeheuerlichkeit": Danach binden die Entscheidungen des Bundesverfassungsgerichts die Verfassungsorgane des Bundes und der Länder sowie alle Gerichte und Behörden; die Entscheidungen haben zudem Gesetzeskraft. Dies negiere „das Rechtserzeugungssystem der parlamentarischen Demokratie des Grundgesetzes prinzipiell", schwäche die Gesetzesunterworfenheit der Gerichte und unterwerfe diese dem Bundesverfassungsgericht als Super-Gesetzgeber.[17]

---

11 *Stüwe* 2015.
12 A.a.O., S. 350; z.B. BVerfGE 1, 351 zum Abschluss des Petersberger Abkommens ohne Bundesgesetz [1952].
13 *Ridder* 1977a, S. 567 f.
14 *Ridder* 1983, zitiert nach *Balzer* 2019, Bd. 4: Schriften 1979-1988, S. 411-421 (411).
15 *Ridder* 1977a, S. 567 f.
16 Zur radikaldemokratischen Kritik ausführlich *Maus* 2018; 1994.
17 *Ridder* 1977b, S. 628; 1979a, zitiert nach *Balzer* 2019, Bd. 4, S. 15-18.

Ridder begründete seine Haltung insbesondere mit der verfassungsrechtlichen Geschichte des Bundesverfassungsgerichts. Mit dem Grundgesetz war erstmals ein Verfassungsgericht als „Hüter der Verfassung" in Deutschland eingerichtet worden. Verfassungspolitisch ersetzte es den Reichspräsidenten in der Weimarer Republik, der mit der Aufgabe des Hütens der Verfassung die nazistische Machtergreifung nicht verhindert hatte. Ridder bemerkte daher scharfzüngig, dass sich in der Schaffung des Bundesverfassungsgerichts durch das Grundgesetz die Suche nach einem antirevolutionären Antifaschismus der Nachkriegszeit manifestiere. Dabei, so seine radikaldemokratische Kritik, werde verkannt, dass gerade im verselbstständigten Hüten einer demokratischen Verfassung bereits die Dezimierung der demokratischen Kräfte institutionalisiert sei.[18] Mit seiner Kritik am Bundesverfassungsgericht als antirevolutionärer Institution verwies Ridder zugleich auf die bürgerliche Genese des richterlichen Prüfungsrechts von Gesetzen.

1.3. Richterliches Prüfungsrecht als bürgerliche Einhegung progressiver Gesetzesvorhaben

Im Vormärz diente das richterliche Prüfungsrecht der Bindung des zuvor rechtsfrei agierenden Monarchen an das Recht. Die Bindung an das Recht und die gerichtliche Überprüfung von monarchischen Gesetzgebungsakten sollten das Bürgertum vor staatlicher Willkür schützen. Zugleich setzte das deutsche Bürgertum mit dem richterlichen Prüfungsrecht den bürgerlichen Rechtsstaat ohne Revolution durch, weshalb Ridder dieses auch als „antirevolutionäre Alternative zur Gewinnung des bürgerlichen Rechtsstaats" beschrieb.[19]

Nach dem Ende der Monarchie wurde in Deutschland erstmals mit der Weimarer Republik ein demokratisches Regierungssystem mit einem allgemeinen Wahlrecht eingeführt. In der Weimarer Ordnung kam dem Parlament damit eine neue Rolle im staatlichen Machtgefüge zu: Angesichts potentieller Forderungen der arbeitenden Klasse nach gesellschaftlich-wirtschaftlicher Demokratisierung wurde dieses zu einem, wie Ridder es formuliert, unberechenbaren Faktor für die bürgerlichen Kräfte.[20]

Auch wenn es in der Weimarer Republik nur ein oberstes Gericht und noch kein Verfassungsgericht gab, charakterisierte Ridder das richterliche Prüfungsrecht für diese Zeit konzeptuell als eines, das der restaurativ-bürgerlichen Absicherung diente, indem die verfassungstranszendierenden Prinzipien des materiellen Rechtsstaats progressive Gesetzesvorhaben begrenzen sollten. Die Einhegung der Macht

---

18 *Ridder* 1977a, S. 571; 1979b, zitiert nach *Balzer* 2019, Bd. 4, S. 60–75.
19 *Ridder* 1977a, S. 572 ff.
20 Ebd.

des Parlaments wurde von der Weimarer Staatsrechtslehre sowohl auf der Ebene der Verfassungsdogmatik als auch auf der Ebene der Verfassungslehre betrieben.

Rechtsdogmatisch zeigen sich die restaurativen Versuche, die Macht des Parlaments für sozialstaatliche oder sozialistische Projekte bzw. die Durchsetzung des emanzipatorischen Potentials der Weimarer Reichsverfassung (WRV) zu beschränken, in der Erfindung einer Institutsgarantie des Privateigentums von Martin Wolff und der Interpretation des allgemeinen Gleichheitssatzes als Willkürverbot durch Gerhard Leibholz.[21] Nach der Weimarer Reichsverfassung wurde – wie auch nach Art. 14 GG – der Umfang des verfassungsrechtlichen Eigentumsschutzes durch die demokratischen Gesetze bestimmt (Art. 153 WRV). Wolff, so Ridder, habe messerscharf erkannt, dass dies die Einführung einer sozialistischen oder kommunistischen Eigentumsordnung durch das Parlament ermögliche, und habe daher die – bis heute gängige – Rechtsfigur der Institutsgarantie entwickelt. Danach garantiere die Verfassung, dass vom Privateigentum etwas übrig bleiben müsse, das den Namen Eigentum verdiene, sodass eine vollständige Abschaffung des Privateigentums von Verfassungs wegen nicht möglich sei.[22] Das sozialrevolutionäre Potential des Gleichheitsversprechens (Art. 109 WRV) hegte Leibholz ein, indem er dieses nicht als Egalisierungsgebot, sondern als Willkürverbot interpretierte. Ungleichbehandlungen im Recht müssen danach durch einen sachlichen Grund gerechtfertigt sein. Diese Interpretation des allgemeinen Gleichheitsgebots sollte die bürgerliche Klasse vor umverteilenden oder sozialstaatlichen Gesetzesvorhaben schützen.[23]

In der Verfassungslehre wurde der Schutz der bürgerlichen Wirtschaftsgesellschaft mit den Ansätzen eines materiellen Rechtsstaates verfolgt. Der Rechtsstaat wurde beispielsweise als Sinntotalität und Wertegemeinschaft (Rudolf Smend) oder als unabänderliche Garantie der bürgerlichen Freiheitsrechte (Carl Schmitt) verstanden.[24] Trotz der erheblichen Unterschiede der Verfassungslehren von Smend und Schmitt war ihnen nach Ridder gemein, dass sie auf Werten und Verfassungsprinzipien jenseits der Verfassung – auf metaphysischem, überpositivem Recht – und nicht auf dem Verfassungstext als Verfassungsgesetz gründen.[25]

Diese Tradition einer verfassungsrechtlich-bürgerlichen Beschränkung der demokratischen Legislative sah Ridder in der Institution und Rechtsprechung des Bundesverfassungsgerichts in der Gegenwart der Bundesrepublik materialisiert.[26] Seine Kritik richtete sich insbesondere gegen die Bezugnahme und Verwendung der überpositiven, antiemanzipatorischen Begrifflichkeiten der Weimarer Staatsrechtslehre in

---

21 *Ridder* 1966, zitiert nach *Balzer* 2019, Bd. 2: Schriften 1963-1969, S. 351-366.
22 *Wolff* 1923; dazu *Ridder* 1975, S. 41.
23 *Leibholz* 1925; kritisch dazu *Kirchheimer* 1972; aktuell *Meinel* 2013.
24 *Smend* 1928; *Schmitt* 1928.
25 *Ridder/Bäumlin* 1984, zitiert nach *Balzer* 2019, Bd. 6, S. 225-279 (239).
26 Dazu auch *Maus* 2004.

der Rechtsprechung des Bundesverfassungsgerichts.[27] Konträr dazu setzte Ridder seine Variante eines formalen Rechtspositivismus. Mit diesem verfolgte er methodisch die Bindung an das Verfassungsgesetz – an den Wortlaut und den Willen der historischen Verfassungsgeberin – und lehnte ein Bundesverfassungsgericht als „Supergesetzgeber" ab.[28] Auf die Kritik an der Grundrechtsrechtsprechung wird gleich noch detaillierter einzugehen sein. Wichtig ist an dieser Stelle, dass Ridder das Bundesverfassungsgericht in der Verfassungsordnung der Bundesrepublik nicht als potentiell progressive, sondern als restaurative Institution der „bürgerlichen Klassenherrschaft" verstand, die das demokratisch-emanzipatorische Potential des Grundgesetzes einhegte.[29]

1.4. Das Bundesverfassungsgericht als Teil des Herrschaftssystems

Für seine Kritik am Bundesverfassungsgericht als restaurativer Institution bezog sich Ridder nicht nur auf die vom Bundesverfassungsgericht benutzten Begrifflichkeiten der Weimarer Staatsrechtslehre, sondern auch auf den folgenden Vorgang zur Remilitarisierung. Die Wiederbewaffnung der Bundesrepublik war Anfang der 1950er Jahre öffentlich und parteipolitisch äußerst umstritten. Die konservative Bundesregierung befürwortete diese im Rahmen der damals angestrebten – im Ergebnis aber von der französischen Nationalversammlung verhinderten – Europäischen Verteidigungsgemeinschaft und legte dafür entsprechende Gesetzesvorhaben im Jahr 1952 vor.[30] Bundespräsident Heuss beauftragte das Bundesverfassungsgericht, ein Rechtsgutachten zur Verfassungsmäßigkeit der verfolgten Remilitarisierung zu erstellen.[31] Dabei ging es insbesondere um die Frage, ob das Grundgesetz ohne Verfassungsergänzung die Einführung der allgemeinen Wehrpflicht sowie die Ausübung der Wehrgewalt erlaube.[32] Weil sich abzeichnete, dass das Bundesverfassungsgericht nicht regierungsgeneigt entscheiden würde und zudem mit Beschluss vom 8. Dezember 1951 entschieden hatte, dass Gutachten über bestimmte verfassungsrechtliche Fragen die Senate des Bundesverfassungsgerichts in Urteilsverfahren binden würden, nahm Bundespräsident Heuss, auch auf Druck des Bundeskanzlers Adenau-

---

27 Es handele sich um juristische Erfindungen der spätkonstitutionellen Zeit, „um der Bourgeoisie den neuen Schutz der Bindung staatlichen Handelns an das Gesetz zu verschaffen und zu erhalten und gleichzeitig die mit der Gesetzlichkeit verbundenen Gefahren auszuschalten oder jedenfalls zu minimieren.", *Ridder* 1983, S. 412.
28 *Ridder* 1979a, S. 15; 1975, S. 13 ff.
29 *Ridder* 1983, S. 412.
30 Siehe dazu z.B. den schriftlichen Bericht des Ausschusses für das Besatzungsstatut und auswärtige Angelegenheiten, BT-Drucks. 1/3900; zum präventiven Normenkontrollantrag der Opposition gegen das Zustimmungsgesetz zum EVG-Vertrag von 1952, siehe BVerfGE 1, 396.
31 Siehe dazu *Lembcke* 2015, S. 236 ff.
32 BT-Drucks. 1/3900, S. 14.

er, den Gutachtenauftrag am 10. Dezember 1952 zurück.[33] Die Kompetenz des Bundesverfassungsgerichts Rechtsgutachten gemäß § 97 BVerfGG a.F. zu erstellen, wurde daraufhin von der Legislative im Jahr 1956 durch Änderung des Bundesverfassungsgerichtsgesetzes gestrichen.[34] Das Bundesverfassungsgericht, so Ridders Verständnis des Vorgangs, habe durch den Konflikt mit der Adenauer-Regierung erkannt, dass es als Schiedsrichter, der zu gleicher Zeit Mitspieler sei, das Interesse des stärksten Spielers wahrnehmen müsse und habe seitdem seine kämpferische Haltung aufgegeben.[35]

Mag es sich dabei um eine politisch zugespitzte Charakterisierung handeln, so macht Ridder doch deutlich, dass das Bundesverfassungsgericht im Verfassungsgefüge von den politischen Machtverhältnissen mitbestimmt wird. Insbesondere bestimmt der parlamentarische Gesetzgeber über das einfache Recht – das Bundesverfassungsgerichtsgesetz – die Kompetenzen des Bundesverfassungsgerichts und kann diese, wie die Kontroverse um die Wiederbewaffnung zeigt, auch begrenzen.

Darüber hinaus wies Ridder mehrfach auf den Umstand hin, dass die Besetzung des Bundesverfassungsgerichts durch die Zweidrittelmehrheit des Bundestages bzw. Bundesrates erfolge und daher Ausdruck des allgemeinen politischen Konsenses sei:[36] „Die Besetzung der Richterstellen vollzieht sich [...] im Rahmen praktisch eines großen Proporzes – man könnte schon sagen, eines großen Proporzes – einer Allparteienregierung, die also für die Besetzung dieses Gerichtes auch dann immer da ist, wenn sie nicht gerade als Regierung tätig ist."[37] Im Ergebnis führe dies dazu, dass die verfassungsrechtliche Rechtsprechung sich an die politischen Verhältnisse angepasst habe und das Bundesverfassungsgericht mit dem politischen Strom schwimme. So übe das Bundesverfassungsgericht etwa gegenüber der demokratischen Politik in bestimmten Fällen gerichtliche Zurückhaltung und zwar, so insinuiert Ridder, *„judicial restraint*, da, wo es in politicis gegen den Strom gehen könnte."[38]

---

33 BVerfGE 2, 79 – Plenargutachten Heuss [1952].
34 Gesetz zur Änderung des Gesetzes über das Bundesverfassungsgericht vom 21.07.1956, BGBl. I 1956, S. 662, 664; im urspr. Gesetzesentwurf war zunächst nur eine Beschränkung, nicht jedoch die Aufhebung der Kompetenz gem. § 97 BVerfGG a.F. vorgesehen. Insb. sollte aufgrund des BVerfG-Beschlusses vom 8.12.1952 – 1 PBvV 1/52 [BVerfGE 2, 79] klargestellt werden, dass den Rechtsgutachten keine rechtsverbindliche Wirkung zukomme, vgl. auch Entwurf eines Gesetzes zur Änderung des Gesetzes über das Bundesverfassungsgericht, BT-Drucks. 2/1662, S. 3, 15.
35 *Ridder* 1983, S. 412; 1974, S. 312; anders die Deutung als „Vetospieler" in der Politikwissenschaft, so z.B. bei *Stüwe* 2015 und *Lembcke* 2015; siehe auch *Ladeur* und *Tabbara* in diesem Band.
36 *Ridder* 1979b, S. 72.
37 *Ridder* 1974, S. 312.
38 Ebd. – Hervorhebungen i.O.

2. Die Grundrechtsrechtsprechung des Bundesverfassungsgerichts: Methodische Beliebigkeit und ungleicher Grundrechtsschutz

2.1. Abwägung als beliebige Entscheidungsfindung

Ridder kritisierte das Bundesverfassungsgericht für seine methodisch ins Beliebige abgleitende Grundrechtsrechtsprechung.[39] Seine Kritik macht er insbesondere anhand der Abwägungs- und Verhältnismäßigkeitsprüfungen fest. Das Bundesverfassungsgericht leite aus den Grundrechten überpositive Werte ab, die es miteinander abwäge. Durch dieses Vorgehen könne das Bundesverfassungsgericht – pointiert zusammengefasst – alles mit allem abwägen und zu einem – den politischen Verhältnissen entsprechenden – beliebigen Ergebnis kommen. Damit, so die zentrale Kritik von Ridder, passe das Bundesverfassungsgericht das Verfassungsrecht an die realpolitische Wirklichkeit der Nachkriegszeit – die Verfassungswirklichkeit – an und negiere den normativen Gehalt der Grundrechte, der der sozialen Realität gerade entgegengesetzt sei. Das Bundesverfassungsgericht begrenze damit das demokratische Veränderungspotential der Grundrechte.[40]

2.2. „Klassenspaltung der Grundrechtsträger" als Ausdruck gesellschaftlicher Machtungleichheiten

Die Kritiken von Ridder an der Methodik der Grundrechtsrechtsprechung weisen eine starke Sensibilität für gesellschaftliche Machtungleichheiten und die grundrechtliche Privilegierung von Angehörigen gesellschaftlich starker Gruppen auf. Diese Sensibilität zeigt sich exemplarisch im Lüth-Urteil. Sie manifestiert sich aber auch in Ridders Kritik der Pressefreiheit zugunsten der monopolistischen Verleger,[41] der Kommerzialisierung des Allgemeinen Persönlichkeitsrechts zugunsten der „gesellschaftlichen Glanzschichten"[42] und der mittelstandsorientierten Auslegung der Berufsfreiheit.[43]

Im Lüth-Urteil von 1958 ebnete das Bundesverfassungsgericht für Ridder den Weg für eine „methodische Beliebigkeit".[44] Aus der daran anschließenden Rechtsprechungslinie habe sich ein entfesseltes Verhältnismäßigkeitsprinzip und das Prinzip der Güterabwägung entwickelt. Zwar hielt Ridder das Urteil im Ergebnis für

---

39 *Ridder* 1974; 1979b.
40 *Ridder* 1974; 1975; 1977b.
41 *Ridder* 1975, S. 85 ff.; siehe dazu auch *Tabbara* in diesem Band.
42 *Ridder* 1974, S. 317 f.
43 *Ridder* 1975, S. 120, 125.
44 BVerfGE 7, 198 – Lüth [1958]; *Ridder* 1974, S. 310 ff.; 1975, S. 75 ff.; siehe dazu auch *Ladeur* in diesem Band.

„zweifellos" richtig und gestand zu, beim ersten Lesen von der Urteilsbegründung begeistert gewesen zu sein.[45] Dennoch beschrieb er das Lüth-Urteil als eines, das durch die „Erfindung" verfassungsrechtlicher Wertkonflikte zugleich die „Klassenspaltung der Grundrechtsträger" hervorgebracht habe.[46] Im konkreten Fall ging es um den Hamburger Senatsdirektor und Pressesprecher Erich Lüth, der nach § 826 BGB wegen sittenwidriger Schädigung von Filmfirmen zu Schadensersatz verurteilt worden war, weil er zum Boykott der Filme eines NS-Regisseurs aufgerufen hatte. Das Bundesverfassungsgericht sah in der zivilrechtlichen Verurteilung von Erich Lüth, Schadensersatz zahlen zu müssen, eine Verletzung der Meinungsfreiheit. Am gleichen Tag – und daran entzündete sich Ridders Kritik – verneinte das Bundesverfassungsgericht die Verletzung der Meinungsfreiheit von Herrn Berg bei einem – nach Ridder – vergleichbaren Sachverhalt.[47] Herr Berg hatte als Mieter ein Spruchband aus seiner Mietswohnung herausgehangen, um während eines Bundestagswahlkampfes für seine Partei zu werben. Dies störte nach Auffassung des Zivilgerichts den Hausfrieden. Ridder fragte nun, wie es bei vergleichbaren Sachverhalten zu unterschiedlichen verfassungsrechtlichen Bewertungen kommen könne. Das Bundesverfassungsgericht habe zu verschiedenen Ergebnissen kommen können, weil es eine „Werteschaukel" zwischen der Meinungsfreiheit und dem Bürgerlichen Gesetzbuch aufgebaut habe. Der „Ausschlag für das Grundrecht" werde im Sinne einer „Klassenspaltung der Grundrechtsträger" dadurch bewirkt, dass „der Grundrechtsträger Lüth im Gegensatz zu dem Grundrechtsträger Berg eine besondere Legitimation erhält."[48] Nach Ridder werde die Legitimation als zu erwerbendes *Privileg* für Grundrechtsausübungen vorausgesetzt, sodass es für den Grundrechtsschutz immer darauf ankomme, *wer* in seinen Grundrechten beschwert sei. Grundrechte werden danach in staatlich zugeteilte Güter verwandelt, „die nur nach den besonderen Umständen des jeweils vorliegenden Einzelfalls situativ zugestanden werden", sodass die Bindung der Staatsgewalt an die Verfassung (Art. 1 Abs. 3 GG) geschwächt werde.[49] Ridder betont, dass die jeweiligen gesellschaftlichen Machtinteressen sich auf den Abwägungsprozess auswirken: Die machtvollen ökonomischen Interessen „wirken nämlich wie ein Magnet auf eine Schale der keineswegs autonomen Waage" der Justitia.[50] Ridders Analyse lässt sich so verstehen, dass der Hamburger Senatsdirektor Lüth über eine gesellschaftlich mächtige Position und damit über eine besondere Legitimation für seinen Grundrechtsschutz verfügte. Konträr dazu war Herr Berg einfacher Mieter und konnte daher keine besondere Legitimation vorweisen, die eine Entscheidung zu seinen Gunsten hätte begründen können.

---

45 *Ridder* 1974, S. 310 f.
46 A.a.O., S. 310.
47 BVerfGE 7, 230 – Berg [1958].
48 *Ridder* 1974, S. 312.
49 *Maus* 2004, S. 847; *Ridder* 1975, S. 50 ff.
50 *Ridder* 1975, S. 77.

Ridder sah darin eine Gefahr für die gesellschaftlich Schwachen. So stellt er 1974 – in damals noch nicht zu erahnender Aktualität für heute – hinsichtlich der Geflüchteten aus Chile fest: Der Verfassungssatz „Politisch Verfolgte genießen das Asylrecht" könne nach der Grundrechtsmethodik lauten, dass nur denjenigen Asyl gewährt wird, die es verdienen.[51]

Die Grundrechtsrechtsprechung verstand Ridder als eine Angleichung von rechtlichem Sollen und den „dominanten Faktoren der Wirklichkeit".[52] Das Verfassungsrecht werde an die Verfassungswirklichkeit angepasst und damit die kontrafaktische Normativität des Verfassungstextes immer weiter abgebaut.[53] In der Konsequenz entstehe ein ungleicher Grundrechtsschutz.

2.3. Gleichheitsrechtlicher Fortschritt als Anpassung an die Industriegesellschaft

Trotz aller Kritik brachte die Grundrechtsrechtsprechung für Ridder durchaus gleichheitsrechtliche Fortschritte. Insbesondere wurde die rechtliche Ungleichbehandlung von Frauen durch das Bundesverfassungsgericht für verfassungswidrig erklärt. In dem berühmten Stichentscheid-Urteil war Ridder selbst Verfahrensbevollmächtigter gewesen.[54] Das Bundesverfassungsgericht erklärte mit dieser Entscheidung von 1959 die familienrechtliche Vorschrift für nichtig, nach der dem Vater als Familienoberhaupt das letzte Entscheidungsrecht zukam und er auch die gemeinsamen Kinder alleine vertrat (§§ 1628, 1629 BGB a.F.). Diese Entscheidung gilt als Meilenstein für die Abschaffung des patriarchalen Familienrechts. Ridder erkannte dies als gesellschaftlichen Fortschritt und wichtig für die Emanzipation von Frauen an. Er sah darin jedoch weniger eine Manifestation des „revolutionären Funken[s]" des Gleichheitssatzes als vielmehr ein Anpassen des Rechts an die Bedürfnisse einer modernen Industriegesellschaft.[55]

3. Ausblick: Potentiale einer demokratischen Grundrechtstheorie

Was kann aus Ridders weitreichender Kritik des Bundesverfassungsgerichts und seiner Grundrechtsrechtsprechung für die Gegenwart geschlussfolgert werden? In normativer Hinsicht ist Ridders Kritik produktiv, weil sie grundrechtliche Freiheiten nicht individualistisch, sondern als Instrument zur Organisierung kollektiver Freiheit

---

51 *Ridder* 1974, S. 320.
52 Ebd.
53 *Ridder* 1975, S. 13 ff.
54 *Ridder* 1966; 1977b; dazu *Tischbirek* 2020.
55 *Ridder* 1974, S. 313; aktuell zu diesem ambivalenten Verhältnis von Ökonomie und Geschlechtergleichheit *Fraser* 2013.

und damit als emanzipatorisches Mittel für eine Veränderung der bestehenden gesellschaftlichen Verhältnisse versteht. In analytischer Hinsicht gibt Ridder Hinweise, wie eine gesellschafts- und rechtskritische Analyse des Rechts und der Rechtsprechung erfolgen kann: Nämlich immer mit Blick auf die gesellschaftlich-politischen Machtverhältnisse und mit emanzipatorischer Haltung.

3.1. Positivistische Methode: Mit dem Sozialstaatsprinzip gegen die Trennung von Staat und Gesellschaft...

Methodisch fordert Ridder eine positivistische Vorgehensweise, die den Verfassungstext und seine Geltung für alle Grundrechtsträger:innen ernst nimmt und damit den Vorrang der Verfassung vor dem einfachen Recht und der Rechtswirklichkeit anerkennt. Diese positivistische Methode ist – und das ist eine wichtige Einsicht von Ridder – nicht ohne normativen Kompass: Sie muss sich für Ridder an den konkreten Aufgaben der grundrechtlichen Freiheiten und am geschichtlichen Standort einer Verfassung orientieren.[56] Dafür müssen Grundrechte hinsichtlich des jeweiligen Freiheitsbereichs, den sie organisieren, bestimmt werden.[57]

Ridder argumentiert außerdem dafür, die Trennung von Staat und Gesellschaft als Leitmotiv der Dogmatik aufzugeben und daraus die *„notwendigen Folgerungen"* auch in der Dogmatik zu ziehen: Als „Therapieansatz" versteht er die Sozialstaatsklausel, die eine demokratische Grundrechtsinterpretation eröffnet, indem sie gerade die Trennung von Staat und Gesellschaft überwindet.[58] Grundrechte sind danach nicht derart zu konzipieren, dass sie negatorische Abwehrrechte sind, die staatliche Eingriffe in die gesellschaftliche Sphäre begrenzen. Dies ist für Ridder eine Konzeption der konstitutionellen Monarchie und des industriellen Besitzbürgertums, die insbesondere die politische Relevanz der wirtschaftlichen Produktionsverhältnisse ignoriert.[59] Mit der Einführung eines parlamentarischen Regierungssystems in der Weimarer Republik und den sozialstaatlichen Aufträgen der Weimarer Reichsverfassung, die gesellschaftlichen Machtverhältnisse zu ändern, sind jenes Grundrechtsverständnis und die Trennung von Staat und Gesellschaft nach Ridder hinfällig.[60] Die Grundrechte und das Sozialstaatsprinzip dienen gerade dazu, die bestehenden gesellschaftlichen Verhältnisse infrage zu stellen und neue, emanzipatorisch-demokratische Formen gesellschaftlicher Organisation zu finden.

---

56 *Ridder* 1974, S. 323; siehe dazu *Engelmann* in diesem Band.
57 Siehe dazu *Augsberg* in diesem Band.
58 *Ridder* 1975, S. 11; 1977b.
59 *Ridder* 1975, S. 36.
60 *Ridder* 1975, S. 15 f., 35 ff.

3.2. ... und für die Demokratisierung der Gesellschaft sowie eine sozial eingebettete Autonomie

Nicht nur die Weimarer Reichsverfassung, sondern auch das Grundgesetz ist für Ridder mit dem Sozialstaatsprinzip auf demokratischen Fortschritt – eine Demokratisierung der Gesellschaft – ausgerichtet. Denn das Verfassungsrecht ziele darauf, „Kursänderungen oder -korrekturen der Wirklichkeit" im Sinne einer sozialen Demokratie zu vollbringen.[61] Das Verfassungsrecht schützt also nicht mehr nur, wie im 19. Jahrhundert, vor staatlichen Eingriffen, sondern ermöglicht gerade in die ökonomisch-gesellschaftlichen Verhältnisse einzugreifen.[62]

Für Ridder beziehen sich Grundrechte auf soziale Felder bzw. auf die sozialen Situationen des Individuums. Die Sozialstaatsklausel überformt nach Ridder die Grundrechte, sodass diese nicht mehr als grenzenlose persönliche Freiheitsräume der Einzelnen – der a-sozialen Individuen – gedacht werden können, die nur durch die Freiheit der anderen beschränkt werden. Vielmehr führt die Sozialstaatsklausel zu einer Grundrechtsinterpretation, die individuelle Freiheit sozial eingebunden und sozial vermittelt versteht. Autonomie ist danach immer eine sozial eingebettete Autonomie: „[G]rundrechtliche Freiheit in der Gesellschaft [kann] erst von der konkreten Befindlichkeit des einzelnen her und gleichzeitig mit ihrer rechtlich-organisatorischen Umhegung aufgebaut werden".[63]

Als demokratische Grundrechte gebieten diese für Ridder die „Kompensation gleichheitsverzerrender *Macht*faktoren".[64] Daher müssen die Interessensstrukturen, die die Grundrechte ihrer historischen Herkunft nach schützen sollen, für die Auslegung eines Grundrechts ermittelt werden. Diese Interessensstrukturen sollen auch in der Gegenwart und Zukunft geschützt werden, weshalb nach Ridder im Rahmen der Auslegung immer die konkreten gesellschaftlichen (ökonomischen) Strukturen in den Blick genommen und auf ihre Vereinbarkeit mit dem Normbereich des Grundrechts befragt werden müssen. Denn Grundrechte zielen nach Ridder auf „die konkrete Freiheit eines sozialen Feldes durch dessen Organisation" ab.[65]

---

61 *Ridder* 1975, S. 17; zur sozialen Demokratie *Heller* 1930; *Abendroth* 1968; *Röhner* 2020b.
62 *Ridder* 1975, S. 40 ff.
63 *Ridder* 1975, S. 49; dazu aus der aktuellen Rechtstheorie *Nedelsky* 2011; *Röhner* 2019; aus dem Völkerrecht *Watt* 2011.
64 *Ridder* 1975, S. 53.
65 *Ridder* 1975, am Beispiel der Pressefreiheit S. 85 ff., Zitat S. 91.

3.3. Aktualität: demokratische Rechtskritik statt Systemstabilisierung

3.3.1. Kritische Haltung gegenüber dem Bundesverfassungsgericht

Ridders Kritik am Bundesverfassungsgericht und seine auf Demokratisierung gerichtete Grundrechtstheorie liefern wichtige Impulse für eine kritische Politik- und Rechtswissenschaft.

Ein solcher Impuls ist eine grundsätzliche kritische Haltung gegenüber dem Bundesverfassungsgericht als „Super-Gesetzgeber" und Teil des Herrschaftssystems. Wenn Ridder das Bundesverfassungsgericht als eine restaurative Institution beschreibt, die das progressive Potential der Grundrechte einhege und zugunsten bürgerlich-ökonomischer Interessen eine beliebige Verfassungsdogmatik entwickele, dann erweist er sich als Radikaldemokrat, der der gerichtlichen Kontrolle demokratischer Entscheidungen, die nicht durch eine strenge Verfassungsbindung gekennzeichnet sind, skeptisch gegenübersteht. Auch heute stellt sich regelmäßig die Frage nach dem Verhältnis des Bundesverfassungsgerichts – und aufgrund der Europäisierung auch des Europäischen Gerichtshofs – zum Parlament. Wie weit sollen höchstrichterliche Überprüfungskompetenzen von demokratischen Gesetzen gehen? Ridder zeigt, dass – trotz der hohen gesellschaftlichen Anerkennung höchstrichterlicher Rechtsprechung[66] – aus demokratisch-emanzipatorischer Sicht durchaus eine kritische Haltung bewahrt und Entwicklungen der Rechtsprechung kritisch kommentiert werden sollten.[67] Dies ist insbesondere wichtig, um den Blick dafür zu schärfen, welche Interessen und Handlungsmöglichkeiten durch verfassungsgerichtliche Entscheidungen gestärkt oder geschwächt werden. Das Bundesverfassungsgericht ist, wie die vielschichtigen Kritiken Ridders zeigen, nicht nur Vetomacht für die Entscheidungen des Parlaments oder ein Kontrolleur des Regierungshandelns, sondern integraler Bestandteil der Verfassungsordnung und damit Staatsapparat.[68] Im Sinne Ridders sollte daher auch immer danach gefragt werden, welchen Beitrag das Bundesverfassungsgericht zur Stabilisierung der kapitalistisch-bürgerlichen Ordnung leistet.[69]

Diese kritische Haltung bedeutet jedoch nicht, die Judikatur des Bundesverfassungsgerichts umfassend abzulehnen. Wie Ridder deutlich macht, können trotz aller Kritik gesellschaftlich fortschrittliche Entscheidungen als solche anerkannt werden. So hat er etwa selber für die Durchsetzung der Gleichberechtigung von Frauen im Familienrecht vor dem Bundesverfassungsrecht mit Erfolg gestritten. Diese ambivalente Perspektive ist auch für aktuelle strategische Prozessführungen

---

66 *Vorländer/Brodocz* 2006.
67 *Maus* 1994; 2018.
68 *Hirsch* 2005; *Buckel* 2013.
69 Zu dieser Kritiklinie siehe in der Politikwissenschaft *Massing* 1970; in der Rechtswissenschaft *Hirschl* 2007.

produktiv. Zivilgesellschaftliche Initiativen, wie die Gesellschaft für Freiheitsrechte oder die Dritte Option, haben vor dem Bundesverfassungsgericht gegen den politischen Mainstream wichtige Erfolge, beispielsweise gegen den Überwachungsstaat und für die Geltung von Grund- und Menschenrechten sowie für die Anerkennung geschlechtlicher Vielfalt, errungen.[70] Strategisch kann das Bundesverfassungsgericht also ein Forum sein, um Kämpfe um ein progressives und demokratisches Recht zu führen. Verfassungsgerichte sind jedoch immer auch Staatsapparate, in denen sich gesellschaftliche und verfassungsrechtliche Diskurse sowie Machtverhältnisse verdichten.[71] Sie werden besetzt von Jurist:innen, die durch die strukturell konservative juristische Ausbildung sozialisiert wurden und die anschließend in der Justiz, Wissenschaft oder Politik als Teil der gesellschaftlichen Elite erfolgreich waren. Der Präsident des Bundesverfassungsgerichts ist zudem „fünfter Mann" im Staat und daher Mitglied der protokollarischen Rangordnung der Staatsführung. Der ehemalige Präsident des Bundesverfassungsgerichts Andreas Voßkuhle hat in seinem Buch „Die Verfassung der Mitte" die gegenwärtige Methodik des Bundesverfassungsgerichts als ständige Aktualisierung des Verfassungsrechts, als kontinuierlichen Ausgleichs- und Kompromissfindungsprozess beschrieben.[72] In dieser Beschreibung kommt eine systemstabilisierende Selbstbeschreibung zum Ausdruck, die dem Bundesverfassungsgericht die Aufgabe zuspricht, in gesellschaftlichen Konfliktlagen eine stabilisierende Position aus der Verfassung herzuleiten.[73]

Verfassungsgerichte sind in diesem Sinne immer Teil des Herrschaftssystems und ihre Entscheidungen Ausdruck spezifisch historischer Konstellationen. Sie können – je nach Einzelfall und Kräfteverhältnis – mehr oder weniger konservativ oder progressiv, regierungsnah oder regierungskritisch ausfallen.

Die Entscheidungen der Verfassungsgerichte von Thüringen und Brandenburg zu den Paritätsgesetzen zeigen exemplarisch, dass auch antidemokratische und antifeministische Akteure wie die AfD und NDP die verfassungsrechtliche Überprüfung von demokratischen Gesetzen erfolgreich für sich nutzen und Verfassungsgerichte bereit sind, aufgrund eines veralteten Demokratieverständnis den Status quo männlicher Dominanz in den Parlamenten abzusichern.[74] Diese Entscheidungen haben die Gleichberechtigung von Frauen in der Politik und damit eine geschlechtergerechte Demokratie erfolgreich verhindert. Verfassungsgerichte sind also keine In-

---

70 Siehe www.freiheitsrechte.org und www.dritte-option.de.
71 *Buckel* 2007; 2013; *Buckel/Fischer-Lescano* 2007.
72 *Voßkuhle* 2016.
73 Dieses Selbstverständnis hätte Ridder bestimmt kritisiert. Die Antwort auf gesellschaftliche Konflikte ist für Ridder gerade nicht, Ausgleich und Stabilität als Verfassungsaufgabe zu sehen, sondern eine mögliche sozialstrukturelle Veränderung der gesellschaftlichen Verhältnisse – eine Demokratisierung von Wirtschaft und Gesellschaft – verfassungsrechtlich abzusichern.
74 Thüringer Verfassungsgerichtshof, Entscheidung v. 13.5.2020 – VerfGH 2/2020; Verfassungsgericht des Landes Brandenburg, Urteil v. 23.10.2020 – VfGBbg 55/19; zu der Debatte z.B. *Süssmuth* et al. 2020; *Röhner* 2020c.

stitutionen, die per se gesellschaftlichen Fortschritt verfassungsrechtlich absichern oder einhegen, sondern je nach spezifischer Fallkonstellation und abhängig von den gegenwärtigen gesellschaftlich-verfassungsrechtlichen Machtverhältnissen das Verfassungsrecht immer wieder erneut aktualisieren und definieren. Dabei können ihre Entscheidungen im Ergebnis restaurativ oder transformativ wirken.

3.3.2. Machtkritische Rechtsanalyse mit normativen Bezugspunkten

Ridders Ansatz ist für eine gegenwärtige kritische Politik- und Rechtswissenschaft außerdem produktiv, weil er sich als Vordenker für eine gesellschaftstheoretisch informierte Betrachtung gerichtlicher Entscheidungen erweist, wie sie heute für hegemonietheoretische oder relationale Ansätze der Rechtsanalyse charakteristisch ist.[75] So reflektiert er die sozioökonomischen Interessenlagen als auch die politisch-gesellschaftlichen Machtverhältnisse als Kontext einer gerichtlichen Entscheidung und hat zudem ein feines Sensorium sowohl für die Privilegierung gesellschaftlich starker Gruppen als auch für die Benachteiligung sozial dominierter Subjektpositionen entwickelt. Mit ihm kann heute gefragt werden, wie sich die gegebenen Machtverhältnisse im Recht manifestieren und wessen Freiheit und wessen Gleichheit durch das Recht und das Bundesverfassungsgericht geschützt wird.

Diese Perspektive ist insbesondere für eine gegenwärtige Kritik der Grundrechtsdogmatik und Grundrechtstheorie weiterführend. Auch wenn die Methodik der Verhältnismäßigkeitsprüfung und Güterabwägung grundsätzlich anerkannt ist und in der Ausbildung zukünftiger Jurist:innen eine prominente Rolle einnimmt, wird diese in der aktuellen Rechtstheorie als individualistisch, dezisionistisch oder als abstrakte Prinzipienabwägerei kritisiert.[76] So fordert etwa Andreas Fischer-Lescano, Grundrechtskonflikte als Konflikte gesellschaftlicher Autonomieräume zu konzipieren und damit – im Sinne Ridders – die konfligierenden gesellschaftlichen Interessenlagen in den Blick zu nehmen. Doch expliziter als gegenwärtige Kritiken macht Ridder seinen politischen Standpunkt transparent und begründet diesen verfassungshistorisch. Das ist deswegen produktiv, weil ein Abgrenzen von gesellschaftlichen Autonomieräumen nicht im luftleeren Raum stattfindet, sondern jenseits aller Methodik auf normative Bezugspunkte angewiesen ist – ansonsten kann die Rechtskritik in kulturpessimistische bzw. liberal-bürgerliche Vorstellungen gesellschaftlicher Selbstorganisation abgleiten, die gerade kein Sensorium für gesellschaftliche, kapitalistische Ungleichheiten ausgebildet haben und die Trennung von Staat und Gesellschaft reproduzieren.[77] Ein Rückbesinnen auf Ridders Einsicht, dass das Sozialstaatsprinzip

---

75 *Buckel* 2007; 2013; *Buckel/Fischer-Lescano* 2007; *Röhner* 2019.
76 *Fischer-Lescano* 2008; *Ladeur* 2004.
77 *Ladeur* 2004.

des Grundgesetzes eine sozial vermittelte grundrechtliche Freiheit – eine soziale Autonomie – vorgibt, ist zentral für ein progressives Rechtsprojekt der Gegenwart und Zukunft. Als normative Bezugspunkte für eine von Ridder inspirierte Rechtskritik können daher die Demokratisierung von Wirtschaft und Gesellschaft sowie eine inklusive, diskriminierungsfreie Gesellschaft gelten.

Bibliographie

Abendroth, Wolfgang, 1968: Zum Begriff des demokratischen und sozialen Rechtsstaates im Grundgesetz der Bundesrepublik Deutschland. In: Forsthoff, Ernst (Hrsg.): Rechtsstaatlichkeit und Sozialstaatlichkeit. Aufsätze und Essays, Darmstadt, S. 114-144.

Buckel, Sonja, 2013: „Welcome to Europe". Die Grenzen des europäischen Migrationsrechts. Bielefeld.

Buckel, Sonja, 2007: Subjektivierung und Kohäsion. Zur Rekonstruktion einer materialistischen Theorie des Rechts. Weilerswist.

Buckel, Sonja/*Fischer-Lescano,* Andreas (Hrsg.), 2007: Hegemonie gepanzert mit Zwang. Zivilgesellschaft und Politik im Staatsverständnis Antonio Gramscis, Baden-Baden.

Derleder, Peter, 2016: Helmut Ridder (1919-2007). Ein Radikaldemokrat und Staatsrechtslehrer mit unterschrockener politisch-literarischer Rhetorik. In: Kritische Justiz (Hrsg.): Streitbare JuristInnen. Eine andere Tradition, Band 2, Baden-Baden, S. 409-424.

Dürig, Günter, 1954: Zum hessischen Sozialisierungsproblem. In: Die öffentliche Verwaltung, S. 129-131.

Fischer-Lescano, Andreas, 2008: Kritik der praktischen Konkordanz. In: Kritische Justiz 41, H. 2, S. 166-177.

Fraser, Nancy, 2013: Feminism, Capitalism, and the Cunning of History. In: dies. (Hrsg.): Fortunes of Feminism. From State-managed Capitalism to Neoliberal Crisis, New York, S. 209-226.

Heller, Hermann, 1930: Rechtsstaat oder Diktatur? Tübingen.

Hirsch, Joachim, 2005: Materialistische Staatstheorie. Transformationsprozesse des kapitalistischen Staatensystems. Hamburg.

Hirschl, Ran, 2007: Towards Juristocracy. The Origins and Consequences of the New Constitutionalism. Cambridge/London.

Kirchheimer, Otto, 1972: Funktion des Staates und der Verfassung. Zehn Analysen. Frankfurt a.M.

Ladeur, Karl-Heinz, 2004: Kritik der Abwägung in der Grundrechtsdogmatik. Plädoyer für eine Erneuerung der liberalen Grundrechtstheorie. Tübingen.

Leibholz, Gerhard, 1925: Die Gleichheit vor dem Gesetz. Eine Studie auf rechtsvergleichender und rechtsphilosophischer Grundlage. Berlin.

Lembcke, Oliver W., 2015: Das Bundesverfassungsgericht und die Regierung Adenauer – vom Streit um den Status zur Anerkennung der Autorität. In: van Ooyen, Robert Ch./ Möllers, Martin H. W. (Hrsg.): Handbuch Bundesverfassungsgericht im politischen System, Wiesbaden, S. 231-243.

Massing, Otwin, 1970: Das Bundesverfassungsgericht als Instrument sozialer Kontrolle. Propädeutische Skizzen zu einer funktionalistischen Formanalyse der Verfassungsgerichtsbarkeit. In: Politische Vierteljahreszeitschrift (Sonderheft 2: Probleme der Demokratie heute), S. 180-225.

Maus, Ingeborg, 2018: Justiz als gesellschaftliches Über-Ich. Zur Position der Rechtsprechung in der Demokratie. Berlin.

Maus, Ingeborg, 2004: Vom Rechtsstaat zum Verfassungsstaat. Zur Kritik juridischer Demokratieverhinderung. In: Blätter für deutsche und internationale Politik, H. 7, S. 835-850.

Maus, Ingeborg, 1994: Zur Aufklärung der Demokratietheorie. Rechts- und demokratietheoretische Überlegungen im Anschluss an Kant. Frankfurt a.M.

Meinel, Florian, 2013: Eine ‚revolutionäre Umschichtung unseres Rechtsdenkens'. Gerhard Leibholz und die Gleichheit vor dem Gesetz. In: Kaiser, Anna-Bettina (Hrsg.): Der Parteienstaat. Zum Staatsverständnis von Gerhard Leibholz, Baden-Baden, S. 169-198.

Nedelsky, Jennifer, 2011: Law's Relations. A Relational Theory of Self, Autonomy, and Law. Oxford.

Neumann, Franz L., 1978: Die soziale Bedeutung der Grundrechte in der Weimarer Verfassung. In: ders. (Hrsg.): Wirtschaft, Staat, Demokratie: Aufsätze 1930-1954, Frankfurt a.M., S. 57-75.

Ridder, Helmut/*Bäumlin*, Richard, 1984: Alternativ-Kommentar zu Art. 20 Abs. 1-3 GG. In: Bäumlin et al., 1989: Kommentar zum Grundgesetz für die Bundesrepublik Deutschland, Band 1: Art. 1-20 (Reihe Alternativkommentare hrsg. von Wassermann, Rudolf), Neuwied/Darmstadt, S. 1340-1389.

Ridder*, Helmut, 1983: Bemerkung zur Funktion und Jurisprudenz des Bundesverfassungsgerichts. In: DuR, S. 3-10.

Ridder, Helmut, 1979a: Unerfülltes Grundgesetz? Verfassungswirklichkeit in der Bundesrepublik. Öffentliche Veranstaltung der Humanistischen Union zu „30 Jahre Parlamentarischer Rat" am 21. Oktober 1978 – Diskussionsbeiträge. In: Vorgänge (Zeitschrift für Gesellschaftspolitik) 37, H. 1, S. 96-105.

Ridder, Helmut, 1979b: Problem des Grundgesetzes und der Grundgesetzinterpretation. In: Politische Vierteljahresschrift (PVS) 20, H. 2, S. 168-182.

Ridder, Helmut, 1977a: Das Bundesverfassungsgericht. Bemerkung über Aufstieg und Verfall einer antirevolutionären Einrichtung. In: Römer, Peter (Hrsg.): Der Kampf um das Grundgesetz. Über die politische Bedeutung der Verfassungsinterpretation, Referate und Diskussionen eines Kolloquiums aus Anlaß des 70. Geburtstages von Wolfgang Abendroth. Frankfurt a.M., S. 70-86.

Ridder, Helmut, 1977b: Vom Wendekreis der Grundrechte. In: Leviathan 5, H. 4, S. 467-521.

Ridder, Helmut, 1975: Die soziale Ordnung des Grundgesetzes. Leitfaden zu den Grundrechten einer demokratischen Verfassung. Opladen.

Ridder, Helmut, 1974: Tendenzen und Methoden der Rechtsprechung des Bundesverfassungsgerichts in Grundrechtssachen.

---

* Alle Werke von Helmut Ridder (mit Ausnahme von „Die soziale Ordnung des Grundgesetzes" (1975)) werden zitiert nach *Balzer*, Friedrich-Martin (Hrsg.), 2019: Helmut Ridder für Anfänger und Fortgeschrittene. Das Gesamtwerk, Werkausgabe in 6 Bänden (CD-ROM). Bonn.

Ridder, Helmut, 1966: Männer und Frauen sind gleichberechtigt. Ein Plädoyer. In: Bracher, Karl Dietrich/Dawson, Christopher et al. (Hrsg.): Festschrift für Gerhard Leibholz, Band 2, Tübingen, S. 219-236.

Ridder, Helmut, 1952: Enteignung und Sozialisierung. In: Veröffentlichungen der Vereinigung der Deutschen Staatsrechtslehrer (VVDStRL) 10, S. 124-149.

Röhner, Cara, 2020a: Eigentum und Vergesellschaftung in der Wohnungskrise. Zur Aktualität von Art. 15 GG. In: Kritische Justiz 53, H. 1, S. 16-29.

Röhner, Cara, 2020b: Jenseits des Marktindividualismus: Soziale Demokratie und Vergesellschaftung als solidarische Perspektiven im Recht. In: Susemichel, Lea/Kastner, Jens (Hrsg.): Unbedingte Solidarität, Münster, S. 237- 252.

Röhner, Cara, 2020c: Von Repräsentation zu demokratischer Gleichheit. Politische Teilhabe und gesellschaftliche Ungleichheit. In: Der Staat 59, H. 3, S. 414-443.

Röhner, Cara, 2019: Ungleichheit und Verfassung. Vorschlag für eine relationale Rechtsanalyse. Weilerswist.

Schmitt, Carl, 1928: Verfassungslehre. Berlin.

Smend, Rudolf, 1928: Verfassung und Verfassungsrecht. Berlin.

Stüwe, Klaus, 2015: Bundesverfassungsgericht und Opposition. In: van Ooyen, Robert Ch./Möllers, Martin H. W. (Hrsg.): Handbuch Bundesverfassungsgericht im politischen System, Wiesbaden, S. 349-67.

Süssmuth, Rita et al. 2020: Es gibt keinen Besitzstandsschutz im Wahlrecht. Verfassungsblog v. 21.10.2020. Unter: https://verfassungsblog.de/es-gibt-keinen-besitzstandsschutz-im-wahlrecht, abgerufen am 3.1.2021.

Tischbirek, Alexander, 2020: Helmut Ridder – Antidiskriminierungsrechtler der frühen Stunde? In: Kritische Justiz 53, H. 2, S. 212-215.

Thurn, John Philipp, 2020: Vergesellschaftung als sozialstaatliche Entprivatisierung und als Grundrecht. In: Kritische Justiz 53, H. 2, S. 183-188.

Vorländer, Hans/*Brodocz*, André, 2006: Das Vertrauen in das Bundesverfassungsgericht. Ergebnisse einer repräsentativen Bevölkerungsumfrage. In: Vorländer, Hans (Hrsg.): Die Deutungsmacht des Bundesverfassungsgerichts, Wiesbaden, S. 259-298.

Voßkuhle, Andreas, 2016: Die Verfassung der Mitte. München.

Watt, Horatia Muir, 2011: Private International Law Beyond the Schism. In: Transnational Legal Theory 2, H. 3, S. 347-428.

Wolff, Martin, 1923: Reichverfassung und Eigentum. In: Festgabe für Wilhelm Kahl, Tübingen.

Autor:innenverzeichnis

Ino Augsberg, Prof. Dr. phil. Dr. iur., Lehrstuhlinhaber für Rechtsphilosophie und Öffentliches Recht, Christian-Albrechts-Universität zu Kiel

Andreas Engelmann, Dr. iur., Dozent für Arbeits- und Sozialrecht an der Europäischen Akademie der Arbeit und Bundessekretär der Vereinigung demokratischer Juristinnen und Juristen (VDJ), Frankfurt a. M.

Isabel Feichtner, Prof. Dr. iur., Professorin für Öffentliches Recht und Wirtschaftsvölkerrecht, Julius-Maximilians-Universität Würzburg

Isabell Hensel, Dr. iur., Wissenschaftliche Mitarbeiterin, Europa-Universität Viadrina Frankfurt (Oder)

Alexandra Kemmerer, Wissenschaftliche Referentin und Koordinatorin / Leiterin des Berliner Büros, Max-Planck-Institut für ausländisches öffentliches Recht und Völkerrecht, Heidelberg

Karl-Heinz Ladeur, Prof. em. Dr. iur. Dr. h.c., Professor (Emeritus) für Öffentliches Recht, Universität Hamburg

Ulrich K. Preuß, Prof. em. Dr. iur. Dr. h.c., Professor (Emeritus) für Recht und Politik, Freie Universität Berlin u. Hertie School of Governance, Berlin

Cara Röhner, Prof. Dr. iur., Professorin für Soziales Recht, Hochschule RheinMain, Wiesbaden

Tarik Tabbara, Prof. Dr., Professor für Öffentliches Recht, insbesondere deutsches und europäisches Sicherheitsrecht, Hochschule für Wirtschaft und Recht Berlin

Fabian Thiel, Prof. Dr., Professor für Immobilienbewertung, Frankfurt University of Applied Sciences

John Philipp Thurn, Dr. iur., Richter am Sozialgericht Berlin

Tim Wihl, Prof. Dr. iur., Professor für Politische Theorie, Humboldt-Universität zu Berlin

Bereits erschienen in der Reihe STAATSVERSTÄNDNISSE

Staat und Historie
Leitbilder und Fragestellungen deutscher Geschichtsschreibung
vom Ende des 19. bis zur Mitte des 20. Jahrhunderts
hrsg. von Prof. Dr. Walter Pauly und Prof. Dr. Klaus Ries, *2021, Bd. 157*

Politik im Rechtsstaat
hrsg. von PD Dr. Christian Schmidt und Prof. Dr. Benno Zabel, B.A., *2021, Bd. 156*

Der Staat als Genossenschaft
Zum rechtshistorischen und politischen Werk Otto von Gierkes
hrsg. von Prof. Dr. Peter Schröder, *2021, Bd. 155*

Denken in Widersprüchen
Carl Schmitt wider den Zeitgeist
hrsg. von Prof. em. Dr. Rüdiger Voigt, *2021, Bd. 154*

„Der Staat ist von Verfassungs wegen nicht gehindert ..."
National-liberaler Etatismus im Staatsverständnis des Bundesverfassungsgerichts
hrsg. von Prof. Dr. Robert Chr. van Ooyen und Prof. Dr. Martin H. W. Möllers,
2021, Bd. 153

Der lange Weg zur Revolution
Das politische Denken Denis Diderots
hrsg. von Dr. Andreas Heyer, *2021, Bd. 152*

Fortschritt durch sozialen Liberalismus
Politik und Gesellschaft bei Friedrich Naumann
hrsg. von Dr. Jürgen Frölich, Prof. Dr. Ewald Grothe und Dr. Wolther von Kieseritzky,
2021, Bd. 151

Politik und Gesellschaft bei Friedrich Naumann
Vater des Konservatismus?
hrsg. von Prof. Dr. Thomas Lau, Prof. Dr. Volker Reinhardt und Prof. em. Dr. Rüdiger Voigt,
2021, Bd. 150

Die Macht der Institution
Zum Staatsverständnis Arnold Gehlens
von Prof. Dr. Christine Magerski, *2021, Bd. 149*

Demokratischer Konstitutionalismus
Dieter Grimms Verständnis von Staat und Verfassung
von Prof. Dr. Lars Viellechner, LL.M. (Yale), *2021, Bd. 148*

Ästhetische Staaten
Ethik, Recht und Politik in Schillers Werk
von PD Dr. Matthias Löwe und PD Dr. Gideon Stiening, *2021, Bd. 147*

Chomsky on State and Democracy
von Prof. em. Dr. Günther Grewendorf, *2021, Bd. 146*

Hoffnung, liberale Ironie
Zur Aktualität von Richard Rortys politischem Denken
von Dr. Veith Selk, Christoph Held, M.A. und Torben Schwuchow, *2021, Bd. 145*

Freund-Feind-Denken
Carl Schmitts Kategorie des Politischen
von Prof. em. Dr. Rüdiger Voigt, *2021, Bd. 144*

Staat und Zivilgesellschaft
Permanente Opposition oder konstruktives Wechselspiel?
hrsg. von Dr. Andreas Nix, *2020, Bd. 143*

Pessimistischer Liberalismus
Arthur Schopenhauers Staat
hrsg. von Dr. Christina Kast, *2021, Bd. 142*

Populismus, Diskurs, Staat
hrsg. von Dr. Seongcheol Kim und Aristotelis Agridopoulos, *2020, Bd. 141*

Staatskritik und Radikaldemokratie
Das Denken Jacques Rancières
hrsg. von von Dr. Mareike Gebhardt, *2020, Bd. 140*

Das Jahrhundert Voltaires
Vordenker der europäischen Aufklärung
hrsg. von Prof. Dr. Norbert Campagna und Prof. em. Dr. Rüdiger Voigt, *2020, Bd. 139*

Legitimität des Staates
hrsg. von Prof. Dr. Tobias Herbst und Dr. Sabrina Zucca-Soest, *2020, Bd. 138*

Staatsprojekt Europa
Eine staatstheoretische Perspektive auf die Europäische Union
hrsg. von Dr. Daniel Keil und Prof. Dr. Jens Wissel, *2019, Bd. 137*

Verfassung ohne Staat
Gunther Teubners Verständnis von Recht und Gesellschaft
hrsg. von Prof. Dr. Lars Viellechner, LL.M. (Yale), *2019, Bd. 136*

Politischer und wirtschaftlicher Liberalismus
Das Staatsverständnis von Adam Smith
hrsg. von Prof. Dr. Hendrik Hansen und Tim Kraski, Lic., M.A., *2019, Bd. 135*

Von Staat zu Staatlichkeit
Beiträge zu einer multidisziplinären Staatlichkeitswissenschaft
hrsg. von Prof. em. Dr. Gunnar Folke Schuppert, *2019, Bd. 134*

Theories of Modern Federalism
hrsg. von Dr. Skadi Siiri Krause, *2019, Bd. 133*

Die Sophisten
Ihr politisches Denken in antiker und zeitgenössischer Gestalt
hrsg. von Prof. Dr. Barbara Zehnpfennig, *2019, Bd. 132*

Die Verfassung der Jakobiner von 1793 und ihr historischer Kontext
Von Dr. Andreas Heyer, *2019, Bd. 131*

Überzeugungen, Wandlungen und Zuschreibungen
Das Staatsverständnis Otto von Bismarcks
hrsg. von Prof. Dr. Ulrich Lappenküper und Dr. Ulf Morgenstern, *2019, Bd. 130*

Repräsentation
Eine Schlüsselkategorie der Demokratie
hrsg. von Prof. Dr. Rüdiger Voigt, *2019, Bd. 129*

Nomos eLibrary nomos-elibrary.de

Bestellen Sie im Buchhandel oder
versandkostenfrei online unter nomos-shop.de
Bestell-Hotline +49 7221 2104-37
E-Mail bestellung@nomos.de | **Fax** +49 7221 2104-43
Alle Preise inkl. Mehrwertsteuer

Nomos

UNDERSTANDING THE STATE

The core question addressed by the series of publications entitled *Staatsverständnisse (Understanding the State)* is: What can we take from the ideas of previous and current political thinkers in order for us to develop a modern understanding of the state?

> Helmut Ridders' idea of an overarching constitution for society demands our collective self-management. The state cannot deprive us of our right to autonomous organisation of our social freedom. Ridders' highly extensive work on constitutional law spells out in detail what that means for individual social spheres. Through it, he arrives at insights, which are still valid today, into the requisite democratisation of the economy, universities, the general public and the entire machinery of the state. This book systematically demonstrates the topicality of Ridders' writings, not least his provocative major work 'Die soziale Ordnung des Grundgesetzes' (The Social Order of Germany's Basic Law), in various subject areas: from the newly and heatedly debated idea of socialisation (such as in relation to housing) to the dilemmas of fortified democracy. This book will therefore appeal to all those from academia to social movements interested in the law and politics. The authors are all experienced jurists and practitioners of constitutional law.

In his all-embracing work, Helmut Ridder, an unwavering pioneer in German constitutional law, develops an original conception of democracy and the law which places emphasis on consistently democratising the whole of society through self-organisation. His response to today's 'crises of democracy' is not a defensive but a long-term and far-reaching offensive one that must be reflected in a profound transformation of our constitutional thinking.

With contributions by:
Ino Augsberg, Andreas Engelmann, Isabel Feichtner, Isabell Hensel, Alexandra Kemmerer, Karl-Heinz Ladeur, Ulrich K. Preuß, Cara Röhner, Tarik Tabbara, Fabian Thiel, John Philipp Thurn and *Tim Wihl*.

The editors:
Prof. Dr. iur. *Isabel Feichtner* lectures in public law and international business law at the University of Würzburg.

Prof. Dr. iur. *Tim Wihl* lectures in political theory at Humboldt University, Berlin.